D1726794

Musik und Musiker am Stuttgarter Hoftheater (1750–1918)

Quellen und Studien

Herausgegeben von Reiner Nägele

Eine Ausstellung der Württembergischen Landesbibliothek in Zusammenarbeit mit dem Württembergischen Staatstheater aus Anlaß des 250jährigen Bestehens des Stuttgarter Opernhauses vom 22. September bis 22. Dezember 2000

Konzeption der Ausstellung:
Reiner Nägele

Durchführung der Ausstellung:
Vera Trost und Reiner Nägele
unter Mitarbeit von Miriam Ulbricht und Birgit Wurster

Jahresgabe 2000
der Württembergischen Bibliotheksgesellschaft e. V.

Der Druck dieser Jahresgabe wurde unterstützt von der Berthold Leibinger-Stiftung GmbH, Ditzingen

Die Deutsche Bibliothek – CIP-Einheitsaufnahme
Musik und Musiker am Stuttgarter Hoftheater (1750–1918) : Quellen und Studien; [eine Ausstellung der Württembergischen Landesbibliothek in Zusammenarbeit mit dem Württembergischen Staatstheater aus Anlaß des 250jährigen Bestehens des Stuttgarter Opernhauses vom 22. September bis 22. Dezember 2000] / hrsg. von Reiner Nägele. – Stuttgart : Württembergische Landesbibliothek, 2000
(Jahresgabe ... der Württembergischen Bibliotheksgesellschaft e. V. ; 2000)
ISBN 3-88282-054-3

Graphische Konzeption: NeufferDesign, Freiburg
Stuttgart: Württembergische Landesbibliothek, 2000
ISBN 3-88282-054-3

Inhalt

Geleitwort

Die Württembergische Landesbibliothek und das Württembergische Staatstheater nehmen die Gründung der Württembergischen Hofoper vor 250 Jahren zum Anlaß, um mit einer Ausstellung an die Geschichte des traditionsreichen Stuttgarter Opernhauses zu erinnern. Mit der vollständigen Übergabe des historischen Notenmaterials durch das Württembergische Staatstheater 1999 befindet sich nunmehr das gesamte Aufführungsmaterial von 1750 bis 1918 in der Württembergischen Landesbibliothek. Dieser einzigartige Bestand wird ergänzt durch die Sammlung der gedruckten Spielpläne, die für den Zeitraum von 1807 bis heute komplett erhalten sind. Durch die Vernichtung eines Großteiles der deutschen Theaterarchive im Zweiten Weltkrieg besitzt die Musiksammlung der Württembergischen Landesbibliothek in ihrer Bedeutung für die Musikgeschichte Baden-Württembergs, aber auch für die deutsche Musikgeschichte, insgesamt einen herausragenden Stellenwert.
Das gute Zusammenwirken von zwei staatlichen Institutionen, die beide auf Herzog Carl Eugen als Gründer zurückblicken, wird mit dieser Ausstellung in besonderer Weise dokumentiert: Das Staatstheater, mit seinen aktuellen Inszenierungen in die Zukunft gerichtet, und die Landesbibliothek als Verwalter seiner historischen Quellen, die uns das Verständnis für Tradition und Wirkungsgeschichte des Stuttgarter Opernhauses erst ermöglichen.
In der Ausstellung wird erstmals das Aufführungsmaterial des ehemaligen Hoftheaters in thematischer Geschlossenheit präsentiert. Unter den Exponaten finden sich neben Jommellis autographen Opernpartituren unter anderem auch die Freischütz-Partitur mit handschriftlichen Einträgen von Carl-Maria von Weber sowie die Partitur der Uraufführung Ariadne auf Naxos von Richard Strauss. Biographisches Material zu einzelnen Hofmusikern ergänzen das Notenmaterial und legen gleichzeitig ein eindrucksvolles Zeugnis ab von den oft schwierigen wirtschaftlichen Verhältnissen der Hofmusiker im 19. Jahrhundert.
Bereichert wird die Ausstellung durch zahlreiche Exponate aus Archiven, Bibliotheken und Museen – zu nennen sind hier vor allem das Staatsarchiv Ludwigsburg, Hauptstaatsarchiv und Stadtarchiv Stuttgart, die Landesbibliothek Mecklenburg-Vorpommern, das Städtische Museum Ludwigsburg sowie das Richard-Strauss-Archiv in Garmisch-Partenkirchen.
Weitere wertvolle Hinweise zur Geschichte des Hoftheaters und seiner Musiker bietet der zur Ausstellung vorgelegte Begleitband. Erstmals wird darin unter anderem ein vollständiges Lexikon der am Wüttembergischen Hofe beschäftigten Künstler veröffentlicht. Von besonderem Inter-

esse für die Rezeptionsgeschichte der Hofoper sind auch die darin veröffentlichten Rezensionen zu einzelnen Opernaufführungen.
Mein ganz besonderer Dank gilt Herrn Dr. Reiner Nägele, dem Leiter der Musikabteilung der Württembergischen Landesbibliothek, der die Ausstellung konzipiert und diesen für die Geschichte des Stuttgarter Opernhauses äußerst aufschlußreichen Begleitband herausgegeben hat. Danken möchte ich aber auch den übrigen Autoren, die zum Gelingen dieses Bandes beigetragen haben. Zu nennen sind hier insbesondere Professor Dr. Clytus Gottwald, Georg Günther, Dr. Joachim Migl, Eberhard Schauer, Samuel Schick und Dr. Michael Strobel. Zu danken ist der Berthold-Leibinger-Stiftung GmbH, Ditzingen, und der Württembergischen Bibliotheksgesellschaft, deren finanzielle Unterstützung den Druck des Begleitbandes in dieser Form erst möglich gemacht haben. Schließlich geht ein besonderes Wort des Dankes an unsere Ausstellungsreferentin Frau Dr. Vera Trost und alle Mitarbeiterinnen und Mitarbeiter der Landesbibliothek, die zum Gelingen dieser Ausstellung beigetragen haben.
Möge diese Ausstellung dazu beitragen, uns die historischen Wurzeln der Stuttgarter Opern- und Musiktradition wieder verstärkt in das Bewußtsein zu rufen.

Dr. Hannsjörg Kowark
Direktor der Württembergischen Landesbibliothek

Musik und Musiker am Stuttgarter Hoftheater 1750–1918

Reiner Nägele

Quellenlage

Der Anlass zu einer Revision der Geschichte des Musiktheaters am württembergischen Hof in Form dieser Publikation ist zwar ein architektonischer, der 1750 erfolgte Umbau des Stuttgarter Lusthauses zum Opernhaus, dennoch gilt das Interesse der Autoren nicht dem architektonischen Wandel, sondern dem Theater-, speziell dem Musikleben und den Bedingungen der Musikproduktion am Stuttgarter Hoftheater von der Mitte des 18. Jahrhunderts bis zum Ende der Monarchie. Bewußt wurden in der vorliegenden Untersuchung andere Spielstätten auf württembergischem Territorium ausgeklammert, vor allem die zahlreichen Bühnen der Residenzstädte, allen voran Ludwigsburg, die im 18. und frühen 19. Jahrhundert noch bespielt wurden. Die Konzentration auf eine, zumal zentrale, Spielstätte erlaubt einen gleichsam mikroskopischen Blick auf das konkrete Alltagsgeschehen und die Strukturen des dortigen Spielbetriebs. Ortsunabhängig richtet sich der forschende Blick auf die Musiker, ihre sozialen und artistischen Belange, auf die kommunikativen Verhältnisse

»Coupe du Nouvel Opera de Stuttgardt ...«
Radierung von Philippe de La Guêpière nach eigenem Entwurf, um 1758.
La Guêpières Entwurf (der auf einem älteren von Leopoldo Retti basierte) sah einen radikalen Umbau des Neuen Lusthauses zu einem modernen Opernhaus mit Bühne, Bühnenmaschinerie, Logen usw. vor, der allerdings dann etwas gemäßigter ausgeführt wurde; der tatsächliche Umbau betraf vornehmlich das Innere des Gebäudes. Immerhin galt er als so vorbildlich, daß diese Abbildung für die berühmte „Grand Encyclopédie" nachgestochen wurde

innerhalb einer solchen Institution und die spannende Wechselwirkung zwischen Kunstproduktion und Kunstrezeption an einem repräsentativen deutschen Hoftheater.

Das Jubiläumsdatum 1750 ist aber noch aus einem anderen Grund von Bedeutung. Die Aufführungsmaterialien des ehemaligen Hoftheaters, heute vollständig Teil der Musiksammlung der Württembergischen Landesbibliothek, umfassen fast genau den für die vorliegenden Studien gewählten Zeitraum. Die frühesten Spuren von Aufführungsvermerken im Notenbestand des ehemaligen Hoftheaters datieren auf 1752. 1750 wurde Ignaz Holzbauer aus Wien zum Oberkapellmeister am württembergischen Hoftheater ernannt. Zwar brachte er während seiner dreijährigen Tätigkeit keine eigenen Werke auf die hiesige Bühne. Dennoch finden sich im Musikalienbestand der Landesbibliothek autographe Zeugnisse seines Wirkens. Als erste Oper unter Holzbauers Leitung wurde »Der erkennte Cyrus« (Il Ciro riconosciuto), eine dreiaktige Opera seria von Johann Adolf Hasse eingeübt. Am 11. Februar 1752, an dem Geburtstag des Herzogs, fand die Erstaufführung statt. Für diese Aufführung schrieb der Kapellmeister einige musikalische Einlagen in die Partitur. Diese sind im Aufführungsexemplar der Landesbibliothek von 1752 enthalten (Signatur: HB XVII 216).

Dennoch ist das Notenmaterial aus dem 18. Jahrhundert nur noch fragmentarisch überliefert. Der Theaterbrand von 1802 zog den Verlust der gesamten Theaterbibliothek nach sich. Diejenigen Musikalien, die aus dem 18. Jahrhundert heute noch erhalten sind, befanden sich seinerzeit außerhalb des Theaters, zum Kopieren, Korrigieren oder aus anderen Gründen[1]. Unter den erhaltenen befinden sich Wolfgang Amadeus Mozarts »Don Giovanni« ebenso wie die weltweit bedeutende Sammlung an Opernpartituren Niccolò Jommellis, nicht wenige davon autograph. 1911 wurde der gesamte historische Teil der Materialien der Hofbibliothek übergeben, 1922 kam es zur Überführung des gesamten historischen Notenbestandes der Hofbibliothek in die Landesbibliothek. Weitere Teilablieferungen historisch gewordener Bestände aus dem 19. Jahrhundert erfolgten 1990, 1997 und 1999. Heute befindet sich das gesamte Aufführungsmaterial im Besitz der Landesbibliothek: handschriftliche und gedruckte Partituren, Klavierauszüge, Stimmen und Textbücher, Rollenhefte, Regie-, Souffleur- und Inspizientenbücher. Ergänzt wird der Bestand durch die sogenannten »Theaterzettel«: gedruckte Spielpläne, auf denen das gespielte und gesungene Repertoire des Veranstaltungstages verzeichnet ist sowie das Aufführungsdatum, gegebenenfalls der Anlaß (etwa Geburtstag des Fürsten), eine Liste der Mitwirkenden, Eintrittspreise und Veranstaltungshinweise. Diese Sammlung, die von 1807 bis heute komplett erhalten ist, ist gleichfalls Teil der Musiksammlung der Landesbibliothek.

Die Vernichtung eines Großteils der deutschen Theaterarchive im Zweiten Weltkrieg verleiht dieser Sammlung an historischem Aufführungsmaterial in Verbindung mit den kompletten Spielplänen einen herausragenden Stellenwert. Im Bereich der wissenschaftlichen Bibliotheken der Bundesrepublik Deutschland finden sich nur noch in der Bayerischen Staatsbibliothek München, der Landesbibliothek Coburg und der Landesbibliothek Karlsruhe und der Landesbibliothek Mecklenburg-Vorpommern in Schwerin vergleichbare Bestände aus Hoftheaterarchiven. Die Opernsammlung der Stadt- und Universitätsbibliothek Frankfurt, gleichfalls vollständig erhalten, dokumentiert dagegen einen bürgerlichen Opernbetrieb[2].

Periodisierung

Die äußeren Grenzen des untersuchten Zeitraums sind klar zu definieren und auch schon benannt. Den Beginn im 18. Jahrhundert markiert die Einrichtung eines stehenden Opernbetriebs, im 20. Jahrhundert setzt das Ende der Monarchie und die damit verbundene Überführung des Hoftheaters in ein Landestheater den Schlußstrich. Beide Daten sind auch durch die Chronologie der erhaltenen Aufführungsmaterialien gedeckt. Problematischer ist eine innere Gliederung, genauer: der Wechsel vom 18. zum 19. Jahrhundert, der am württembergischen Hof keineswegs arithmetisch präzise um 1800 erfolgte, auch nicht wie es die Theorie des »langen 19. Jahrhunderts« will, bereits um 1791. Die vorliegenden Untersuchungen belegen, dass mit Blick auf die Verwaltungsstrukturen, die hierarchischen Verhältnisse und nicht zuletzt die Orchesterkultur und die künstlerische Funktion des Instrumentalensembles, sich zwei relativ scharf voneinander getrennte Epochen unterscheiden lassen: die Zeit vor dem Regierungsantritt König Wilhelm I. 1816, in der das Orchester noch strukturell wie künstlerisch den Prinzipien einer Fürstenkapelle verpflichtet war, und die Zeit danach, in der die konzertante Instrumentalmusik an prägender Bedeutung und die Ausbildung eines individuellen Orchesterklangs an künstlerischer Relevanz gewann. Die fürstliche Kapelle wandelte sich vor allem unter Peter Lindpaintners Führung seit 1819 zu einem öffentlichen, modernen Orchester.
Unter Friedrich diente das Orchester, wie das gesamte Theater, immer noch vorrangig dem Privatvergnügen des Fürsten und seinem Hofstaat, neben den erforderlichen repräsentativen Aufgaben bei Empfängen oder zu besonderen festlichen Angelegenheiten. Die Interessen des seit 1779 zugelassenen zahlenden Publikums, ja selbst die Interessen der Künstler spielten letztlich keine entscheidende Rolle. Doch zunehmend kollidierte das gesteigerte künstlerische Selbstbewußtsein der Hofmusiker mit den Erwartungen des obersten Dienstherren. Der einzelne Hofmusiker war ein Lakai des Fürsten, zu dessen »privatem« Vergnügen er widerspruchslos Dienst zu leisten hatte. Eine Hofuniform kennzeichnete die Zugehörigkeit. Individueller künstlerischer Anspruch war unerwünscht, woran

nicht zuletzt auch die Klavier spielenden und komponierenden Kapellmeister Conradin Kreutzer und Johann Nepomuk Hummel scheiterten. Die zunehmende Unzufriedenheit des Personals während Friedrichs Regierungszeit fand vor allem in mangelnder Proben- und Aufführungsdisziplin ihren Ausdruck, wovon eine Fülle von Reglements für Hofmusiker und Kapellmeister sowie unzählige Strafbefehle in den Personalakten für säumige und sogar falsch spielende Instrumentalisten Zeugnis ablegen. Auch die Organisation der Verwaltung zeigte deutlich die herrschaftlichen Ansprüche, war es doch Friedrich, der eine Oberintendanz der eigentlichen Hoftheaterintendanz als Kontrollinstanz vorsetzte. Was sämtliche, auch neuere Chronisten, vorschnell als »eiserne Disziplin«[3] Friedrichs zur Verbesserung der künstlerischen Leistung werteten, war tatsächlich der verzweifelte Versuch eines Repräsentanten des Ancien Régimes, das hergebrachte höfische System mit herrscherlicher Gewalt zu retten. Schon aus diesem Grund datiert die »Schwellenzeit« des württembergischen Hoftheaters, der »ideologische« Wechsel vom 18. zum 19. Jahrhundert, auf den Regierungsantritt Wilhelm I. (1816) und das Engagement des Hofkapellmeisters Peter Lindpaintner (1819).

Forschungsstand

Dem Jubiläumsanlass widersprechend, dient die vorliegende Sammlung an Studien nicht der historischen Legitimation des heutigen Staatstheaters in Form einer Jubiläumsschrift. Dies in vorbildlicher Weise geleistet zu haben ist ein Verdienst Ulrich Drüners, der 1994 eine solche Festschrift zum 400jährigen Jubiläum des Staatsorchesters Stuttgart vorlegte[4]. Dieser Sammelband fokusiert dagegen in Einzelstudien quellenkritisch auf die Entwicklungsgeschichte der Institution des höfischen Musiktheaters. Die Verwaltungs- und Personalakten des Hoftheaters, die das Hauptstaatsarchiv Stuttgart und das Staatsarchiv Ludwigsburg verwahren, besitzen deshalb besonderen Quellenwert. Das dort Archivierte (Behördenschriftwechsel, Eingaben, Erlasse, Korrespondenzen jeglicher Art) dokumentiert auf lebendige Weise die kommunikativen Ereignisse, mithin die Funktionen innerhalb der Verwaltungsstrukturen einer solchen Institution. Anders als es Rudolf Krauß in seiner bis heute gültigen Darstellung der Geschichte des Stuttgarter Hoftheaters unternimmt[5], bietet der vorliegende Band keine zusammenhängende Ideengeschichte mit der Verteilung von Zensuren für »gute« und »schlechte« Epochen. Der Vielfalt der Forschungsinteressen, Erschließungs- und Darstellungsmethoden entspricht, auf der Leserseite, eine »Vielfalt möglicher Lektüren«[6]. Statt zu fragen, welche Deutung »richtig« sei, wird untersucht, welche Rezeptionen empirisch nachgewiesen sind. So mischen sich Quellendarstellungen mit analytischen Texten, finden sich neben einem Lexikon der

Künstler am Hof ebenso Regesten zum Repertoire der Hofoper und eine Anthologie der Rezensionen zu Opernaufführungen, reihen sich Partitur- und Aufführungsanalysen an eher soziologisch motivierte Studien. Eine epische Geschichte des Theaters wie sie uns Josef Sittard[7], Krauß und Drüner bieten muß zwangsläufig bei der adäquaten Erklärung der historischen Kräfte scheitern. Um diese in ihrer vollen Komplexität zu verstehen, bedarf es einer Analyse des strukturellen Rahmens, in dem Kulturproduktion stattfindet.

Bereits der hier erstmals veröffentlichte Bericht Johann Georg August von Hartmanns, der es als Verwaltungsbeamter unternahm, im Jahr 1799 eine »fragmentarische« Geschichte des Hoftheaters zu schreiben, um so die Gründung einer Pensionsanstalt zur sozialen Absicherung der Artisten zu erreichen, zeigt die Relativität historischer Werturteile. Seine Deutung der Geschichte – Verfall der Kunstproduktion seit Gründung der Karlsschule – ist durchaus als Pamphlet zu lesen, als ein »J'accuse« mit eindeutiger Motivation. Dieses bislang unveröffentlich gebliebene Dokument ist keine objektive Darstellung des historischen Geschehens. Vielmehr lehrt es den heutigen Leser Respekt vor einer hellsichtigen Analyse der sozialen Verhältnisse am damaligen Hoftheater, die ihrer progressiven Intention wegen staunen macht.

Insofern will diese Sammlung keineswegs die Arbeit von Rudolf Krauß aktualisieren oder gar ersetzen; ergänzen wohl. Ulrich Drüner, der mit seiner Festschrift das öffentliche Interesse auf die Geschichte des Orchesters lenkte, bleibt widerum allzusehr der ideengeschichtlichen Darstellung von Krauß und letztlich auch dessen Bewertung der Ereignisse verhaftet. Und dort, wo er Musikerschicksale aus dem 19. Jahrhundert in Kurzporträts referiert, richtet sich sein Interesse weniger auf das archivalisch Überlieferte, als vielmehr auf die anekdotischen Zeugnisse in Lexika und Biographien, dem Leseinteresse einer Festschrift angemessen. Beide Darstellungen verzichten zudem weitgehend auf exakte Quellenangaben, so dass ein Überprüfen der zitierten und interpretierten Archivalien nicht möglich ist.

Die Vollständigkeit des Materials (zumindest für das 19. Jahrhundert) und die Chance, nach nahezu hundert Jahren diese Quellen neu zu lesen und für unsere Gegenwart fruchtbar zu machen, weckten Neugierde. Zwar entgeht keine Geschichtsschreibung den Grenzen ideologischer Perspektive; insofern ist auch der hier vorgeführte sozial- und strukturgeschichtliche Blick verdächtig und ein Verzicht auf die epische Form oder die Fragmentierung in einzelne »Geschichten«, wie im vorliegenden Band praktiziert, eine methodische Hilfskonstruktion. Allerdings mit Bedacht gewählt, denn jede Perspektive wirft neue Fragen auf, die neue Einsichten in die historische Realität erlauben. Eine Neubewertung der so reich überlieferten Dokumente war und ist ein längst fälliges Desiderat.

Anmerkungen

1 Siehe Einleitung zum Katalog von Clytus Gottwald, *Die Handschriften der ehemaligen Hofbibliothek Stuttgart 6 Codices musici 2 – (HB XVII 29-480)*. Beschrieben von Clytus Gottwald, Wiesbaden 2000 (= Die Handschriften der Württembergischen Landesbibliothek Stuttgart, 2. Reihe). Wiesbaden: Harrassowitz (Druck in Vorbereitung). Eine Liste derjenigen Musikalien, die den Brand überlebten, ist abgedruckt bei Reiner Nägele, *Die Rezeption der Mozart-Opern am Stuttgarter Hof 1790 bis 1810*, in: *Mozart-Studien*, hrsg. von Manfred Hermann Schmid, Bd. 5, Tutzing 1995, S. 135.

2 Siehe: *Thematischer Katalog der Opernsammlung in der Stadt- und Universitätsbibliothek Frankfurt am Main* (Signaturengruppe Mus Hs opern), bearbeitet und beschrieben von Robert Didion und Joachim Schlichte, Frankfurt am Main 1990 (= Kataloge der Stadt- und Landesbibliothek Frankfurt am Main; 9), S. 8*.

3 Stellvertretend Ulrich Drüner, *400 Jahre Staatsorchester Stuttgart*. Ein Beitrag zur Entwicklungsgeschichte des Berufsstandes »Orchestermusiker« am Beispiel Stuttgart, in: Ders., *400 Jahre Staatsorchester Stuttgart*. Eine Festschrift, Stuttgart 1994, S. 97.

4 S. Anm. 3. Drüners Arbeit voraus ging eine 1967 erschienene Festschrift der Württembergischen Staatstheater, in der Hansmartin Decker-Hauff bereits die Geschichte des Orchesters referierte, freilich, ebenso wie Drüner, in erzählerischer Form, ohne Quellenangaben: *350 Jahre Württembergisches Staatsorchester*. Eine Festschrift, hrsg. von den Württembergischen Staatstheatern, Stuttgart 1967, S. 2556.

5 Rudolf Krauß, *Das Stuttgarter Hoftheater von den ältesten Zeiten bis zur Gegenwart*, Stuttgart 1908.

6 Christian Simon, *Historiographie*. Eine Einführung. Stuttgart 1996, S. 275.

7 Josef Sittard, *Zur Geschichte der Musik und des Theaters am Württembergischen Hofe*, 2 Bde., Stuttgart 1890 und 1891

»Fürstlicher Lustgarten zu Stuettgartt.«
Radierung von Matthäus Merian, 1616
Der ganze Bereich des Lustgartens diente höfischer Repräsentation: der Pomeranzengarten und die Menagerie um das Reiherhaus waren gleichsam das Exotarium, das Alte Lusthaus enthielt die herzogliche Kunst- und Wunderkammer sowie das alchimistische Laboratorium, die beiden Rennplane dienten für Turniere und andere Freiluftveranstaltungen, das Neue Lusthaus – nach dem Urteil vieler einer der schönsten Renaissancebauten Deutschlands (1575–93 errichtet von Georg Beer) – enthielt vor allem im Oberstock einen großartigen Festsaal, der unter anderem auch für Theateraufführungen genutzt wurde

Nachricht von dem gegenwärtigen Zustande des Theaters in Stutgard (1750)

Gotthold Ephraim Lessing und Christlob Mylius

Der würtembergische Hof nimmt nicht nur unter der itzigen Regierung des durchlauchtigsten Herzogs Carls an Pracht und Glanz beständig zu, sondern es finden auch die freyen Künste eine geneigte Aufnahme an demselben. Man bemühet sich um die Wette, die natürlichen Gaben anzufeuern und zu gebrauchen. Besonders wird allhier die Musik in hohem Werth gehalten. Sie wird durch die Aufnahme der Ausländer, besonders der Italiener, zu einem ziemlichen Grad der Vollkommenheit gebracht. Ihro Durchlauchtigkeit sind ein großer Kenner dieser edlen Kunst, und wissen eines jeden Künstlers Verdienste genau zu schätzen. Da nun die Oper eine der vornehmsten Belustigungen in der Musik ist, so haben Se. Hochfürstliche Durchlauchtigkeit den wegen seiner Größe dazu sehr geschickten Lusthaussaal, welcher keine Säulen hat, zu Errichtung eines Theaters ausersehen. Es ist dieses Gebäude eines von den merkwürdigsten in Deutschland. Es besteht aus einem einzigen Saal, welcher 200 Schuh lang, 71 Schuh breit und 51 Schuh hoch ist. Dessen Gewölbe ist ohne eine einzige Säule halb zirkelförmig gebogen, und besteht in einem besonders künstlichen Hängewerk. Se. Hochfürstliche Durchlauchtigkeit haben die Zubereitung dieses Saals zu einem Opernhause dem berühmten Baudirector, Hn. Major von Retti, aufgetragen, welcher auch alles in kurzer Zeit so schön und bequem eingerichtet hat, daß dieses Gebäude von allen Kennern bewundert wird. Es ist darinnen ein sehr geräumliches Theater mit überaus schönen Auszierungen. Der Raum für die Zuschauer besteht, außer dem großen Parterre, aus drey über einander befindlichen Amphitheatern. Vier tausend Menschen haben ohne Unbequemlichkeit darinne Raum. Die erste Oper war verwichenen 30 August, als am Geburtsfest der durchlauchtigsten regierenden Frau Herzoginn aufgeführet. Den Tag vorher wurden Billets ausgetheilet, und ohne dieselben war niemand eingelassen. Nach diesem war die Oper noch zweymal wiederholet. Die Oper hieß Artaxerxes. Der Verfasser davon ist der große Operndichter, der Abt Metastasio, und die Musik ist von dem berühmten Königlich-Preußischen Capellmeister, Herrn Graun. Sie ist schon vor einigen Jahren in Berlin aufgeführet worden. Ungeachtet Se. Hochfürstliche Durchlauchtigkeit zwey Capellmeister haben, nämlich einen Italiener, Herrn Brecianello, und einen Deutschen, Herr Hart, so hatte doch der Concertmeister, Herr Bianchini, die Aufsicht über das Orchester, welches aus fünf und vierzig Personen bestund, und das Stück mit allgemeinem Beyfall ausführte. Die Operisten waren folgende:

Herr Stephanini, ein langer, ansehnlicher und wohlgemachter Castrat, stellte die Person des Artaxerxes vor, und wußte sich ein rechtes Ansehen zu geben.

Herr Jozzi, ein wohlgebildeter Altist, von mittelmäßiger Länge. Er hat sich nicht sowohl durch sein Singen, als durch seine besondere Fertigkeit im Clavier, bey den Freunden der Musik beliebt gemacht. Er stellte den Arbaces sehr geschickt vor.

Herr Casati, ein junger sehr geschlanker Castrat, singt einen guten Discant, und hatte die Rolle des Megabyses.

Herr Neusinger, ein guter Tenorist, welcher, ob er gleich das Theater noch nicht gar oft betreten hat, dennoch seine Rolle, sowohl in Ansehung des Singens, als auch der Action, wohl ausführte.

Frau Pirkerinn, welche in Italien, England, Copenhagen, Hamburg und Wien bereits vielen Ruhm erworben, ist sowohl eine sehr tüchtige Sängerinn, als auch eine gute Actrice. Sie stellte die Mandane vor.

Jungfer Peruzzi, eine mehr durch Natur, als durch Kunst, geschickte Sängerinn. Sie hatte die Rolle der Semira.

Wegen Mangel der Zeit konnten wenig Tänzer verschrieben werden. Es waren nur zwey Mannspersonen und zwey Frauenzimmer, nebst dem bekannten Solotänzer, Herr Desie, aus Paris vorhanden.
Den 11 Febr. 1751, als an dem hohen Geburtsfest Ihro Hochfürstlichen Durchlauchtigkeit des regierenden Herrn Herzogs, soll die Oper Cato aufgeführet werden.

Der Artikel erschien in: *Beyträge zur Historie und Aufnahme des Theaters...*, hrsg. von Gotthold Ephraim Lessing und Christlob Mylius, Viertes Stück, Stuttgart 1750, S. 592–595.

Das Personal des Württembergischen Hoftheaters 1750–1800

Ein Lexikon der Hofmusiker, Tänzer, Operisten und Hilfskräfte

Eberhard Schauer

Vorbemerkung

Wer einen Musiker der württembergischen Hofkapelle sucht, schlägt meist bei den bekannten Lexika wie Gerber[1], Fétis[2] oder Eitner[3] nach. Findet man ausnahmsweise den Gesuchten, sind die dürftigen Angaben wenig hilfreich, da sie in vielen Fällen auch unzutreffend sind. Die ersten gedruckten Hinweise auf württembergische Hofmusiker findet man in dem Werk Christian Friedrich Daniel Schubarts, »Ideen zu einer Ästhetik der Tonkunst«[4], der u. a. allgemein über Tonkünstler und ihre Tätigkeit an den deutschen Fürstenhöfen schrieb.
Systematische Forschungen zur Musik- und Theatergeschichte führte erstmals Josef Sittard durch, die er in seinem Werk »Zur Geschichte der Musik und des Theaters am württembergischen Hofe«[5] veröffentlichte. Er nennt nur vereinzelt Namen, systematische Listen der Mu-

AVERTISSEMENT.

Auf Sr. Herzoglichen Durchlaucht gnädigsten Befehl wird dem Publico andurch bekannt gemacht, daß in dem neu-erbauten Opern-Haus in Ansehung der Pläze mehrerer Ordnung halb folgende Einrichtung gemacht worden, daß

Vorderist das Parterre allein vor Cavaliers und Officiers gewidmet, und

Die **Erste** Loge, zu beeden Seiten der Fürstlichen, denen Dames von Hof vorbehalten seyn solle.

Auf der **Zweyten** hingegen sind die gemachte Abtheilungen und zwar:

Rechter Hand.

Nro. 1. Denen gelehrten Geh. Räthinnen, Legat. Räthinnen und die dergleichen Rang haben,

Nro. 2. Denen Regierungs-Räthen, geheimen Cabinets- und würcklichen geheimen Secretariis und ihren Frauen,

Nro. 3. Denen Expeditions Räthen und ihren Frauen,

Nro. 4. Denen Cammer-Räthen, und die solchen Rang haben, Cammerdienern, Hof-Cammer-Räthen und ihren Frauen,

Lincker Hand.

Nro. 6. Denen Stabs-Officiers-Frauen,

Nro. 7. Denen Officiers-Frauen,

Nro. 8. Denen Leib-Medicis, Hof-Räthen, Hof-Gerichts-Assessoribus, Stallmeistern und ihren Frauen,

Nro. 9. Denen Hof-Medicis, Regierungs-Secretariis, Advocaten, Professoribus und ihren Frauen,

Nro. 10. Geheimen Cabinets Cancellisten, Commercien-Räthen, Registratorn, Buchhalteren, geheimen Cancellisten, und ihren Frauen,

Auf der Dritten *Loge*.

Rechter Hand:

Nro. 1. Denen samtlichen Bau-Officianten und ihren Frauen,

Nro. 2. / Nro. 3. Magistrats-Personen und ihren Frauen,

Nro. 4. Küchen- Keller-Officianten, Silber-Cämmerlingen und ihren Frauen,

Nro. 5. Characterisirten Artisten und deren Frauen,

Nro. 6. Denen characterisirten ersten Artisten und ihren Frauen,

Auf der Dritten *Loge*.

Lincker Hand:

Nro. 7. Denen Cammer-Musicusinnen,

Nro. 8. Comœdianten und Comœdiantinnen, wann sie nicht agiren,

Nro. 9. Hof-Fouriers- und Cammer-Laquayen ꝛc. Frauen,

Nro. 10. Cancellisten von samtlichen Balleyen und ihren Frauen,

Nro. 11. Handelsleuten, Buchdruckern, Gold-Arbeitern u. d. und ihren Frauen,

angewiesen, zu solchem Ende auch zu einer jeden von gedachten Abtheilungen der Zweyten und Dritten Loge ein Schlüssel verfertiget, und bereits dem Rang nach an die erste von denen in vorbemeldten Rubriquen benannten Personen ausgegeben worden: Dahero von denen übrigen diejenige, welche eigene Schlüssel zu ihrer Abtheilung verlangen, selbigen allda abfordern, und jene darnach verfertigen lassen können.

Avertissement
für das neue Opernhaus in Suttgart 1752

siker und des Theaterpersonals hat er aber nicht angefertigt. 1908 veröffentlichte Rudolf Krauß[6] erstmals eine vollständige Geschichte des Stuttgarter Hoftheaters »von den ältesten Zeiten bis zur Gegenwart«, also bis zum Anfang des 20. Jahrhunderts.
Die Absicht des Verfassers war es, ein lexikalisches Verzeichnis der Musiker, die bei der Eröffnung des Theaters im Jahre 1750 angestellt waren, der Tänzerinnen und Tänzer seit Gründung des Balletts im Jahre 1757 und des übrigen Theaterpersonals bis 1800, zu erstellen. Dabei ging es auch darum, die Personen, von denen nur der Nachname bekannt war, nach Möglichkeit zu identifizieren und ihre Tätigkeit am württembergischen Hof nachzuweisen. Der Verfasser geht davon aus, dass er mit den nachfolgend genannten Quellen das Theaterpersonal vollständig erfassen konnte. Es war nicht geplant, eine Biographie oder ein Werkverzeichnis der einzelnen Personen zu erstellen. Dies hätte den Rahmen der vorliegenden Publikation gesprengt und soll einer späteren Veröffentlichung vorbehalten bleiben.

Die Quellen

1. Die Akten des Hauptstaatsarchivs Stuttgart

Die Musiker und das übrige Theaterpersonal unterstanden dem Oberhofmarschall. Als Maitre de Plaisir fungierte der Regierungs- und Hofrat Albrecht Jakob Bühler, der für das Personal zuständig war und die Entscheidungen des Herzogs (Dekrete) vorbereitete. Eine Abschrift des Dekrets ging an die Rentkammer, die die Auszahlung der Besoldungen und der Gagen zu veranlassen hatte. Die Personalakten sind in keiner Weise vollständig und enthalten in der Regel nur Schriftstücke, die sich zufällig bis heute erhalten haben. Insbesondere fehlen meist die Anstellungsdekrete oder Dekrete über die Fortsetzung der Engagements. Die meisten Schriftstücke sind Bittschriften für die Erhöhung der Besoldung und der Gagen. Die herzogliche Entscheidung wurde gleich auf der Rückseite des Schreibens angebracht, meistens »... soll zur Geduld verwiesen werden« oder »soll abgewiesen werden«.

Oberhofmarschall

A 21 Bü 612–613	Personalakten der Kapellmeister
A 21 Bü 614–617	Personalakten der Instrumentisten
A 21 Bü 619–620	Personalakten der Sänger und Sängerinnen
A 21 Bü 621	Ballett, Anstellungsgesuche, Tanzschule in Ludwigsburg
A 21 Bü 622–623	Ballettmitglieder
A 21 Bü 624–625	Theaterarchitekten, Maler, Bildhauer

A 21 Bü 626	Theatermaschinisten
A 21 Bü 627	Theaterschneider, Friseure, Hofpoet Lazaroni
A 21 Bü 628	verschiedene Theaterbediente

Rentkammer

A 248 Bü 205, 208, 209 Anstellungsdekrete

Akten der Hohen Karlsschule

A 272
Herzog Carl Eugen eröffnete im Jahre 1770 auf Schloss Solitude eine »Herzogliche Militär-Akademie« (seit 1773 unter dieser Bezeichnung), die 1781 von Kaiser Joseph II. unter dem Namen Hohe Carlsschule zur Universität erhoben wurde[7]. Die Zöglinge sollten nicht nur zu künftigen Ministerial-, Hof- und Kriegsdiensten erzogen, sondern in einer Kunstschule zu Kunsthandwerkern, Musikern, Sängern und Tänzern für das Theater ausgebildet werden. Das grundlegende gedruckte Werk ist immer noch die von Heinrich Wagner verfaßte »Geschichte der Hohen Carls-Schule«[8]. Es enthält eine Fülle von erschlossenem Material für Musiker, Sänger und Tänzer, insbesondere ein »Nationalverzeichnis« der Zöglinge und eine zweite Liste der »Stadtstudierenden«. Diese Listen enthalten Vor- und Zunamen, das Aufnahmedatum, das Alter bei der Aufnahme, Geburtsort, Beruf des Vaters, das Studienfach (z. B. Musikzögling) und die spätere Verwendung. Auf Grund der Altersangabe konnte in den Taufregistern der Geburtsorte der Schüler der genaue Tauf- oder Geburtstag und der genaue Name der Eltern, in den meisten Fällen jedenfalls, ermittelt werden.*

Akten der École des Demoiselles

A 273
Neben der Karlsschule gab es von 1773 bis 1790 die École des Demoiselles für die Ausbildung von Mädchen. Auch hier sind »Nationallisten« in den Akten vorhanden. Die Nationallisten in Privatbesitz wurden von Ernst Salzmann[9] veröffentlicht. Ich danke Frau Birgitta Häberer (geb. Gfrörer) für die Zustimmung, ihre unveröffentlichte Magisterarbeit über die École des Demoiselles auswerten zu dürfen.

2. Die Hofadreßbücher

Eine der Hauptquellen für das Theaterpersonal bilden die Hofadreßbücher. In ihnen sind der ganze Hofstaat und die Personen, die verschiedene Hofämter bekleiden, namentlich erwähnt. Insbesondere sind die Hofmusiker und später auch die Mitglieder des Hofballetts und der Opera buffa namentlich genannt.

Der erste Band wurde unter dem Titel publiziert: »Kurtze Beschreibung deßjenigen, was von einem Fremden in der altberühmten ... Residenz-Stadt Stuttgart, vornehmlich auf dem daselbsten Lust-Haus, neuen Bau, Kunst-Cammer ... Merkwürdiges zu sehen« (Stuttgart, 1736). Der spätere Titel lautet: »[Das jetzt lebende Würtemberg] Continuatio des jetzt lebenden Würtembergs, oder Beschreibung, was dermalen vor Standes- und andere Personen, so wohl bey Hoch-Fürstlich-Württembergischen Hof, der Cantzley.... und in dem gantzen Land im geistl. und weltlichen Stand seynd«.
Die Reihe beginnt mit dem ersten Jahrgang 1739. Der Band für 1743 ist wohl nicht erschienen. Ab dem 10. Jahrgang (1749) wurde die Reihe vom Verlag Bürckh unter der Hauptüberschrift: »Hochfürstl. Würtembergischer Adreß-Calender oder ... das jetzt florirende Wirtemberg«, ab 1757 unter dem Titel »Jetzt florirendes Würtemberg: oder herzogl. Würtembergisches Adress-Buch« herausgegeben.
Die Bände erschienen schon im November/Dezember für das kommende Jahr und enthalten deshalb den Personalbestand vom Herbst des Vorjahres. Es ist deshalb möglich, dass jemand, der im Dezember entlassen wurde, im Band des kommenden Jahres noch erscheint. Die Listen enthalten häufig nur die Nachnamen, ermöglichen aber, die Anstellungsdauer der einzelnen Künstler am Hof zu bestimmen. Die Personen mußten deshalb noch nach anderen Quellen identifiziert werden.

3. Die Familienregister der Stadt Stuttgart

Im Stadtarchiv Stuttgart existiert ein sogenanntes Familienregister, das Paul Nägele aus den Einträgen in den Tauf-, Ehe- und Sterberegistern bearbeitet hat. Für jede Familie hat er ein besonderes Blatt angelegt und darauf alle für diese Familie gefundenen Daten eingetragen. Die Forschung nach einzelnen Familien wird dadurch erschwert, dass er für Eheleute, die keine Kinder taufen liesen, kein Familienblatt angelegt hat. Man muss auf eine besondere Eheschließungskartei zurückgreifen. Die Familienblätter sind durch ein zweibändiges Register erschlossen, das nicht nur die Familien- und Vornamen, sondern auch die Berufe der Ehemänner enthält. Durch systematische Durchsicht konnte so eine Liste des verzeichneten Theaterpersonals erstellt werden.

4. Die Kirchenbücher

Zur Identifizierung der einzelnen Personen wurde ferner auf die bei der evangelischen Pfarrei Ludwigsburg vorhandenen Tauf-, Ehe- und Sterberegister zurückgegriffen. Für die meisten der Bände waren alphabethische Namensregister vorhanden, so dass man gezielt nach bestimmten Familiennamen suchen konnte. Da viele Künstler aus Frankreich und Italien stammten und katholisch waren, sind auch Taufen, Ehen und Todesfälle in den Registern der katholischen Pfarrei Stuttgart-Hofen eingetragen. Viele Personen sind zwar in Ludwigsburg oder Stuttgart gestorben, aber auf dem Friedhof in Hofen beerdigt. Durchgesehen wurden auch die Register der reformierten Gemeinde von Stuttgart, Cannstatt und Ludwigsburg.

5. Das Neue württembergische Dienerbuch

Eine weitere wichtige Quelle für das Theaterpersonal stellt das: »Neue württembergische Dienerbuch«[10] dar, das von Walther Pfeilsticker bearbeitet wurde. Er hat darin neben den fürstlichen und staatlichen Beamten für die Zeit vor 1806 auch die Angestellten bis zu den untersten Stellen festgehalten. Er hat u. a. auch die Landschreibereirechnungen, die Personalakten der Rentkammer, Dienerbücher, Besoldungslisten, Personalverzeichnisse u. v. m. ausgewertet, soweit sie noch im Hauptstaatsarchiv Stuttgart vorhanden waren. Er gliedert sein Buch nach Hofämtern. Der Musik und dem Theater widmet er einen besonderen Abschnitt. Er zitiert u. a. aus den Rechnungsunterlagen eine ganze Anzahl von Anstellungsdekreten, die in den Personalakten des Oberhofmarschalls nicht mehr vorhanden sind. Die Hofadreßbücher, die eine wichtige Quelle sind, hat er jedoch nicht ausgewertet.

Abkürzungen:

Bd. = Band
fl = Florin (= Gulden)
Geb. = geboren
HAB = Hofadreßbuch → Quellen 2.)
HStA = Hauptstaatsarchiv
ital. = italienisch
lt. = laut
NN = unbekannt
S. = Seite
Stgt. = Stuttgart

Gebräuchliche Kalendertage in Württemberg:

Lichtmeß = 2. Februar
Georgi = 23. April
Jakobi = 25. Juli
Martini = 11. November
Quasimodo = 1. Sonntag nach Ostern

Schreibweise der Namen:

Verweisungsformen der Namen sind nicht im Lexikon aufgenommen, sondern über das Namensregister recherchierbar.

Verweisungen:

Verweisungen (→) in andere Lexikateile sind wie folgt gekennzeichnet:
→ [H] = Hofmusiker
→ [B] = Ballettpersonal
→ [K] = Komödianten
→ [T] = Übriges Theaterpersonal

Die Hofmusiker

Über die württembergische Hofmusik sind neben den Standardwerken von Sittard und Krauß auch weitere Publikationen insbesondere von Bossert[11], Owens[12], Drüner[13] und Golly-Becker[14] erschienen. Die erste gedruckte Liste der Hofmusiker befindet sich im Hofadreßbuch von 1736[15]. Danach gab es folgende Musikerstellen: Oberkapellmeister, 4 Konzertmeister, 5 erste Violinen, 2 zweite Violinen, 2 Bratschen, 3 Bassisten, 2 Hautboisten (= alte französische Bezeichnung für Oboist), 2 Waldhornisten, 1 Viol. de Gambist, 2 Hoforganisten, 1 Lautenistin, 2 Sängerinnen, 2 Altsinger, 2 Tenoristen und 1 Vocalbassisten, also insgesamt 31 Personen. Durch Sparmaßnahmen wurde deren Gehalt bereits auf Jakobi (25. Juli) 1735 wesentlich herabgesetzt und nach dem Tode Herzog Carl Alexanders am 12. März 1737 das gesamte Musikpersonal entlassen. Erst auf Georgi (23. April) 1738 hat die herzogliche Administration wieder eine Hofkapelle gegründet, aber mit bedeutend geringeren Gagen. Nach der Liste von 1739 wurde die Kapelle auf 24 Musiker verkleinert[16]. Werden sie noch 1744 alle als Hofmusikus bezeichnet, sind sie 1745 nun in Kammer-, Hof- und Kirchenmusiker eingeteilt und bei der Kammermusik ist der Titel »Virtuose« eingeführt[17].

Bei der Eröffnung des Theaters 1750 bestand die Hofkapelle aus 37, überwiegend deutschen Musikern. Unter der Leitung von Oberkapellmeister Niccolò Jommelli wurden frei werdende Stellen weitgehend mit Italienern besetzt. Die Ballette für Jean George Noverre wurden von Florian Deller und Jean-Joseph Rodolphe komponiert. Bei der 1770 gegründeten, späteren Karlsschule, wurden auch Musiker ausgebildet. Schon während ihrer Schulzeit wurden sie bei der Hofmusik offiziell verwendet. Erstmals erscheinen ihre Namen im Hofadreßbuch von 1778. Obwohl sie noch nicht aus der Karlsschule entlassen wurden, trugen die meisten den Titel „Hofmusikus", aber von den noch vorhandenen „altgedienten" Musikern werden dabei nur wenige als Hofmusikus bezeichnet. Nach welchen Gesichtspunkten der Titel vergeben wurde, konnte nicht festgestellt werden. Im Jahre 1781 wurden 21 Musiker aus der Karlsschule entlassen und zur Hofmusik übernommen. Weitere zwölf folgten bis 1787 nach. In diesem Jahr hatte die Hofkapelle eine Anzahl von 65 Musikern, die bis 1793 auf 57 reduziert wurde und bis 1800 in etwa gleich geblieben ist.

Unter der Regierung von Herzog Ludwig Eugen (1793–1795) wurden Hofmusik, Ballett und Schauspiel abermals neu organisiert. Die Oberleitung übernahm eine vierköpfige Direktion bestehend aus Hausmarschall Carl Friedrich Reinhard von Gemmingen, Hofrat Johann Friedrich Kaufmann, Obristwachtmeister Franz Karl von Alberti und Hofrat Johann Georg August von Hartmann. Mit Vertrag vom 23. 12. 1796 wurde das Theater an den Schauspiel-Direktor Wenzeslaus Mihule von Nürnberg verpachtet. Die Direktion wurde in eine Oberdirektion umgewandelt und Mihule wurde Schauspiel-Direktor. Er hatte wenig Erfolg und bat auf 22. 7. 1797 um seine Entlassung. Neuer Pächter wurde der Leutnant und Auditor Christian Karl Gottfried Haselmaier. Die Oberdirektion lag bei Karl Graf von Zeppelin. Haselmaier wurde in die Direktion, bestehend aus Kaufmann, von Alberti und Hartmann, neu aufgenommen.

Im November 1801 ging Haselmaier in Konkurs. Das Theater wurde wieder der herzoglichen Verwaltung unterstellt. Die bisherige Direktion trat Anfang 1802 zurück und Ulrich Lebrecht Baron von Mandelsloh wurde alleiniger Intendant.
Für die Kapelle nennt das Hofadreßbuch 1736 an Instrumentalisten: Violinisten, Bratschisten, Bassisten, Hautboisten und Waldhornisten[18]. Später tauchen folgende weitere Bezeichnungen auf: 1741 Violoncellist, 1746 Cymbalist und Theorbist, 1748 Premier Symphonist, 1749 Diskantistin als Singstimme, 1750 Flautetraversist, 1754 Contralto als Singstimme, 1754 Clavicimbalist (ab 1780 Clavicinist), Contrabassist, 1757 Violette (ab 1775 Viole), 1761 Calascione, 1769 Fagott. Die heutige Bezeichnung Oboe erscheint erstmals im Hofadreßbuch 1775 und wurde ab diesem Jahr beibehalten.

Abeille, Johann Ludwig Christian
Clavicinist
Geb. 20. 11. 1761 in Bayreuth als Sohn des Hoffriseurs Louis Abeille und der NN geb. Dubie. Aufnahme in die Karlsschule am 28. 7. 1773 zur Musik, Austritt 10. 5. 1782 zur Hofmusik. Im HAB als Clavicinist 1780–1800. Heirat am 3. 9. 1785 in Stgt. mit Hedwig Henriette, Tochter des Hofinstrumentenmachers → Johann Friedrich Haug und dessen Ehefrau Christina Dorothea, Tochter des Hofmusikers Jakob Ferd. Hertlen. 1793 Rektor der Musik der Stiftskirche. Er ist am 2. 3. 1838 in Stgt. gestorben.

Abweser (Abeser), Johann Philipp
Capellknab
Geb. um 1720 als Sohn des Nikolaus Abweser, Hofmusikus in Karlsruhe. Capellknab mit Dekret v. 15. 6. 1736 bis 9. 9. 1739. Er wird mit Dekret v. 23. 3. 1748 ab 1. Mai unter die Bande Hautbois des Kreis-Inf. Regiments platziert. Lebt noch am 5. 6. 1769. Im HAB als Capellknab 1745–1749

Agiziello (Agiziella), NN, Madame
Sopranistin
Mit Dekret v. 10. 7. 1769 werden ein fremder Tänzer (→ [B] Agiziello) und seine Frau als Sängerin auf 6 Jahre für 1500 fl. engagiert. Im HAB 1770 und bei der Opera buffa 1770.

Annello geb. Lolli, Brigitta
Sängerin
Sie ist bei der Opera buffa lt. HAB 1768. Sie heiratet am 27. 4. 1769 den Tänzer → [B] Josephus Annello.

Anzani, NN
Tenorist
Wird mit Dekret v. 29. 1. 1770 während der Karnevalszeit bei der Opera engagiert mit 140 fl. (Nach Mendel[19], Bd. 1, S. 241 ist ein Giovanni Ansani aus Rom 1770 in Kopenhagen, 1774 in Holland, 1782–84 in London, dann in Florenz u. Neapel).

Aprile, Giuseppe (Joseph), genannt Sciroletto
Sänger-Kastrat
Wird mit Dekret v. 15. 4. 1762 *wiederum* angestellt. Im HAB 1761, 1763, 1764, 1766–1769. Er ist am 14. 3. 1769 entwichen, habe eine konsiderable Summe Geldes mitgenommen und über 1600 fl. Schulden. Er schreibt am 11. 4. 1769 von Bologna aus, er gedenke, nicht mehr zurückzukehren. Wird mit Dekret v. 3. 5. 1769 entlassen.

Aprile, Raphael
Violinist
Im HAB 1766, 1768–1769. Wird mit Dekret v. 3.5.1769 entlassen.

Arnold, Matthäus
Hofpauker und Trombe
Geb. 13.8.1748 in Bonlanden als Sohn des Schuladjunkts Matthäus Arnold.
Im HAB 1797–1800.

Arnold, NN
Violinist
Im HAB 1775–1777

Augustinelli (Agustinelli), Thorante
Flötist, Kammermusikus
Im HAB 1769–1772. Seine Frau Luigia ist Figurantin b. Ballett.

Bachmann, Johann Ludwig
Corno, Waldhornist
Mit Dekret v. 27.5.1760 ab Lichtmess 1760 bis zu seiner Entlassung am 30.4.1764. Im HAB 1761–1764.

Bachmayer, Johann Christoph
Violinist, Hofmusikus, Musikaufseher im Waisenhaus, Hautboist beim Leibinfanterie-Regiment. Geb. 18.12.1770 in Ludwigsburg als Sohn des Grenadiers Johannes B.
Nicht im HAB.

Bachmayer, Johann Jakob Ulrich
Violinist
Geb. 10.4.1765 in Stuttgart als Sohn des Dragoners Johannes B. Aufnahme in die Karlsschule am 1.5.1775 zur Musik, Austritt am 25.6.1787 als Hautboist. Im HAB v. 1778–1800. Gestorben 1830.

Baglioni, Luigi
Violinist, Kammermusikus
Geb. in Mailand als Sohn des Sängers Francesco Baglioni. Mit Dekret v. 28.1.1762 ab Martini 1761. Im HAB 1762–1774. Verheiratet am 7.2.1771 in Stgt.-Hofen mit Maria Theresia Martini v. Donzdorf. Zwei Kinder 1772 und 1773 in Ludwigsburg geboren.

Balletti, Rosina (Elena Riccoboni)
Sängerin
Geb. 6.10.1767 in Ludwigsburg als uneheliche Tochter des Ballettmeisters Luigi Balletti und der Anna Barbara Nestlin. Auf der École des Demoiselles 30.4.1775, Im HAB 1778–1787. Am 18.8.1787 nach Paris entwichen.

Baltz, Johann Friedrich
Hofmusikus, Notist, Kopist
Wird mit Dekret v. 12.11.1745 Notenschreiber, mit Dekret v. 6.6.1754 Hofnotist in Ludwigsburg. Im HAB 1747–1774.

Bamberg, Georg Philipp
Hoforganist
Geb. in Hildburghausen als Sohn des David Christian Bamberg. Von 1725–1729 Collaborator und Organist in Calw, wird mit Dekret v. 3.5.1728 ab Georgi 1728 anstelle des verstorbenen Nicolai Hoforganist. Im HAB 1736–1767. Erhält Pension ab Jakobi 1755. Gibt gedruckte Textbücher zur Figural-Musik heraus. Er hat 1734 u. 1738 eine Besoldung von 300 fl. Er heiratet vor 1735 Johanna Friederike, Tochter des Hofmusikers Nikolaus Nicolai. Sein Schwiegersohn Johann Gottfried Zellmann ist Exercitienmeister am fürstl. Gymnasium in Stgt.

Barth, Johannes
Fagottist, Hoboist, Kammermusikus
Geb. 4.12.1737 in Stgt. als Sohn des Zollers Johannes Barth. Im HAB als Fagottist 1769–1771, 1773–1777.

Bartroff, NN
Violinist
Im HAB 1775–1777.

Bassi, Catharina
Sopranistin
Mit Dekret v. 9.8.1757 rückwirkend ab 1.10.1756 bis Georgi 1759. Zweite ital. Sängerin. Sie kam von Bayreuth und reiste wieder nach Italien.

Baz, NN
Cellist
Im HAB von 1775–1777.

Bertarini, NN
Musiker
Bei der Opera buffa im HAB 1767, als Suggeritore im HAB 1768–1772.

Bertram (Bertrand), NN
Violoncellist
Im HAB 1775–1778.

Bertsch, Johann Christian
Bassist, Kapellorganist, Hofkantor, Musikmeister auf der Karlsschule
Geb. 17. 11. 1736 in Gochsheim als Sohn des Knabenschulmeisters Josef Bertsch in Vaihingen/Enz. Im HAB 1774 Basso, 1778–1792 Organist, 1793–1796 Clavicinist, 1797–1800 Clavicinist und Kantor.

Besozzi, Antonio
Hautboist
Geb. 1714 in Parma, ab 1740 in Dresden. Im HAB 1759.

Besozzi, Carlo
Hautboist
Geb. 1744 in Dresden als Sohn des Antonio Besozzi, vom Vater ausgebildet, 1755 in der Dresdener Hofkapelle. Im HAB 1759.

Beurer, Jakob Adam
Hofmusikus, Hornist, Corno
Geb. 21. 4. 1757 in Stgt. als Sohn des Leibgrenadiers Johannes Beurer. Aufnahme in die Karlsschule am 5. 2. 1770 zur Musik, Austritt 25. 7. 1781 als Hofmusikus. Im HAB 1778–1800.

Bianchini, Giovanni Battista
Violinist, Symphonist, Konzertmeister
Wird mit Dekret v. 7. 1. 1747 ab Martini 1746 bis 30. 4. 1748 als Premier-Symphonist mit einem Jahresgehalt von 600 fl. angenommen. Wird mit Dekret v. 23. 10. 1748 Concertmeister. Das Gehalt bleibt bei 600 fl. Erhält vom Kirchenkasten für seine Dienste bei den Festivitäten 50 Reichstaler. Er wird, nachdem er einige Zeit entfernt war, mit Dekret v. 20. 7. 1753 wieder mit 600 fl. in Dienst genommen, erhält aber für die Zeit seines Fernbleibens kein Kostgeld. Er ist am 27. 3. 1754 gestorben und in Stgt.-Hofen beigesetzt. Im HAB 1748–1749 als Premier Cammer Symphonist, 1750–1752, 1754 als Concertmeister.

Bigazzi (Brigazzi), Zenobi
Violinist
Kommt aus Florenz und wird mit Dekret v. 22. 1. 1763 ab Martini bis Georgi 1765 engagiert. Im HAB 1763–1765.

Bini (Pini), Antonio
Tenorist
Wird mit Dekret v. 18. 6. 1761 angestellt. Im HAB 1762.

Bini (Pini), Pasquale
Virtuose
Kommt aus Rom und wird mit Dekret v. 10. 12. 1753 erster Concert-Meister und Compositeur. Mit Dekret v. 1. 3. 1754 erhält er die Besoldung vom Kirchenrat mit 400 Dukaten vom 10. 12. 1753 an hälftig an Geld und Naturalien, *nebst freier meublierter Logierung* in Stgt. und Ludwigsburg, vom 12. 12. 1753 ab monatl. 12 fl. als Erster Concert-Meister und Compositeur di camera. Er wird am 15. 5. 1759 entlassen. Im HAB als Premier Concert-Meister 1755–1759.

Blandi, Francesco
Musikus
Wird mit Dekret v. 12. 4. 1757 ab 4. Februar angestellt. Nicht im HAB.

Blessner, Erhard Franz
Violette
Geb. 14. 9. 1712 in Stgt. als Sohn des Hofmusikus Georg Christoph Blessner. Zunächst Hautboist bei der Leibgarde als Blesner sen. Im HAB 1769–1774.

Blessner, Johann Ludwig
Hautboist, Violinist
Geb. um 1750, vermutl. als Sohn des → Erhard Franz B., Hautboist bei der Leibgarde, im HAB als Luigi jun. ab 1775, ab 1769–1791 als Blesner, Hautboist, als Ludwig Blesner 1779–1787 Violino, 1788–1790 Basso. Als Hofmusikus 1782–1788.

Bloss, Andreas
Hoftrompeter, Waldhornist
Er war Husarentrompeter in Ludwigsburg und wird mit Dekret v. 30. 11. 1753 ab 1. 12. bis Martini 1755 Hof-Waldhornist. Im HAB 1755 als Waldhornist. Wird mit Dekret v. 23. 2. 1762 ab 21. 11. 1761 Hoftrompeter und ab 23. 12. 1767 bis zu seinem Tod Hoftrompeter auf der Karlsschule. Er ist am 15. 10. 1776 in Cannstatt gestorben. In 2. Ehe war er verheiratet am 7. 7. 1763 mit Sophie Dorothea, der Tochter des Hoftrompeters Johann Adam Dambach.

Böhm, Johann Michael
Konzertmeister, Titular-Sekretär
Konzertmeister in Darmstadt, wird mit Dekret v. 3. 6. 1729 ab Lichtmess Sekretär der Kammermusik mit 100 Louis d'or. Das Gehalt wird auf Jakobi 1735 reduziert auf 600 fl., dann wird die ganze Hofkapelle entlassen. Auf Georgi 1738 wird die Hofkapelle neu gegründet. Er erhält aber nur 300 fl., ab 1740 aber 350 fl. Er bittet 1745 um seine frühere Besoldung mit 100 Louis, wird aber abgewiesen. Wenn der Concertmeister Freudenberg krank sei, solle er die Concertmeisterstelle versehen. Man solle im Übrigen den Musikern bedeuten, dass keiner, wenn Ball gehalten wird, wegbleibe. Im HAB ist er 1736, 1739–1755 Konzertmeister und Titular-Sekretär. Er wird an Jakobi 1755 pensioniert.

Bofinger, Johann Gottlieb
Lehrer des Gesangs am Gymnasium, Stiftstenorist
Geb. 22. 5. 1752 in Stgt.-Feuerbach als Sohn des Schneiders Ruprecht Bofinger. Im HAB ist er 1800 als Violinist genannt. Wird ab 1. 7. 1801 Stiftsorganist und Musiklehrer. Gestorben in Stgt. am 28. 11. 1818.

Bonafini, Elisabeth Katherine
Sopransängerin
Geb. um 1750 in Lendinara (Rovigo) als Tochter des Ludovico Bonafini. Sie wurde in Dresden ausgebildet und debütierte 1765 im Theater San Moise in Venedig. Im HAB ist sie bei der Opera buffa v. 1767–1771 und als Sopran 1769–1771 genannt. Nach einer Abrechnung des Theaterkassiers Hahn erhielt sie für ihr erstes Engagement 1000 fl. Beim zweiten Engagement ab 16. 10. 1766 jährl. 1600 fl. Sie erhielt aber von Georgi bis Martini 1766 1000 fl. und von Martini 1766 bis Georgi 1767 gebühren ihr nochmals 1000 fl. Aus der Theatralkasse erhielt sie von Georgi 1767 bis 18. 11. 1770 jährl. 3400 fl.
Sie war bevorzugte Maitresse des Herzogs Carl Eugen und war mit ihm von Dez. 1766 bis Juli 1767 in Venedig. Ein Sohn Carl ist am 2. 7. 1768 in Ludwigsburg geboren und am 1. 5. 1769 in Ludwigsburg gestorben und in Stgt.-Hofen beerdigt. Der zweite Sohn Carl ist am 18. 5. 1770 in Ludwigsburg geboren, war Offizier im Kapregiment und in Java verschollen.
Nachdem Herzog Carl Eugen Franziska v. Leutrum kennenlernte, entledigte er sich der Bonafini, indem er sie am 15. 12. 1771 in Stgt.-Hofen mit seinem Leibpagen Emanuel Balthasar Leopold von Pöltzig verheiratete. (Heiratsvertrag im Hauptstsaatsarchiv Stgt., A 8 Bü 222, VIII). Sie hatte noch als Sängerin große Erfolge in Italien und St. Petersburg. Der Musikschrift-

steller Johann Friedrich Reichardt besuchte sie 1790 in Modena, wo sie am 16. 11. 1826 starb (Reichardt in Musikal. Monatszeitschrift Juli 1792, S. 17). In »Joseph Gorani's franz. Bürgers geheime u. kritische Nachrichten von den Höfen .... 3. Teil, Cölln 1794« wird sie als die Aspasia von Modena beschrieben.

Bonani (Buonani), Monica (Monaca)
Sängerin, Sopran
Wird mit Dekret v. 7. 7. 1759 ab Mai angestellt. Im HAB v. 1760–1772 und bei der Opera buffa 1769–1772. Sie soll nach den Geburtstagsfestivitäten 1771 *ihren Abschied haben*. Verlangt mit Schreiben vom 9. 10. 1772 ihre rückständige Gage mit ca. 3500 fl. Im August 1775 war sie in Parma und bittet um erneute Anstellung. Der Herzog lässt ihr mitteilen, dass sie nicht mehr benötigt werde.

Bonsold (Bohnsold), Johann Conrad
Cellist, Contrabasso und Hautboist
Ursprünglich Hautboist unter Prinz Louis. Im HAB 1769–1777 als Cellist, 1778–1790 als Contrabasso, 1791–1797 als Contrabasso und Oboist.

Bordoni, Giuseppe
Contrabassist, Cammervirtuose
Kommt von Bologna und wird mit Dekret v. 4. 11. 1769 als Contra-Bassist mit einer Gage von 700 fl. und 40 Dukaten An- u. Abreisegeld in Dienst genommen. Im HAB v. 1770–1773.

Boroni, Antonio
Oberkapellmeister
Geb. um 1738 in Rom, dort gest. 21. 12. 1792. Er wird mit Dekret v. 18. 4. 1770 aus Venedig engagiert, ab Mai an den Hof zu kommen und bis September des Jahres zu bleiben, erhält für die Reise 40 Dukaten und ein Apointment von 150 Dukaten. Er erhält mit Dekret v. 17. 6. 1771 als Oberkapellmeister eine Gage von 2500 fl., 12 Mess Holz und freies Quartier auf 4 Jahre. Mit Dekret v. 18. 10. 1774 erhält er einen neuen Accord ab 17. 6. 1775 auf weitere 4 Jahre bis 1779 mit 2700 fl., 12 Mess Holz, 68 Pfund Wachslichter und 50 Dukaten Reisegeld. Im HAB ist er nur von 1772–1777 genannt und ist bereits 1778 wieder in Rom.

Bouquet (Bocquet), Peter Franz
Contrabasso
Geb. 1758 in Oßweil als Sohn des Kammerhusaren Peter Franz Bouquet. Wird im HAB als Contrabasso 1778 genannt. Aufnahme in die Karlsschule am 9. 6. 1777, Austritt am 16. 1. 1778 zum Regiment Gablenz.

Bozzi, Francesco
Kastrat, Sopran
Vom Herzog zu Bologna gehört und aus der Lehre hinweg in den Dienst genommen. Erhält mit Dekret v. 27. 4. 1754 ab 13. 6. 1753 600 fl., wovon ihm 100 fl. für das Lehrgeld, das der Herzog bezahlt, abgezogen werden. Das Gehalt wird mit Dekret v. 24. 5. 1754 auf 660 fl. erhöht. Er ist am 24. 11. 1760 *durchgegangen*.

Bräuhäuser, Jakob Friedrich
Hautboist, Violinist
Geb. 15. 1. 1761 in Stgt. als Sohn des Johannes B., Pfeifer b. d. Leibgarde zu Fuß. Aufnahme in die Karlsschule 16. 12. 1770 als Tänzer, am 24. 6. 1781 entlaufen. Ab Georgi 1794 mit Dekret v. 12. 4. 1794 als Violinist. Im HAB 1798–1800 (als Redouten-Walzer-Fabrikant bezeichnet).

Breitling, Benjamin
Violist
Im HAB als »Viole« 1778.

Breitling, Lukas
Hofmusikus, Violinist
Geb. 12. 7. 1757 in Ehningen bei Böblingen als Sohn des Corporals Christoph Friedrich B. Aufnahme in die

Karlsschule 5. 2. 1770 als Musikzögling, Austritt 25. 7. 1781 als Hofmusikus. Im HAB v. 1779–1800.

BRESCIANELLO, JOSEPH (GIUSEPPE ANTONIO)
Musikdirektor, Oberkapellmeister
Er kam mit der Erzherzogin v. Bayern im Jahre 1715 von Venedig. Mit Dekret v. 19. 11. 1716 wird er ab 19. 10. 1716 am württ. Hof angestellt als Musikdirektor und Maitre des Concerts de la Chambre. 1717 wird er als Concertmeister genannt und wird von Schwarzkopf beurteilt, 1720 als Musikdirektor, 1722 als Capellmeister mit einer Besoldung von 1150 fl, 1738 als Oberkapellmeister mit einer reduzierten Besoldung von 1000 fl. Er erhält ab 18. 7. 1744 als seit Jahren Verabschiedeter eine jährl. Besoldung bis Jakobi 1755, dann eine Pension.
Er heiratete um 1727 Margaretha, die Tochter des Ludwigsburger Handelsmanns Julius Lazaro und der Margarethe geb. Julini. Zwischen 1728 und 1745 wurden 15 Kinder in Ludwigsburg und Stgt. geboren, davon sind 7 im Kindesalter gestorben. (Ein Franz Alphons Brescianello war 1730 Pate). Herzog Eberhard Ludwig widmet er am 26. 1. 1718 das Singspiel »Pyramus und Thispe«. Im HAB 1736 und 1745–1758 als Oberkapellmeister. Er ist in Ludwigsburg am 3. 10. 1758 gestorben.

BROCK GEB. HERDLEN, HENRIETTE DOROTHEA
Sängerin, Diskantistin
Geb. 14. 11. 1741 in Stgt. als Tochter des Waldhornisten Jakob Friedrich Herdlen. Mit Dekret v. 7. 4. 1761 wird sie Diskantistin an der Schlosskapelle. Im HAB 1761–1763 als Sopranistin Herdlin. Sie heiratet am 29. 11. 1764 in Stgt. den fürstl. Meisterjäger Johannes Brock. Von 1765–1769 und 1775–1778 ist sie im HAB als Sopranistin genannt. Gestorben am 15. 4. 1805 in Stgt.

BURKHARDI, NN
Sänger, Tenor
Im HAB von 1794–1796.

CAMPOLINI, LUISA
Sopranistin
Im HAB 1757.

CASSETTI, SALVATORE
Sänger, Tenor
Mit Dekret v. 26. 9. 1768 auf ein Jahr in Diensten von Ostern 1768 bis Ostern 1769. Gage 300 Dukaten und 60 Dukaten Abreisegeld. Im HAB 1769.

CESARI (CICERI), IGNATIO
Virtuos, Hautboist
Bisher Musiker beim König Stanislaus v. Polen, wird er mit Dekret v. 6. 11. 1744 als Hautboist angenommen. Im HAB von 1746–1755. Am 11. 3. 1755 entlassen. Seine Tochter ist vermutlich die Sängerin Anna Cesari (→ Seemann), die am 26. 9. 1767 in Stgt.-Hofen den Musiker → Johann Friedrich Seemann heiratet.

CELESTINO (CÖLESTINO), ELIGIO LUIGI
Violinist
Er kommt von London und wird mit Dekret v. 15. 4. 1776 Violinist als Concertmeister und Lehrer *in der Violin* bei der herzoglichen Akademie vom 15. 4. 1776 an. Erhält eine Gage von 1500 fl. und für die Anreise von London nach Stgt. 200 fl. Er ist am 23. 9. 1777 entwichen.

CIACCERI (CIACCHERI), FRANCESCO
Sänger, Sopran
Wird mit Dekret v. 9. 9. 1761 ab 25. 7. bis Martini 1764 angestellt. Im HAB 1762–1764.

COLA, DOMENICO ANTONIO
Colascione-Spieler
Mit Dekret v. 19. 4. 1760 in Dienst genommen. Im HAB 1761.

Cola, Giuseppe
Colascione-Spieler
Mit Dekret v. 19. 4. 1760 in Dienst genommen. Im HAB 1761.

Colombazzo, Victorino (Venturini)
Kammermusikus, Hautboist
Ein Hautboist Venturini Colombazzo ist 1763 in Bayreuth. Er wird mit Dekret v. 16. 5. 1763 ab Georgi Kammermusikus. Im HAB 1763–1768. Seine Tochter ist Figurantin beim Ballett. Zwei Kinder in Stgt. und Ludwigsburg geboren 1764 und 1767.

Commerell, Adam Friedrich
Hofmusikus, Hautboist
Geb. 26. 2. 1692 in Bondorf als Sohn des Rechnungsprobators Adam Friedrich C. Wird mit Dekret v. 31. 1. 1723 in Dienst genommen. Seine Bitten um Zulage werden 1757 mehrmals abgewiesen. Pensioniert Jakobi 1755. Verheiratet 27. 4. 1723 in Waiblingen mit Elisabeth Kärcher. Seine Tochter Charl. Kath. Sidonie ist mit dem Hofinstrumentenmacher Johann Fr. Haug verheiratet. Im HAB als Hautboist 1736–1777. Er ist am 23. 4. 1777 in Ludwigsburg gestorben.

Conti, Angelo
Contrabassist, Kammermusikus
Mit Dekret v. 11. 7. 1758 in Diensten. Er ist mit 33 Jahren am 6. 1. 1763 in Stgt. gestorben. Im HAB v. 1759–1762. Eine Tochter ist 1761 in Stgt. geboren.

Cortoni, Arcangelo
Tenorist
Mit Dekret v. 7. 7. 1759 ab Georgi und mit Dekret v. 24. 11. 1762 ab 1. Oktober. Im HAB 1760, 1761, 1763–1768.

Cosimi, Giuseppe
Tenor b. d. Kammermusik u. der Opera buffa
Wird mit dem anderen Personal der Opera buffa engagiert und erhält Gage ab Georgi 1767. Er behauptet jedoch, er sei vom Herzog in Venedig am 8. 3. 1767 mit 1500 fl. engagiert worden und verlangt eine Nachzahlung. Nach der Entlassung seiner Frau auf Martini 1769 erhält er mit Dekret v. 29. 7. 1769 2000 fl. Im HAB bei der Opera buffa 1768–1773 und als Tenorist 1769–1773. Er heiratet am 28. 9. 1767 in Stgt.-Hofen

Cosimi, geb. NN, Violante, die Witwe von Giacomo Masi genannt Menchini.
Sängerin
Sie wird als cantatrix romana bezeichnet. Ist noch im HAB 1769 als Violante Cosimi, Sängerin, genannt. Sie wird auf Martini 1769 entlassen und es wird ihr erlaubt, am 1. 9. 1769 abzureisen, wenn sie die Schulden ihres verstorbenen Ehemanns → Masi bezahlt hat. Sie ist aber lt. HAB 1769 und 1773 bei der Opera buffa.

Curie, Peter Friedrich Ferdinand
Hofmusikus, Basso
Geb. um 1758 in Mömpelgard als Sohn des Sonnenwirts. Aufnahme in die Karlsschule 29. 8. 1771 zur Musik, Austritt 26. 7. 1781 als Hofmusikus. 1785 entwichen. Im HAB 1778–1785.

Czerny, NN
Kammermusikus, Contrabasso
Im HAB von 1796–1798.

Dambach, NN
Corno
Im HAB von 1775 bis 1777.

Daube (Taube, Tauber), Johann Friedrich
Lautenist, Theorbist
Geb. um 1730. War ursprüngl. am Berliner Hof, wo ihn Herzog Carl Eugen 1744 engagiert hat mit einer Gage von 400 fl. ab Lichtmess. Er wird 1755 entlassen. Er bittet im Juli 1755 und mehrmals 1756 um eine erneute An-

stellung. Im HAB 1745 als Lautenist, 1746–49 als Theorbist, 1750–1755 als Flautetraversist, wieder von 1758–1765. Als Kammermusikus am 19. 8. 1765 entlassen. (Nach Mendel Bd. 3, S. 77 Musikschriftsteller und Komponist, nach der Stuttgarter Anstellung in Augsburg als Rat u. Sekretär der Akademie der Wissenschaften). Mit Schreiben vom 10. 6. 1756 an den Herzog, widmet er ihm sein Buch, »den Grund der Musik auf eine neue und kurze Art zu erlernen«. (Es handelt sich vermutl. um: Johann Friedrich Daube, »Generalbass in drey Accorden«, Leipzig, 1756).

Debuiser (Debuysere, Buysiere), Elisabeth Johanna
Sopranistin
Geb. 21. 12. 1775 als Tochter des Theaterschneiders Karl Joseph D. Im HAB v. 1792–1794. Sie wird vor 30. 7. 1794 entlassen. Sie heiratet am 12. 7. 1797 den Tenoristen → Christoph Friedrich Schulz.

Decker, Johann Georg
Musikmeister
Im HAB v. 1775–1787 Violino, 1788–1790 Sänger/Basso, 1794–1797 Violino, als Decker senior v. 1797–1800 Trombe. Er ist am 3. 2. 1808 in Stgt. gestorben.

Decker, NN
Sänger, Tenor
Im HAB als junior von 1796–1800.

Deller (Teller, Döller), Florian Johann Damascenus
Violinist, Ballettkomponist
Geb. 2. 5. 1729 in Drosendorf/Österr. Er wird mit Dekret v. 30. 6. 1751 ab 12. 2. in Dienst genommen. Er erhält 300 fl. teils in Geld und Naturalien. Er bittet den Herzog, ihn bei → Niccolò Jommelli die Composition erlernen zu lassen. Mit Dekret v. 13. 11. 1756 wird er zur Geduld verwiesen, bis Oberkapellmeister Jommelli zurückkommt, dann gedenkt man *ihm zu willfahren*. Deller bittet mit Schreiben vom 25. 9. 1764, die Ballettmusik für das nächste Jahr machen zu dürfen. Er wird auf 13. 8. 1771 *abgefertigt*. Er heiratet am 20. 4. 1761 Johanna Christiana, Tochter des Schönfärbers Ehrenfried Klotz. Acht Kinder sind in Stgt. und Ludwigsburg geboren. Er ist am 19. 4. 1773 in München gestorben.

D'Ettore, Guglielmo
Kammervirtuose, Tenor
Wird mit Dekret v. 28. 1. 1771 auf 4 Jahre von Ostern 1771 ab für 2200 fl. engagiert und erhält Reisekosten von Mailand nach Stgt. Er starb mit 35 Jahren und wurde am 30. 12. 1771 in Stgt.-Hofen beerdigt. Seine Witwe Maria Walburga bittet um Reisegeld zur Rückreise nach München.

Dieter, Christian Ludwig
Hofmusikus, Violinist
Geb. 13. 6. 1757 in Ludwigsburg als Sohn des Kanoniers Matthäus Dieter. Aufnahme in die Karlsschule am 16. 12. 1770 zur Musik, Austritt 25. 7. 1781 als Hofmusikus. Im HAB von 1778–1800. Heiratet am 22. 7. 1783 in Ludwigsburg Sophia Katharina Dobelmann und hat 12 Kinder.

Distler, Johann Georg
Musikdirektor, Violinist
Herzog Friedrich Eugen brachte ihn und seine Frau Ende 1795 von Bayreuth mit. Er musste → Johann Rudolf Zumsteeg zur Seite stehen. Im HAB 1796–1798.

Distler, NN, Madame
Sopranistin
Im HAB 1797–1800.

Dürr, Johann Christoph
Hoftrompeter
Geb. 9. 7. 1728 in Stgt. als Sohn des Hoftrompeters Johann Leonhard Dürr. Ursprüngl. beim Leibcorps, wird er mit

Dekret v. 19. 12. 1765 Hoftrompeter. Verheiratet 1766 mit Christina, Tochter des Hoftrompeters Andreas Martini.

Duntz, Georg Eberhard
Hof- und Kammermusikus, Violinist
Geb. 28. 1. 1705 in Stgt. als Sohn des Kriegsrats-Sekr. Johann Georg D. Wird mit Dekret v. 14. 4. 1719 Singerknabe, mit Dekret v. 15. 9. 1730 Kammermusikus, in Pension 1768/69. Im HAB 1736–1777. Gestorben in Stgt. am 27. 4. 1775.

Duretsch, NN
Contrabassist
Im HAB 1775–1777.

Eckardt (Eckert), Heinrich Gottlieb Gottfried
Hofpauker
Bisher Pauker unter der Husaren-Escadron, wird mit Dekret v. 15. 8. 1748 Hofpauker an des verstorbenen Eberhards Stelle. Wird zu den Husaren versetzt am 20. 8. 1753, wird aber wieder auf 30. 11. 1753 Hof- und Jagdpauker. Sein Gehalt wird vom Kirchenrat verabreicht, die Livrée wird von der Rentkammer angeschafft.

Eidenbenz, Johann Christian Gottlob
Hofmusikus, Viole
Geb. 22. 10. 1761 in Owen/Teck als Sohn des Präzeptors Johannes Eidenbenz. Aufnahme in die Karlsschule am 1. 6. 1776 zur Musik, Austritt am 19. 4. 1784 zur Hofmusik. Im HAB 1778 als Contralto, 1778–1800 Viole, Hofmusikus 1782, 1785–1800. Heiratet in Stgt. am 8. 2. 1789 Rosine Justina, Tochter des Hoflakaien Johannes Ziegler. Er ist gestorben in Stgt. am 20. 8. 1799 mit 37 Jahren, *dem Trunke ergeben*.

Elias, Johann Jakob
Hofmusikus, Hautboist, Violette
Geb. um 1735. Ursprünglich Hautboist bei der Leibgarde zu Fuß. Im HAB als Violettist 1769–1798, als Oboist 1794–1798, Hofmusikus 1789–98.

Emiliani, Angelo
Violinist
Kommt aus Bologna und wird mit Dekret v. 7. 7. 1759 Violinist. Mit Dekret v. 19. 10. 1761 auf Martini 1761 entlassen. Im HAB von 1760–1763.

Ensslen, Musikerfamilie
Die Ensslen gehen in Bopfingen mit dem Ratsherrn Wilhelm bis um 1500 zurück. Stammvater dieser im 18. Jh. verbreiteten Musikerfamilie ist Wolfgang Ensslin. Dessen Sohn Wolfgang Adam (geb. um 1643) ist Musikus und Organist in Bopfingen, der zweite Sohn Johann Georg (geb. um 1642) ist Stadtzinkenist in Kirchheim.

Ensslen, Georg David
Organist
Geb. 26. 8. 1689 in Bopfingen als Sohn des Organisten Wolfgang Adam E. Er ist ab 16. 6. 1721 Stadtorganist in Ludwigsburg, wird mit Dekret v. 14. 6. 1730 ab Georgi Hoforganist. In Ludwigsburg sind 10 Kinder geboren. Vermutlich der im HAB von 1756–1773 genannte Flautetraversist. Gestorben am 16. 5. 1772.

Ensslen, Georg Friedrich
Hautboist, Bassist
Geb. am 8. 1. 1694 in Kirchheim/Teck als Sohn des Stadtzinkenisten Johann Georg E. Ursprüngl. als Hautboist bei der Füsiliergarde, ist er 1734/38 Hofhautboist mit 50 fl. Im HAB als Enßlen senior Hautboist/Bassist 1739–1750. Als Hofmusikus gen. 1740/41, 1748/49, 1755/56.

Ensslen, Johann Balthasar
Hofmusikus, Violist, Bassist
Geb. 21. 2. 1706 in Bopfingen als Sohn des Organisten Wolfgang Adam E. Ab ca. 1727 Premier Hautboist bei dem Regiment zu Fuß. Bewirbt sich um die

vacante Hofhautboistenstelle und wird mit Dekret v. 3. 9. 1735 ab 1. 8. angenommen. Ensslen schreibt im Nov. 1751, die Stadtzinkenisten Stelle in Ludwigsburg sei im auf herzogl. Befehl *conferiert* worden. Nach dem herzogl. Regulativ sei es ihm jedoch unmöglich, die Stelle anzunehmen. Die Stadtzinkenistenstelle in Stgt. sei doppelt so hoch besoldet wie in Ludwigsburg (100 fl.) Er bittet, ihn in seiner Stelle als Hofmusikus zu belassen, was der Herzog mit Dekret v. 29. 11. 1751 genehmigt. Ensslen bittet in den Jahren 1756/57 viermal um Gehaltserhöhung, er habe nur 350 fl., wird aber zur Geduld verwiesen. Im HAB als junior Violist/Bassist 1740–1770. Er ist am 14. 8. 1770 in Ludwigsburg gestorben.

Ensslen, Karl August
Geb. 12. 2. 1747 in Stuttgart als Sohn des Hofmusikus Johann Balthasar E. Im HAB 1770–1786, 1788 als Violinist, 1779–86, 1788 als Hofmusikus. Gestorben vor 1802.

Ensslen, NN
Im HAB als Flautetraversist von 1756–1773.

Epp, Friedrich Franz Anton
Tenorist
Geb. 1747 in Neuenheim b. Heidelberg als Sohn eines Schullehrers. Beim Militär in Mannheim bis 1777, Debut an der Mannheimer Oper, schon 1780 erste Partien, galt als größter Mozartsänger seiner Zeit, in Mannheim entlassen 10. 10. 1797, Engagement in Stgt. 1778, am 4. 12. 1799 erneutes Debut in Mannheim, gab wegen Gemütskrankheit 1801 seine Stelle auf und starb in Mannheim am 7. 12. 1805.

Färber, NN, Mademoiselle
Sopran
Im HAB 1792–1800.

Fischer, Friedrich Andreas
Trompeter
Geb. um 1733 als Sohn des Kammermusikus Albrecht Andreas Fischer. Trompeter beim Leibcorps. 1762 Hoftrompeter. Heiratet am 30. 10. 1766 Regina Dorothea, Tochter des Hoftrompeters Johann Andreas Barth. Gestorben in Stgt. am 22. 6. 1773 mit 40 Jahren.

Fischer, Luise
Sopranistin
Auf der École des Demoiselles gen. 1791, aber nicht in den Nationallisten. Im HAB als Sopranistin 1792–1796.

Franchi, Carolus
Kammervirtuose
Als Pate genannt 1768. Nicht im HAB.

Frankenberger geb. Vogel, Maria Johanna
Kammersängerin, Diskantistin, Sopranistin
Ursprüngl. Sängerin am Hof des Fürstbischofs Friedrich Karl v. Schönborn in Würzburg. Als sie von Hofauditor Georg Joseph Frankenberger ein Kind erwartet, wird sie des Hofes verwiesen und bekommt mit Dekret v. 12. 9. 1743 100 fl. Reisegeld. Der Bischof gestattet dem Auditor und Leutnant Frankenberger, sich mit Maria Johanna Vogel außerhalb der bischöfl. Diözese *copulieren* zu lassen. In Stgt. wird sie mit Dekret v. 2. 1. 1745 ab Martini 1744 als Sängerin mit einem Gehalt von 500 fl. angestellt. Ihre Besoldung wird 1755 auf 250 fl. heruntergesetzt. Mehrere Bittschriften. Erhält Urlaub, ihren Mann, jetzt im fürstlich-würzburgischen Infanterie-Regiment v. Hutten, im Sommer besuchen zu dürfen. Bittet den Herzog um ein Empfehlungsschreiben für den Bischof v. Würzburg. Wird auf Jakobi 1761 entlassen. Im HAB als Sängerin, Sopran, Diskant von 1746–1761. Sie ist am 7. 1. 1765 in Würzburg gestorben.

Frigeri, Lucia
Sopranistin
Wird mit Dekret v. 3. 9. 1770 anstelle der Anfang November *außer Dienst kommenden* Sängerin → Barbara Ripamonti auf ein Jahr angenommen und erhält 1000 fl. Gage und je 40 Dukaten für An- u. Rückreise. Ist aber im Juni 1772 noch in Ludwigsburg. Im HAB als Sopran 1771–1772, bei der Opera buffa 1771–1772.

Gabrieli, Matthias
Hofmusiker, Altist
Geb. um 1679 als Sohn des Handelsmanns Paul Gabrieli in Preßburg. Genannt als Altist von Martini 1701 bis Jakobi 1755, wird pensioniert. Im HAB von 1736–1768. Gestorben in Winterbach am 30. 1. 1768.

Gauss geb. Huth, Eberhardine Karoline Friederike
Opernsängerin
Geb. 3. 9. 1761 in Stgt. als Tochter des Stadtleutnants Johann Heinrich Huth. Auf der École des Demoiselles ab 21. 9. 1772, in Besoldung ab 1781, Im HAB als Hutt 1778–1782, als Gauß 1783–1800, wird 1809 pensioniert, gest. um 1836 in Stgt.

Gauss, Jakob Friedrich
Hofmusikus
Geb. 15. 1. 1758 in Urach als Sohn des Mesners Johann Jakob Gauss. Aufnahme in die Karlsschule am 29. 12. 1771 zur Musik, Austritt am 25. 7. 1781 als Hofmusikus. Im HAB 1778–1792. Gestorben jedoch bereits am 29. 1. 1791 in Stgt. Seine Besoldung wird mit Dekret v. 11. 10. 1791 verteilt. Er war verheiratet am 21. 11. 1782 mit → Eberhardine Karoline Friederike geb. Huth.

Gauss, Johann Jakob d. J.
Contralto, Violinist
Geb. 27. 3. 1766 in Urach als Sohn des Mesners Johann Jakob Gauss. Aufnahme in die Karlsschule am 3. 1. 1778 zur Musik, Austritt 1. 9. 1787 als Hautboist. Im HAB von 1779–1792.

Gebauer, Jakob
Musiker
Er ist von Venedig gekommen und soll am 16. 2. 1754 in Dienst genommen werden. Nicht im HAB.

Gianini, Casparo
Kontrabassist
Wird mit Dekret v. 12. 10. 1759 am 1. 9. engagiert. Entlassen Georgi 1766. Im HAB 1760–1766.

Giura, Agnello
Kammermusikus, Violinist
Wird angenommen mit Dekret v. 10. 3. 1758 ab 20. 10. 1756. Im HAB von 1757–1768. Er heiratet vor 1762 → Maria geb. Masi.

Giura geb. Masi, Maria
Kammervirtuosin, Sängerin
Sie war ursprüngl. mit der Mingotti-Truppe 1748 mit → Marianne Pirker und Hager in Hamburg und Kopenhagen, wird mit Dekret v. 18. 4. 1757 ab 20. 2. auf 6 Jahre verpflichtet und 1763 das Engagement auf weitere 6 Jahre verlängert. Im HAB v. 1757–1768. Ein Kind, Carl Heinrich, am 28. 7. 1762 in Ludwigsburg geboren.

Glanz, Johann Georg (Giorgio)
Violinist, Kammermusikus
Kommt aus Bayern und wird mit Dekret v. 25. 7. 1752 ab 10. 4. mit 400 fl. in Dienst genommen. Später erhält er 800 fl. Er bittet am 23. 9. 1770 um seine Entlassung, was der Herzog auf 11. 4. 1771 genehmigt. Im HAB als Bassist 1757–1768, als Violinist von 1753–1771.

Götz, Johann Friedrich
Hofmusikus, Violinist
Geb. um 1750 als Sohn des Stadtmusikus Johann Michael Götz von Schwäbisch Hall. Im HAB als Violinist 1769–1780. Er erhält 1775 eine Zulage von

200 fl. aus der Theatralkasse. Wird auf seine Bitte mit Dekret v. 24. 6. 1780 auf 21. 6. 1780 entlassen.

Gofre, NN, Mademoiselle
Contralto
Im HAB von 1797–1800.

Gotti, Antoine
Sopran
Engagiert mit Dekret v. 19. 10. 1762 ab 1. 6. auf 4 Jahre. Er wird aber auf Martini 1764 entlassen. Im HAB als Sopran nur 1764.

Grassi, Andrea
Sopran, Kastrat
Angenommen 1769, wird entlassen mit Dekret v. 4. 8. 1770. Im HAB 1770.

Gravina, Nicolaus
Violinist
Wird mit Dekret v. 1. 10. 1756 ab 1. 4. Violinist. Entlassen auf 11. 7. 1758. Im HAB v. 1757–1758. Er war verheiratet mit Maria Regina geb. Gigaud, ein Kind, Carl Joseph Jean André, in Ludwigsburg am 15. 5. 1758 geboren.

Greibe (Kreube, Kreibe), Gottlieb Ferdinand
Violette, Viole
Geb. 19. 10. 1717 in Winnenden als Sohn des Stadtzinkenisten Johann Franziskus Greibe. Mit Dekret v. 23. 5. 1769 wird der bisherige Hautboist bei der Leibgarde zu Fuß an Stelle des verstorbenen Hofmusikus Himmelreich mit dessen Besoldung angestellt. Im HAB als Violette/Viole 1769–1777. Er heiratet 1743 in Stgt. die Tochter des Hoftrompeters Joseph Christoph Hellwig.

Greibe, Johann Ehrenreich
Corno
Geb. 8. 3. 1720 in Winnenden als Sohn des Stadtzinkenisten Johann Franziskus G. Ursprüngl. Hautboist beim Kreisdragonerregiment ist er nach dem HAB von 1769–1774 Hornist.

Greiner, Jo(h)ann Martialis
Violinist
Geb. am 9. 2. 1724 in Konstanz. Er kommt aus Italien und wird mit Dekret v. 20. 9. 1753 ab 16. 7. für 700 fl. angestellt. Er war bisher *reduziert*, wird aber mit Dekret v. 3. 5. 1769 wieder angenommen und erhält ab Lichtmess wieder 700 fl. Er bittet 1773 um Gehaltserhöhung, er habe bereits eine Anstellung beim russisch-kaiserlichen Dienst und das Musikdirektorat beim Fürsten von Nassau-Weilburg abgeschlagen. Der Herzog entläßt ihn aber in Gnaden. Im HAB v. 1754–1773. Er wird 1775 fürstlich-hohenlohischer Musikdirektor.

Guadagni, Gaetanus
Sopran
Wird mit Dekret v. 26. 5. 1761 Musikus. Im HAB als Sopran 1762.

Guerrieri, Francesco
Virtuos, Sopran
Wird mit Dekret v. 12. 10. 1754 Sopranist. Im HAB v. 1756–1772.

Häberle, Johann Jakob
Hofmusikus, Corno
Geb. 12. 9. 1757 in Bittenfeld als Sohn des Friedrich Häberle, Profoss auf dem Hohen Asperg. Aufnahme in die Karlsschule am 16. 8. 1770 zur Musik, Austritt am 25. 7. 1781 als Hofmusikus. Im HAB v. 1778–1800. Gestorben 1820.

Häussler, Georg Jakob Ernst
Hofmusikus, Basso, Violoncello
Geb. 8. 1. 1761 in Böblingen als Sohn des Corporals Johann Jakob Häussler. Aufnahme in die Karlsschule am 16. 12. 1770 zur Musik, Austritt am 15. 12. 1781 als Hofmusikus. Im HAB als Basso 1778, als Violoncellist 1778–1787. Gestorben 1837 als Musik-Direktor in Augsburg.

Hager, Johann Christoph von
Tenorist
Er kommt aus Wien und wird mit Dekret v. 12.2.1751 als Tenorist mit einer Besoldung von 1200 fl. halb in Geld und halb in Naturalien angenommen. Er tut Dienst nicht nur bei der Kammermusik, sondern auch in der katholischen Kapelle. Er erhält ein Kostgeld von tägl. 2 fl. Er war ursprüngl. bei der Mingotti'schen Truppe in Kopenhagen. Er ist in Stgt. mit 48 Jahren am 17.2.1759 gestorben und in Stgt.-Hofen begraben.

Haller, Johann David Friedrich
Hofmusikus, Hofschauspieler, Theaterregisseur
Geb. 10. 12. 1761 in Schorndorf als Sohn des Feldwebels David Haller. Aufnahme in die Karlsschule am 1. 5. 1775 zur Musik, Austritt am 15.12.1781 als Hofmusikus. Im HAB als Contralto 1778, Basso und Hofmusikus 1779–1797. Gestorben am 21.11.1797 in Stgt.

Hardt, Johann Daniel
Violagambist, Kapellmeister, Oberkapellmeister
Geb. 8.5.1696 in Frankfurt a. M. Ursprüngl. am Hofe des Königs Stanislaus zu Zweibrücken, dann 4 Jahre Kammermusikus beim Bischof in Würzburg, wird ab 12.2.1725 Violagambist in Stgt. und ab Jakobi 1738 Oberkapellmeister. Im HAB 1736 als Violagambist, als Oberkapellmeister 1739–1745, Kapellmeister 1746–63. Er war in erster Ehe verheiratet mit Friederike Charlotte, Tochter des Kammermusikus Johann Wilhelm Schiavonetti. Er ist in Stgt. gestorben am 9.8.1763. Er hatte in zwei Ehen 16 Kinder.

Hartig, NN, Mademoiselle
Sopran
Vermutlich die bei Mendel Bd. 5, S. 72 genannte Johanna Hartig. Diese ist am 14.3.1779 in München als Tochter des Tenoristen Franz Christian Hartig geboren. Debut in München 1794. Nach dem HAB ist sie Sopranistin in Stgt. 1798–1799, danach in Mannheim engagiert.

Hauber, Christoph Albrecht
Violino, Fagott, Oboist
Geb. um 1760 in Wildberg als Sohn des Christoph Friedrich Hauber, Fourier beim hzgl. Militär. Aufnahme in die Karlsschule am 15.3.1771 zur Musik, Austritt am 14.6.1786 zur Hofmusik. Im HAB als Violino 1778–81, Fagott 1785–1800, Oboist 1791/98.

Haug, Johann Friedrich
Musikus, Hofinstrumentenmacher
Geb. um 1730 als Sohn des Jakob Haug, Schulmeister in Tegernau/Baden-Durlach. Im HAB als Hofinstrumentenmacher v. 1758–1800. Er war in 1. Ehe verheiratet mit Christiane Dorothea, Tochter des Hofmusikus → Johann Jakob Ferdinand Herdlen, in 2. Ehe mit Charlotte Kath. Sidonia, Tochter des Hofmusikus → Adam Friedrich Commerell. Seine Tochter Hedwig Henriette, geb. 1. 10. 1762, wurde die Ehefrau von Hofmusikus → Johann Ludwig Christian Abeille.

Heinel (Haindel, Hänel), Johann Friedrich
Violinist
Ein Gleichnamiger ist von 1750–1760 als »Braccist« in Bayreuth. Wird mit Dekret v. 20.2.1760 ab 2. Febr. Violinist. Im HAB von 1761–1767. Er heiratet am 31.3.1761 in Stgt.-Hofen Henriette, die Tochter des Hoftanzmeisters Peter Malter. Sie stirbt aber schon am 7.6.1761 und ist in Stgt.-Hofen begraben.

Herdlen, Johann Jakob Ferdinand
Waldhornist
Geb. am 18.3.1705 in Schorndorf als Sohn des Stadtzinkenisten Johann Conrad Hertlin. Ursprüngl. Hautboist

bei der Garde, wird er mit Dekret v. 7. 2. 1742 Waldhornist. Im HAB als Waldhornist/Violette v. 1745–1767. Offensichtlich hätte er entlassen werden sollen, bittet aber den Herzog, ihn weiterhin zu behalten, denn er habe bereits 23 Jahre gedient. Wird mit Dekret v. 9. 4. 1746 *gnädigst pardoniert*. Er ist am 30. 5. 1767 in Ludwigsburg gestorben. Seine Tochter Christina Dorothea ist mit dem Hofinstrumentenmacher → Johann Friedrich Haug, seine Tochter Henriette mit Johannes Brock verheiratet.

Hess, NN
Oboist, Hofmusikus
Im HAB 1797 und 1798. Ein Gottfried Paulus Hess ist Hautboist bei der Garde zu Fuß in Ludwigsburg 1756/1760.

Hetsch, Familie
Die in Württemberg zahlreich auftretenden Familienmitglieder gehen vermutlich auf einen Johann Heinrich Hetsch zurück, der Stadtmusikus in Nördlingen war und etwa um 1660 geboren sein müsste. Von ihm stammen die verschiedenen Hofmusiker, Stadtmusikanten, Stadtzinkenisten und Militärmusiker ab. Dessen Sohn → Caspar Heinrich Hetsch, geb. um 1687, 1711 Hautboist bei der Garde zu Fuß, Hofmusikus ab 1722, Stadtzinkenist in Stgt. Verheiratet mit Maria Rosina, Tochter des Hofmusikus Johann Christoph. Dambach. Er ist am 9. 9. 1754 in Stgt. gestorben. Sein Bruder Johannes Hetsch, geb. um 1690, gest. 30. 6. 1720 in Stgt. Vier Kinder.

Hetsch, Carl Friedrich
Hoftrompeter
Geb. 7. 2. 1769 in Urach als Sohn des Stadtzinkenisten Jakob Daniel Hetsch und Enkel v. Hofmusikus → Caspar Heinrich H. Aufnahme in die Karlsschule am 3. 10. 1789 als Trompeter. Wird Hoftrompeter mit Dekret v. 17. 10. 1794 ab 13. 10. bis Martini 1795, erhält dann Pension und wird mit Dekret v. 9. 9. 1799 wirklicher Hoftrompeter.

Hetsch, Carl Heinrich
Hoforganist, Clavicinist
Geb. 10. 8. 1750 in Ludwigsburg als Sohn des Stadtmusikus → Heinrich Christian Hetsch. Auf seine Bitte wird er 1771 als Hofmusikus für 200 fl. angenommen. Im HAB als Organist 1777–1792, als Clavicinist 1793–1796, Organist u. Clav. 1797–1800.

Hetsch, Caspar Heinrich
Hautboist, Stadtzinkenist
Geb. um 1687 in Nördlingen als Sohn des Stadtmusikus Johann Heinrich Hetsch. Ursprüngl. Hautboist bei der Garde z. Fuß 1711, wir er mit Dekret v. 20. 10. 1722 ab Jakobi 1722 Hofmusikus. Mit Dekret v. 6. 7. 1751 erhält er auch die Stadtzinkenistenstelle in Stgt. Im HAB v. 1736–1757 als Hautboist. Gestorben am 9. 9. 1754 in Stgt.

Hetsch, Christian Heinrich
Flautist, Violinist, Stadtzinkenist
Geb. am 19. 9. 1712 in Stgt. als Sohn des Hautboisten → Caspar Heinrich Hetsch. Ursprüngl. Hautboist bei der Fußgarde und dem Kreisdragonerreg., erhält er die Hofhautboistenstelle seines Vaters ab 1754. In der Personalliste 1755/56 als Flaute trav. zugl. Stadtzinkenist in Stgt. Im HAB v. 1756–1757 als Flaute trav., v. 1758–1768 als Violino. Er ist am 27. 3. 1782 in Stgt. gestorben. Sein am 10. 9. 1758 geborener Sohn Philipp Friedrich wird Hofmaler und Professor an der Karlsschule.

Hetsch, Friedrich jun.
Flautist
Im HAB v. 1773–1796.

Hetsch, Heinrich
Oboist, Hofmusikus
Im HAB von 1778–1800.

Hetsch, Johann Christoph
Hautboist
Geb. am 4. 12. 1716 in Stgt. als Sohn des Hofmusikus → Caspar Heinrich Hetsch. Er ist ursprünglich Hautboist beim Kreisdragonerregiment, zuletzt beim Leibregiment und wird mit Dekret v. 5. 7. 1757 mit 300 fl. vom 1. 5. ab als Hofhautboist angenommen. Im HAB ab 1756–1777. Erste Ehe mit Maria Barbara Sick in Mühlhausen a. N. am 7. 2. 1741, zweite Ehe mit Philippine Kath. geb. Krämer, Witwe des Hirschwirts Guckenberger zu Ludwigsburg am 20. 9. 1774, zu der der Herzog mit Dekret v. 17. 9. 1774 seine Zustimmung gibt. Er ist am 15. 8. 1799 in Stgt. gestorben.

Hetsch, NN
Violette, Viole
Im HAB 1775–1777.

Himmelreich, Johann Michael
Violinist
Geb. um 1715 als Sohn des Zimmermanns Kaspar H. aus Oberhayn, Schwarzenburg. Wird mit Dekret v. 12. 2. 1733 Violinist. Im HAB von 1736–1769. Gestorben vor Mai 1769.

Hirschmann, Wilhelm Friedrich
Contrabasso
Geb. 24. 1. 1757 in Sindelfingen als Sohn des Husaren Wilh. Friedr. Hirschmann. Aufnahme in die Karlsschule am 16. 3. 1770 zur Musik, Austritt 25. 7. 1781 als Hofmusikus. Im HAB als Contrabasso 1778–1800.

Höfelmaier (Hefelmaier), Tadeus
Violinist
Geb. um 1750 in Rastatt. Dessen Frau → Maria Anna H.

Höfelmaier geb. NN, Maria Anna
Sopranistin
Beide werden mit Dekret v. 26. 8. 1772 ab 18. 8. mit zus. 1100 fl. engagiert. Beide sind 1774 entlassen worden und bitten um Reisegeld. Im HAB 1773–1774. Sie ist bei der Opera buffa lt. HAB 1773. Er ist seit 1775 bei der kurfürstlichen Hofkapelle in Mainz.

Hoffmeister, Matthäus
Violinist
Anstellungsdekret v. 3. 5. 1769 mit 200 fl. Gage, von Ludwigsburg. Im HAB v. 1770–1774. Bittet 1772 um Zulage.

Holzbauer, Ignaz Jakob
Oberkapellmeister
Geb. 17. 9. 1711 in Wien. Wird mit Dekret v. 29. 11. 1751 ab 1. Sept. Oberkapellmeister. Wird auf Jakobi 1753 in Gnaden entlassen. Im HAB 1753. Seine Frau → Rosalie H.

Holzbauer, Rosalie
Kammermusikerin
Im HAB 1753.

Hübler, Georg Friedrich
Violette/Viole
Geb. um 1713 in Neuenbürg als Sohn des Stadtmusikus Johann Georg Hübler. Ursprüngl. Hautboist bei der Leibgarde zu Fuß, wird er 1769 Hofmusikus. Im HAB als Violette 1769–1775, als Viole 1776–87. Gestorben in Stgt. am 28. 4. 1787.

Hübsch verh. Mayer, Katharina Elisabeth
Sopranistin, Tänzerin
Geb. am 14. 1. 1760 in Stgt., unehel. Tochter der Johanna Regina Neher und des Grenadiers Johann Adam Hübsch. Im HAB 1782–1783. Sie heiratet am 4. 3. 1783 den Hofmusikus → Johann Friedr. Mayer. Im HAB als Hübsch 1779–1781 als Solotänzerin, 1782–1783 als Figurantin, als Mayer 1784–1787. Im HAB als Sopran 1784–

1790, als Contralto 1791–1795. Gest. am 9. 2. 1795 in Stgt. Der Witwer erhält eine Beihilfe von 100 fl. für die acht Kinder.

Hülmandel, Marianna
Sopranistin
Wird mit Dekret v. 15. 3. 1762 ab Martini 1761 bis zu ihrer Entlassung auf Georgi 1765 engagiert. Im HAB von 1762–1765. Vermutl. stammt sie aus der Musikerfamilie Hüllmandel aus Straßburg. 1750 ist ein Michael H. Musiker am Münster. Ein Nicolaus H. ist in Straßburg 1751 geboren und ein Neffe des Hornisten → Jean Joseph Rudolph.

Huth (Hutt), Eberhardine Karoline Friederike
Sängerin, Sopran
Geb. 3. 9. 1761 in Stgt. als Tochter des Stadtleutnants Johann Heinrich Huth. Auf der École des Demoiselles ab 21. 9. 1772, in Besoldung ab 1781. Im HAB als Huth 1778–1782. Im HAB als Sopran v. 1778–1782. Sie heiratet am 21. 11. 1782 den Hofmusikus → Jakob Friedrich Gauss.

Huth, Friederike Auguste
Sopranistin
Geb. am 13. 3. 1760 in Stgt. als Tochter des Stadtleutnants Johann Heinrich Huth. Aufnahme in die École des Demoiselles am 21. 9. 1772. Im HAB v. 1778–1779. Heiratet um 1779/80 den Magazinverwalter beim Hoftheater → [T] Philipp Heinrich Reichmann.

Hutti, Joseph Anton
Violinist
Geb. am 26. 3. 1751 in Stgt. als Sohn des Kammerlakaien Johann Michael Hutti. Wird mit Dekret v. 29. 10. 1766 engagiert. Im HAB v. 1767–1773. Hutti bittet im Jan. 1773, da er nur den halben Teil seiner Besoldung erhalten habe und auch zusätzlich Ballettproben abgehalten habe, ihm seine früherer Besoldung wieder zu bewilligen. Der Herzog verweist ihn *auf Geduld.*

Idler, Jakob Friedrich
Hoftrompeter
Geb. um 1748. Wird mit Dekret v. 24. 3. 1784 ab 17. 3. Hoftrompeter. Im HAB 1797–1799. Er wird ab 7. 9. 1799 Hofpflege-Hausvater.

Idler, NN
Flötist
Im HAB als Flauto 1775–1777.

Ilg, NN
Violinist
Im HAB von 1775–1777 genannt.

Imer, Marianna
Sängerin, Sopran
Geb. um 1720 in Venedig als Tochter von Giuseppe Imer, Theaterunternehmer und Freund Goldonis in Venedig. Wird mit Dekret v. 4. 12. 1758 ab 1. 10. als Sängerin engagiert und am 9. 6. 1759 entlassen. Im HAB als Sopran 1759. Die Tochter ihrer Schwester Teresa Imer war eine Freundin Casanovas.

Jahn, Franz Leonhard Christian
Hautboist, Bassist, Instrumentenverwalter
Geb. um 1713. Ab 1731 in Diensten. Im HAB als Bassist u. Instr. Verw. 1736–1762. Er bittet am 7. 3. 1746, da er schon 15 Jahre gedient habe, ihn weiterhin zu behalten. Der Herzog entscheidet, wenn er mit seinem Gehalt nicht zufrieden sei, soll man ihm den Abschied geben, Wird aber mit Dekret v. 9. 4. 1746 *gnädig pardoniert.* Er ist am 30. 3. 1762 in Stgt. gestorben.

Jahn, Johann Christoph
Cellist, Bassist
Geb. um 1700 (in Schwäbisch Hall?), katholisch. Wird mit Dekret v. 7. 7. 1735 ab Georgi Hofmusikus. Im HAB als Cellist/Contrabasso 1745–1777. Gestorben in Stgt. am 20. 1. 1780.

Jommelli (Jomelli), Niccolò (Nicolo)
Oberkapellmeister
Geb. am 17. 4. 1714 in Aversa, gest. 28. 8. 1774 in Aversa. Wird mit Dekret v. 21. 11. 1753 ab 1. Sept. engagiert. Mit Dekret v. 6. 5. 1760 erhält er zur Bezeugung der Zufriedenheit mit seinen bisherigen Diensten von Georgi 1760 an jährl. 10 Eimer Wein und 20 Mess Holz. Mit Dekret v. 15. 12. 1761 werden ihm als Fourage 2 Pferde bewilligt. Im HAB als Oberkapellmeister 1754, als Oberkapellmeister und Musikdirektor v. 1755–1769.

Jozzi, Giuseppe
Sänger, Kastrat, Kammervirtuose
Mit Dekret v. 9. 5. 1750 wird der ital. Kastrat Joseph Jozzi von Rom gebürtig, *zur Capell angenommen*. Er erhält wegen der Vokal- als auch Instrumentalmusik jährl. 1800 fl. halb in Geld und halb in Naturalien. Er wird auf Martini entlassen. Im HAB v. 1751–1756.

Kaufmann, Johann Georg
Hofmusikus, Violino
Geb. am 1. 8. 1762 in Neckartailfingen als Sohn des Corporals Johann Gottlieb Kaufmann. Aufnahme in die Karlsschule am 16. 12. 1770 zur Musik, Austritt 17. 12. 1785 zur Hofmusik. Im HAB v. 1778–1800. Gestorben 1824.

Kaufmann, Johannes
Hofmusikus, Violoncello
Geb. am 9. 7. 1759 in Kornwestheim als Sohn des Corporals Johann Gottlieb Kaufmann. Aufnahme in die Karlsschule am 16. 12. 1770 zur Musik, Austritt 25. 7. 1781 zur Hofmusik. Im HAB v. 1778–1800. Er ist 1834 als Seminarmusiklehrer gestorben. Er heiratet am 11. 8. 1788 in Stgt. → Juliana geb. Schubart.

Kaufmann geb. Schubart, Juliana
Kammersopranistin u. Hofschauspielerin
Geb. am 16. 7. 1767 in Geislingen als Tochter des späteren Theaterdirektors → Christian Friedrich Daniel Schubart. Sie ist im HAB v. 1779–1788 als Sopranistin genannt. Sie heiratet am 11. 8. 1788 den Hofmusikus → Johannes Kaufmann. Unter dem Namen Kaufmann im HAB v. 1789–1800. (Goethe besuchte eine Theatervorstellung in Stuttgart 1797 und sagte über sie, sie habe eine kleine hagere Figur, steife Bewegungen, eine angenehme, gebildete, aber schwache Stimme).

Keller, Johann Georg
Violino, Hofmusikus
Geb. um 1758 in Böblingen als Sohn eines Gardisten. Aufnahme in die Karlsschule am 9. 1. 1771 zur Musik, Austritt 15. 12. 1781 als Hofmusikus. Im HAB 1778–1789.

Keller, Johann Jakob Gottlieb Friedrich
Violino, Hofmusikus
Geb. am 10. 2. 1765 in Ludwigsburg als Sohn des Grenadiers Johann Michael Keller. Aufnahme in die Karlsschule am 1. 5. 1775 zur Musik, Austritt am 1. 9. 1787 als Hofmusikus. Im HAB v. 1778–1795. Gestorben 1795.

Keppler, Friedrich Karl Gottfried
Violino, Hofmusikus
Geb. 10. 6. 1768 in Ludwigsburg als Sohn des Kaufmanns Frank Friedrich K. Aufnahme in die Karlsschule am 1. 5. 1775 zur Musik, Austritt 1. 9. 1787 als Hofmusikus. Im HAB v. 1782–1800.

Kern, Maria Theresia Elisabeth
Sopran, Contralto
Geb. 20. 2. 1763 als Tochter des Grenadierleutnants Ignatius Kern. Auf der École des Demoiselles am 1. 6. 1776. Im HAB als Sopranistin 1779–1786. Sie

heiratet am 15. 8. 1786 in Stgt. den Kanzlisten Christian Ludwig Megerlin. Als Megerlin im HAB als Contralto 1791–1800.

KESSLER, FRIEDRICH MARTIN
Hautboist, Hofmusikus
Geb. um 1688 als Sohn des Kollaborators Johann Jakob K v. Kirchheim/Teck Ursprünglich Hautboist b. d. Gardefusilieren, wird er Hofmusikus. Im HAB 1746–1753. Er heiratet am 28. 11. 1713 in Kirchheim/Teck Christina Juliana, Tochter des Hofmusikus Johann Christoph Dambach. Er ist am 26. 4. 1753 in Stgt. gestorben.

KIENZLE, JOHANN HEINRICH
Calcant b. d. Hofkapelle
Geb. um 1750 in Leonberg als Sohn des Schneiders Johann Michael Kienzle.
Im HAB 1793–1800.

KÖSEL, NN, Mademoiselle
Contralto
Im HAB 1799–1800.

KOHLER, RUDOLF GOTTLIEB
Contrabasso, Hofmusikus
Geb. 9. 2. 1780 in Stgt. als Sohn des Oberleutnants Martin Kohler. Im HAB 1800.

KREBER (GRÄBER, GREBER), JOHANN GOTTFRIED
Violino
Vermutlich geb. am 9. 9. 1744 in Stgt. als Sohn des Hoftrompeters Johann Gottfried K. Im HAB als Violino 1775–1787, als Trombe 1797–1800.

KREBS, JOHANN BAPTIST
Tenorist, Schauspieler, Regisseur
Geb. am 12. 4. 1774 in Überauchen bei Villingen. Nach dem Protokoll der Theaterdirektion v. 5. 5. 1795 wird er ab Georgi 1795 mit 500 fl. Gehalt engagiert. Ab 1806 Regisseur. Im HAB als Tenor v. 1796–1800. Gestorben in Stgt. am 2. 10. 1851.

KRUG, NN
Basso
Im HAB 1800.

KÜHNLEN (KIENLE), JOHANN CHRISTIAN
Contrabasso, Hofmusikus
Geb. am 30. 3. 1760 in Bischofsheim. Aufnahme in die Karlsschule am 28. 2. 1771 zur Musik, Austritt am 9. 6. 1787 als Hautboist der Legion. Im HAB als Contrabasso 1778–1800. Er ist in Stgt. gestorben am 22. 5. 1814.

KÜHNLE, JOHANN CHRISTOPH LUDWIG
Hautboist
Geb. am 14. 1. 1748 in Stuttgart als Sohn des Hautboisten Georg Jakob Kühnle. Aufnahme in die Karlsschule am 22. 7. 1771, Austritt 24. 3. 1771. Im HAB als Oboist 1791–1800.

KURZ (KURZI), ANDREAS
Violino
Geb. um 1714. Er kennt Casanova aus Venedig. Er kommt mit seiner Familie aus Italien und wird mit Dekret v. 20. 9. 1752 ab 2. Aug. Violinist. Im HAB v. 1753–1774. Seine Tochter → [B] Katharina ist Tänzerin und Mätresse des Herzogs.

LABARTH, NN
Violinist
Sohn des Fechtmeisters Ludwig Labarth. Wird mit Dekret v. 3. 5. 1769 als Violinist angenommen. Im HAB v. 1770–1772.

LANG, JOSEPH
Tenor, Hofmusikus
Im HAB v. 1793–1796.

LANGE, JOHANN ERNST
Violinist und Hofmusikus
Er wurde vom Herzog aus Berlin mitgebracht 1744. Im HAB 1745–1754. Er hat jährl. 300 fl. Besoldung. Gestorben in Stgt. am 12. 5. 1754.

Liverati geb. Lolli, Constanza
Sopran
Sie und → Matteo L. werden mit Dekret v. 25.9.1771 auf ein Jahr mit einer Gage von zus. 3500 fl. engagiert. Sie erhalten für die Herreise 100 fl. und für die Rückreise 200 fl. Beide im HAB 1772 und bei der Opera buffa 1772. In Stgt. ist am 27.3.1772 ihr Kind Johannes geboren. Sie ist vermutl. die Schwester des Geigers → Antonio Lolli.

Liverati (Liberati), Matteo
Tenor
Verheiratet mit → Constanza geb. Lolli.

Liverti, Anton
Violinist
Wird mit Dekret v. 29.11.1762 ab Jakobi bis Georgi 1765 engagiert. Im HAB v. 1763–1765.

Löffler, Johann Friedrich
Corno, Trompeter, Pauker
Geb. um 1745 als Sohn des Musikus Johann Otto Löffler. Im HAB als Cornist v. 1775–1777.

Lolli, Familie
Diese stammt aus Bergamo/Venetien. Folgende Personen, wohl Geschwister, lassen sich in Stgt. nachweisen:
→ Antonio, → Caetano, → Brigitta Annello, verheiratet am 27.4.1767 in Stgt.-Hofen mit dem Tänzer → [B] Josephus Annello. → Constanza Liverati, verheiratet mit dem Sänger → Matteo Liverati.

Lolli, Antonio
Violinist, Komponist
Geb. um 1725 in Bergamo/Venetien, gestorben 10.8.1802 in Palermo. Er kam 1758 nach Stgt. und wurde Violinist am Hofe. Mit Dekret v. 10.7.1769 wird er wieder in Dienst genommen ab 2. April und 350 fl. Gage. Im HAB von 1759–1773. Er heiratet am 26.11.1761 in Stgt-Hofen die Tänzerin → [B] Nannette Sauveur, Tochter des Tanzmeister von Straßburg und Schwägerin v. → [B] Jean George Noverre. Ein Kind Anna Karolina ist in Stgt. geboren am 3.2.1763, aber am 10.3.1765 in Stgt.-Hofen begraben. Das Ehepaar ist ständig verschuldet, zuletzt bewilligt der Herzog keine Gehaltsvorschüsse mehr. Im Febr. 1774 hat er 5668 fl. Schulden. Der Herzog bewilligt ihm im Februar 1774 einen Urlaub, seine Frau müsse aber bis zu seiner Rückkehr hier bleiben. Als er von Polen nicht mehr zurückkehrt, wird das Ehepaar Lolli mit Dekret v. 29.7.1774 entlassen. Im November 1775 ist Mme. Lolli immer noch in Ludwigsburg. Sie will erst wegziehen, wenn die Schulden bezahlt seien. Es sind aber immer noch 4000 fl. offen. Weiteres ist nicht bekannt.

Lolli, Caetano
Violino
Mit Dekret v. 29.10.1766 ab Georgi engagiert. Im HAB v. 1767–1768. Vertrag wohl dann abgelaufen. Er bittet mit Schreiben vom 31.3.1769 ihn wieder beim Orchester anzustellen, was der Herzog mit Dekret v. 10.7.1769 ab 2. April mit 350 fl. genehmigt. Im HAB wieder von 1770–1772.

Lüders geb. Günther, Anna
Sopran
Im HAB 1800. Verheiratet mit dem Hofschauspieler Johann Nikolaus Anton Lüders.

Lupot, Franziscus
Hofmusikus, Geigenmacher
Im HAB von 1759–1768 als Geigenmacher. Ging 1767 nach Orleans und Paris. Mit seiner Frau Maria Louise geb. Tulli (Touly) hat er in Stgt. und Ludwigsburg sechs Kinder.

Maccherini, Maria Giuseppina
Sopran
Wird mit Dekret v. 24. 11. 1762 ab Jakobi bis zu ihrer Entlassung am 9. 9. 1764. Im HAB als Sopran 1764.

Malté, Franz
Violino
Geb. um 1772 in Straßburg als Sohn des herzoglichen Fechtmeisters Franz Anton Malté. Aufnahme in die Karlsschule am 23. 9. 1785. Im HAB v. 1792–1800.

Malter, Andreas Peter
Fagott, Hofmusikus
Geb. um 1758 als Sohn des Violoncellisten → Eberhard Friedrich Malterre. Aufnahme in die Karlsschule am 21. 10. 1771, Austritt am 25. 7. 1781 als Hofmusikus. Im HAB v. 1778–1784. Er ist am 1. 4. 1784 in Stgt. gestorben.

Malter, Louis Victor Wilhelm
Violino, Bassist
Geb. am 24. 1. 1730 in Stgt. als Sohn des herzoglichen Tanzmeisters → [B] Peter Heinrich Malterre. Wird mit Dekret v. 21. 9. 1746 zur Hofmusik angenommen, ist 1749/50 in Italien, wird als Bassist auf Martini 1755 entlassen. Im HAB als Violinist 1747, auf Reisen v. 1748–1750, Violinist v. 1751–1755.

Malterre (Malter), Eberhard Friedrich
Violoncello
Geb. am 10. 8. 1728 als Sohn des herzoglichen Tanzmeisters → [B] Peter Heinrich Malterre. Er wird zur Hofmusik angenommen mit Dekret v. 21. 9. 1746. Wird einige Jahre ins Ausland geschickt und ist 1749/50 in Italien. Im HAB als Cellist 1747, auf Reisen 1748–1750, 1751–1786 Cellist. Ab 1771 ist er allein und ab 1775 zusammen mit seinem Vater bis 1776 Tanzmeister auf der Karlsschule. Er ist am 27. 7. 1786 in Stgt. gestorben.

Manfredini, Giobatta
Violino
Wird mit Dekret v. 29. 11. 1762 ab Jakobi engagiert. Im HAB v. 1763–1768.

Marchand, NN
Hautbois
Im HAB 1766 als »Hautbois et altri strumenti«.

Martinelli, NN
Bei der Opera buffa im HAB 1767.

Martinez, Pietro
Violinist, Konzertmeister
Wird mit Dekret v. 11. 5. 1755 ab 6. Okt. 1754 angenommen. Im HAB v. 1756–1763 als Violinist, v. 1764–1774 als Konzertmeister.

Masgameri geb. Gizielli, Dominica
Sängerin
Wird mit Dekret v. 14. 7. 1769 als Sängerin und ihr Mann → [B] Angelo M. als Tänzer vom 6. 7. 1769 bis 6. 7. 1775 auf 6 Jahre angenommen mit zusammen 1500 fl. Gage. Nicht im HAB, Stelle wohl nicht angetreten.

Masi detto Menesini, Giacomo (genannt Menesini/Menchini)
Kammermusikus
Er ist 1764 mit seiner Truppe in München und reist zur Kaiserkrönung nach Frankfurt. Seine Frau → Violante [Cosimi] ist als Sängerin engagiert von Georgi 1764 bis zu ihrer Entlassung am 15. 10. 1765. Sie hat eine Tochter Louisa Theresia Isabella, geb. 14. 10. 1764 in Ludwigsburg. Seine Witwe heiratet am 28. 9. 1767 in Stgt.-Hofen den Kammermusiker → Giuseppe Cosimi.

Mayer, Christian Ludwig Leonhard
Violino
Geb. 18. 8. 1757 in Stgt. als Sohn des Regimentsoboisten → Johann Leonhard Mayer. Aufnahme in die Karlsschule am 27. 2. 1771 zur Musik, Aus-

tritt am 25. 7. 1781 zur Hofmusik. Im HAB v. 1778–1800. Er ist am 8. 10. 1802 in Stgt. gestorben.

Mayer, Friedrich Ludwig
Vocalbassist, Kopist
Geb. um 1696, gestorben in Stg. 20. 3. 1754. Zuerst Kapellknabe, wird er mit Dekret v. 26. 3. 1722 Hofmusikus. Im HAB v. 1739–1754. Er ist verheiratet (vor 1727) mit → Christine Luise geb. Schmidbauer.

Mayer, Johann Benjamin Friedrich
Viole, Hofmusikus
Geb. 4. 6. 1756 in Stgt. als Sohn des Hofmusikus → Johann Leonhard Mayer, Aufnahme in die Karlsschule am 27. 2. 1771 zur Musik, Austritt am 15. 12. 1780 zur Hofmusik. Im HAB v. 1779–1787. Verheiratet mit Friederike Luise, Tochter des Johann Bertold Wörner, Stadtmusikus v. Nürtingen. Er ist am 28. 5. 1787 in Stgt. gestorben.

Mayer geb. Schmidbauer, Christine Luise
Sängerin, Diskantistin
Geb. um 1695 als Tochter des Hofmusikus Johann Georg Schmidbauer. Wird mit Dekret v. 27. 4. 1723 Diskantistin. Im HAB v. 1736–1744. Sie ist am 18. 3. 1744 in Stgt. gestorben.

Mayer, Johann Friedrich
Flauto, Hofmusikus
Geb. am 27. 3. 1760 in Urach als Sohn des Amtsdieners Simon Mayer. Aufnahme in die Karlsschule 13. 3. 1772 zur Musik, Austritt am 15. 12. 1781 als Hofmusikus. Im HAB v. 1775–1800. Er ist in Stgt. gestorben am 6. 12. 1827. Verheiratet am 4. 3. 1783 in Stgt. mit → Katharina Elisabeth Hübsch.

Mayer, Johann Georg
Flauto, Violino
Geb. am 15. 1. 1757 in Urach als Sohn des Amtsdieners Simon Mayer. Aufnahme in die Karlsschule am 29. 12. 1771, Austritt am 25. 7. 1781 als Hofmusikus. Im HAB als Flauto 1778–79, als Violino 1778–1800.

Mayer, Johann Leonhard
Violino
Geb. um 1721. Gestorben in Stgt. am 22. 10. 1790. Ursprünglich Hautboist unter Prinz Louis wird er Hofmusikus. Im HAB v. 1779–1789.

Mayer, Lukas
Viole
Im HAB 1778.

Mayer, NN
Viole, Violette
Im HAB v. 1769–1774.

Mazzanti, Ferdinando
Sopran, Kapellmeister
Aus Pescia. Im HAB 1759–1760 als Sopranist. Ist 1776 Musikmeister bei der Militärakademie, erhält 2000 fl. aus der Theatralkasse, seine bisherige Forderung v. 1500 fl. ist nicht mehr zu *reichen*. Im HAB v. 1779–1781 als Kapellmeister. Wegen Kränklichkeit auf Georgi 1781 entlassen.

Meroni, Michele Pio
Violino
Wird mit Dekret v. 28. 1. 1762 ab Martini 1761 Violinist. Im HAB v. 1762–1774.

Messieri, Gabriel
Sänger, Bassist
Von Bonnonien, in Dresden mit Pietro Antonio Locatelli 1754–56, bei der Opera buffa im HAB v. 1767–1773, Bassist in Stgt. 1768–1774. Im HAB 1769–1773. Geht 1774 nach Wien. Er wird vom Herzog verheiratet am 19. 7. 1767 in Stgt.-Hofen mit → [B] Luisa Toscani-Belleville von Avignon. Ihre Eltern sind NN Belleville und Isabella geb. Gafforia, verheiratete Toscani. Als Tänzerin am Hof Lieblingsmaitresse des Herzogs. Sie hat mit ihm 3 Kinder:

Carl v. Ostheim, geb 3.4.1761, Alexander v. Ostheim, geb. 31.12.1765 in Ludwigsburg, NN, geb. 1.3.1767 in Venedig. Sie bekommt Pension mit Dekret v. 24.7.1767. Gestorben in Ludwigsburg und am 23.10.1782 in Stgt.-Hofen beigesetzt.

MIDLARS (MILLARS, MIDLARSCH), JOHANN
Waldhornist
Wird mit Dekret v. 15.8.1736 Waldhornist ab Georgi und wird pensioniert Jakobi 1755. Im HAB als Waldhornist v. 1739–1759.

MOHL, JOHANN PHILIPP
Fagott, Hofmusikus
Geb. 15.6.1757 in Urach als Sohn des Heubinders Ludwig Mohl. Aufnahme in die Karlsschule am 6.4.1770 zur Musik, Austritt am 25.7.1781 als Hofmusikus. Im HAB v. 1778–1800 als Fagottist.

MÜLLER, FRIEDRICH
Sänger
Im HAB 1778 als Tenor, 1779 als Contralto.

MUZIO, ANTONIO
Sänger, Sopran, Kastrat
Mit Dekret v. 4.8.1770 wird an Stelle des Soprans A. → Grassi der Soprano Muzio aus Bologna in Dienst genommen, erhält Reisegeld und muss bis Ende September eintreffen. Da der Accord auf den 1.10.1771 zu Ende geht, wird er von da ab auf 3 Jahre in Dienst genommen für 700 Dukaten oder 3500 fl. Er bleibt bis Ende des Carnevals 1775 am Hof und auf seine Bitten wird ihm mit Dekret v. 13.6.1774 die Demission gnädig erteilt.

NARDI, SCIPIO
Violinist
Mit Dekret v. 18.11.1763 ab 1.10. engagiert. Im HAB 1764–1765.

NARDINI, PIETRO
Violinist, Kammervirtuose, Konzertmeister
Geb. um 1722 in Fibiana, Schüler Giuseppe Tartinis, Gastspiele in Wien u. Dresden. Im HAB 1763 als Violinist, als Konzertmeister 1764–1765.

NEUSINGER, KAJETAN
Tenorist
Geb. um 1718 in München, studierte an der adeligen Akademie in Ettal. Wird mit Dekret v. 14.9.1744 mit 400 fl. angestellt. Im HAB als Tenorist 1745–1768. Auf 6.5.1768 entlassen. Nach dem HAB als Suggeritore bei der Opera buffa 1773. Seine Bitten auf Wiederanstellung zw. 1771 u. 1780 werden abgewiesen. Schlägt sich mit Gesangsunterricht und Unterricht in ital. Sprache durch.

NICOT, NN
Hornist
Im HAB v. 1796–1798

NISSLE (NÜSSLE), JOHANNES
Hautboist, Waldhornist
Geb. am 28.2.1735 in Geislingen als Sohn des Rosenwirts Johann Georg Nüßle. Ursprüngl. Hautboist bei der Garde zu Fuß, wird er mit Dekret v. 21.3.1765 ab Lichtmess angestellt. Im HAB v. 1766–1768 Hautboist u. *altri stromenti*, v. 1769–1773 Corno. Wird im Frühjahr 1773 entlassen. Er bittet um einen schriftlichen Abschied, weil er in die Dienste des Grafen Wallerstein treten will, was der Herzog ablehnt, denn das sei bei Musikern nicht üblich. Er ist 1774 und 1777 in Wallerstein, und geht als Konzertmeister an den Hof des Fürsten v. Neuwied. Er ist am 22.5.1788 in Sorau gestorben.

OLIVIER, NN
Violinist
Im HAB 1765.

PAGANELLI GIUSEPPE
Tenor, Contralto
Wird mit Dekret v. 12. 2. 1751 als italienischer Sänger zu jährlich 800 fl. bei der Kammermusik u. der katholischen Hofkapelle in Dienst genommen. Sein Gehalt wird 1768 reduziert. Der Herzog setzt ihm eine Pension von 500 fl. aus. Da er krank sei, will er 1775 in Bologna Ärzte konsultieren. Die Pensionszahlung wird eingestellt. Im HAB v. 1752–1775.

PAMPUS (BAMBUS), NN, Mademoiselle
Contraaltistin
Vermutlich eine Tochter des Jakob Heinrich Pampus, Barbier in Stgt. Im HAB 1792.

PASSAVANTI, CANDIDO
Contrabassist
Wird mit Dekret v. 22. 1. 1763 ab Martini 1762 angenommen. Im HAB v. 1763–1774.

PERUZZI, LUISA (LOUISON)
Sängerin, Altistin
Wird mit Dekret v. 20. 5. 1748 für 500 fl. in Dienst genommen. Sie wird mit Dekret v. 26. 5. 1755 entlassen. Der Herzog erlaubt ihr, dass sie nach Köln reist. Sie erhält noch bis Jakobi ihre Besoldung. Ihre Mutter Anna Peruzzi bittet im Nov. 1756, ihre Tochter wegen bitterer Armut auf Lebenszeit wieder aufzunehmen, was der Herzog ablehnt. Der Vogt von Leonberg berichtet (1771–1777), dass die Peruzzi wegen ihres unehelichen Kindes *incarzerniert* gewesen sei.

PETTI, GIULIANO
Tenor
Im HAB 1770.

PFÄNDER, NN
Basso
Im HAB 1794–1795.

PFIZENMAIER, JOHANN DANIEL
Violino, Basso
Geb. um 1774 als Sohn des Soldaten Matthäus Pfizenmaier. Im HAB v. 1794–1798 als Violino, 1799–1800 als Basso.

PIERI, PIETRO
Kammermusikus, Violinist
Mit Dekret v. 20. 9. 1753 ab 20. 6. angenommen und auf 5. 8. 1761 entlassen. Im HAB v. 1754–1761. Ein Kind Maria Laura Katharina in Stgt. geboren am 29. 4. 1761.

PIRKER, ALOYSIA (LUISA) JOSEPHA BARBARA
Sopranistin
Geb. am 27. 9. 1737 in Graz als Tochter des Violinisten → Joseph Franz Pirker und der → Marianne geb. Geiereck. Sie wird 1755 als Sopranistin engagiert. Im HAB 1756. Wird mit den Eltern am 17. 9. 1756 entlassen, aber 1757 erneut angenommen. Im HAB v. 1758–1760. Ihr weiteres Schicksal ist nicht bekannt.

PIRKER, JOSEPH FRANZ
Konzertmeister, Violinist
Geb. angeblich am 28. 3. 1700 im Salzburger Gebiet. Ab etwa 1736 Mitglied der in Venedig zusammengestellten Operntruppe der Brüder Mingotti. Mit ihr in Graz, Kopenhagen, London. Durch Vermittlung seiner Frau kommt er nach Stgt. und wird mit Dekret v. 20. 9. 1752 als Konzertmeister angestellt: »... um willen er schon etliche Jahre hier bei der fürstl. Kammer- und Hofmusik ohnentgeltlich sich gebrauchen lassen, in Diensten zu nehmen von Georgi an verwichenen Jahrs (1751) zu jährlich 400 fl. teils in Geld u. teils in Naturalien aus dem Kirchenkasten...« Er reist 1754 nach Venedig, um einige italienische Virtuosen nach Stuttgart zu bringen. Wegen Hofintrigen kommen er und seine Frau am

16.9.1756 auf den Hohen Asperg. Die Besoldung wird für ihn, seine Frau → Marianne u. seine Tochter → Aloysia ab 17.9.1756 eingestellt. Er und seine Frau werden am 10.11.1764 freigelassen und kommen am 29.11.1764 in Heilbronn an. Er verdient durch Musikunterricht seinen Lebensunterhalt. Er ist am 1.2.1786 im Alter von fast 86 Jahren in Heilbronn gestorben. Im HAB als Konzertmeister von 1753–1756.

Pirker geb. Geiereck, Marianne
Sopranistin
Geb. am 27.1.1717, vermutlich in Venedig als Tochter des Sigismund Geiereck und Susanna geb. NN, spätere Ehefrau des Rentkammersekretärs Johann Adam Ebert. Sängerin in der von Mingotti in Venedig zusammengestellten Operntruppe. Heiratet um 1735/36 (vermutlich in Venedig) → Joseph Franz Pirker. Ist mit der Mingotti-Truppe einige Jahre in Graz, 1745 in Hamburg, 1747 in London u. 1748 in Kopenhagen. Sie ist auch zwischen 1744–1747 auf Gastspielreisen in Italien. Drei Töchter sind in Graz geboren 1737, 1738 u. 1741, die vierte 1746 in Bologna. Sie wird mit Dekret v. 7.4.1750 als Sopranistin engagiert. Durch Hofintrigen kommt sie auf den Hohen Asperg. Ihr Gehalt wird noch bis 17.9.1756 gezahlt. Da die Einkerkerung schwere psychische Schäden verursacht hat, hält sie sich zeitweise zur Genesung auf dem Gut Eschenau auf. Ihre Karriere als Sängerin ist vorbei. Sie ist am 10.11.1782 in Eschenau b. Heilbronn im Alter von 65 Jahren gestorben. Im HAB als Sopranistin v. 1750–1756.

Plà, Joseph
Hautboist, Kammermusikus
Wird mit Dekret v. 6.6.1759 als Hautboist engagiert. Er ist in Stgt. gestorben und in Stgt.-Hofen am 14.12.1762 beigesetzt. Dessen Bruder → Juan Baptista Plà.

Plà, Juan Baptista (Bautista)
Hautboist
Wird mit Dekret v. 28.5.1755 ab 12. Febr. bis 19.5.1763 in Dienst genommen. Wieder angestellt mit Dekret v. 30.8.1765 ab Georgi 1765. Im HAB v. 1756–1768. (Vgl. zum Leben u. Werk beider Brüder: Anuario Musical, Vol. 42, Barcelona, 1987, S. 131ff).

Planti, NN
Violoncellist
Im HAB v. 1758–1760.

Poli, Augustin Maria Benedikt
Cellist, Konzertmeister, Kapellmeister
Geb. am 10.12.1739 in Venedig als Sohn des Anton Poli. Wird mit Dekret v. 2.8.1762 ab 1. Juni mit 1000 fl. engagiert. Seine Besoldung wird mit Dekret v. 28.9.1770 auf 1500 fl. erhöht, er muss jedoch einen Eleven in Violoncello informieren und für herzogliche Dienste tüchtig machen. Der Herzog verleiht ihm mit Dekret v. 10.11.1775 den Titel Concertmeister, ab April 1782 wird er Kapellmeister. Mit Dekret v. 3.12.1784 auf weitere 6 Jahre mit 2000 fl. engagiert. Er bittet um seine Entlassung, weil er sich mit dem Sänger → Christoph Friedrich Schulz nicht verträgt, was der Herzog am 10.11.1792 genehmigt. Es wird ihm gestattet, in herzoglichen Landen zu wohnen. Im HAB als Cellist v. 1763–1777, als Concertmeister v. 1778–1782, als Kapellmeister v. 1783–1792. Poli hatte zwei uneheliche Töchter, geb. in Ludwigsburg am 3.10.1765 und am 12.7.1770. Er wollte seine ältere Tochter Anna Maria Katharina auf der École erziehen lassen. In einem Schreiben vom April 1782 schlug er dem Herzog vor, er wolle sich mit einer Gage anstatt 2500 fl. mit 2000 fl. be-

gnügen, wenn der Herzog einwilligt, dass seine mit herzoglichem Dekret legitimierte Tochter, welche jetzt zehneinhalb Jahre alt ist, in die École aufgenommen wird. Der Herzog lehnt ab. Poli solle ihm andere Konditionen vorschlagen. Seine Tocher ist jedoch unter den Schülerinnen der École nicht zu finden. Er heiratet am 9. 1. 1783 in Stgt.-Hofen Juliana, die Tochter des Hofbildhauers Roger. Vier Kinder sind noch zwischen 1784 und 1788 in Stgt. geboren. Sterbedatum nicht bekannt.

Poli, Peter (Pietro)
Violinist, Kammermusikus
Mit Dekret v. 7. 7. 1759 angenommen. Im HAB 1760. Sein Sohn Peter in Stgt. geb. am 25. 2. 1760.

Potenza, Josef
Violinist
Mit Dekret v. 10. 12. 1764 ab 1. Mai bis 6. 3. 1766 engagiert. Im HAB 1765.

Potenza, Pasquale
Sopranist
Mit Dekret v. 12. 4. 1764 ab 1. April bis vor 29. 10. 1766 angenommen. Im HAB 1765.

Potthof (Botthof), Johann Heinrich
Viola da Gamba, Violoncello
Geb. um 1712. Wird als Musikus mit Dekret v. 23. 8. 1747 mit 600 fl. angenommen. Der Herzog bewilligt ihm Urlaub, damit er am markgräflichen Hof in Bayreuth Musiker auf dem Violoncello unterrichte. Er ist am 8. 6. 1762 in Stgt. gestorben. Im HAB als Gambist/Cellist v. 1748–1762.

Prati, Antonio
Tenorist
Mit Dekret v. 2. 8. 1762 ab 1. Juni bis zu seiner Entlassung an Georgi 1765 angenommen. Im HAB v. 1763–1765.

dal'Prato, Vincent
Kastrat
Geb. 5. 5. 1756 in Imola. Prato bittet den Herzog in mehreren Bittschriften ihn bei der Hofmusik anzustellen. Er wird zunächst abgewiesen, als er nicht nachgibt schreibt ihm der Herzog, er will nicht mehr von ihm behelligt werden und nach 2 weiteren Schreiben des Prato befiehlt der Herzog der Kanzlei, ihn von diesem Mann *loszumachen*.

Radauer, Karl Gustav
Bassist, Violist, Violoncellist
Geb. am 13. 11. 1682 in Sindelfingen als Sohn des Vogts Christoph Ulrich R. v. Böblingen. Wird mit Dekret v. 23. 12. 1714 ab Lichtmess 1715 angenommen. Pensioniert auf Jakobi 1755. Seine bisherige Besoldung wird von 300 fl. auf 100 fl. herabgesetzt. Im HAB als Bassist, Violist, Violoncellist v. 1736–1765. Er ist am 29. 8. 1765 in Stgt. gestorben.

Rähle (Rehle), Friedrich Ludwig
Tenor, Basso, Contralto
Geb. am 13. 11. 1761 in Urach als Sohn des Soldaten Johann Georg Rehle. Aufnahme in die Karlsschule am 17. 1. 1771 zur Musik, Austritt am 1. 9. 1778 als Hofmusikus. Im HAB als Tenor 1778, als Contralto 1779–1790, als Basso 1791–1800. Er ist am 23. 3. 1810 in Stgt. gestorben.

Reich, NN
Fagottist
Im HAB v. 1775–1777.

Reinert, Johann Karl
Waldhornist
Mit Dekret v. 27. 5. 1760 ab Lichtmess angestellt. Im HAB als Corno v. 1761–1765. Er war mit Magdalene Urspringer verheiratet. Seine Schwiegermutter war eine Schwester → Joseph Franz Pirkers und Sopranistin am Hof in Mainz.

Reinhard, Conrad
Violinist
Im HAB von 1775–1777 und 1779–1786.

Reiter (Reuter), Joseph
Sänger und Schauspieler
Im HAB als Basso v. 1796–1798.
Seine Ehefrau → Karoline geb. Jaquemain.

Reiter geb. Jaquemain, Karoline
Sopran
Im HAB v. 1796–1798.

Remp (Riemp), Conrad
Calcant (Orgeltreter)
Geb. 26. 11. 1721 in Mühlacker-Dürmenz. Er heiratet am 20. 11. 1753 in Stgt. Johanna Rosina, Tochter des Hofcalcanten → Josef Stauch. Er erhält die Stelle seines Schwiegervaters. Im HAB v. 1755–1790. Er ist am 18. 10. 1790 in Stgt. gestorben.

Renneau (Renaud), Jakob Ulrich
Violino
Geb. um 1758 als Zimmermannssohn in Mömpelgard. Aufnahme in die Karlsschule am 18. 5. 1771 zur Musik, Austritt am 15. 12. 1780 zur Hofmusik. Im HAB als Violino 1778, als Tenor 1778–1791.

Righetti, Giuseppe
Tenor
Wird mit Dekret v. 26. 9. 1768 von Ostern an bis Ostern 1769 mit 300 Dukaten und 60 Dukaten Abreisegeld angenommen. Erhält mit Dekret v. 1. 2. 1769 60 Zechinen Rückreisegeld. Im HAB 1769.

Righetti (Ricchetti), Luigi
Sänger
Wird mit Dekret v. 3. 5. 1769 zum Akteur bei der Opera buffa ernannt. Im HAB v. 1769–1773.

Ripamonti, Barbara
Sopran
Wird mit Dekret v. 26. 10. 1769 mit 1000 fl. Gage und 40 Zechinen Reisegeld für ein Jahr in Dienst genommen. Ihre Nachfolgerin wird → Lucia Frigeri. Im HAB als Sängerin 1770 und bei der Opera buffa 1770.

Rösch, Dorothea
Sopran
Im HAB v. 1778–1782.

Rössler, Josef
Contrabassist
Er kommt mit dem neuen Ober-Kapellmeister → Ignaz Jakob Holzbauer von Wien und wird mit Dekret v. 29. 11. 1751 ab 1. Sept. mit jährl. 500 fl. angenommen. Im HAB v. 1753–1758.

Rossi, Antonio
Violinist, Bassist
Wird mit Dekret v. 9. 12. 1765 ab Georgi als Violinist angenommen. Im HAB 1766–1768 als Violinist, 1769–1772 als Bassist.

Rubinello, Giovanni Maria
Sänger, Contralto
Wird mit Dekret v. 29. 10. 1766 ab Martini engagiert zu 1500 fl. Besoldungserhöhung mit Dekret v. 31. 3. 1770 auf 2000 fl. Im HAB v. 1766–1772.

Rudolph (Rodolphe), Jean Joseph
Corno, Kammermusikus
Geb. 14. 10. 1760 in Straßburg, gestorben in Paris am 12. 8. 1812. Ab 1746 in Paris, Bordeaux, Montpellier und Parma. Wird mit Dekret v. 12. 12. 1760 Kammermusikus bis Martini 1764. Schrieb für → [B] Noverre Ballettmusik. Im HAB v. 1761–1765.

Ruoff geb. Schmidbauer, Johanna Dorothea
Sopranistin, Diskantistin
Tochter des Kammermusikus Johann Georg Schmidbauer. Im HAB v. 1736–1765.

Russler geb. Valsecki, Anna Maria
Sängerin
Heirat am 1. 5. 1766 in Stgt.-Hofen mit dem Tänzer → [B] Carl Russler. Sie ist Sängerin in London 1762–1763.

Sacchini, Antonio Maria Gasparo
Komponist
Geb. 14. 7. 1730 in Florenz, gest. 6. 10. 1786 in Paris. Der Kapellmeister wird mit Dekret v. 29. 1. 1770 von München berufen, um die Musik zur bevorstehenden neuen Oper zu komponieren, erhält dafür 300 fl., ein Präsent und die Reisekosten von München hierher und nach Venedig zurück. Er schrieb die Oper Calliroe, die am 11. 2. 1770 in Ludwigsburg uraufgeführt wurde. Er erhält am 5. 3. 1770 ein weiteres Honorar von 1100 fl. für 1771 für die Oper La Contadina in Corte.

Sänger (Senger), Jakob
Cymbalist, Kammermusikus
Gebürtig aus Groß-Fahner im Fürstentum Sachsen-Gotha. Wird mit Dekret v. 29. 7. 1744 in Berlin als Violinist engagiert für 500 fl. Im HAB als Violinist 1745, 1746 als Clavicymbalist v. 1746–1755. Er wird auf Martini entlassen. Er bittet am 10. 6. 1756, ihm die vacante Stelle als Organist, die er schon versehen habe, zu übertragen. Erst mit Dekret v. 23. 4. 1757 wird er wieder als Kammermusikus angenommen. Im HAB als Organist 1757–1776

Sandmaier, Augusta Waldburga
Sopranistin
Geb. am 3. 12. 1761 in Ludwigsburg als Tochter des Gardisten Fidelis Sandmaier. Im HAB v. 1778–1783. Sie flieht mit dem Kaplan Baumann nach Ettlingen, wird am Theater entlassen und erhält eine Pension von 300 fl. Sie heiratet am 21. 8. 1783 den Hofmusikus → Johann Friedrich Weberling. Im HAB als Sandmaier (Sandmayer) 1778–1783, als Weberling 1784–1788.

Sandmaier, Carolina Sophia Justina
Sopranistin
Geb. am 3. 11. 1766 in Ludwigsburg als Tochter des Gardisten Fidelis Sandmaier. Aufnahme in die École des Demoiselles am 1. 6. 1776. Im HAB v. 1784–1787.

Sandoni geb. Cuzzoni, Francesca
Sängerin
Geb. um 1700 in Parma, gest. 1770. Wird mit Dekret v. 23. 12. 1745 auf ein Jahr, mit Dekret v. 28. 12. 1746 auf ein weiteres Jahr und mit Dekret v. 11. 3. 1747 auf 3 Jahre engagiert. Geht am 24. 10. 1748 nach Italien, um die Hinterlassenschaft ihres Mannes zu ordnen. Schreibt am 15. 1. 1749 von Bologna aus, bittet um weitere Anstellung um 4000 fl. Im HAB v. 1747–1749. Kein weiteres Engagement.

Santi, Pietro
Sänger, Contralto
Wird mit Dekret v. 2. 8. 1762 ab Georgi angenommen. Im HAB v. 1763–1764.

Sartorius, NN
Violinist
Von Mannheim. Wird mit Dekret v. 25. 5. 1769 als Kammermusikus angenommen und erhält 550 fl. Gage. Er wird mit Dekret v. 26. 5. 1772 entlassen. Im HAB v. 1770–1772.

Sauerbrey, Anton
Corno, Oboist
Ursprünglich Trompeter bei der Leibgarde. Im HAB als Corno 1775–1797, als Oboist von 1793–1797.

Schaul, Johann Baptista
Violinist
Geb. am 10. 4. 1759 in Stgt. als Sohn des Kammerlakaien Josef Leonhard Schaul Aufnahme in die Karlsschule am 20. 5. 1772 zur Musik, Austritt am 1. 12. 1786 zur Hofmusik. Im HAB v. 1778–1800. Er ist in Karlsruhe gestorben am 23. 8. 1822.

Schaul (Schahl), Johann Heinrich
Oboist
Geb. am 13. 6. 1758 in Aldingen a. N. als Sohn des Gardereiters Johann Georg Schahl. Aufnahme in die Karlsschule am 17. 1. 1773 zur Musik, Austritt 25. 7. 1781 als Hofmusikus. Im HAB v. 1778–1800 als Oboist. Verheiratet mit der Tänzerin → [B] Luise Elisabeth geb. Schwind.

Scheffauer, Jakob
Contrabasso
Im HAB v. 1778–1779.

Schemer (Schiemer), Friedrich Karl
Violinist
Er ist von 1761–1763 in Bayreuth und wird mit Dekret v. 22. 8. 1763 ab Jakobi in Stgt. Violinist. Im HAB v. 1764–1767. Er heiratet am 3. 9. 1765 in Stgt.-Hofen Christina Henrietta Kath., eine Tochter des Kammermusikus → Philipp David Stierlen. Seine zwei Kinder in Ludwigsburg geboren 1766 u. 1767.

Schertle, NN
Contrabassist
Im HAB v. 1775–1777.

Schiatti (Sciatti), Hiacinto
Violinist, Kammervirtuose
Dekret v. 24. 10. 1750: »...den ital. Violinisten Hiacinto in Dienst zu nehmen mit 500 fl. jährl. Besoldung ab 1. Juni ...« Im HAB v. 1751–1754 als Violino. Er wird entlassen auf 27. 9. 1754 aber am 17. 10. 1754 am Hofe von Karlsruhe-Durlach angestellt. Im HAB Karlsruhe 1763. Er wird in Durlach am 6. 3. 1765 Konzertmeister und am 3. 1. 1766 Kapellmeister. Er ist dort am 24. 12. 1776 gestorben. Er war verheiratet um 1751 mit Maria Martha, der Tochter des Ludwigsburger Kaufmanns Dominicus Mainoni u. der Anna Maria. Zwei Kinder sind in Ludwigsburg 1752 u. 1754 geboren. Vermutlich sein Bruder → Luigi Schiatti.

Schiatti, Luigi
Kammervirtuose, Violinist
Wird mit Dekret v. 5. 4. 1754 mit jährl. 200 fl. Besoldung angenommen. Er bittet mit Schreiben vom 21. 2. 1757 um Besoldungserhöhung. Er habe bisher 300 fl. gehabt, habe aber Schulden. Der Herzog verweist ihn zur Geduld. Im HAB v. 1755–1765. Er ist am 19. 10. 1765 entlaufen. Er heiratet am 18. 9. 1761 in Stgt. Christina Marg., Tochter des Hofmusikus → Friedrich Ludwig Mayer. Bei seiner Hochzeit wird sein Vater als Joseph Schiatti, Musikus in Elveara/Italien genannt. Drei Kinder sind in Stgt. geboren 1761, 1762 u. 1765.

Schlosser, Johann Georg
Hautboist
Im HAB 1755.

Schlotz, Jakob Friedrich
Violino, Tenor
Sohn des Peter Thomas Schlotz, Kammerschreibereidiener. Im HAB als Violino 1794–1797, als Tenor 1799–1800.

Schubart, Christian Friedrich Daniel
Geb. am 22. 11. 1743 in Obersontheim, gestorben am 10. 10. 1791 in Stgt. Er heiratet am 10. 1. 1764 in Geislingen Helena Bühler (1744–1819). Er wird um 1768 Musikdirektor und Stadtorganist in Ludwigsburg. Mit Schreiben v. 4. 1. 1771 schreibt er an den Herzog, bittet um Verbesserung seiner Umstände, stehe seit einem Jahr in Diensten, habe eine geringe Besoldung,

müsse seinem Vorgänger noch 100 fl. geben, sein Anteil betrage kaum 200 fl. Er fügt ein Schreiben des Karlsruher Hofrats Ring von 1770 bei, der ihm eine Stelle im Gymnasium in Karlsruhe anbietet. Der Ludwigsburger Oberamtmann Kerner leitet Schubarts Schreiben am 8. 1. 1771 an die herzogliche Kanzlei weiter und nimmt dazu Stellung:
»1. Kenntnisse in Literatur und schönen Wissenschaften seien ihm nicht abzusprechen, ... dass derselbe ein gutes Klavier spielt und schon einige Versuche in dem Componieren gemacht, ... bei der Hofmusik wäre er am brauchbarsten.
2. außer einem Vorrat an Büchern besitzt er nicht viel ..., muss als Stadtorganist mit seinem Vorgänger seine Besoldung teilen, bekommt vom Kirchenrat jährl. nur noch 200 fl., ... als Musikdirektor bekommt er von der Stadt Ludwigsburg nur 30 fl, ... die Verbesserung der Besoldung wäre ihm zu gönnen.
3. sei er aufgefordert worden, in Durlachische Dienste zu treten.
4. wegen seines Prädikats könne er nicht verhehlen, dass sein feuriges Temperament ihn je zuweilen zu einer allzu freien Aufführung verleitet und wann dahero derselbe dahin geleitet werden könnte, seine Conduite seinen Wissenschaften gemäß einzurichten, so könne er als dann erst die wahre Gestalt eines mehrers brauchbaren Mannes erhalten, ... allein dies verursacht, dass er zu Zeiten seine Wissenschaften und sein gutes Genie mißbraucht und dadurch in das lächerliche und ungeräumte verfällt«.
Er bleibt bis ca. 1772 in Ludwigsburg, ist 1773 in München, 1774 in Augsburg, 1775 in Ulm. Der Herzog lässt ihn am 23. 1. 1777 verhaften und auf den Hohen Asperg bringen. Mit Dekret v. 15. 5. 1787 wird er aus dem Arrest entlassen und mit jährlich 600 fl. zum Hof und Theaterdichter ernannt. Im HAB ist er in dieser Funktion Direktor des herzoglichen Schauspiels (Tänzer, Figuranten, Acteurs und Actrices) 1788–1791. Er ist am 10. 10. 1791 gestorben. Durch Dekret v. 30. 4. 1793 erhält die verwitwete Professorin Schubart 150 fl. Pension als Entschädigung wegen des ihr entzogenen Zeitungsprivilegs.

Schuhkraft, Johann Martin Ludwig
Hautboist, Contrabassist
Geb. am 11. 2. 1727 in Neuenstein als Sohn des Weingärtners Johann Leonhard Schuhkraft. Er ist ursprünglich Hautboist bei der Leibgarde. Nach dem HAB ist er von 1769–1800 Contrabassist und von 1791–1800 auch Oboist. Er heiratet am 17. 11. 1766 in Stgt. Johanna Elisabetha, die Tochter des Hofmusikus → Georg Eberhard Duntz.

Schulfing, Johann Adam
Hautboist, Violinist
Geb. um 1717 als Sohn des Stadtmusikus zu Erlangen Johann Jakob Schulfing. Ursprünglich Hautboist bei den Kreisdragonern wird er im HAB v. 1769–1787 als Violinist/Violette, v. 1788–1790 als Bassist, 1791–1796 als Oboist genannt. Er ist am 25. 8. 1796 in Stgt. gestorben.

Schulz, Christoph Friedrich
Tenorist
Sohn des Staatssekretärs von Königsberg Karl Friedrich Schulz Im HAB v. 1791–1794. Wird auf Jakobi 1794 entlassen. Er heiratet am 12. 7. 1797 die Sängerin → Elisabeth Johanna Debuisière.

Schwarz, Andreas Gottlob
Hautboist, Fagottist
Ursprüngl. Hautboist bei der Garde ist er nach dem HAB ab 1769–1775 Fagottist bei der Hofmusik. Ab 1775 in Ansbach.

Schwegler, Familie
Stammvater des Musikerzweigs der in Endersbach ansässigen Familie ist Johann Georg Schwegler, Soldat bei der Leibgarde, geb. am 16. 11. 1741 in Endersbach als Sohn des Weingärtners Hans Jerg Schwegler. Er heiratet am 15. 11. 1759 in Endersbach Katharina Marg., Tochter des Schulmeisters v. Endersbach Johann Jakob Ganther.

Schwegler, Eberhard Gottlieb
Hautboist
Geb. am 2. 8. 1770 in Ludwigsburg als Sohn des Gardisten Johann Georg Schwegler. Ist Hautboist bei den Grenadieren. Wird erst 1803 bei der Hofmusik angestellt.

Schwegler, Friedrich d. J.
Violinist
Im HAB als Violino 1780–1787.

Schwegler, Jakob Friedrich
Oboist, Hofmusikus
Geb. am 15. 11. 1766 in Ludwigsburg als Sohn des Gardisten Johann Georg Schwegler. Aufnahme in die Karlsschule am 24. 2. 1778 zur Musik, Austritt am 25. 6. 1787 als Hautboist. Im HAB als Oboist v. 1788–1800, als Schwegler der zweite. Ledig gestorben in Stgt. am 30. 3. 1827.

Schwegler, Johann David
Oboist, Hofmusikus
Geb. am 7. 1. 1759 in Endersbach als Sohn des Gardisten Johann Georg Schwegler. Aufnahme in die Karlsschule am 16. 12. 1770 zur Musik, Austritt am 15. 12. 1780 als Hofmusikus. Im HAB als Oboist v. 1778–1800. Er ist in Stgt. gestorben am 8. 2. 1827.

Schwegler, NN
Violist
Im HAB 1800 als Schwegler, der Dritte.

Schweizer, Ludwig Friedrich
Flauto, Hofmusikus
Geb. am 25. 8. 1760 in Nellingen/Filder als Sohn des Bärenwirts Philipp Lorenz Schweizer. Aufnahme in die Karlsschule am 5. 12. 1772 zur Musik, Austritt am 15. 12. 1781 als Hofmusikus. Im HAB als Flauto 1778–1800. Er heiratet am 19. 11. 1789 in Stgt. die Tänzerin Christiane Juliane Carolina, Tochter des Gardisten Jo. Georg Ostenberger. Nach dem Tod Schweizers am 29. 10. 1806 heiratet sie den Tänzer → [B] Ludwig Michael Katz.

Schweizer, Johann Philipp
Tenor, Contrabasso
Geb. am 16. 7. 1757 in Nellingen/Filder als Sohn des Bärenwirts Philipp Lorenz Schweizer. Aufnahme in die Karlsschule am 4. 2. 1778 zur Musik, Austritt am 15. 12. 1781 als Musikus. Im HAB als Tenor 1779, Contrabasso 1780–1781, als Tenor 1782–1793.

Scolare, NN
Violinist
Mit Dekret v. 31. 3. 1770 als Kammermusikus und Violinist vom 9. Jan. an mit 500 fl. Gage und 26 Dukaten Her- und Rückreisegeld angenommen. Im HAB 1771.

Scolari, Giuseppe
Hautboist
Im HAB v. 1770–1771.

Scotti, Georg
Kontrabassist
Mit Dekret v. 9. 12. 1765 ab Georgi angenommen. Im HAB 1766–1768.

Seemann geb. Cesari, Anna
Sängerin
Geb. um 1745, vermutlich Tochter des Hofmusikus → Ignatio Cesari. Sie wird mit Dekret v. 31. 8. 1765 ab Georgi Sängerin. Im HAB als Cesari v. 1766–1768, als Seemann v. 1769–1772. Sie ist bei der Opera buffa lt. HAB v. 1769–

1772. Hatte mit dem Oberkammerherrn Graf Pückler 2 Töchter, Charlotte geb. 20. 7. 1775 in Ludwigsburg und Anne Henr. Luise Fried., geb. 14. 6. 1777 in (?), verh. in Gaildorf 19. 4. 1790 mit dem Regierungsrat Friedrich Wilhelm Philipp Neuffer.

SEEMANN, JOHANN FRIEDRICH
Hoforganist
Geb. am 12. 10. 1736 in Stgt. als Sohn des Hofmusikus Johann Christoph Seemann. Seemann bittet 1753 um Anstellung bei der Hofmusik. Habe sich vor einigen Jahren *in Clavier und Singen hören lassen.* Der Herzog habe ihm befohlen, sich bei Ob. Kap. Meister → Ignaz Jakob Holzbauer zu perfektionieren, nach 2 Jahren habe Holzbauer gesagt, er könne ihm nichts weiteres lehren. Singt ohne Besoldung in der Oper und in Stadtkirchen. Mit Dekret v. 15. 10. 1753 abgewiesen. Er wird jedoch mit Dekret v. 7. 7. 1759 als Musikus angenommen. Mit Dekret v. 31. 3. 1770 erhalten er und seine Frau für die seit etlichen Jahren bei der Einrichtung der Opera buffa gehabten Bemühungen eine Gratifikation von 800 fl. Beide werden *zu nächst kommenden Ostern* mit zusammen 3000 fl. angenommen, dagegen sie sich *zu allen Kirchen- als auch Cammer- u. Spectaclesmusik-Diensten gebrauchen lassen ohne weitere Vergütung.* ER IST AM 23. 1. 1775 auf Solitude gestorben. Im HAB v. 1760–1775 als Organist. Er heiratet am 26. 9. 1767 in Stgt.-Hofen → Anna geb. Cesari.

SEUBERT, JOHANN FRIEDRICH
Violinist, Musikmeister bei der Militärakademie
Geb. 5. 12. 1734 in Marbach/Neckar als Sohn des Stadtzinkenisten v. Marbach Johann Seubert. Im HAB als Violinist v. 1769–1794. Er ist am 26. 9. 1794 in Stgt. gestorben.

SICARD, JOSEF HIRONIMUS
Violino
Geb. um 1762 als Leutnantsohn in Bayreuth. Aufnahme in die Karlsschule am 2. 6. 1773 zur Musik, Austritt am 22. 11. 1778 nach Hause. Im HAB 1778 als Violinist.

SPANDAUER, NN
Waldhornist
Er ist im fürstl. Oranien'schen Dienst von Jugend auf erzogen worden. Hält sich auf der Solitude auf und erhält für seine Dienste 40 Dukaten. Der Herzog lässt ihn mit Dekret v. 12. 11. 1770 länger bleiben bis nach den hiesigen Sejours und erhält dafür 100 Dukaten.

SPORNY (SPURNY), FRANZ ANTONIUS
Waldhornist
Er wird mit Dekret v. 10. 7. 1721 als Hofwaldhornist angenommen mit 300 fl. Auf Georgi 1736 entlassen. Ist Waldhornist bei König Stanislaus v. Polen. Wird mit Dekret v. 6. 11. 1744 wieder angenommen, aber auf Martini 1755 wieder entlassen. Erhält 200 fl. Pension. Er schreibt 1756, er wolle ein Gehalt von 300 fl. und für seine Frau eine Rente von 200 fl. Der Herzog *verweist ihn auf Geduld.* Im HAB als Waldhornist 1736 und v. 1746–1763. Seine zweite Frau ist → Maria Dorothea geb. Saint Pierre (St. Piero).

SPORNY GEB. SAINT PIERRE (ST. PIERO), MARIA DOROTHEA
Lautenistin
Ist seit etwa 1718 in Diensten zu 500 fl. Heirat um 1729. Geht mit ihrem Mann an den polnischen Hof. 1744 wieder in Ludwigsburg. Auf Martini 1755 entlassen. Im HAB 1736, 1746–1755. Die am 21. 3. 1736 in Stgt. geborene Tochter Maria Dorothea heiratet am 9. 1. 1752 in Mannheim den Flötisten Johann Baptist Wendling und ist Sängerin u. Gesangslehrerin.

Stauch, Christian
Hautboist, Violinist
Geb. am 7. 12. 1734 in Stgt. als Sohn des Hofcalcanten → Josef Stauch. Ursprünglich Hautboist beim Regiment Wolf. *Informiert* die Pagen im Tanzen 1767/68. Er wird 1768 Violinist. Im HAB v. 1769–1797. Er ist am 11. 12. 1813 in Stgt. gestorben.

Stauch, Josef
Calcant
Er wird mit Dekret v. 24. 12. 1731 Hofcalcant. Im HAB v. 1739–1754 genannt. Gestorben 1754. Nachfolger wird sein Schwiegersohn → Conrad Remp.

Steinhardt, Johann Wilhelm Friedrich
Flötist
Geb. um 1740 als Sohn des Cantors in Hof/Bayern Christian Ludwig Steinhardt. Er wird mit Dekret v. 13. 6. 1763 ab Georgi als Flautetraversist angenommen. Steinhardt schreibt am 31. 8. 1774, er sei gesonnen, mit Frau u. Kindern wegzuziehen. Im HAB v. 1764–1774.

Stenz, Joseph
Violinist
Er kommt von Mailand u. wird mit Dekret v. 12. 10. 1759 als Violinist angenommen. Im HAB v. 1760–1768. Er heiratet am 22. 3. 1764 in Stgt.-Hofen Johanna Elis., Tochter des Hofschlossers Franz Couvre.

Stierlen, Johannes
Organist
Geb. um 1705. Wird mit Dekret v. 2/8. 5. 1736 Hof- u. Kammerorganist. Im HAB v. 1739–1764. Er ist am 26. 7. 1764 in Stgt. gestorben. Er schreibt 1738, er habe als Cammermusikus den Landprinzen auf dem Clavier instruiert, jetzt sei der Befehl erteilt worden, auch die beiden jüngeren Landprinzen auf dem Clavier zu unterrichten, er habe aber seit einem halben Jahr keine Besoldung mehr gehabt. Mit Dekret v. 22. 2. 1738 soll er 1 Jahr lang 100 fl. erhalten. Für die *Information* der Prinzessin Augusta erhält er 100 fl. 1749 hat er die Gnade, auch die Frau Gemahlin Herzog Karl Eugens zu unterrichten.

Stierlen, Philipp David
Violinist
Geb. um 1711 als Sohn des Oberzollers v. Hausen Johannes Stierlen. Er wird mit Dekret v. 16. 1. 1730 ab Martini 1729 Kapellknab. Stierlen schreibt am 5. 1. 1747, er sei von der herzoglichen Administration auf Lichtmess 1743 entlassen worden und habe bis Jakobi 1744 keine Besoldung mehr genossen, könne aber mit 200 fl. keine Oekonomie führen. Im HAB ist er v. 1747–1777 als Violist genannt. Der Herzog lehnt es ab, ihm die 1776 frei gewordene Stelle des Hoforganisten zu übertragen. Er ist am 31. 3. 1791 in Stgt. gestorben. Sein Sohn Johann Philipp, geb. 10. 1. 1742 ist Stiftsorganist, ledig gest. am 13. 2. 1793. Seine Tochter Christina Henrietta Katharina ist mit dem Cammermusikus → Friedrich Karl Schemer verheiratet.

Stötzel, Johann Georg
Hofkantor
Geb. um 1711 als Sohn des Handelsmannes Johannes Stötzel in Mühlen/Eisenach. Er wird mit Dekret v. 26. 1. 1746 Hofkantor. Im HAB als Kantor 1750, als Tenor 1757–1790, als Bassist v. 1791–1793. Er ist am 10. 12. 1793 in Stgt. gestorben.

Strauss, NN
Violinist
Im HAB v. 1775–1777.

Strohm, Emanuel
Violette, Corno, Oboe
Geb. am 20. 12. 1729 in Großbettlingen als Sohn des Schulmeisters Paulus

Strohm. Er ist zunächst Hautboist beim Regiment Röder und wird 1768 Hofmusikus. Im HAB v. 1769–1777 als Violette/Corno, 1778–1797 als Corno und 1793–1797 als Oboe. Er ist am 11. 10. 1802 in Stgt. gestorben.

TAUBER, JAKOB
Violino, Kammermusikus
Im HAB als Violinist 1771–1773 und 1779–1786. Er schreibt am 1. 6. 1770, er habe seine Tochter bisher vom Cammermusikus → Johann Friedrich Seemann unterrichten lassen, will jedoch die → (Aloysia oder Marianne?) Pirker für Gesang u. ital. Sprache. Er bittet, sie auftreten zu lassen. Tauber bittet, seine beiden Söhne (Adam geb. um 1761 in Bonn und → [B] August 1763 in Rastatt) in die militärische Pflanzschule aufzunehmen. Beide werden noch im Nov. 1772 aufgenommen.

TORELLI, GIOVANNIO BATTISTA
Tenorist
Wird mit Dekret v. 1. 9. 1770 von Sept. 1770 bis Ostern 1771 mit 250 Dukaten Gehalt und 50 Dukaten Reisegeld angenommen. Im HAB 1771.

TOSCANI, GIUSEPPE
Sänger
Er schreibt 1772, er sei der einzige Toscani, der nicht beim Herzog in Diensten sei. Er wäre noch jung und in Italien gewesen, um sich in Musik auszubilden. Er sei zurückgekommen, um sich vom Tenoristen → Guglielmo D'Ettore ausbilden zu lassen. Dieser sei aber unglücklicherweise (am 30. 12. 1771) gestorben. Bittet, ihn bei der Kapelle oder beim Theater zu beschäftigen. Eine Anstellung ist nicht nachzuweisen.

TREBERER, FRANZ JOSEF
Vokalbassist
Mit Dekret v. 13. 5. 1747 angenommen, aber auf 20. 12. 1749 entlassen. Wieder aufgenommen durch Dekret v. 3. 2. 1752 mit 300 fl. Entlassen auf Martini 1755. Er schreibt, er habe 9 Jahre lang gedient, jetzt sei ihm die Demission erteilt, er bittet um Reisegeld, was der Herzog ablehnt. Im HAB ist er nur 1750 und 1754 genannt.

ULRICH, NIKOLAUS
Hautboist
Mit Dekret v. 10. 10. 1771 mit jährlich 1000 fl. angenommen. Erhält 250 fl. Vorschuss, will aber 500 fl. Offensichtlich hat er wohl seine Stelle gar nicht angetreten, denn der Herzog lässt ihn im März 1772, als er nach Ludwigsburg kommt, arrestieren und entläßt ihn am 26. 5. 1772. Im HAB 1772 als Hautboist.

VENTURINI, FRANCESCO
Violist, Cellist, Tenorist
Er ist seit 1701 am Hof und um 1740 schon gebrechlich. Im HAB wird er als Violinist v. 1736–1741 genannt, v. 1745–1747 ohne Funktion und v. 1748–1751 als Pensionaire.

VERNI, GIACOMO
Tenorist
Kommt von Rom und sollte auf ein Jahr engagiert werden. Dekret aufgehoben und an seiner Stelle den Sänger → Giovanni Battista Torelli engagiert.

VIO, ANGELO
Violinist, Kammermusikus
Im HAB v. 1754–1774 als Violinist. Er bittet um Erlaubnis, Eva Rosina Stahl von Dürrmenz zu heiraten. Der Amtmann schreibt im Nov. 1769, die Eltern würden der Heirat zustimmen, könnten aber kein Heiratsgut geben. Bereits am 21. 6. 1767 wird in Ludwigsburg ihr Kind getauft. Der Pfarrer trägt sie als verheiratetes Paar ins Taufbuch ein. Eva Rosina ist im Januar 1767 Patin und gibt sich als Vio aus.

Viotti, Rocco
Commisaire de la musique
Im HAB v. 1764–1768. Sein Engagement wird mit Dekret v. 11. 4. 1767 mit 300 fl. verlängert.

Wangner (Wagner), Johannes (Giovanni)
Kapellknab, Kastrat, Kopist
Geb. am 13. 4. 1727 in Rosenfeld als Sohn des Ochsenwirts Johann Jakob Wangner. Der durch eine in der Jugend erlittene *besondere Fatalität* kastrierte, aber wiederum glücklich kurierte, nunmehr 13jährige Sohn, wird als Kastrat bei den Kapellknaben angestellt ab 11. 4. 1740 durch Dekret v. 25. 6./ 23. 8. 1740. Im HAB 1745 als Kastrat u. Kapellknab, 1746–1749 als Kastrat, ab 1750–1754 Kapellknab, 1755 als Hofkopist, 1756 Hofaltist und v. 1757–1774 Contralto. Er berichtet dem Herzog 1769 von einem Streit der Musiker über Notenpapier. Man verschreibe jährlich einige Rieß rastriertes Notenpapier von Venedig, bei hiesigem Papier sei kein Nutzen, weil es mehrerteils fließt und das rastrieren mehr als das Papier selbst kostet.

Weber, Gottfried
Violinist, Hofmusikus
Im HAB v. 1783–1793. Ein Gottfried Christian Weber bittet 1780, ihn anzustellen. Er sei Orchestergeiger, seine Bewerbung für die Militärakademie sei abgelehnt worden, weil er zu alt sei. Er wird zur Geduld verwiesen.

Weber, Johann Christoph
Hofmusikus, Violinist
Geb. am 28. 2. 1755 in Bonfeld. Aufnahme in die Karlsschule am 16. 5. 1770 zur Musik als Wagnersohn. Nach dem Taufbuch von Bonfeld ist jedoch der Vater ein Andreas Christoph Weber, Apotheker aus Hessen-Kassel. Austritt am 4. 7. 1780 als Musiklehrer der Akademie. Im HAB ist er genannt 1775–1777 als Flauto, 1778–1797 als Violino.

Weber, NN, Madame
Sängerin
Im HAB als Contralto v. 1796–1800.

Weberling, Carl Friedrich
Violinist, Hofmusiker
Geb. am 16. 3. 1769 in Ludwigsburg als Sohn des Korporals Johann Friedrich Weberling. Aufnahme in die Karlsschule am 29. 5. 1775, Austritt 1. 9. 1787 als Hofmusikus. Im HAB als Violino 1782–1787, als Viole 1788–1800.

Weberling, Johann Friedrich
Violinist, Hofmusikus
Geb. um 1759 als Sohn des Korporals Johann Friedrich Weberling. Im HAB als Violino v. 1778–1797. Er ist am 23. 3. 1797 in Stgt. gestorben. Er heiratet am 21. 8. 1783 Augusta Walburga geb. → Sandmaier.

Weeber, NN
Viole
Im HAB v. 1798–1800.

Weil, Antonius
Violinist, Hofmusikus
Geb. um 1758 in Giver/Frankreich als Tamboursohn. Aufnahme in die Karlsschule am 5. 2. 1770 zur Musik, Austritt 25. 7. 1781 als Hofmusikus. Im HAB 1778–1794. Er ist am 29. 9. 1794 gestorben.

Woschixka (Voschitka), Ignatius
Violoncellist
Mit Dekret v. 6. 11. 1759 ab 1. 11. angenommen. Im HAB v. 1760–1768.

Zobel, Johann Conrad
Waldhornist
Bisher beim Obrist v. Menzel in Diensten, wird er mit Dekret v. 23. 7. 1744 Waldhornist. Im HAB v. 1745–1750 und 1755–1762.

Zschacke (Schacke), Andreas
Waldhornist
Geb. um 1720. Bisher bei Obrist v. Menzel im Dienst wird er mit Dekret v. 23. 7. 1744 Waldhornist. Mit Dekret v. 15. 5. 1748 wird der Waldhornist Zschacke, bisher bei der Husaren-Escadron gestanden, an des verstorbenen Waldhornisten Bühners Stelle zum Hofmusikus *transferiert* und die Gage angewiesen. Im HAB v. 1745–1759. Er ist am 1. 4. 1759 in Stgt. gestorben.

Zumsteeg, Johann Rudolf
Violoncellist, Konzertmeister
Geb. am 10. 1. 1760 in Sachsenflur als Corporalsohn. Aufnahme in die Karlsschule am 16. 12. 1770 zur Musik, Austritt am 25. 7. 1781 als Hofmusikus. Im HAB v. 1778–1793 als Violoncellist, am 1. 6. 1793 mit jährl. Zulage von 300 fl. ab 1794–1800 als Konzertmeister. Er ist am 27. 1. 1802 in Stgt. gestorben.

Das Ballettpersonal

Anfang des Jahres 1758 wurde das Opern- und Komödienballett offiziell eröffnet. Zum Geburtstag des Herzogs am 11. 2. 1758 wurde erstmals in der Oper »Ezio« Ballette mit der Choreographie von Michele dell'Agatha aufgeführt. Die ersten Tänzerinnen und Tänzer fanden bereits ab dem 2. 2. 1757 Anstellung am württembergischen Hoftheater. Ballettmeister dell'Agatha trat am 20. 3. 1757 seinen Dienst an. Im Laufe des Jahres 1757 kamen insgesamt 29 Tänzer und Tänzerinnen nach Stuttgart. Zu der Oper »L'Asilo d'Amore« 1758 wurden neue Tänze »abgefaßt und eingerichtet«. Offensichtlich dauerte das Engagement von dell'Agatha nur ein Jahr, denn bereits auf 1. Juli 1758 wurde François Sauveterre auf ein Jahr als Ballettmeister verpflichtet. In den drei folgenden Opern »Nittetis«, »Endimione« und »Alexander in Indien« choreographierte er die Ballette. Unter seiner Leitung wurden hauptsächlich italienische Künstler angeworben.

Als Noverre als Ballettmeister im Frühjahr 1760 nach Stuttgart kam, engagierte er französische Künstler, die er von seiner früheren Tätigkeit aus Straßburg und Lyon her kannte. Die meisten Verträge wurden auf ein bis drei Jahre abgeschlossen. Nur bei den in der besonderen Gunst des Herzogs stehenden Personen konnte das Engagement verlängert werden, entweder auf sechs Jahre befristet oder in einzelnen Fällen auf Lebenszeit. Noverres erstes Ballett ging zum Namenstag des Herzogs 1761 im Singspiel »Die unbewohnte Insel« über die Bühne.

Die Sparmaßnahmen von 1767 trafen auch das Ballett. Das Dekret vom 24. Januar verschonte nur die dem Herzog nahestehenden Personen. Ballettmeister Noverre mußte gehen. Als sich der Herzog mit Franziska von Leutrum verband, führte dies abermals zur Entlassung einiger Tänzerinnen. Die noch 1768 bestehenden Engagements liefen 1771 aus.

Der Herzog verfolgte nun verstärkt die Absicht, eigene Landeskinder als Tänzerinnen und Tänzer ausbilden zu lassen. Bereits 1769 hatte er in

Ludwigsburg eine Musik- und Tanzschule eingerichtet. Unterrichtet wurden je 10–12 Knaben und Mädchen. Die meisten waren Kinder von Soldaten seiner Leibgarde. Die Ausbildung sollte vier Jahre dauern, aber bereits 1770 wurden sie zu Diensten am Theater herangezogen. Ihre Namen finden sich im Hofadreßbuch 1771.
Die Karlsschule bildete ebenfalls Tänzer aus. Die ersten Schüler wurden am 16. 12. 1770 aufgenommen. Das Hofadreßbuch 1772 nennt 9 Schüler und 11 Schülerinnen der Tanzschule namentlich als Figuranten, von den früheren Ballettleuten sind nur noch drei Tänzer, drei Tänzerinnen und zwei Figurantinnen aufgeführt. Die Schüler der Tanzschule wurden 1774 offiziell mit einer Gage von je 200 fl. übernommen und 1775 wieder entlassen, bis auf die vier besten Knaben und vier Mädchen. Als première danseuse verpflichtet war nur noch Madame Louisa Messieri, eine frühere Maitresse des Herzogs.
Inzwischen waren die Schülerinnen der Mädchenschule, der im Jahre 1773 gegründeten École des Demoiselles, so weit ausgebildet, daß sie die 1775 entlassenen Tänzerinnen der Tanzschule ersetzen konnten. Auch von der Karlsschule wurden weitere Schüler am Theater eingesetzt. Das Hofadreßbuch 1777 erwähnt bereits 26 Figuranten. Damit bestand das Ballett bis auf den Ballettmeister ausschließlich aus Landeskindern. Als Ballettmeister Joan Gabriel Regnaud 1788 ausschied, fanden Schüler der Karlsschule als Tanzmeister Verwendung. Damit jedoch verlor das württembergische Ballett endgültig seine europäische Bedeutung.

Agiziello (Egiziello), NN
Tänzer, HAB 1770, Dekret v. 10. 7. 1769: ein fremder Tänzer und seine Frau als Sängerin werden auf 6 Jahre für 1500 fl. engagiert.

Aletta, Maria Victoria
Tänzerin aus München, mit Dekret v. 22.4.1757 auf 6 Jahre ab 2. Februar engagiert, HAB 1758–1766, heiratet 10. 1. 1765 → Josephus Valentinus Riva. Im HAB als Aletta 1758–1766. Gest. vor Febr. 1770.

Annello (Anelly), Josephus (Romanus)
Tänzer ab 6. 6. 1762, Dekret v. 28. 6. 1762, Besoldung 600 fl., 130 fl. Chaussuregeld und 200 fl. Reisegeld; im HAB 1763–1766 als Figurant, 1767–1768 als Tänzer, wird mit Dekret v. 24. 7. 1767 weiterbeschäftigt für 1130 fl.; in Venedig als Giuseppe Anelli 1762, 1768–1774, heiratet 27. 4. 1767 in Stgt.-Hofen → [H] Brigitta Lolli v. Bergamo.

Armeny (d'Armigny), Marie
Tänzerin, HAB 1760.

Armery (Armiry, Ermeri, Armenic), NN
Besoldung ab Georgi 1759, lt. Dekret v. 5. 5. 1762 auf ein weiteres Jahr.

Artus, Antoinette
Tänzerin, ab 18. 3. 1762 lt. Dekret v. 28. 6. 1762 auf 3 Jahre, Besoldung 730 fl. und 200 Reisegeld, im HAB 1764–1766.

Asselin (Anselin) geb. Kienemann, Christiane Friederike,
Tänzerin, genannt 1767/68, von Bayreuth, heiratet am 19. 10. 1765 in Stgt.-Hofen François Asselin. Sie tanzt in München 1768. → Angiolo Maria Gasparo Vestris bittet 1772, sie in Stgt. anzustellen.

Augustin, NN
Als Tänzer ab 12.6.1767, in der Liste v. 24. 7. 1767 für 730 fl. Gage, im HAB 1769–1771.

Augustinelli, Louisa
Figurantin, im HAB 1769–1773.

Balderoni, Andreas (André)
Von Paris, Ballettmeister, 1772 theatralischer Tanzmeister; Tanzmeister auf der Karlsschule 1773–1775. Im HAB als Tänzer 1773 u. 1774, als Ballettmeister 1776 u. 1777; mit Dekret v. 9. 9. 1775 auf 4 Monate wieder angenommen.

Balderoni geb. Gablotiere (L'Ablotiere), Anna Felicitas
Ehefrau von → Andreas B., im HAB als Figurantin 1773–1774. Zwei Söhne auf Solitude (1772 und 1774 geboren).

Balletti, Luigi (Louis Guillaume)
Tänzer und Ballettmeister ab 1757/58. Im HAB 1758 bis 1775. Neuer Akkord von Georgi 1761–1767 zu 2000 fl. Gage, 130 fl. Chaussuregeld. Neues Engagement von 1769 bis 1775 als Premier danseur zu 2000 fl. Gage und einer Gratifikation v. 500 fl. zur Bezahlung seiner Schulden. Geb. um 1730 als Sohn des Giuseppe Antonio Balletti gen. Mario und Silvia geb. Benozzi. Seine Schwester Manon war mit Casanova verlobt. Casanova besucht ihn 1767 in Ludwigsburg. Er heiratet 16. 4. 1758 in Stgt.-Hofen → Rosina Luisa geb. Vulcano. Mit ihr hat er zwei Kinder. Nach deren Tod hat er mit seiner Haushälterin, Anna Barbara Nestler v. Rothenfeld bei Altensteig, noch 3 weitere Kinder, darunter Rosa (Helena) geb. 6. 10. 1767 in Ludwigsburg. Er starb auf Solitude am 26.4.1775.

Balletti geb. Vulcano (Vulcani), Rosina Luisa
Geb. um 1743 als Tochter des Komikers und Dresdener Operisten Bernardo Vulcani und Isabella. Tänzerin mit Dekret v. 25. 5. 1757 ab 16. Mai 1757. Im HAB als Mlle. Vulcani 1758. Sie kennt Casanova und war die Geliebte des Wiener Gesandten Baron v. Rieth. Sie heiratet am 16. 4. 1758 in Stgt.-Hofen den Tänzer → Luigi Balletti. Sie stirbt 18jährig am 9. 2. 1761 in Stgt.

Bambus (Pampus), Augusta Friederike
Geb. 17.4.1754 in Stgt. als Tochter des Barbiers Jakob Heinrich Pampus. Wird mit Dekret v. 11. 10. 1769 auf Vorschlag des Ballettmeisters Dauvigny in die Tanzschule aufgenommen. Mit Dekret v. 29. 9. 1774 entlassen. Im HAB als Figurantin 1772–1773. Vermutlich ist sie Sängerin von 1792–98. Vater ihrer 3 unehelichen Kinder (* Stgt. 1783, 1784 1786) ist der Kammerdiener Fr. Wilhelm v. Phull.

Barth, Johanna
Geb. 12. 3. 1765 in Hohentwiel als Tochter eines Soldaten. Aufnahme in die École 7. 6. 1776, im HAB 1778–1781.

Bianchi, NN
Tänzer, im HAB von 1769 bis 1771.

Binetti (Binet), George
Dekret v. 24. 8. 1759 mit seiner Frau → Anna geb. Ramon auf ein Jahr angenommen. Im HAB 1760. Beide erhalten als Gage 3000 fl. Ab 1761 in London.

Binetti (Binely) geb. Ramon, Anna
Ehefrau von → George B. Mit Dekret v. 24. 8. 1759 auf ein Jahr angenommen. Im HAB 1760. Tochter des Gondoliere

Romano v. Venedig, 1761–1763 in London. Kennt Casanova von Venedig, verhilft ihm 1760 zur Flucht aus Stgt. Er duelliert sich wegen ihr 1766 in Warschau. Zwischen 1769 und 1780 Solotänzerin in Venedig, bewarb sich erfolglos 1772 an der Berliner Oper und ging wieder nach Warschau.

Bissinger, Daniel
Geb. ca. 1760 in Penig/Sachsen, Vater vermutl. der Corporal Johann Martin Bissinger, Aufnahme in die Karlsschule 16. 12. 1770 als Tänzer, am 19. 11. 1778 entlaufen. Im HAB 1778 als Figurant.

Bissinger, Josepha Dorothea Magdalena
Geb. 17. 3. 1762 in Maua (?), als Tochter des Corporals Johann Martin Bissinger. Auf der École, Aufnahme unbekannt, Solotänzerin ab 1775. Im HAB von 1778–1782 als Bissinger 1778–1782 Figurantin, als Kösel 1783–1800, hat 10. 9. 1789 eine Besoldung von 460 fl. Heiratet 1783 den Tanzmeister → Johann Georg Kösel.

Blessing, Barbara
Geb. 25. 3. 1767 in Ludwigsburg als Tochter v. Johann Nikolaus Blessing, Grenadier. In der École aufgenommen am 1. 6. 1776, im HAB 1778–1789 als Figurantin, verheir. 19. 8. 1788 mit dem Metzger Christian Friedrich Authenriet. Erhält nach der Liste v. 10. 9. 1789 eine Besoldung von 360 fl.; im HAB 1790–1797 als Figurantin. Gestorben in Stgt. am 13. 8. 1830.

Boisemond, NN
Aufnahme, Dekret v. 17. 7. 1760 als Tänzer, nicht im HAB.

Boudet, geb. Bussy, NN
Figurantin, Dekret v. 19. 3. 1760, vom 1. 2. 1760 bis Ostern 1764, Gage 600 fl., Chaussuregeld 130 fl., Reisegeld 200 fl., im HAB 1760–1764.

Bräuhäuser, Jakob Friedrich
Geb. 15. 1. 1761 in Stgt. als Sohn des Johannes B., Pfeifer bei der Leibgarde zu Fuß, Aufnahme in die Karlsschule 16. 12. 1770 als Tänzer, am 24. 6. 1781 entlaufen. Ab Georgi 1794 mit Dekret v. 12. 4. 1794 als Hautboist (später Redouten-Walzer-Fabrikant). Im HAB als Solotänzer v. 1778–1781.

Bräuhäuser (Breuheuser, Breireiser), Johanna Friedrike
Geb. 15. 9. 1754 in Ludwigsburg als Tochter des Johannes B., Pfeifer bei der Leibgarde zu Fuß, Aufnahme in die Musik- u. Tanzschule 3. 4. 1769 als Tänzerin, im HAB 1772–1774.

Bresselschmidt (Presselschmidt), Katharina Christiane Barbara
Geb. 25. 3. 1753 in Stgt. als Tochter des Bernhard Br., Gardereiter. Aufnahme in die Musik- u. Tanzschule 4. 4. 1769, erhält 200 fl. Gage mit Dekret v. 29. 9. 1774, will sich lebenslänglich *würdig machen*, mit Dekret v. 25. 11. 1775 entlassen.

Bresselschmidt (Presselschmidt), Marianne
Geb. 13. 12. 1754 in Stgt. als Tochter des Bernhard Br., Gardereiter. Aufnahme in die Musik-und Tanzschule 4. 4. 1769, mit Dekret v. 11. 10. 1769 als untauglich entlassen.

Brochain, Nicolaus Josephus
Tänzer, mit Dekret v. 22. 4. 1757 ab 2. 2. 1757 angenommen, noch 1758/59.

Brodbeck, Johanna Friederike Marianna
Geb. 4. 9. 1774 in Ludwigsburg als Tochter des Tobias Br., Korporal, nicht auf der École oder der Tanzschule, im HAB 1792–1800 als Figurantin.

Brodbeck, Maria Elisabetha
Geb. 21. 6. 1761 in Kirchheim/Teck als Tochter des Tobias B., Korporal. Auf der École des Demoiselles, Aufnahme

unbekannt, Figurantin am Theater 1782 ohne Gehalt, im HAB als Figurantin 1778, als Solotänzerin 1779–84. Heiratet am 22.11.1783 → Franziskus Xaverius Hutti, Tanzmeister auf der Karlsschule. Als Hutti im HAB als Solotänzerin 1784–1789. Hat 1789 eine Besoldung von 460 fl. Sie heiratet 1789 nach dem Tod Huttis den Handelsmann Ulrich Gottlieb Rueff und erscheint unter dem Namen Rueff im HAB als Solotänzerin 1790–1799, pensioniert 6.11.1799.

Burckardt, Johann Ma(n)gnus
Geb. ca. 1756 in Potsdam als Sohn v. Johann B., Tambour bei der Fußgarde. Aufnahme am 3.4.1769 in die Musik- u. Tanzschule, im HAB als Tänzer 1772–1774.

Burckardt, Juliane Augustina Charlotte
Geb. ca. 1755 in Potsdam als Tochter v. Johann B., Tambour bei der Fußgarde. Aufnahme am 3.4.1769 in die Musik- u. Tanzschule, entlassen mit Dekret v. 29.9.1774

Busida, Antonio
Mit Dekret v. 24.7.1767 als Tänzer angenommen ab 12.6.1767, Gage 730 fl. In Venedig 1761, 1766, 1767.

Cacciari, Geltruda
Ab 1.8.1757 als Figurantin. Im HAB 1758 als Figurantin, 1759–1761 als Tänzerin. Sie ist am 7.3.1761 in Stgt. mit 19 Jahren gestorben und in Hofen beigesetzt.

Camargo, Mademoiselle (Marie Anne Charlotte ?)
Geb. ca. 1731, vermutl. Schwester der berühmten Marie Anne Camargo. Vom 1.5.1757 bis Jakobi 1758 in Stgt., im HAB 1758 als Figurantin.

Campioni, NN
Tänzer. Erhält mit Dekret v. 14.11.1769 eine Gage von 200 und Reisegeld von 50 neuen Louis d'or, im HAB 1770 und 1771 (ein Antonio C. ist Tänzer in Venedig).

Capellata, Regina
Erhält als Tänzerin mit Dekret v. 24.7.1767 vom 12.6.1767 an eine Gage von 930 fl. Vermutlich von Herzog Carl Eugen noch in Venedig engagiert.

Casselli, Franciscus
Tänzer ab 14.5.1763, im HAB als Figurant 1763–1766 (ein Francesco C. in Venedig 1770 u. 1774).

Celi, NN
Tänzer(in), im HAB 1760.

Chaumont, Katharina
Tänzerin, zusammen mit Ehemann → Nicolaus angenommen, im HAB 1758–1764 Figurantin.

Chaumont, Nicolaus
Tänzer mit Dekret v. 22.4.1757 ab 2. Febr., im HAB 1758 und 1759 als Figurant. Verheiratet mit → Katharina C.

Chevanard (Schewanard), Peter Friedrich
Geb. um 1757 in Mömpelgard als Webersohn, Aufnahme in die Karlsschule 18.5.1771, Austritt 15.12.1781, wird als Theatertänzer vereidigt 1782 im HAB 1778 bis 1781 als Solotänzer, 1782 bis 1788 als Figurant.

Clement
Er im HAB als Figurant 1763–1766, sie als Danseuse im HAB 1764–1766.

Colombazzo, Mademoiselle
Figurantin, bekommt 1768 100 fl. Gage, Tochter v. → [H] Victorino C., Kammeroboist.

Conti, Rosa
Danseuse ab 1.8.1757, im HAB 1758 bis 1761, vermutlich Tochter des Kammermusikus → [H] Angelo Conti.

Coradini (Conradini), Geltruda
Tänzerin ab 1. 8. 1758 bis 1. 8. 1762, im HAB nur 1759 (eine Geltrude Corradini ist 1761/1762 in Venedig).

Cronié, Louise
Kommt mit → Noverre aus Lyon, Dekret v. 30. 4. 1760 von Quasimodo 1760 bis Karwoche 1761, Gage 600 fl., Chaussuregeld 120 fl., Reisekosten 200 fl., im HAB 1761–1762.

Curioni (Coroniae), Joseph
Operatänzer, mit Dekret v. 30. 4. 1760 auf 2 Jahre angenommen, Gage 600 fl. Im HAB als Curioni 1761 und 1762, (als Ballettmeister in Baden-Baden genannt 1773).

Dauberval (Deauberval) gen. Bercher, Jean
Geb. 19. 8. 1742 Montpellier, gest. 14. 2. 1806 Tours, Schüler → Noverres, Debut an der Pariser Oper 1761. In Stgt. vom 1. 10. 1762 bis Ostern 1764, lt. Dekret v. 1. 11. 1762.

Dauvigny (d'Auvigny, d'Aubigny), Louis Aimé
Tänzer, kommt von Lyon nach Stgt. mit Dekret v. 8. 11. 1760, ab 14. 10. 1760 bis Ostern 1767 als Figurant, Gage 800 fl., 120 fl. Reisekosten. Im HAB v. 1761–1766. Weiterbeschäftigung nach Dekret v. 24. 7. 1767 als Ballett-Tänzer und für den Unterrricht bei den Pagen, Gage 1630 fl. Als Tänzer im HAB 1767–1768, Nachfolger von → Noverre als Ballettmeister, im HAB von 1769–1771, will als Ballettmeister ab 18. 12. 1768 eine Gage von 2200 fl. Engagement vermutlich im Dez. 1771 ausgelaufen. Heiratete am 6. 3. 1764 in Stgt.-Hofen → Marie Claudine geb. Toscani. Zwei Kinder in Ludwigsburg 1765 und 1767 geboren.

Dauvigny geb. Toscani, Marie Claudine
Geb. 9. 3. 1746 in Lyon als Tochter des Schauspielers u. Feuerwerkers Johann Baptista Toscani und der Isabella geb. Gafforia. Tänzerin mit Dekret v. 9. 5. 1761 ab 15. 11. 1760 bis Ostern 1763. Im HAB 1761–1764. Sie heiratet am 6. 3. 1764 in Stgt.-Hofen den Tänzer → Louis Aimé Dauvigny. Weiterbeschäftigung mit Dekret v. 24. 7. 1767 als Tänzerin mit 1130 fl. Gage. Begraben in Stgt.-Hofen 14. 3. 1768.

De Camp, Therese
Dekret v. 22. 1. 1758 als Figurantin auf 3 Jahre, von Ostern 1758 bis Ostern 1761, Gage 500 fl. Dekret v. 26. 7. 1760: »Hzgl. Durchlaucht aus bewegenden Ursachen die Figurantin nicht länger in Diensten zu behalten gedenken. Chaussuregeld cessiert ab Jakobi 1760, Besoldung wird noch ein halbes Jahr bezahlt«.

Dehrons, Madame
Figurantin mit Dekret v. 9. 5. 1757 auf ein Jahr ab 2. 2. 1757 bis Jakobi 1757, da sie wieder abgereist und in andere Dienste getreten ist.

Dell'Agatha, Michele
Geb. 1722 Florenz, gest. ca. 1794. Tänzer in Neapel und Venedig 1748/49, in München 1752–1756, mit Dekret v. 29. 12. 1757 ab 20. 3. 1757 Ballettmeister in Stuttgart, eröffnet das Opera- u. Comödienballett. Im HAB als Ballettmeister 1758. 1767 Theaterunternehmer in Venedig, San Samuele 1767, St. Benedetto 1776, La Fenice 1793.

Dell'Agatha geb. Gardella, Ursula Maria Josepha
Geb. um 1730 in Venedig, Tochter von Antonio Gardella, Gondoliere, in Venedig aufgewachsen, Spielkameradin v. Casanova, Tänzerin in München, heiratet 14. 1. 1753 in München → Michele Dell'Agatha, mit Dekret v.

9.5.1757 ab 2. Febr. 1757 Tänzerin auf Lebenszeit. Maitresse Herzog Carl Eugens mit dem Titel Madame, trägt laut Casanova *die blauen Schuhe*.

D'Ereville, Josephine
Tänzerin mit Dekret v. 28.8.1762 von Jakobi 1762 bis Ostern 1763, Gage 300 fl.

De Laitre, Joachim Jakob
Sohn des Jakob de Laitre (Laistre) und der Joanna geb. D'Epernay von Straßburg. Er heiratet in Straßburg-St. Pierre am 22.3.1751

De Laitre geb. Sauveur, Margarethe Theresia
Tochter des Tanzmeisters Antoine Sauveur und der Cajetana geb. Nardy v. Straßburg (Schwägerin von → Noverre). Ein Tänzerehepaar, Mr. und Mrs. Delaistre 1752–53 in Straßburg, er 1755–1759 in London, beide Engagement in Stgt. ab Martini 1762, sie ist im HAB 1763–64 als Figurantin, er 1763–1764 als Tänzer, als Premier Danseur 1765–1766.

Des Graviers, Madame
Tänzerin, im HAB von 1770–1771.

D'Henneterre, Madame
Premiere Danseuse im HAB 1764–1766. Es handelt sich vermutlich um Victoire Titinon, dite Mlle. Victoire, Tochter der Tänzerin Agathine D'Hannetaire und Nichte des Theaterdirektors D'Hannetaire in Brüssel. Ab 1760 Auftritte in Brüssel, Schülerin von → Noverrre. Von 1768 bis 1773 an der Comédie francaise in Paris.

Dieudonné, Leopold Friedrich
Geb. 1757 in Mömpelgard, gest. 1831 in Stgt. Sohn des Schuhmachers Leopold Friedr. D. In die Karlsschule aufgenommen 18.5.1771, Austritt 15.12.1781. Als Theatertänzer vereidigt 1782, im HAB als Solotänzer 1778–1804, von 1786–1794 Ballettmeister der Karlsschule, 1804 pensioniert und als Kanzleidiener angestellt.

Dorfeuille, Marie
Figurantin, mit Dekret v. 15.12.1760 bis Ostern 1763, Gage 600 fl. Chaussuregeld 120 fl. 20 fl. Reisegeld. Im HAB 1761–1762, 1765–1766.

Dorival, Petry Amery
Tänzer und Komödiant aus Paris, von Martini 1758 bis Martini 1764. Bei der französischen Komödie v. 1760–1766.

Drouville, NN
Tänzer, Dekret v. 23.6.1762 von 6.5.1762 bis 1765, Gage 600 fl., 130 fl. Chaussuregeld, 200 fl. Reisegeld. Im HAB 1763 bis 1766 als Figurant.

Duligny (D'Huiliny, Dhuliny)
Tänzerin. Mit Dekret v. 22.4.1757 ab 2.2.1757. Im HAB 1758–1762. Ein Domenico D'Huliny und seine Frau Christina sind in München 1753. Eine Mlle. Dhuliny ist 1766 in Lyon Maitresse de danse.

Dupetit, Johanna Elisabetha
Eine Tänzerin Du Petit ist in Bayreuth 1752–58 und 1760–63. Laut Dekret v. 24.7.1767 Tänzerin mit 730 fl. Gage. Im HAB 1764–67 Figurantin, 1768 als Danseuse.

Duponcel (du Poncelle), Nicola
Ab 1.10.1759 bis 30.9.1762 Tänzer. Mit Dekret v. 5.5.1762 von Lichtmess 1762 auf 3 Jahre, Gage 800 fl., Chaussuregeld 120 fl. Im HAB als Figurant 1760–1764.

Dupré (Dupres), Favier
Figurant mit Dekret v. 16.3.1762 von Ostern 1762 bis Ostern 1768, Gage 600 fl. 130 fl. Chaussure- und 200 fl. Reisegeld.

Durand, Jean Baptiste
Figurant im HAB 1764–1766, aufs Neue angenommen von Jakobi 1767 mit 600 fl. Gage, 130 fl. Chaussuregeld und 200 fl. Reisegeld, im HAB 1767 bis 1770, entlassen 1770.

Durand geb. Blanchard, Marie Louise Genevieve
Figurantin mit Dekret v. 9. 2. 1760, ab 1. 8. 1759 bis Juli 1762, Gage 600 fl. Im HAB 1761–1762. Zwei Kinder geb. 1760 und 1764 in Stgt. u. Ludwigsburg.

Durand, Rose
Figurantin ab Jakobi 1762, im HAB 1763–1766

Durval, NN
Tänzer mit Dekret v. 28. 9. 1767 von 1. 9. 1767 bis 1. 9. 1779, Gage 800 fl., 130 fl. Chaussuregeld und 200 fl. Reisegeld.

Eger, Johann Christian
Geb. 1. 6. 1760 in Stgt., als Sohn des Johannes Eger, Stallknecht in Stgt. Aufnahme in die Karlsschule 7. 10. 1770, Austritt 15. 12. 1781, soll als Theatertänzer vereidigt werden 18. 11. 1782, im HAB als Figurant 1778–1800.

Eisenmann, Christian Martin
Geb. 9. 12. 1761 in Calw, als Sohn des Tobias Christoph Eisenmann, Zeugmacher in Calw. Aufnahme in die Karlsschule 28. 8. 1773, Austritt 19. 6. 1787 als Theatertänzer, im HAB als Figurant 1778–1800. Ab ca. 1805 Hauptzoller und Tanzlehrer in Calw, gest. 1838.

Evrard, Nanette
Figurantin ab 1. 10. 1759, im HAB 1760 bis 1768. Mit Dekret v. 26. 7. 1760 auf 3 Jahre mit 600 fl. und 120 Chaussuregeld in Dienst genommen. Da sie aber auf dem Theater noch keinen Dienst tut, sondern noch mehr Unterweisung nötig hat, wird das Chaussuregeld *cessiert*, von den 600 fl. Gage erhält sie nur 400 fl. Der Tänzer → Clemente Gardello, *welcher ihr Lection geben wird unter communication des Ballettmeisters* → Noverre, erhält 200 fl. Dekret v. 27. 7. 1761, da sie jetzt im Stande sei, Dienst auf dem Theater zu machen, *mithin ihre Information cessiert*, erhält sie volle Gage und Chaussuregeld. Aufs Neue mit Dekret v. 28. 8. 1762 angenommen von 1. 10. 1762 bis Ostern 1766, Gage 700 fl. Chaussuregeld 130 fl., Reisekosten 200 fl.

Falchy, NN
Mit Dekret v. 25. 4. 1761 engagiert von 8. 2. 1761 bis Ostern 1762 zusammen mit → Paolo Marchetti (Marchety). Beide erhalten eine Gage von insges. 1640 fl. u. 200 fl. Reisegeld. (Drei Falchi in Venedig als Tänzer zwischen 1764 und 1773, Marchetti 1769/1771).

Fauth, Maria Katharina
Geb. ca. 1754 in Michelbach (?), Aufnahme bei der Musik- und Tanzschule am 3. 4. 1769, Vater ist Husar beim Corps. Mit Dekret v. 29. 9. 1774 entlassen.

Favier geb. Malterre, Elisabetha Theresia Josephina
Frau von → Johann Karl Franz F., verheiratet 12. 4. 1763 in Stgt.-Hofen. Geb. 3. 7. 1743 in Stgt. als Tochter des Tanzmeisters → Peter Heinrich Malterre. Figurantin schon ab 1. 6. 1757. Mit Dekret v. 24. 3. 1760 ab Georgi 1760 bis 1764 mit 600 fl. Gage, 120 fl. Chaussuregeld und 200 fl. Reisekosten. Im HAB 1763–1764. Ein Kind geb. 1763 in Stgt.

Favier, Johann Karl Franz
Figurant, im HAB 1763–1764. Verheiratet mit → Elisabetha Theresia Josephina geb. Malterre.

Felix, NN
Tänzer ab 1. 5. 1757, Gage 600 fl., Chaussuregeld 120. fl., Reisegeld 150 fl. Im HAB 1758 bis 1766.

Feretti, Maria Sibilla
Geb. ca. 1752 in Bonn, als Tochter des württembergischen Hoffiguristen und Bildhauers Domenicus Feretti. Aufnahme in die Musik- und Tanzschule 4.4.1769, wird mit Dekret v. 25.9.1774 in Gage gesetzt mit 200 fl. Mit Dekret v. 25.11.1775 entlassen.

Ferrere (Le Fevrere, Le Feubre), François
→ Marie Ferrere.

Ferrere geb. Blanchard, Marie
Ab 1.5.1759 auf ein Jahr angenommen. Marie und François erhalten beide als Gage 800 fl. und 120 fl. Chaussuregeld. Mit Dekret vom 3.3.1760 auf weitere 4 Jahre. Jeder erhält 1000 fl. Gage, 120 fl. Chaussuregeld und 200 fl. Reisegeld. Im HAB von 1760–1766.

Franchi, Eleonore
Tochter von Carl Boromaeo Franchi, Kaufmann in Livorno. Tänzerin, im HAB erstmals 1765 bis 1766, 1767 in Venedig, erhält mit Dekret v. 24.7.1767 ab 24.5.1767 eine Gage von 830 fl. Im HAB 1769 bis 1771 als Danseuse. Maitresse des Herzogs Carl Eugen. Zwei Kinder Eugen geb. 5. 10. 1768 und Eleonore geb. 17.1.1771 mit dem Titel »von Franquemont«. Reist Ende 1771 von Stuttgart ab. Sie nennt sich später Madame Sullivan, bzw. Lady Crawfurd Autrimanes.

Franchi, Giovanni
Figurant ab 1. 1. 1758, im HAB 1758–59.

Franchi, Maria
Figurantin ab 1.8.1757, im HAB 1758–1759.

Franchi, Paolo (Pavolino)
Erhält mit Dekret v. 24. 7. 1767 vom 24. 5. 1767 an eine Gage von 830 fl., Tanzmeister auf der Karlsschule 1772/1775. In Venedig ab 1776.

François, Clemens Alexander
Geb. 1762 in Mömpelgard als Sohn des Schreiners Isaak F. Aufnahme in die Karlsschule 29.8.1771 als Tänzer, Austritt 17.12.1786 zur Musik u. Theater, Hoftänzer im HAB 1778 bis 1800, gest. 1834 als Universitätstanzmeister in Tübingen. Verheiratet mit Garderobenaufseherin und Coiffeuse → [T] Marg. Karoline Dorothea geb. Debuisière.

Frantz, NN
Im HAB 1763 als Tänzer, 1764 als Figurant.

Friderix, Anna Katharina
Von Münster in Westphalen gebürtig, bewirbt sich 1770, nicht engagiert.

Fuchs verh. Kauz, Christina
Geb. 22. 9. 1766 in Plieningen als Tochter des Ölmüllers Georg Fuchs. Aufnahme auf die École des Demoiselles 15.7.1776, Besoldung ab 1786 360 fl. Im HAB als Figurantin 1778–1790. Heiratet 23.10.1790 in Stgt. den Hoftänzer → Jeremias Konrad Kauz. Als Fuchs im HAB 1778–1790, als Kauz 1791–1800.

Gardello, Casparo
Mit Dekret v. 22.4.1757 ab 2.2.1757 engagiert mit 400 fl. Wird mit Dekret v. 14.4.1760 seinen Kameraden gleichgestellt und erhält jetzt 600 fl. Im HAB 1758–1762.

Gardello, Clemente
Geb. in Venedig. Tänzer ab 1.6.1757 mit 400 fl. Gage. Erhält ab 1758 600 fl. Gage bis April 1764. als »Danseur comique, seule, pas de deux et autres et de plus pour entrer dans les contredanses«. Im HAB 1758–1761. In Venedig

1764. Heiratet 9. 11. 1763 in Stgt.-Hofen die Tänzerin → Elisabetha Bittina Radicati von Neapel.

GAUCHER, NN
Tänzerin. Erhält mit Dekret v. 24. 7. 1767 eine Gage von 930 fl. Im HAB 1767–1768.

GEISENDÖRFER, ANNA DOROTHEA ANNA
Geb. 12. 8. 1767 in Neuhausen/Aisch als Tochter des Corporals Johann Gottfried G. Aufnahme in die École des Demoiselles 1. 6. 1776. Im HAB als Figurantin 1778–1781.

GENTRA (GUNDRA), JOHANN GEORG JOSEPH
Geb. 2. 7. 1762 Ludwigsburg als Sohn des Grenadiers Veit Gundra aus Budetiz/Böhmen. Aufnahme in die Karlsschule 16. 12. 1770. Im HAB als Figurant, Hof- und Theatertänzer von 1778–1800.

GHISETTI, GELTRUDA
Mit Dekret v. 24. 8. 1765 von Lichtmess 1765 bis Georgi 1766 mit 800 fl. Gage, 130 fl. Chaussuregeld und 200 fl. Reisegeld. Nicht im HAB. In Venedig 1760, 1761, 1765.

GIARDINI, LORENZO
In Venedig Anf. 1767, erhält mit Dekret v. 24. 7. 1767 von 12. 6. 1767 an eine Gage von 730 fl. Im HAB 1769–1771 als Danseur.

GIRAULT, ADELAIDE
Im HAB 1769–1771. Hat 300 fl. Gage, bittet 1770 um Erhöhung.

GÖLZ, CHARLOTTE
Als Figurantin im HAB 1792–1798, 1799–1800 als Solotänzerin. Nicht auf der École des Demoiselles. Erhält aus der *vacanten* Besoldung von → Schubart und → Regnaud ab Martini 1791 eine Besoldung von 75 fl.

GOLL (GOHL), NN
Im HAB 1797–1800 als Figurantin.

GREGOIRE, JEAN BAPTIST
Erhält mit Dekret v. 23. 6. 1762 von 18. 3. 1762 bis 1765 eine Gage von 750 fl. und 200 fl. Reisegeld. Im HAB 1763–1766. Heiratet am 12. 4. 1763 in Stgt.-Hofen Friederika, Tochter des Hoftanzmeisters → Peter Heinrich Malterre.

GUIDI, ANTONIA
Erhält mit Dekret v. 6. 9. 1762 von 1. 6. 1762 bis 1. 6. 1763 eine Gage von 2000 fl. und 200 fl. Reisegeld. Im HAB als Danseuse 1763.

HACK, JOHANNA ELISABETHA
Geb. 5. 10. 1766 in Ludwigsburg als Tochter des Sergeanten Johann Georg Hack. Aufnahme in die École des Demoiselles 1. 6. 1776. Im HAB als Figurantin 1778–1789. Heiratet 20. 5. 1789 in Stgt. den Hoftänzer → Ludwig Michael Katz. Als Hack im HAB 1790–1794 als Figurantin. Gestorben in Stgt. 28. 11. 1794.

HEBERT, MARIE ANNE
Erhält mit Dekret v. 24. 7. 1767 730 fl. Will für weiteres Engagement ab Dez. 1769 900 fl., 130 fl. Chaussuregeld und 200 fl. Reisegeld. Der Herzog verfügt, man solle sie auf 800 fl. herunterhandeln, dafür bekomme sie auch ein Engagement auf 6 Jahre. Wenn sie aber auf mehr besteht, soll sie in die Audienz nach Ludwigsburg kommen. Im HAB Danseuse von 1769–1771.

HEINDEL, JOHANN FRIEDRICH
Geb. 16. 12. 1773 in Ludwigsburg als Sohn des Fusiliers Johann Georg Heindel. Nicht auf der Karlsschule. Erhält aber von der *vacanten* Besoldung von → [H] Schubart u. → Regnaud eine Gage von 75 fl. ab Martini 1791, wird am 24. 10. 1774 entlassen. Im HAB von 1792–1794, wieder engagiert ab 1799. Im HAB 1799–1800.

Heinel, Anna Friederike
Geb. 4. 10. 1753 in Bayreuth, Tochter des Friedrich Heinel. Ausbildung bei → Noverre und → Lepicq. Im HAB von 1765–1766 als Premiere Danseuse, von 1767–1768 als Danseuse. Debut in Paris 26. 2. 1768, heiratet 1792 den Tänzer → Vestris.

Herbrand, Augusta Friederike
Geb. 11. 2. 1755 in Stgt., Schwester der → Elisabetha Christina H., Aufnahme in die Musik-und Tanzschule 1769, erhält 250 fl. Gage. Sie bittet um 800 fl. und die Gunst, ein Jahr lang auf ein anderes Theater zu gehen. Der Herzog lehnt den Antrag am 17. 10. 1774 ab, weil sie auf herzogliche Kosten gelernt habe. Sie soll sich mit der Anfangsgage zufrieden geben. Eine weitere Gagenerhöhung wird abgewiesen. Sie will daraufhin entweichen, wird aber mit Dekret v. 25. 11. 1775 entlassen. Im HAB von 1772–1774. Sie ist am 27. 3. 1784 in Stgt. gestorben.

Herbrand, Elisabetha Christina
Geb. 19. 2. 1752 Stgt., Tochter von Johann Christoph H., Baudeputations-Sekretär, Aufnahme in die Musik- und Tanzschule 5. 4. 1769, im HAB 1772–1775.

Hermann (Heermann), Augusta
Geb. 16. 1. 1765 als Tochter des Regimentsschneiders Johannes H., Aufnahme in die École des Demoiselles 1. 6. 1776, Gage 360 fl., gestorben Febr. 1792, im HAB von 1778–1793.

Hermann (Heermann), Johann Jakob
Geb. 3. 11. 1752 Ludwigsburg als Sohn des Reg. Schneiders Johannes H. Aufnahme in die Musik- u. Tanzschule 4. 4. 1769, erhält mit Dekret v. 29. 9. 1774 220 fl. Gage, Tanzmeister bei der Karlsschule 1775–1787, wegen seiner Entweichung und Diebstählen kommt er 1785 auf den Hohen Asperg, im HAB 1772–1775 als Figurant, 1776–1785 als Solotänzer.

Hermann (Heermann), Johann Peter
Geb. um 1756 in Ansbach als Sohn des Grenadiers Andreas H., Aufnahme in die Musik-u. Tanzschule 4. 4. 1769, wird mit Dekret v. 29. 9. 1774 entlassen. Geht nach England und Holland. Das Anstellungsgesuch weist der Herzog mit Dekret v. 8. 6. 1776 ab. Im HAB 1772–1774.

Höhn, NN
Figurantin, im HAB 1797–1800.

Hofele, Christina Jakobina
Geb. 19. 1. 1768 in Ludwigsburg als Tochter des Fußgardisten Caspar Hofele, Aufnahme in die École des Demoiselles 1. 6. 1776, im HAB als Figurantin 1778–1781.

Hübsch, Katharina Elisabeth
Geb. 20. 7. 1764 in Plattenhardt als Tochter des Gardisten Johann Adam Hübsch. Aufnahme in die École, Datum unbekannt. Im HAB als Solotänzerin 1779–1781, als Figurantin 1782–1783, heiratet 4. 3. 1783 in Stgt. den Hofmusikus → [H] Johann Friedrich Mayer. Im HAB als Sopran 1784–1790, als Contralto 1791–1795. Sie ist am 9. 2. 1795 in Stgt. gestorben. Der Witwer erhält eine Beihilfe von 100 fl. für die acht Kinder.

Hutti, Marianna Antonia Elisabeth Margaretha
Geb. 24. 4. 1756 in Stgt., Tochter des → [T] Johann Michael Hutti, Kammerlakai, Aufnahme in die Musik- und Tanzschule 3. 4. 1769. Erhält mit Dekret v. 29. 9. 1774 200 fl. Gage ab Jakobi 1774. Mit Dekret v. 25. 11. 1775 entlassen. Im HAB als Figurantin 1772–1775.

Hutti, Franziskus Xaverius
Geb. 17. 11. 1754 in Stgt., Sohn des → [T] Johann Michael Hutti, Kammerlakai. Aufnahme in die Musik- und Tanzschule 3. 4. 1769. Da er zu den vier besten Tänzern gehört, wird er mit Dekret v. 29. 9. 1774 mit 200 fl. Gage angestellt. Tanzmeister bei der Karlsschule 1775–1781. Im HAB als Figurant 1772–1775, als Solotänzer 1776 bis 1788. Gestorben 30. 10. 1788 in Stgt. Verheiratet am 22. 11. 1783 in Stgt. mit Maria Elisabetha geb. → Brodbeck.

Hutti, Johannes
Tanzmeister
Sohn des → [T] Johann Michael Hutti, Kammerlakai. Er ist 1774 auf der Musik- und Tanzschule und erteilt den Edelknaben Unterricht im Tanzen, 1776 Tanzmeister bei der Militärakademie, erteilt den Edelknaben Unterricht im Menuett-Tanzen.

Hutti, Katharina
Im HAB 1778 als Solotänzerin.

Hutti, Marianna Margaretha Franziska
Geb. 13. 10. 1753 in Stgt., Tochter des → [T] Johann Michael Hutti, Kammerlakai. Seit 1768 beim Ballett und erhält eine Gratifikation von 400 fl., wird mit Dekret v. 29. 11. 1769 auf 6 Jahre angenommen und erhält als Figurantin 400 fl. Gage, 100 fl. Chaussuregeld. Im HAB als Danseuse 1770–1771, als Figurantin 1772–1773. Entlassen 1773. Der Herzog weist ihre Bitte um Reisegeld ab.

Jiriez (Girier), Françoise
Erhält als Figurantin mit Dekret v. 3. 5. 1769 eine Gage von 200 fl., 50 fl. Chaussuregeld und 100 fl. Reisegeld von Lichtmess 1769 bis Georgi 1770. Ihr Vater → [T] NN Jiriez ist in Stgt. Komödiant. Der Herzog verfügt mit Dekret v. 15. 12. 1769, sie solle ihre Schuldigkeit tun oder falls dies nicht geschieht, sollen sie und ihr Vater den Abschied haben. Im HAB als Mad. Girier 1770–1771.

Jobst, Christiane Rosina
Geb. 14. 2. 1767 in Ludwigsburg, Tochter des Grenadiers Leonhard Jobst. Aufnahme in die École des Demoiselles 1. 6. 1776. Im HAB Figurantin von 1778–1781, als Solotänzerin 1782–1787, mit der Sängerin [H] Balletti nach Paris entwichen 18. 8. 1787.

Jobst, Johann Georg
Geb. ca. 1758 in Untertraunbach/Bayern als Sohn des Grenadiers Leonhard Jobst. Aufnahme in die Karlsschule 16. 12. 1770. Im HAB als Figurant 1772–1774, als Solotänzer 1778–1780, wird als Tanz- bzw. Ballettmeister auf der Karlsschule 1781 vereidigt, noch 1794, gest. 1829.

Jobst, Josef
Geb. ca. Febr. 1757 in Bayern, der Vater ist vermutl. Grenadier Leonhard Jobst. Aufnahme in die Musik- und Tanzschule 4. 4. 1769, wird mit Dekret v. 29. 9. 1774 entlassen.

Joos, Johann Heinrich Peter
Geb. ca. Januar 1753 in Böblingen (?) als Sohn des Tambours Johann Georg Joos. Aufnahme in die Musik- und Tanzschule 3. 4. 1769, erhält mit Dekret v. 3. 4. 1769 eine Gage von 200 fl. Im HAB 1772–1776.

Katz, Ludwig Michael
Geb. 10. 3. 1760 in Owen/Teck als Sohn des Küblers Michael Katz v. Owen. Aufnahme in die Karlsschule 14. 2. 1771, Austritt 19. 6. 1787 zum Theater. Im HAB als Figurant 1778–1800. Er heiratet 20. 5. 1789 in Stgt. die Tänzerin Johanna Elisabetha geb. → Hack. In 3. Ehe verheiratet am 13. 5. 1809 mit Christiane Juliane Carolina geb. → Ostenberger.

Kauz, Jeremias Konrad
Geb. 8. 1. 1764 Ludwigsburg als Sohn des Tambours Johann Ludwig Kauz. Aufnahme in die Karlsschule 16. 12. 1770, Austritt als Theatertänzer 24. 6. 1786, Ballettmeister auf der Karlsschule 1789–1794, Tanzlehrer im Kleinen Theater 1802. Im HAB als Figurant 1778–1798, als Solotänzer 1799–1800. Er heiratet am 23. 10. 1790 die Tänzerin Christina geb. → Fuchs.

Klink, Johann Thomas
Geb. 27. 8. 1762 in Neckarrems als Sohn des Dragoners Thomas Klink. Aufnahme in die Karlsschule 16. 12. 1770, am 24. 6. 1781 entlaufen. Im HAB 1778–1781 als Figurant.

Knode, Philippina
Aus Mannheim, erhält mit Dekret v. 14. 11. 1769 450 fl. Gage, 130 fl. Chaussuregeld, 50 fl. Reisegeld. Im HAB als Danseuse 1770–1771. Bewirbt sich wieder 1771 erfolglos.

Kösel, Christiane Friedrike
Geb. 31. 8. 1773 in Ludwigsburg als Tochter des Bäckers Johann Georg Kösel. Nicht auf der École des Demoiselles, erhält aber 75 fl. ab Martini 1791, aus der erledigten → [H] Schubart- und → Renneau'schen Besoldung. Im HAB als Figurantin 1792–1793.

Kösel, Johann Georg
Geb. 7. 2. 1756 in Stgt. als Sohn des Bäckers Johann Georg Kösel. Aufnahme in die Musik- und Tanzschule 15. 4. 1769, erhält mit Dekret v. 29. 9. 1774 200 fl. Gage. Im HAB als Figurant 1772–1775, als Solotänzer 1776–1800, gestorben in Stgt. am 9. 12. 1805. Er heiratet 9. 1. 1783 in Stgt. die Tänzerin Josepha Dorothea Magdalena geb. → Bissinger.

Kurz (Courtz, Kurzi), Katharina
Geb. vermutlich in Venedig als Tochter des Geigers → [H] Andreas Kurz. Erhält mit Dekret v. 24. 7. 1767 Gage. Im HAB als Danseuse 1767–1771. Entlassen 1. 9. 1772. Maitresse des Herzogs, 1. Kind NN, 2. Kind Carl geb. 13. 3. 1769 in Ludwigsburg. Sie tanzt in Venedig zwischen 1773 und 1789.

La Cour, NN, Madame
Im HAB 1761 als Figurantin.

L'Anglois, NN
Im HAB 1759 als Figurant.

Le Brun, NN
Mit Dekret v. 9. 5. 1757 ab 4. Mai angenommen. Im HAB 1758 als Figurant.

Leger, NN
Mit Dekret v. 18. 1. 1763 angenommen. Im HAB 1763 als Danseur.

Lepi, NN
Im HAB als Madame 1765–1766 als Figurantin, 1767–1771 als Danseuse.

Lepicq, Charles (l'ainé)
Geb. 1744 in Neapel, Schüler → Noverres, Figurant in Stgt. ab 22. 4. 1757. Erhält mit Dekret v. 5. 4. 1760 eine Gage v. 400 fl., 120 fl. Chaussuregeld auf ein weiteres Jahr bis Lichtmess 1761. Mit Dekret v. 5. 5. 1761 wird der Vertrag bis Ostern 1767 verlängert mit 600 fl. Gage und 130 fl. Chaussuregeld. Da der Herzog die Absicht hegte, den Lepicq durch den Ballettmeister → Noverre im Serieux-Tanzen *besondere Instruktionen zu geben und ihn in diesem Talent perfectionieren zu lassen*, erhält Noverre hierfür 1500 fl.

Lepy, NN, cadet
Im HAB 1764–1766 als Figurant, 1767–1768 Danseur, 1769–1770 nicht genannt, 1771 als Danseur. Bruder von → Lepy, l'ainé.

Lepy, NN, l'ainé
Im HAB 1758–1764 als Danseur, 1765–1767 Prem. Danseur, 1768–1771 Danseur. Bruder von → Lepy, cadet.

Lepy (L'Epi), Nicolaus
Mit Dekret v. 22.4.1757 ab 2. Februar angenommen. Verheiratet mit Charlotte Franziska Leviele, zwei Kinder in Stgt. am 6.3.1757 u. 6.1.1763, ein Kind am 7.7.1766 in Ludwigsburg geboren.

Levevre, Martin
Von Straßburg, Mit Dekret v. 1.4.1761 auf 3 Jahre von Georgi 1761 bis Georgi 1764 als Figurant und Tänzer angenommen. 600 fl. Gage, 120 fl. Chaussuregeld und 200 fl. Reisegeld.

Levier (Leviez, Levieux), Nency
In England aufgewachsen und Schülerin von → Noverre in London. Kommt mit ihm aus Lyon und *reversiert* mit Noverre Lyon 13.11.1759. Mit Dekret v. 7.3.1760 auf 6 Jahre mit 1000 fl. Gage, 120 fl. Chaussuregeld und 200 fl. Reisekosten je für Hin- und Rückreise. Neues Dekret v. 6.7.1760 nur auf ein Jahr. Da das Engagement auf Ostern 1761 zu Ende geht, wird sie wiederum mit Dekret v. 27.7.1761 aufs neue in Diensten behalten und erhält selbige von obigem Termin, so lange sie in Diensten bleiben wird, eine jährliche Gage statt bisher bezogene 1000 fl. nun 2000 fl. nebst Chaussuregeld. Im HAB als Danseuse 1761–1764, 1764 als Prem. Danseuse. Maitresse des Herzogs Carl Eugen. Dessen Kind Eugen geb. um 1763, gest. 22.10.1767 Ludwigsburg und begraben in Stgt.-Hofen. Später verheiratet mit dem Tänzer → Antoine Trancard.

Ludwig, Christina Barbara
Auf der École des Demoiselles. Nach der Nationalliste geb. am 17.6.1764 in Balingen als Tochter eines Gemeinen. Aber im Taufbuch Balingen nur ein einziges Soldatenkind am 30.6.1764 getauft. Eltern Johann Bernhard Dieterle, von Fellbach, Dragoner und Christina Barbara geb. Goll. Im HAB als Figurantin 1778–1789.

Malter, Elisabet
Geb. 3.7.1743 in Stgt. Wird mit Dekret v. 24.3.1760 aufs Neue von Georgi 1760–1774 mit einer Gage von 600 fl., 120 fl. Chaussuregeld und 200 fl. Reisekosten engagiert.

Malter, Josef
Geb. 20.4.1751 in Stgt. Im HAB als Figurant 1769–1771. Erhält mit Dekret v. 3.5.1769 von Lichtmess 1769 bis Georgi 1770 eine Gage von 200 fl., 50 fl. Chaussuregeld und 100 fl. Reisegeld.

Malter, NN, cadet, Madame
Im HAB als Figurantin 1760–1762.

Malter, NN, l'ainé, Mademoiselle
Im HAB als Figurantin 1758–1762, 1761–1762 als Danseuse.

Malterre (Malter), Peter Heinrich (Pierre)
Geb. um 1700 in Montauban en Guyenne. Ehe 14.10.1727 in Stgt. in der reform. Gemeinde mit Marianne de Rochetau von Genf. Sie ist gest. in Ludwigsburg 19.7.1733 (eine Französin Raustoin ist 1734 bei der Prinzessin Luise, wohl dieselbe als Anna Maria Rochetot als Patin). Zweite Ehe mit Katharina Robiano um 1737 aus Bruchsal. Sie ist gest. 17.2.1765 in Stgt., begraben in Stgt.-Hofen. Dritte Ehe am 27.8.1767 mit Christina Luise, Tochter des Samuel Schöps, Buchhalter in der Tabakfabrik. Seit 1724 Hoftanzmeister in Stgt. Zusammen mit seinem Sohn → [H] Eberhard Friedrich M. Tanzmeister auf der Karlsschule noch 1781. Er ist gest. 27.12.1784 im Alter von 84 Jahren.

Marcadet, Marie
Tänzerin ab 1.10.1759. Neues Engagement vom 1.10.1762 bis Ostern 1766 mit 700 fl. Gage, 130 fl. Chaussuregeld und 200 fl. Reisekosten. Im HAB als Figurantin 1760–1764.

Marchetti, Paolo
Zusammen mit → Falchy engagiert mit Dekret v. 25. 4. 1761 vom 8. 2. 1761-Ostern 1762. Beide erhalten zus. 1640 fl. Gage und Chaussuregeld und 200 fl. Reisegeld. Er ist in Venedig 1769 und 1771.

Markel, Johann Christian
Geb. 11. 9. 1777 in Stgt. als Sohn des Christian Markel, Soldat bei der Garde. Nicht auf der Karlsschule. Erhält aber ab Martini 1791 einen Teil von 50 fl. aus der → [H] Schubart'-schen Besoldung. Im HAB als Figurant 1792–1800. Gest. 19. 5. 1819 in Stgt.

Marucci (Marcucci), Felice
Ab 1. 11. 1757 engagiert. Im HAB als Figurantin 1758–1761.

Masgameri, Angelo
Mit Dekret v. 14. 7. 1769 werden er und seine Frau → [H] Dominica geb. Gizielli vom 6. 7. 1769 an bis 1775 auf 6 Jahre mit einer Gage von zusammen 1500 fl. engagiert, er als Tänzer, sie als Sängerin. Beide sind nicht im HAB. Sie haben wohl ihre Stelle nicht angetreten.

Massu (Massine), Margarete
Mit Dekret v. 22. 11. 1762 vom 1. 10. 1762-Ostern 1765 mit 750 fl. Gage einschl. Chaussuregeld. Im HAB 1763 als Massine, 1764 als Massu.

Mecour (Mecourt), Louis
Ab 1. 2. 1759 engagiert. Im HAB als Figurant 1760–1762.

Mercier, NN, Madame
Im HAB als Figurantin 1764.

Metralcourt, NN
Bisher in chursächsischen Diensten, bittet um Anstellung 1770. Im HAB als Danseur 1771.

Monari, Lucia
Tänzerin, erhält mit Dekret v. 24. 7. 1767 ab 12. 6. 1767 eine Gage von 2130 fl. Nicht im HAB.

Monari, Vincenzo
Figurant ab 1. 8. 1758 bis 1. 8. 1760, neues Engagement von 25. 7. 1761 bis Ostern 1767. Erhält lt. Dekret v. 15. 4. 1762 eine Gage von 800 fl., Chaussuregeld 130 fl. und 200 fl. Reisekosten. Laut Dekret v. 24. 7. 1767 erhält er ab 12. 6. 1767 eine Gage von 2130 fl. Im HAB nur von 1759–1762 als Figurant. Als Tänzer in Venedig zwischen 1753 und 1789.

Monti, Regina
Als Danseuse im HAB 1767–1771. War aber schon früher beim Ballett. Wird laut Dekret v. 24. 7. 1767 mit einer Gage von 930 fl. weiterbeschäftigt. Sie wird mit Dekret v. 18. 4. 1769 erneut auf weitere 6 Jahre engagiert von Lichtmess 1768 bis Lichtmess 1774 mit einer Gage von 1500 fl. und 200 fl. Reisekosten. Langjährige Maitresse des Herzogs. Mutter des in Ludwigsburg am 6. 3. 1770 geborenen Friedrich, späteren Grafen von Franquemont und württembergischen Kriegsminister. Alle Maitressen werden 1771 abgeschafft. Der Herzog verordnet mit Dekret v. 1. 6. 1771 »Die Tänzerin Monti kann abreisen wann sie will, so auch die → Ricchieri, die auch keine Pension mehr hat«. Geht als Tänzerin nach Venedig, dort nachgewiesen zwischen 1771 und 1780.

Moretti, Veronica
Tänzerin von 1. 8. 1758 bis 1. 8. 1760. Im HAB 1759 als Figurantin.

Niel, NN, Madame
Im HAB als Figurantin 1765–1766, als Danseuse von 1767–1768.

Noverre, Jean George
Geb. 29. 4. 1727 in Paris, als Sohn des Jean Louis Noverre und der Marie Anne de Lagrange. Er konvertiert am 2. 3. 1748 in Straßburg-St. Pierre als Calvinist zum katholischen Glauben.

Er ist am 19. 10. 1810 in St. Germain-en-Laye gestorben. Er heiratet am 19. März 1748 in Straßburg-St. Pierre → Marguerite Luise Noverre.

Noverre, Ludovica Victoria
Geb. 2. 1. 1749 in Straßburg-St. Lorenz. Nicht am Hofe angestellt. Als Patin genannt 3. 2. 1763 und 9. 11. 1763 in Stgt.

Noverre geb. Sauveur (Sauvetre), Marguerite Luise (Marie Ludovica)
Geb. ca. 1727 in Malmédy, Dep. L'Ourthe, als Tochter des Tanzmeisters Antoine Sauveur und der Cajetana geb. Nardy. gest. 20. 11. 1810 St. Germain-en-Laye (83 Jahre). Komödiantin. Noverre wird in Stgt. als Ballettmeister und seine Frau als Komödiantin angestellt. Beide bestätigen von Lyon aus am 13. 11. 1759 den Anstellungsvertrag. Mit Dekret v. 7. 3. 1760 erhalten beide auf 6 Jahre ab Montag Quasimodo bis Samstag vor der Karwoche 1766 eine Gage von 5000 fl. und jeder für die An- und Abreise 200 fl. Die Vertragsbedingungen werden mit Dekret v. 6. 7. 1760 geändert. Die Vertragsdauer beträgt für beide jetzt 15 Jahre von Ostern 1760 bis Ostern 1775. Er erhält eine Gage von 3500 fl. inbegriffen 2 Pferde und noch 150 fl. Chaussuregeld, seine Frau 2500 fl. Gage, alles taxfrei. Bestätigung von Noverre vom 28. 6. 1760. Mit Dekret v. 25. 4. 1761 wird seine Gage auf 4000 fl. erhöht. Er erhält zusätzlich jährlich 10 Eimer Wein und 20 Mess Holz und 100 fl. für die Kopie der Ballette. Da das Ehepaar bisher freies Quartier hatte, aber bisher keine geeignete Wohnung gefunden hatte, erhalten sie mit Dekret v. 5. 5. 1762 den Hauszins in Geld mit 400 fl. ausbezahlt. Beide werden mit allgemeinem Dekret v. 24. Januar 1767 entlassen. Noverre ist als Ballettmeister im HAB v. 1761–1767 genannt. In Stgt. ist eine Tochter Luisa Charlotta geboren am 12. 9. 1760. Paten sind u. a. der Herzog selbst, Minister, Gesandte und der Stallmeister. (Biographie von Deryck Lynham, The father of Modern Ballet, London, 1950).

Ofterdinger, NN, Mademoiselle
Im HAB als Figurantin 1797–1798, als Solotänzerin 1799–1800.

Ostenberger, Christiane Juliane Carolina
Geb. 8. 7. 1766 Ludwigsburg als Tochter des Fußgardisten Johann Adam O. Aufnahme in die École des Demoiselles 1. 6. 1776. Als Figurantin im HAB 1778–1789. Heiratet am 19. 11. 1789 in Stgt. den Tänzer und Musiker Ludwig Friedr. Schweizer. Hat 1789 eine Besoldung von 360 fl. In 3. Ehe verheiratet am 13. 5. 1809 mit dem Tänzer → Ludwig Michael Katz. Im HAB 1778–1789 unter Ostenberger, 1790–1800 unter Schweizer als Figurantin.

Ostenberger verh. Traub, Christina Elisabetha
Geb. 16. 11. 1761 in Stgt. als Tochter des Fußgardisten Johann Adam O. Aufnahme in die École des Demoiselles nicht bekannt. Ab 1772 bezahltes Dienstverhältnis am Theater. Im HAB 1778–1785 als Solotänzerin. Heiratet am 26. 1. 1786 den Tänzer → Johann Chistoph Traub. Im HAB als Ostenberger v. 1778–1785 als Solotänzerin, als Traub v. 1786–1798.

Pauly geb. Debuisière, Christina Maria Theresia
Geb. 3. 3. 1778 in Stgt., Tochter von → [T] Karl Joseph D., Theaterschneider in Stgt. Auf der École des Demoiselles, erste Soloauftritte mit 9 Jahren. Erhält ab Martini 1791 eine Gage von 100 fl. Im HAB 1792–1796 als Solotänzerin, heiratet am 6. 3. 1764 in Stgt.-Hofen den Hofschauspieler Karl Pauly. Im HAB als Solotänzerin, als Debuisière 1792–1796, 1797–1800 als Pauly.

Perrin, NN, Madame
Im HAB als Danseuse 1763.

Petitot, Anne
Bestätigt ihren Anstellungsvertrag am 14. 10. 1760, Lyon. Erhält mit Dekret v. 8. 11. 1760 als Figurantin von 14. 10. 1760 bis Ostern 1767 eine Gage von jährl. 700 fl., 120 fl. Chaussuregeld und 200 fl. Reisekosten von Lyon nach Stgt. Im HAB aber nur 1761–1762 als Figurantin.

Pietro (Pitrot), Anton Bonaventura
→ Pietro, NN

Pietro geb. Ditterey Luisa Anna Regina (seine Frau)
→ Pietro, NN

Pietro, NN (sein Sohn)
Ehepaar Pietro und Sohn mit Dekret v. 12. 12. 1758 bis 12. 2. 1760 als Tänzer angestellt. Mit Dekret v. 5. 5. 1760 erhalten Vater und Sohn nach Ablauf ihres ersten Engagements einen weiteren Accord von 11. 12. 1760–11. 12. 1766 auf 6 Jahre und zusammen eine Gage v. 1240 fl. einschließlich Chaussuregeld. Am 18. 2. 1760 in Stgt. ein Sohn Anton Heinrich geboren. Am 16. 4. 1767 ist mit 40 Jahren der Tänzer Anton Pietro, ledig in Ludwigsburg gestorben. Im HAB als Pietro fils von 1760–1763 als Figurant, als Pietro sen. Figurant von 1760–1765, als Piero Pietro 1766 als Figurant und 1767 als Danseur.

Radicati, Elisabetha Bittina
Tänzerin ab 14. 5. 1762, im HAB als Danseuse 1763, heiratet 9. 11. 1763 in Stgt.-Hofen den Tänzer → Clemente Gardello.

Regina, Augustine
Tänzerin ab 1. 5. 1757. Erhält mit Dekret v. 26. 4. 1760 von Georgi 1760 bis Georgi 1766 eine Gage von 800 fl., 130 fl. Chaussuregeld und 200 fl. Reisekosten. Im HAB als Mademoiselle Regina 1758–1762 und 1765–1766. Ihr uneheliches Kind Louis Nicolaus Josef in Ludwigsburg geb. 10. 1. 1766.

Regina, Franz
Tänzer von 15. 11. 1758–15. 11. 1764. Vermutlich als Regina cadet im HAB als Figurant von 1762–1764.

Regina, Giuseppe
Mit Dekret v. 12. 4. 1758 ab 31. 3. 1758 als Danseur Comique auf 6 Jahre mit 1400 fl. Gage. Im HAB als Regina l'ainé 1759–1764 als Danseur, 1765–1766 als Premier Danseur. Ein Giuseppe Regina ist in Venedig erwähnt von 1773–1815.

Regnaud (Renaud, Regnault), Joan Gabriel
Von Grasse en Provence, Tänzer ab 22. 2. 1763 bis Ostern 1769. Im HAB als Figurant 1763–1766. Er wird 1780 als Ballettmeister angestellt. Bestätigt am 22. 10. 1780 seinen Vertrag. Er soll für Balletttänzer Unterricht auf der Akademie geben, muss große u. kleine Ballets in Operas, Operetten und Komödien arrangieren. Erhält mit Dekret v. 29. 12. 1780 von 11. 11. 1780 bis 11. 11. 1781 eine Gage v. 1500 fl. Wird mit Dekret v. 29. 9. 1781 auf Lebenszeit mit 2500 fl. engagiert. Gehaltskürzung ab 6. 5. 1788 auf 1500 fl. Im HAB als Ballettmeister von 1781–1789. Auf der Karlsschule von 1780–1786. Dekret v. 12. 4. 1783, Besoldungserhöhung abgelehnt. Wenn er nicht für 1500 fl. dienen wolle, werde er entlassen. Heiratet 11. 1. 1765 in Stgt.-Hofen Maria Victoria Tinor (?).

Ricchieri, Catharina
Erhält mit Dekret v. 23. 6. 1762 auf 6 Jahre bis 1. 6. 1768 eine jährliche Gage von 150 Dukaten und 40 Dukaten Reisegeld. Mit Dekret v. 24. 7. 1767 erhält sie bis auf anderweitige Verordnung gnädigst 750 fl. Dekret v. 1. 6. 1771:

Ricchieri, die keine Pension mehr hat, kann abreisen wann sie will. Im HAB als Figurantin 1763–1764.

Ricci, Angiola (Angeolina)
Mit Dekret v. 15. 12. 1760 erhält sie ab 25. 10. 1760 auf 3 Jahre eine jährl. Gage von 800 fl., 120 fl. Chaussuregeld und 200 fl. Reisegeld. → Noverre schrieb ihr den Vertrag, den sie am 19. 10. 1760 bestätigt. Im HAB als Figurantin 1761–1762. Eine Angela Ricci ist in Venedig 1764, 1765, 1780, 1781.

Riva, Josephus Valentinus
Aus Mailand. Kommt aus Lyon. Erhält mit Dekret v. 8. 11. 1760 als Figurant von 14. 10. 1760 bis Ostern 1767 eine jährliche Gage von 600 fl., 120 fl. Chaussuregeld und 200 fl. Reisekosten von Lyon nach Stgt. Weiteres Engagement mit Dekret v. 15. 9. 1767 von Jakobi 1767 bis Jakobi 1773 eine Gage von 800 fl., 130 fl. Chaussuregeld und 200 fl. Reisekosten. Er erhält für den Unterricht der Edelknaben als auch in der neuen Tanzschule neben seiner Besoldung als Theatertänzer mit Dekret v. 3. 5. 1769 noch 500 fl. Zulage. Ist auch Hoftanzmeister. Sein Engagement läuft 1773 aus, wird aber mit Dekret v. 31. 5. 1773 nicht mehr verlängert. Im HAB als Valentin 1763–1766, 1761–1762 als Figurant, 1769–1773 als Danseur. (In Venedig 1782 genannt). Heiratet am 10. 1. 1765 in Stgt.-Hofen Maria Victoria geb. → Aletta.

Riva geb. Ebersperger, Maria Anna
Zweite Ehefrau von → Josephus Valentinus Riva, Heirat 27. 2. 1770 in Stgt.-Hofen, Solotänzerin. Im HAB 1772–1773 als Danseuse. In Venedig gen. 1780, 1782.

Rösch, Johann Georg Leonhard
Geb. 2. 1. 1760 in Winnenden-Hertmannsweiler, natürlicher Sohn v. Leonhard Neff, Namenserteilung durch Heirat der Mutter 1763 in Winnenden mit Josef Rösch, Grenadier von Monheim. Eintritt in die Karlsschule 30. 3. 1771 als Tänzer. Austritt 31. 7. 17865 zum Theater. Als Figurant im HAB 1778–1800.

Romolo (Remulo, Romulo), NN
Im HAB als Tänzer und Figurant 1763–1768. (Ein Tänzer Romoli ist 1758, ein Romolino 1760–1763 in Bayreuth).

Ronzio, Ludovico
→ Theresia Ronzio.

Ronzio geb. Sambelli, Theresia
Ludovico Ronzio wird ab 1. 8. 1757 und sie ab 11. 3. 1758 engagiert. Beide erhalten mit Dekret v. 6. 4. 1758 vom 15. 2. 1758 bis 14. 2. 1761 als Premier Danseur und Premiere Danseuse Comique eine Gage von zusammen 3300 fl. Die bisherige Gage des Ronzio mit 275 Dukaten, die er seit 1. 8. 1757 hatte, wird aufgehoben. Er ist im HAB als Prem. Danseur 1758–1761, sie von 1759 bis 1761. Ein Kind Caspar Archangelo Maria ist in Stgt. am 21. 8. 1760 geboren.

Rosine, NN, Madame
Im HAB als Figurantin v. 1764–1766. (Eine Tänzerin Rosina Balby ist von 1748–1758 und 1760–1763 in Bayreuth).

Rousseau, Ja(c)ques Antoine
→ Marie Rousseau.

Rousseau geb. Frémont, Marie
Zusammen mit → Ja(c)ques Antoine R. am 1. 5. 1757 engagiert. Sie heiraten am 10. 9. 1757 in Stgt.-Hofen. Als Figuranten im HAB v. 1758–1766.

Russler (Rössler), Carl Philipp Sebastian
Er ist im HAB als l'ainé Figurant v. 1763–1766, als Danseur 1767–1768. Erhält mit Dekret v. 24. 7. 1767 als Philipp Carl Rußler eine Gage von 1130 fl. (Russler sen. ist als Tänzer in Bayreuth

1751–1758 und 1760–1763). Er ist in Venedig als Carlo Rusel 1771/72. Er heiratet am 1. 5. 1766 in Stgt.-Hofen die Sängerin der Opera buffa → Anna Maria geb. Valsecki (Volsecchi) aus Mailand. Ein Kind Elisabeth Anna Victoria in Ludwigsburg am 3. 3. 1767 geboren.

Russler, Gottlieb Karl
Sohn von Carl Philipp Russler. Er ist als le cadet Tänzer in Bayreuth v. 1758, 1760–1763. Im HAB als Roussalee cadet von 1764–1766 als Figurant, 1767 als Danseur. Er erhält mit Dekret v. 24. 7. 1767 eine Gage von 730 fl. Er ist am 1. 3. 1768 in Ludwigsburg gestorben.

Sabbati, NN, Madame
Figurantin. Im HAB 1764 genannt. (Eine Angelica Sabati ist in Venedig 1756–1761).

Salamon (Salomony), Anna Maria
Tänzerin. Bestätigt ihren Anstellungsvertrag am 19. 2. 1760. Erhält mit Dekret v. 19. 3. 1760 vom 19. 2. 1760 bis 19. 2. 1762 eine Gage von 1000 fl. einschl. Chaussuregeld und 300 fl. Reisegeld. Im HAB 1761–1763 als Danseuse, 1764 als Première Danseuse. (Eine Marianna Salamon ist 1757/58 in Venedig). Maitresse des Herzogs. Kind Carolina in Stgt.-Hofen am 1. 4. 1764 begraben, 3 Wochen alt.

Sandmaier, Karolina Sofia Justina
Geb. 3. 11. 1766 in Ludwigsburg als Tochter des Leibgardisten Fidelis Sandmaier. Aufnahme in die École des Demoiselles am 1. 6. 1776. Im HAB als Figurantin v. 1778–1787. Längstens bis 24. 6. 1790 am Theater, da ihre Bezüge verteilt werden.

Saunier, Vincent
Aus Paris, Ballettmeister auf der Karlsschule 1776–1780. Im HAB als Ballettmeister 1778–1780. Bestätigt seinen Anstellungsvertrag am 25. 2. 1776 in Paris. Wird mit Dekret v. 4. 6. 1776 Ballettmeister und Directeur der herzoglichen Tanzschule vom 25. 2. 1776 bis Februar 1780. Er erhält eine Gage von 500 Dukaten oder 2500 fl. und 200 fl. Reisekosten aus der Theatralkasse. Er lässt Musikalien 1776 in Paris kopieren. Er will im Nov. 1779 sein Engagement um 2 Jahre verlängern und verlangt 2500 fl. Gage und 250 fl. Reisegeld und 3 Monate Urlaub. Er schlägt das vom Herzog unterschriebene Engagement aus, da in seinem Kontrakt v. 1776 nichts darin gestanden habe, dass er große und kleine Balletts zu Opern und Komödien machen müsse, die jetzt von ihm verlangt werden. Der Herzog befiehlt mit Dekret v. 15. 11. 1779, wenn er das neue Engagement nicht unterschreibe, soll ihm der Abschied erteilt werden. Entlassen am 25. 2. 1780.

Sauveterre (Sauterre), Francois
Ballettmeister ab 1. 7. 1758 bis 30. 6. 1759. Engagement verlängert vom 1. 7. 1759 bis 30. 6. 1760. Entlassen mit Spezial-Dekret v. 26. 4. 1760, bleibt aber bis Ende Juni 1760 zur Erfüllung seines Engagements in Diensten. Der Herzog bewilligt ihm 500 fl. für die Abreise. Im HAB 1759–1760 als Ballettmeister. (Er ist 1763–1766 in Venedig und 1767–1775 in Lissabon).

Sauveur, Nanette
Tochter des Tanzmeisters Antoine Sauveur von Straßburg, Schwägerin → Noverres. Wird mit Dekret v. 7. 3. 1760 engagiert als Pemière Danseuse auf 6 Jahre von Ostern 1760. Vertragsänderung mit Dekret v. 6. 7. 1760, das Engagement dauert von Ostern 1760 bis 1775 insges. 15 Jahre. Sie erhält 1500 fl. Gage und 130 fl. Chaussuregeld. Bestätigt den Vertrag am 28. 6. 1760. Im HAB als Danseuse 1761–1762. Heiratet am 26. 11. 1761 in Stgt.-Hofen den Hofmusiker → [H] Antonio Lolli. Als Ehefrau erhält sie jetzt mit Dekret v.

5.5.1762 eine Gage von 3000 fl. Sonst verbleibt es bei den bisherigen Bedingungen. Im HAB als Sauveur 1761–1762, Lolli 1763–1774, als Prem. Danseuse 1764–1766, 1772–1774. Erhält von Lichtmess 1765 eine jährliche Zulage von 500 fl. Das Ehepaar Lolli wird auf 29.7.1774 entlassen. Sie geht mit ihrem Mann 1774 nach St. Petersburg.

Schäfer (Scheffer), Eva Barbara
Geb. 23.11.1763 in Stgt. als Tochter des Gardesoldaten Johann Georg Schäfer. Aufnahme am 3.4.1769 in die Musik- und Tanzschule. Mit Dekret v. 29.9.1774 entlassen. Im HAB als Figurantin 1772–1774.

Schaul geb. Schwind (Schwend), Luise Elisabeth
Geb. 25.3.1767 in Stgt. als Tochter des herzoglichen Heyducken Johann Michael Schwind. Aufnahme am 29.8.1776 in die École des Demoiselles. Im HAB als Figurantin 1778–1791. Erhält 1789 eine Gage von 360 fl. Als Schwind im HAB 1778–1791 als Figurantin. Sie heiratet am 21.7.1791 den Hofmusikus → [H] Johann Heinrich Schaul. Als Schaul im HAB 1792–1800.

Schlotterbeck, Wilh. Jakob Friedrich
Geb. 25.7.1760 in Ludwigsburg als Sohn des Stallbedienten Johann Georg Schlotterbeck. Aufnahme in die Karlsschule am 28.2.1771, Austritt am 15.12.1781. Wird am 15.11.1782 als Theatraltänzer vereidigt. Im HAB als Figurant v. 1778–1800. Gest. 1840.

Schulfink, Carl Christian
Geb. 14.10.1753 in Stgt. als Sohn des Hofmusikus Johann Adam Schulfink. Auf der Musik- und Tanzschule. Wird mit Dekret v. 29.9.1774 entlassen. Im HAB als Figurant v. 1772–1774.

Schwarz, Margaretha Christina
Geb. Mai 1754 als Bäckerstochter. Aufnahme am 4.4.1769 in die Musik- und Tanzschule. Mit Dekret v. 29.9.1774 entlassen. Im HAB als Figurantin 1772–1774.

Sealy, NN
Mit Dekret v. 3.1.1759 als Figurant angestellt. Nicht im HAB. In London 1760–1762.

Semmler, Johann Christian
Geb. 5.1.1761 in Lauffen a. N. als Sohn des Küfers Wolfgang Burkhard Semmler. Aufnahme in die Karlsschule 28.2.1771. Austritt am 15.12.1781. Wird am 15.11.1782 als Theatraltänzer vereidigt. Ballettmeister auf der Karlsschule 1789–1794. Im HAB 1778–1800.

Simonet, Ciriaque
Erhält mit Dekret v. 1.11.1762 ab 1.10.1762-Ostern 1765 eine Gage v. 600 fl., 130 fl. Chaussuregeld und 200 fl. Reisekosten. Im HAB 1763–1766 als Figurant, 1767–1768 als Danseur.

Spozzi, NN
Sohn des Commissionnaire de la Danse Augustin Spozzi. Im HAB als Figurant 1772–1774.

Spozzi, NN
Tochter des Commissionnaire de la Danse Augustin Spozzi. Im HAB als Figurantin 1772–1774.

Stadler, Johann Adam Andreas
Geb. im August 1754 in Volgenstadt als Sohn des Gardesoldaten Johann Georg Stadler. Aufnahme in die Musik- und Tanzschule am 3.4.1769. Im HAB als Figurant 1772–1774.

Stählin (Stahl, Stähle), Christina Margaretha
Geb. 9.2.1767 in Leonberg als Tochter des Korporals Johann Georg Stählin. Aufnahme in die École des Demoiselles am 1.6.1776, Hoftänzerin. Im HAB 1778–1790.

Tauber, August
Geb. um 1763 in Rastatt als Sohn des Kammermusikers → [H] Jakob Tauber. Aufnahme in die Karlsschule am 16. 11. 1772, entlassen 16. 6. 1786. Im HAB als Tänzer 1778–1779.

Torci, Francois
Mit Dekret v. 2. 4. 1757 am 31. 3. als Figurant angestellt. Ab Martini 1757 nicht mehr im Lande. Im HAB 1758 als Figurant.

Toscani-Belleville, Luisa (Aloysia), die Ältere
Geb. um 1740 als Tochter aus der Ehe NN Belleville mit Isabella Gafforia, deren 2. Ehe mit Johann Baptiste Toscani. Figurantin ab 3. 6. 1757. Im HAB als Danseuse und Prem. Danseuse v. 1758–1775. Heiratet 19. 7. 1767 in Stgt.-Hofen den Sänger → [H] Gabriel Messieri. Maitresse des Herzogs Carl Eugen. Sohn geb. 3. 4. 1761 in Stgt. als Carl von Ostheim. 2. Sohn geb. 31. 12. 1765 in Ludwigsburg als Alexander von Ostheim, 3. Kind geb. 1. März 1767 in Venedig. Im HAB als Messieri ab 1769 Première Danseuse. Erhält lt. Dekret v. 24. 7. 1767 bis Georgi 1767 ihr bisheriges Gehalt mit 2630 fl., von da ab hat sie aber 5000 fl. Pension zu beziehen. Nach ihrem Schreiben vom 25. 7. 1771 erhält sie aber nur 3000 fl. Pension. Gestorben 23. 10. 1782 u. in Stgt.-Hofen begraben.

Trancard, Antoine
Erhält mit Dekret v. 11. 11. 1762 vom 1. 10. 1762 bis Ostern 1765 eine Gage von 800 fl., 130 fl. Chaussuregeld und 200 fl. Reisegeld. Im HAB als Figurant v. 1763–1764. Er ist in Venedig 1773/1774. Er wird Ballettmeister an der Hofoper in München im März 1775. Verheiratet mit → Nency Levier.

Traub, Johann Christoph
Geb. 29. 1. 1762 in Böblingen als Sohn des Grenadiers Johann Justus Traub. Aufnahme in die Karlsschule am 9. 6. 1771, Austritt am 26. 11. 1785 zum Theater. Ballettmeister auf der Karlsschule 1787–1794. Solotänzer. Im HAB v. 1778–1798. Hat 1789 eine Besoldung von 460 fl. Verheiratet mit Christina Elisabetha geb. → Ostenberger.

Vanonck, NN, Madame
Im HAB 1763 als Figurantin. Eine Madame Vanouk ist Tänzerin in Bayreuth 1756, 1760–1763.

Verones, Peter und Johanna
Beide sind Paten bei → Luigi Balletti am 6. 2. 1761 und werden als Hoftänzer bezeichnet. Nicht im HAB.

Vestris, Angiolo Maria Gasparo
Geb. ca. 1730/31 in Florenz als Sohn des Tommaso Vestris, gest. am 10. 6. 1809 in Paris. Er studierte bei Dupré, wurde 1753 Solist an der Pariser Oper. In Stgt. ist er ab 1. 5. 1757. Im HAB 1758–1760 als Danseur. Er erhält ein neues Engagement als erster Serieux-Tänzer mit Dekret v. 27. 4. 1761 auf 6 Jahre von Ostern 1761 bis Ostern 1767 mit einer Gage von 2200 fl., 130 fl. Chaussuregeld und 25 Carolins Reisekosten. Im HAB als Premier Danseur 1761–1766. Er ist 1767 noch in Stgt. und erhält lt. Dekret v. 24. 7. 1767 seine bisherige Gage mit 2330 fl. Seine Ehefrau→ [K] Rosette Dugazon.

Vestris geb. Gougaud, gen. Dugazon, Rosette (Francoise Rose)
→ [K] Rosette Dugazon.

Vicinelli, Anna (Gertrudis)
Als Tänzerin ab 1. 8. 1757 in Stgt. Im HAB als Figurantin 1758. Sie war Maitresse des Herzogs, starb am 24. 11. 1758 und wurde in Stgt.-Hofen beigesetzt.

Vogt, Pierre Tesini und Antonia geb. Franconi
Sie lassen in Ludwigsburg am 21. 1. 1772 eine Tochter Luise Tesini taufen. Nicht im HAB.

VULCANI, ALESSANDRO PESCALORO
Genannt am 1. 4. 1758 als Alessandro Pescaloro. In Stgt. von 10. 12. 1758–31. 3. 1761. Im HAB 1758–1759 als Vulcani.

WESS (WEST, VEST), JOHANN CHRISTOPH
Geb. um 1760 in Héricourt bei Mömpelgard als Webersohn. Aufnahme in die Karlsschule am 18. 5. 1771, Austritt zum Theater am 19. 6. 1787. Im HAB als Figurant v. 1778–1800.

WÖLFEL, JOHANN FRIEDRICH
Geb. um 1760 in Mömpelgard als Sohn des Schlosscastellans Johann Caspar Wölfel. Aufnahme in die Karlsschule am 29. 8. 1771 als Tänzer. Austritt am 19. 6. 1787 zum Theater. Im HAB als Figurant v. 1778–1800.

Die Komödianten

Neben der Oper und dem Ballett richtete Herzog Carl Eugen 1759 auch eine französische Komödie ein. Das Personal erscheint erstmals im Hofadreßbuch von 1760 unter der Bezeichnung »Etat de la Comédie françoise". Der Leiter der »Comédie«, Louis Fierville und ebenso Joseph Uriot waren bereits 1747 bei der französischen Komödie in Bayreuth beschäftigt. Es scheint, dass sie dort 1759 eine Komödiantentruppe zusammenstellten, die sie mit nach Stuttgart brachten. Die Zahl der Komödianten betrug 10–12 Akteure und 8–9 Aktricen. 1767 fiel auch die französische Komödie den Sparmaßnahmen zum Opfer. Mit Dekret vom 24. 1. 1767 wurden alle Komödianten entlassen. Die französische Komödie hatte damit wenige Jahre nach ihrer Gründung bereits wieder ihr Ende gefunden.

AUVRAY, PHILIPPE
Mit Dekret v. 23. 9. 1761 ab 1. April bis 31. 3. 1763 angenommen. Im HAB 1762.

BAYERLEIN, ADAM
Souffleur bei der franz. Komödie. Im HAB v. 1760–1766.

BLONDEVAHL, LOUIS
Er ist Komödiant in Bayreuth v. 1747–1754. Mit Dekret v. 22. 5. 1758 ab 1. Febr. bis Febr. 1761 angenommen.

BROQUIN, NN
Im HAB v. 1763–1764 als Komödiant.

CHAUMONT, NICOLAUS
Als Tänzer im HAB v. 1758–1759. Bei der französischen Komödie v. 1760–1766.

CLAIRVAL, CLAUDIUS LUDOVICUS (BOURGEOIS) gen. CLAIRVAL, MERCEY gen. CLAIRVAL
Von Beaudricourt in Lothringen. Im HAB v. 1760–1764. Gestorben vor 1769. Seine erste Frau → Juliane Charlotte Clairval. Seine zweite Frau → Maria Dionysia (Denise) Clairval.

CLAIRVAL, JULIANE CHARLOTTE
Geb. ca. 1725, als Komödiantin u. Tänzerin genannt am 1. 5. 1758. Sie ist am 10. 1. 1760 in Stgt. gestorben.

CLAIRVAL geb. URIOT, MARIA DIONYSIA (DENISE)
Heiratet am 10. 7. 1760 in Stgt.-Hofen → Claudius Ludovicus Clairval. Tochter des Bibliothekars → Josephus

Uriot. Sie ist im HAB von 1760–1766. Drei Kinder in Stgt. 1761, 1762, 1763 geboren. Nach dem Tod von Clairval heiratet sie in Lyon-St.-Pierre, am 4.4.1769 Jaques-Nic. Suin, Sänger.

De Chambot, NN
Er befindet sich in der Truppe v. → Louis Fierville, ist am 12.11.1759 noch in Avignon und wird angenommen v. 14.4.1760 ab. Gage 2000 fl. Im HAB v. 1760–1766.

Dorival, Petry Amery
Aus Paris. Als Tänzer genannt v. Martini 1758–Martini 1764. Im HAB bei der französischen Komödie von 1760–1766.

Dugazon, Jean-Baptist Henry (Heinrich), fils
Geb. 15.11.1746 in Marseille als Sohn v. → Pierre Antoine D. Kommt mit dem Vater 1760 nach Stgt. Im HAB v. 1761–1766.

Dugazon, Marianne (Marie Marguerite Anne Sophie), ainé
Geb. am 3.2.1742 in Marseille als Tochter v. → Pierre Antoine D. Kommt mit der Mutter nach Stgt. und ist im HAB v. 1760–1766.

Dugazon geb. Dumay, Marie Catherine, mère
Sie ist als Dugazon mère seit 1759 in Stgt. und nach dem HAB v. 1760–1766 bei den Komödianten.

Dugazon, Pierre Antoine (alias Gourgault), père
Geb. um 1706 in Paris, gest. um 1774 in Paris. Er ist in den 1740er Jahren Direktor eines Militärhospitals in Marseille. Wird Komödiant und befindet sich in Stgt. nach dem HAB unter den Komödianten v. 1761–1766. Er heiratet am 18.11.1734 in Lille → Marie Catherine geb. Dumay.

Dugazon, Rosette (Francoise Rose), cadette
Geb. am 7.4.1743 in Marseille-St. Fereol als Tochter des späteren Schauspielers → Pierre Antoine Dugazon und → Marie Catherine geb. Dumay. Sie kommt mit der Mutter 1759 nach Stgt. und ist im HAB v. 1760–1763. Sie ist bevorzugte Maitresse des Herzogs, wird aber 1763 mit dem Tänzer → [B] Angiolo Maria Gasparo Vestris verheiratet. Sie ist im HAB als Vestris v. 1764–1766 bei der franz. Komödie, wird dann Tänzerin und ist im HAB v. 1767–1768 genannt als Mme. Vestris, Danseuse. Laut Casanova hatte sie mit Herzog Carl Eugen 2 Kinder. Eines ist mit 6 Jahren am 12.6.1768 gestorben und in Stgt.-Hofen beigesetzt. Mit Dekret v. 24.7.1767 erhält sie bis auf weitere Verordnung *gnädig bestimmte* 5000 fl. Sie ist am 16.12.1767 noch in Stgt., debütiert 1769 an der Comédie française in Paris. Nach den Memoiren von Casanova kann sie kein R sprechen. Casanova schreibt ihre Rolle bei seinem Besuch 1760 in Stgt. um.

Fierville, Louis
Kommt mit seiner Frau NN von Bayreuth und wird mit Dekret v. 25.3.1759 als Lecteur und Komödiant angenommen. Mit Dekret v. 29.5.1759 wird ihre Gage auf 5000 fl. plus 500 fl. zur Lieferung von Kleinigkeiten für die Komödie festgesetzt. Seine Frau zog sich schon 1761 von der Bühne zurück. (Im HAB v. 1760–1761). Er ist im HAB v. 1760–1766. Danach geht er nach Berlin und streitet sich noch 1787 von Berlin aus über seine Gage in Stgt.

Fromentin, Petrus Johannes de Blainville
Komödiant und seine Frau Marie Ludovica geb. Le Maire lassen am 17.6.1766 in Stgt. eine Tochter taufen. Pa-

ten sind Louis Fierville und Johanna und Julia de Bournonville [!].

Jiriez, NN
Komödiant. Vorübergehend angestellt. Nicht im HAB. Seine Tochter → [B] Françoise J. ist Tänzerin. Der Herzog verfügt mit Dekret v. 15. 12. 1769, sie solle ihre Schuldigkeit tun oder falls dies nicht geschieht, sollen sie und ihr Vater den Abschied haben.

La Mercier, Mimi
Wird mit Dekret v. 24. 11. 1761 ab 15. 10. bis Ostern 1763 engagiert. Im HAB v. 1762–1763.

Le Neveu, NN
Und seine Frau. Beide im HAB 1764.

Noverre geb. Sauveur, Marguerite Louise
Sie kommt mit ihrem Mann, dem Ballettmeister → [B] Jean George Noverre 1760 von Lyon nach Stgt. Sie ist Komödiantin und im HAB v. 1760–1766.

Pitoy, Petrus
Souffleur bei der Comédie française von 2. 2. 1759–1. 5. 1765. Im HAB v. 1760–1766. Zwei Kinder in Ludwigsburg 1764 u. 1766 geboren.

Plante (La Plante), Antonius
Zusammen mit seiner Frau engagiert und beide im HAB v. 1760–1766. Genannt als Tänzer am 1. 4. 1758. Er ist 1761 bei der Taufe von → Karl Joseph Anton Ludwig Uriots Sohn Pate. Verwandt mit Uriots Frau, einer geb. La Plante. Bei der Taufe von Uriots Sohn Ludovicus Josephus (→ Uriots Kinder) 1769 wird Carl Ludwig La Plante, königlich französischer Rat, als Onkel und Clara Ludovica Lebrun, als Großtante genannt.

Prin, NN (Brun, Le Brun)
Er ist im HAB v. 1764–1766, seine Frau von 1765–1766.

Rousseau, NN
Vermutlich → [B] Ja(c)ques Antoine Rousseau und seine Ehefrau → [B] Marie geb. Frémont. Beide bei den Tänzern von 1758–1766. Als Komödianten im HAB 1760. Beide werden vermutlich bei der Auflösung der französischen Komödie entlassen.

Uriot geb. La Plante, Johanna Claudia
Geb. um 1727, gestorben am 26. 3. 1810 in Stgt. Sie ist Komödiantin in Bayreuth als La Plante v. 1748–1750 und als Uriot v. 1751–1759. In Stgt. im HAB v. 1760–1766.

Uriot, Josephus des Auberts
Geb. am 17. 3. 1713 in Nancy, gestorben am 18. 10. 1788 in Stgt. und in Stgt.-Hofen beigesetzt. Er ist in Bayreuth bei der französischen Komödie von 1747–1759. Er und seine Frau sind ab Lichtmess 1759 in Stgt. engagiert. Er wird mit Dekret v. 21. 10. 1761 ab 19. 10. herzoglicher Bibliothekar. Als Komödiant im HAB v. 1760–1766. Verheiratet um 1750/1751 in Bayreuth mit Johanna Claudia → Uriot geb. La Plante.

Uriots Kinder
- Ludovica, Patin 1761.
- Maria Dionysia, verheiratet am 10. 7. 1760 in Stgt.-Hofen mit → Claudius Ludovicus Clairval (→ Maria Dionysia Clairval), in 2. Ehe am 4. 4. 1769 in Lyon mit Jaques-Nic. Suin, Sänger.
- Karl Joseph Anton Ludwig geb. 9. 11. 1761 in Stgt.
- Ludovicus Josephus geb. am 29. 3. 1769 in Ludwigsburg (sein Onkel ist Carl Ludwig La Plante, königlich französischer Rat, Clara Ludovica LeBrun, Großtante).

Valville, NN
Komödiant »au troupe de comédiens franc. sous la régie de M. Fierville pour jouer tous les roles«. Bestätigt seinen Anstellungsvertrag in Ludwigsburg am

9. 9. 1759. Engagement von Georgi 1760-Georgi 1762 mit 1000 fl. und 200 fl. Reisegeld. Im HAB aber nur 1760.

Veronese, NN
Kunstfeuerwerker bei der Komödie. Laut Dekret v. 15. 10. 1761 ab am 16. 10.

Übriges Theaterpersonal

Aufgenommen wurden Personen, die unmittelbar mit dem Theaterbetrieb, mit der Verwaltung des Theaters oder mit der Ausstattung des Theaters, wie z. B. Theatermaler und Dekorateure, beschäftigt waren.

Alberti, Franz Karl von
Obristwachtmeister
Geb. am 2. 2. 1742 in Arolsen, gest. in Stgt. am 4. 9. 1820. Er ist im HAB v. 1795 bis 1800 bei der Theaterdirektion.

Bacle, Pierre
Peruquier, Hoffriseur
Mit Dekret v. 5. 1. 1759 angenommen. Im HAB v. 1762–1778. Wird mit Dekret v. 24. 7. 1767 weiterbeschäftigt und erhält 250 fl. Besoldung.

Bassmann, Johann Franz
Theatermaschinist, Theatermaler, Dessinateur
Geb. am 29. 4. 1755 in Stgt. als Sohn des Gardesoldaten Franz Xaver Baßmann. Mit Dekret v. 21. 7. 1778 ab 4. Juli angenommen. Im HAB von 1778–1787 als Kabinettsdessinateur, von 1788–1794 zusätzlich als Maschinist (nach dem Tode von → Johann Christian Keim im Okt. 1787), von 1795–1797 nur noch als Maschinist, von 1798–1800 wieder als Kabinettsdessinateur und Maschinist. Gestorben in Stgt. am 28. 1. 1824.

Benezet, NN
Souffleur bei der Oper, Sprachmeister
Genannt vor 1755.

Bertarini, NN
Souffleur
Suggeritore bei der Opera buffa. Im HAB von 1768–1772.

Bittio, Antonio di
Theatermaler
Seit etwa 1748 in Stgt. Er eröffnet um 1753 in Stgt. eine private Akademie für Maler und Bildhauer. Der Herzog erhob sie 1761 zur öffentlichen Akademie. Lehrer von 1761–1770. Er wird Theatermaler mit Dekret v. 3. 2. 1759. Er soll 1763 die Inspektion über die Maler, Handlanger, Schneider und Näherinnen übernehmen. Er bekommt 1764 Kostgeld während der Dekoration in Ludwigsburg, muss sich aber dort aufhalten, wo sich der Hof befindet. Im HAB v. 1758–1765. Er heiratet um 1750 Marg. Friederika, die Tochter des Stukkateurs Ricardo Donato Retti. Sie wird am 28. 7. 1765 in Stgt.-Hofen begraben. Fünf Kinder sind zwischen 1752 und 1757 in Stgt. geboren.

Boquet, Louis-René
Kostümzeichner
An der Oper in Paris tätig. Hält sich zeitweilig in Stgt. auf und entwirft die Kostüme für die Opern und Ballette. Zwei Bände mit Kostümentwürfen für Ballette von → [B] Noverre befinden sich in der Universitätsbibliothek in Warschau und in der Königlichen Bibliothek in Stockholm.

Bourgoin, NN
Inspecteur du theatre
Mit Dekret v. 24. 3. 1763 ab 26. 12. 1762. Im HAB v. 1764–1765. Es han-

delt sich vermutlich um den Kammerlakaien Christian Bourquain.

COLOMBA, GIOVANNI BAPTISTA INNOCENTE
Theaterarchitekt, Maler u. Decorateur
Geb. um 1717 in Rogno als Sohn des Theatermalers Angelo Domenico Colomba. Er ist von 1737–1750 in Frankfurt, München, Wien, Mannheim. In Stgt. ab November 1750. Wird mit Dekret v. 12. 2. 1751 angenommen als Decorateur u. Theatermaler. Er bekommt jährlich 1200 fl. Gehalt ab November 1750. Die Dekorationen und Hilfskräfte werden vom Hof bezahlt. Da sein Engagement mit einer Besoldung v. 1500 fl. zu Ende geht, wird er mit Dekret v. 10. 3. 1762 ab 20. Febr. mit 2000 fl. weiterbeschäftigt. Colomba bittet mit Schreiben vom 18. 3. 1763 um seine Entlassung, da seine Mutter in Italien und seine Schwiegermutter Retti in Neuhausen gestorben sei, im übrigen wäre er außer Stande, viel Neues zu erfinden. Für die Fertigung der 4 Hauptdekorationen für die Oper Demofonte bekommt er 5000 fl. Er reist am 11. 10. 1763 nach Italien ab. Seine Besoldung wird ihm aber bis Lichtmess 1764 bewilligt. Er schreibt von Rogno aus, er werde zuhause für Operas, Ballets und Festins weitere Pläne machen und übersenden. Er ist im Winterhalbjahr in Stgt., um die Oper und Ballette zum Geburtstag des Herzogs zu planen. Sein Engagement ist im Frühjahr 1767 endgültig abgelaufen. Er ist Professor und Direktor der Akademie der Künste v. 1761 an. Im HAB v. 1755–1765. Sein Sohn Johann Jakob mit Maria Magd. Eberhard ist am 13. 1. 1753 in Ludwigsburg geboren. Er heiratet am 10. 2. 1753 in Esslingen Marg. Charlotte Helena Barb., die Tochter des Oberbaudirektors Leopold Retti. Kinder in Stgt. geboren 1755, 1760 u. 1762.

DANIEL, KARL WILHELM
Theaterkassier, Kammerrat
Geb. um 1749 als Sohn des Ökonomierats Johann Philipp Daniel v. Neuenstadt. Er ist Nachfolger von Wiedemann und im HAB v. 1793–1800 genannt. Gestorben in Stgt. am 2. 12. 1809.

DEBUISIÈRE GEB. SCHUMACHER, ELISABETH LUISE FRIEDERIKE
Geb. 12. 11. 1737 in Stgt. als Tochter des Kaufmanns Georg Ludwig Schumacher. Wird als Schneiderin am Theater beschäftigt lt. HAB v. 1788–1790. Sie ist von 1791–1794 Garderobeaufseherin. Gestorben in Stgt. am 29. 4. 1794.

DEBUISIÈRE, JOSEPH
Theatralschneider
Geb. um 1770 als Sohn v. → Karl Joseph D. Im HAB genannt 1795. Er ist am 29. 3. 1795 in Stgt. gestorben.

DEBUISIÈRE, KARL JOSEPH
Theaterschneider, Inspektor der École de Danse
Er kommt aus Burgis in Flandern und wird mit Dekret v. 10. 4. 1762 Theaterschneider. Im HAB 1765, 1766. Als Inspecteur de l'École de Danse genannt 1769 u. 1772, als Schneider wieder 1775–1780. Er ist am 2. 1. 1781 in Stgt. gestorben. Eine Tochter heiratet den Schauspieler Karl Pauly, eine andere den Hoftänzer → [B] Clemens Alexander François und eine dritte den Tenoristen → [H] Christoph Friedrich Schulz. Er heiratet am 23. 7. 1764 in Stgt.-Hofen.

EHRENFEUCHT, JOHANN JAKOB
Theaterbedienter
Im HAB v. 1785–1787 genannt.

FRANÇOIS, GEB. DEBUISIÈRE, MARG. KAROLINE DOROTHEA
Geb. am 15. 9. 1767 in Stgt. als Tochter des Theaterschneiders → Karl Joseph

D. Sie heiratet am 22. 11. 1793 in Stgt. den Hoftänzer → [B] Clemens Alexander François. Sie ist nach dem HAB als Madame François von 1795–1797 Garderobeaufseherin und von 1797–1800 Coiffeuse.

GEMMINGEN, CARL FRIEDRICH REINHARD VON
Hausmarschall u. Kammerherr
Er wird mit Dekret v. 21. 3. 1794 Mitglied der Theaterdirektion. Im HAB v. 1795–1797.

GERNHARDT, ANTON
Theaterschuhmacher
Geb. um 1760 als Sohn des Leonhard Gernhardt, Schuhmacher in Mainz. Im HAB v. 1799 bis 1800. Er heiratet in Stgt. 1784 und 1803 u. hat aus zwei Ehen 12 Kinder.

GRAF, JOHANN HEINRICH
Theaterfriseur, Peruquier
Im HAB genannt von 1788–1800.

GUEPIERE, PIERRE LOUIS PHILIPPE DE LA
Oberbaudirektor
Geb. um 1717. Er ist ursprünglich in Baden-Durlachischen Diensten und wird mit Dekret v. 21. 4. 1752 ab Lichtmess Oberbaudirektor im Range eines Majors. Er bekommt ab Martini 1759 eine Zulage. Er wird als Obristleutnant mit Dekret v. 20. 1. 1768 ab 31. 12. 1767 entlassen. Ihm unterstand auch das Dekorationswesen. Er baut im Neuen Bau 1757 eine Bühne für die franz. Komödie ein, 1758 Ausbau des Schlosstheaters in Ludwigsburg und Umbau der Oper im Neuen Lusthaus. Er ist verheiratet mit Maria, Tochter des Baudouin Adam. Zwei Kinder in Stgt. geboren 1754 u. 1759.

GUIBAL, NIKOLAS
Theatermaler u. Galeriedirektor
Geb. am 29. 11. 1725 in Luneville als Sohn des Bartholomäus Guibal, erster Bildhauer in Luneville und Nancy, geb. in Nimes. Er kam 1749 nach Stgt. zur Herstellung von Theaterdekorationen, hielt sich 1750–1755 in Rom zum Studium auf, ist im HAB 1757–1759 als Theatermaler, wird mit Dekret v. 3. 11. 1761 ab 30. 10. Premier Peintre und Galeriedirektor. Lehrer an der Kunstakademie von 1761–1784. Mit Dekret v. 6. 10. 1763 wird seine Besoldung neu geordnet. Er verzichtet auf sein Wartgeld aus der Baukasse mit 750 fl. und sein Gehalt als Galeriedirektor mit 500 fl. und die stückweise Vergütung seiner Arbeiten am Plafond und an historischen Gemälden. Dafür erhält er ein Gesamtgehalt von 2000 fl. Seine beiden Pferde werden ihm belassen. Er muss seine Reisekosten nach Ludwigsburg selbst zahlen. Für die Herstellung von Farben erhält er eine Pauschale von 400 fl. und für den Hauszins 200 fl. Er leitet nach Weggang von → Giosue Scotti ab 1777 das Dekorationswesen. Er heiratet 1766 Christiane Regina Juliana Greber. Zwischen 1767 und 1774 sechs Kinder in Stgt. geboren. Ein illegitimer Sohn Johann mit Justina Elis Fleischmann geb. im Sept. 1762. Guibal ist mit 48 Jahren am 3. 11. 1784 in Stgt. gestorben.

HAHN, CHRISTOPH EBERHARD
Theaterkassier, Exped. Rat
Geb. 1. 8. 1727 als Sohn des Hofsattlers Wolfgang Hahn. Er ist ab 4. 5. 1767 Theater-, Redouten- u. Festinkassier, noch genannt 1775/76. Er ist am 29. 8. 1781 in Stgt. gestorben.

HARTMANN, JOHANN GEORG AUGUST VON
Hof- und Domainenrat
Geb. am 19. 2. 1731 in Plieningen als Sohn des Oberstutenmeisters Johann Georg Hartmann. Er ist nach dem HAB bei der Theaterdirektion v. 1795–1800. Er verfasste 1799 eine Theatergeschichte mit einer Denkschrift zur Einrichtung einer Pensionskasse

(Hauptstaatsarchiv Stgt. A 21 Bü 75). Er ist in Stgt. gestorben am 9.6.1811.

HASELMAIER, CHRISTIAN KARL GOTTFRIED
Leutnant und Auditor
Geb. am 16.9.1768 in Stgt. als Sohn des Regierungsrats Karl Friedrich Haselmaier. Mit Resolution vom 27.8.1797 wird ihm als Nachfolger von → Wenzeslaus Mihule ab 16.9. das Theaterunternehmen auf 6 Jahre übertragen. Er muss über die Einnahmen und Ausgaben *Rechnung legen* und nach Abzug eines Gehalts für sich und einen Gehilfen mit 2000 fl. erhält der Herzog die Hälfte des Gewinns. Da die staatl. Zuschüsse für das Personal nicht ausreichen, bringt er mit eigenen Mitteln das Theater wieder zum Ansehen. Die Kosten waren jedoch zu hoch und er ging im Nov. 1801 in Konkurs. Im HAB als Mitglied der Theaterdirektion v. 1798–1801. Er ist am 26.12.1807 in Stgt. im Alter von 39 Jahren gestorben.

HEIDELOFF, WILH. VICTOR PETER
Theatermaler
Geb. am 27.1.1759 in Stgt. als Sohn des Hofvergolders Karl Joseph H. und der Maria Theresia, Tochter des Tanzmeisters → [B] Peter Heinrich Malterre. Aufnahme in die Karlschule als Zögling Nr. 351 am 22.10.1771, Austritt am 15.12.1780. Im HAB als Theatermaler genannt v. 1781–1800, als Professor ab 1793. Er heiratet um 1788 Maria Anna Franziska, Tochter des Theatermaschinisten → Johann Christian Keim. Er ist in Stgt. gestorben am 11.5.1817.

HÖRZ, NN
Souffleur
Im HAB genannt von 1788–1800.

HOLZHEY, SEBASTIAN
Theatral- u. Hofmaler
Er schreibt 1763, er habe schon seit 13 Jahren bei den Dekorationen als Kunstmaler mitgewirkt. → Colomba habe ihm vor 2 Jahre bei den Fest-Jagddekorationen die Insprektion übergeben. Er bittet um die Anstellung als Hoftheatermaler. Obwohl er in der Blumen- und Ornamentmalerei kunstfertig sei, lehnt der Herzog ab. Für die Arbeiten an den Plafonds im Neuen Schloss erhält er 1764/65 eine Vergütung. 1766 bittet er erneut um Anstellung. Regierungsrat Bühler schlägt seine Anstellung dem Herzog vor, denn er sei einer der besten hiesigen Theatermaler. Der Herzog lehnt jedoch ab, er solle ohne Besoldung und Wartgeld arbeiten. Im HAB genannt v. 1778–1795. Erhält eine Pension mit Dekret v. 15.7.1794.

HÜTTNER, JOSEPH
Opera-Bedienter
Geb. um 1740 in Heimershofen/Bayern als Sohn des Schneiders Georg Hüttner. Ist ursprünglich gräflicher Bedienter und wird Serviteur bei der Opera buffa 1770–1773 und ab 1774 Bedienter beim Theater von 1774–1784.

HUTTI, JOHANN MICHAEL
Theaterschneider
Geb. um 1720 in Öffingen als Sohn des Schneiders Joseph Hutti. Er wird mit Dekret v. 31.1.1751 Kammerlakai. Als Tailleur beim Theater im HAB genannt von 1764–1766. Er ist in Stgt. gestorben am 14.4.1766. Er heiratet um 1750 Maria Marg. Leuth. Von 7 Kindern haben vier eine Ausbildung als Tänzer (→ [B] Hutti).

JOLI, LEOPOLD FRIEDRICH
Peruquier
Geb. am 13.2.1738 in Mömpelgard, gestorben in Stgt. am 25.3.1825. Heiratet auf der Solitude 1771. Er ist im HAB als Peruquier bei der Opera buffa v. 1768–1773.

Kaufmann, Johann Friedrich
Geh. Legations-, Regierungs- u. Hofrat
Er ist laut HAB bei der Theaterdirektion von 1795–1800.

Keim, Johann Christian
Theatermaschinist
Geb. um 1721 in Bayern. Wird mit Dekret v. 9. 10. 1751 ab 14. Juli Maschinist beim Bauamt. Im Jahre 1764 bittet Keim, seine Besoldung von 450 fl. auf 1000 fl. zu erhöhen, da er nicht im Stande sei, seine Familie mit 8 Personen zu ernähren. Im HAB v. 1755–1769. Mit Dekret v. 8. 3. 1764 erhält er eine Besoldung v. 900 fl. in Geld u. Naturalien und wird zum Premier Maschinist befördert. Er wird mit Dekret v. 24. 7. 1767 weiterbeschäftigt. Im HAB als Prem. Maschinist erst ab 1770–1787. Er baut 1781 das Ulmer Comödienhaus. Der Herzog erlaubt ihm 1784, in Donaueschingen am fürstlichen Theater arbeiten zu dürfen. Er soll das im Reithaus befindliche kleine Theater vergrößern und besser einrichten. Stuttgarter Theatermaler sollen 4 kleine Dekorationen, ein Portal und den vorderen Vorhang herstellen. Er ist am 7. 10. 1787 gestorben und in Stgt.-Hofen begraben.

Lazarino (Lazaroni), Ludovicus
Italienischer Poet
Wird als Hofpoet ernannt mit Dekret v. 24. 5. 1752 ab 1. August und wird mit Dekret v. 4. 6. 1755 auf 29. 5. entlassen. Im HAB 1754.

Martinelli, Cajetan
Poet bei der Opera buffa
Vom 15. 10. 1766 an erhält er 1000 fl. Im HAB v. 1768–1769.

Merger (Merker), Conrad Christoph
Theatralbedienter
Im HAB v. 1788–1800.

Mihule, Wenzeslaus
Schauspiel-Direktor
Er ist Schauspieldirektor in Nürnberg und wird mit Resolution v. 23. 12. 1796 Entrepreneur des Stuttgarter Theaters auf 6 Jahre. Das Publikum ist mit seinen Rollenbesetzungen unzufrieden u. seine Frau wird auf der Bühne ausgezischt. Er gab auf und wurde mit Resolution v. 22. 7. 1797 aus seinem Vertrag entlassen. Im HAB 1797.

Pflüger, Johannes Christoph
Entréegeldeinnehmer
Geb. um 1740 in Münsingen. Er ist Korporal bei der Garde, wird Hausmeister bei der Karlsschule und mit Dekret v. 12. 7. 1794 Hausmeister und Einnehmer des Entréegeldes im Schauspielhaus. Er wird auf Lichtmess 1796 nach Ludwigsburg versetzt. Im HAB v. 1795–1797.

Reichmann, Philipp Heinrich
Entréegeldeinnehmer
Geb. am 26. 8. 1755 in Stgt. als Sohn des Korporals Heinrich Reichmann. Er ist seit 1779 Lehrer an der Karlsschule, wird nach Aufhebung der Schule 1794 Entréegeldeinnehmer beim Theater und Magazinverwalter. Im HAB v. 1797–1800. Er heiratet um 1780 die Sopranistin → [H] Friederike Auguste Huth.

Renz, Johann Gottlieb
Theaterschneider
Geb. am 28. 12. 1766 in Stgt. als Sohn des Schlossportiers Conrad Renz. Er wird Nachfolger von Theaterschneider → Schmidt. Im HAB v. 1797–1800.

Royer, Jean Louis
Theaterschneider
Geb. um 1720 in Paris. Er wird mit Dekret v. 20. 4. 1761 ab 1. 12. 1760 Theater- und Ballettschneider für Herren mit 700 fl. Gehalt und 200 fl. Reisegeld. Er wird mit Dekret v. 24. 7. 1767 weiterbeschäftigt. Im HAB v. 1764–

1776. Er ist am 1. 6. 1776 in Stgt. gestorben. Seine Frau Katharina Barbara geb. Bacher wird als Theatermagazinverwalterin genannt.

Schlotterbeck, Johann Friedrich
Theaterdichter
Geb. am 7. 6. 1765 in Altensteig. Ursprünglich Lehrer an der Karlsschule, wird er 1794 Theaterdichter und ab 1796 zugleich Sekretär. Im HAB 1795 als Dichter, v. 1796–1800 als Dichter und Sekretär. Er ist am 14. 6. 1840 in Stgt.-Obertürkheim gestorben.

Schmidt, NN
Theaterschneider
Im HAB von 1788–1796.

Schubart, Christian Friedrich Daniel
Hof- und Theaterdichter
Im HAB v. 1788–1791. (→ [H] bei den Musikern).

Schumacher, NN
Theaterfriseur
Im HAB v. 1798–1800.

Scotti, Giosue (Josre)
Theatermaler
Geb. um 1729 in Laino/Mailand als Sohn des Theatermalers Giovanni Pietro Scotti u. der Giacomina Retti. Er wurde vom Theaterarchitekt → Colomba zur Oper Semiramide berufen und soll auch bei der Oper Didone und Festen mithelfen. Er will in herzogliche Dienste treten und bittet, ihm ein gleiches Engagement wie Antonio di → Bittio zu geben. Mit Dekret v. 19. 4. 1763 wird er in Dienst genommen und *wie dem Bittio* ein Wartgeld von 300 fl. bewilligt. Colomba habe sich seiner seit 2 Jahren zur Zufriedenheit bedient und Giosue Scotti habe nicht nur die Ludwigsburger Feste, sondern auch die Malerei zu dem großen Jagdgebäude besorgt. Nach Colombas Weggang übernimmt er die Oberleitung der Theaterdekorationen. Lehrer an der Kunstakademie v. 1767–1777. Er erhält mit Dekret v. 27. 10. 1768 eine Besoldungserhöhung auf 700 fl. in Geld, Naturalien im Wert von 600 fl. und Holz im Wert von 100 fl. Er wird im HAB genannt v. 1763–1777. Er heiratet mit herzoglicher Genehmigung am 25. 11. 1763 in Stgt.-Hofen Friederike Dorothea, Tochter des Hoflakaien Johannes Schumacher. Zwischen 1765 u. 1777 sind in Ludwigsburg u. Stgt. 9 Kinder geboren.

Servandoni, NN
Maler u. Architekt
Er ist an der Academie de Peinture in Paris beschäftigt. Er kommt mit Dekret v. 15.6.1763 auf ein Jahr nach Stgt. und erhält 7500 fl. einschließlich Reisegeld, freies Logis und einen Wagen. Er kehrt am 5.9.1763 nach Paris zurück.

Spindler, Johann Dietrich
Theatermaschinist
Mit Dekret v. 8. 6. 1763 ab 6. Juni in Diensten bis 7. Juni 1766. Im HAB v. 1763–1766. Er war insbesondere an den Zimmerarbeiten bei der Festarchitektur im Jahre 1764 beteiligt.

Spozzi, Augustin
Commissionaire beim Theater
Er wird mit Dekret v. 20. 6. 1758 ab 24.12.1757 auf 10 Jahre als Commissionaire angenommen. Er ist auch Souffleur bei der französischen Komödie 1760–1761. Im HAB 1758 bis 1774. Er wird mit Dekret v. 24. 7. 1767 weiterbeschäftigt und erhält 350 fl. Zwei seiner Kinder sind auf der Tanzschule, aber mit der Mutter im Jan./Febr. 1774 davongelaufen. Der Herzog befiehlt, dass man nach ihnen fahnden soll. Er war verheiratet mit Maria Josepha Hardt.

Tagliazucchi, Jean Piere
Hofpoet und Theaterdichter
Mit Dekret v. 14. 4. 1762 ab Martini 1761 in Diensten.

THOURET, NIKOLAUS FRIEDRICH
Theatermaler
Geb. 1767 in Ludwigsburg als Sohn des Kammerdieners Karl Thouret. Maler am Theater, Pension v. 15. 7. 1794–24. 3. 1796, wieder besoldet ab 25. 3. 1796, wird mit Dekret v. 8. 10. 1799 Hofarchitekt.

WEIZEL, NN
Souffleur am Theater
Im HAB 1799–1800.

WIDMANN, CHRISTIAN WILHELM
Theaterkassier
Er war Kabinettsregistrator, Expeditionsrat und besorgte auch die Theaterkassengeschäfte ab 1777/1778. Er wurde im Oktober 1791 seines Amtes enthoben, das er wegen widriger Gesundheitsumstände nicht richtig geführt hatte. Im HAB v. 1778–1791.

ZEPPELIN, KARL GRAF VON
Oberdirektor des Theaters
Er war herzoglicher Stabs- und Konferenz-Minister. Als → Wenzeslaus Mihule in die Theaterdirektion als Schauspieldirektor eintrat, wurde 1796 die Direktion in eine Oberdirektion umgewandelt und Graf v. Zeppelin mit der Oberdirektion betraut. Die ganze Direktion trat Anfang 1802 zurück. Im HAB 1797–1802.

Anmerkungen

* An dieser Stelle sei Herrn Dr. Hermann Ehmer vom Landeskirchlichen Archiv des Evangelischen Oberkirchenrats Stuttgart sehr herzlich gedankt, der die kostenlose Entleihung der Mikrofilme der einzelnen Pfarreien ermöglichte.

1 Ernst Ludwig Gerber, *Historisch-biographisches Lexicon der Tonkünstler* ..., 2 Bde, Leipzig 1790–1792.

2 Francois-Joseph Fétis, *Biographie universelle des musiciens et bibliographie generale de la musique*, 8 Bde., Brüssel 1835–1844.

3 Robert Eitner, *Biographisch-bibliographisches Quellen-Lexikon der Tonkünstler und Musikgelehrten* ..., 10 Bde., Leipzig 1900–1904.

4 Erstmals von seinem Sohn Ludwig publiziert: Christian Friedrich Daniel Schubart, *Ideen zu einer Ästhetik der Tonkunst*, Wien 1806, Reprint Hildesheim 1969.

5 Josef Sittard, *Zur Geschichte der Musik und des Theaters am Württembergischen Hofe*, 2 Bde., Stuttgart 1890 und 1891.

6 Rudolf Krauß, *Das Stuttgarter Hoftheater von den ältesten Zeiten bis zur Gegenwart*, Stuttgart 1908.

7 »Allerdings konnte die Carlsschule nie als vollwertige Universität gelten, denn sie verfügte weder über eine korporative Selbstverwaltung noch über einen Stiftungsbrief«, zitiert nach: Isa Schikorsky, *»Pflantzschulen« für Staat und Militär.* Zu einem Typus Hoher Schulen im 18. Jahrhundert, in: *Das Achtzehnte Jahrhundert*, Mitteilungen der Deutschen Gesellschaft für die Erforschung des achtzehnten Jahrhunderts, 15 (1991), S. 177.

8 Heinrich Wagner, *Geschichte der Hohen-Carls-Schule*, Würzburg 1856. Weitere Literatur: Robert Uhland, *Geschichte der Hohen Karlsschule in Stuttgart*, Stuttgart 1953. Franz Quarthal, *Die »Hohe Carlsschule«*, in: *»O Fürstin der Heimath! Glükliches Stutgard«.* Politik, Kultur und Gesellschaft im deutschen Südwesten um 1800, hrsg. von Christoph Jamme und Otto Pöggeler, Stuttgart 1988, S. 35–54.

9 Ernst Salzmann, *Geschichte einer schwäbischen Erziehungsanstalt*, Stuttgart 1886.
10 Walther Pfeilsticker, *Neues württembergisches Dienerbuch*, 3 Bde., Stuttgart, 1957–74.
11 Gustav Bossert, *Die Hofkapelle unter Eberhard III 1628–1657*, in: *Württembergische Vierteljahreshefte*, 1912.
12 Samantha Kim Owens, *The württemberg Hofkapelle c.* 1680–1721, mss. Diss., Victoria University of Wellington, New Zealand 1995.
13 Ulrich Drüner, *400 Jahre Staatsorchester Stuttgart* (1593–1993). Eine Festschrift, Staatstheater Stuttgart Stuttgart, 1994.
14 Dagmar Golly-Becker, *Die Stuttgarter Hofkapelle unter Herzog Ludwig III* 1554–1593, Stuttgart, 1999 (= Quellen und Studien zur Musik in Baden-Württemberg, Bd. 4).
15 *Das jetzt lebend und florirende Würtemberg*, Stuttgart 1736.
16 Drüner, 1994, zählt 25 (s. Anm. 13), S. 67.
17 Die Hofmusik wurde am 1. Februar 1745 neu geordnet und »hierarchisiert«, s. Drüner, ebd.
18 Die tatsächliche Besetzung ist daraus freilich nicht ableitbar; Sänger waren auch als Instrumentalisten tätig, Oboisten und Trompeter tauchen weder im Hofadreßbuch noch in den Gehaltslisten auf und die Hofmusiker waren stets an mehreren Instrumenten ausgebildet.
19 *Musikalisches Conversations-Lexikon* ..., hrsg. von Hermann Mendel, 12 Bde., Berlin 1870–1883.

Niccolò Jommelli (1714–1774)
Oberkapellmeister am württembergischen
Hof 1753–1769.
Radierung von Bonini nach Demarchi

Kurze fragmentarische Geschichte des wirtembergischen Hof=Theaters (1750–1799)

Johann Georg August von Hartmann

Vorbemerkung

Die nachfolgende Denkschrift aus dem Jahr 1799 ist die früheste zusammenhängende Geschichte des württembergischen Hoftheaters und erscheint hier als Erstveröffentlichung. Sie stammt von Johann Georg August von Hartmann (1764–1849), einem ehemaligen Professor an der Hohen Karlsschule und wirklichem Rat beim herzoglichen Kirchenrat. In diesem Amt war er zugleich Finanzsachverständiger der Theaterdirektion[1]. Die Darstellung folgt keinem literarischen Zweck, stattdessen dient sie dem Autor zur Rechtfertigung seines Vorschlags, eine Pensionsanstalt für das Theaterpersonal einzurichten. Dies erklärt den kanzleisprachlichen Duktus; gleichwohl gibt Hartmann eine präzise Analyse der zeitgenössischen Theaterökonomie und der wirtschaftlichen Verhältnisse des Künstlerpersonals.

Der vollständige Titel des Manuskript gebliebenen Textes lautet: *Kurze Fragmentarische Geschichte Des Wirtembergischen Hof=Theaters Von Herzog Carls Regierung an, bis auf die gegenwärtige Zeit, nebst Vorschlägen Zu einer Pensions=Caße für dieses Theater, und Zur Verbesserung desselben überhaupt*

1799 von J. G. H. Das Original befindet sich im Hauptstaatsarchiv Stuttgart, Bestand A 12, Bü 75. Der leichteren Lesbarkeit wegen wurden unterschiedliche Schreibweisen ein und deselben Wortes vereinheitlicht und die Differenzierung zwischen deutscher und lateinischer Schrift (für fremdsprachige Begriffe) aufgehoben. Unterstreichungen im Manuskript sind *kursiv* wiedergegeben. Längere Namens- und Rechnungslisten wurden ausgelassen und die Lücken mit [...] gekennzeichnet, sofern der nachfolgende Text das Resultat zusammenfassend erläutert. Die Zwischenüberschriften sind nicht original, sondern vom Herausgeber hinzugefügt. Der Text wurde am Schluss um die Ausführungen zur Einrichtung einer Pensionskasse und die umfangreichen Gehaltslisten gekürzt. Einige historische Daten und Schreibweisen der Namen bedürfen zum Teil einer Korrektur, auf die hier aber verzichtet wurde, um den Text nicht mit Fußnoten zu überfrachten. Als Kommentar lese man – einmal mehr – die grundlegende Arbeit von Rudolf Krauß[2], dessen Kapitel zum Hoftheater unter Herzog Carl Eugen Hartmanns Manuskript viel verdankt.

Reiner Nägele

*

Ein wohlgeordnetes Theater und gut gewählte Schauspiele, sind eine reichhaltige Quelle des Vergnügens und der Belehrung, und eine der anständigsten und unschuldigsten Unterhaltungen für den Hof und für das Publikum. Wenn es seinen Zweck ganz erreicht, so würkt es merklich auf die Veredlung des Gefühls, des Geschmaks, und der Sitten des Volks. Es siehet da Menschen vorstellen und handeln, deren Denkungs Art, Maximen, Grundsäze und Charakter es sich zum Muster nehmen, oder zur Warnung dienen lassen kann, Handlungen, deren einleuchtende Rechtschaffenheit und Größe jedes nicht ganz verdorbene Herz mit Liebe für die Tugend entflammen: oder, auf der andern Seite, abschreckende Beyspiele von der Niedrigkeit, Abscheulichkeit und den traurigen Folgen des Lasters.
Der manigfaltige Nuzen des Theaters hat daher solches, auch in polizeylichen Rücksichten, längst den meisten Residenzen und grosen Städten gewiesermaßen zum Bedürfniß gemacht. Aber nur sogenannte stehende – auf einem festen und dauerhaften Fuß gegründete Theater, und nur gute Schauspiele koennen das Gute bewürken, was man außer ihnen freylich selten findet. Der gute Schauspieler kann wegen der ihm nötigen Talente, und des nüzlichen Gebrauchs derselben, sowohl als irgend ein anderer Künstler, Anspruch auf allgemeine Hochachtung machen.

Eines der glänzensten Theater in ganz Deutschland

Der verewigte Herzog Carl hatte vom Jahr 1755 an, als Jomelli, der größte Kapellmeister seiner Zeit, in seine Dienste trat[3], bis zu Anfang der 1770ger Jahre, nach dem ungetheilten Urtheil aller Kenner, eines der besten Orchester und der glänzendsten Theater in ganz Deutschland. Jomelli zog, da der Herzog keine Kosten scheute, nicht nur die grösten Virtuosen in der Instrumental=Musik, sondern auch die ersten Sänger und Sängerinnen aus Italien, und wo sie nur immer anzutreffen waren, herbei, und bald war durch diesen Weeg der Hof in dem Besize eines Orchesters und italiänischer Singstücke, die man, im ganzen genommen, an andern Höfen, selbst in Italien, von gleicher Vollkommenheit vergeblich suchte.
Im Jahr 1758 wurde neben der Opera auch ein Corps de Ballet von 28 bis 30 Personen, anfangs unter der Direction des Balletmeisters Regina, und des Solo=Tänzers Vestris, in der Folge unter dem – durch seine dem Herzog Carl im Jahr 1760 zugeeignete und allgemein mit großem Beifall aufgenommene gelehrte Schrift: Lettres Sur la Danse et Sur les Ballets berühmten Noverre, welcher die edlere pantomimische Danz=Kunst, im Gegensaze von dem gemeinen Danz, in einem philosophischen Lichte darstellte, und endlich unter den Balletmeistern Regnau und Saunier, angestellt, im Jahr 1761 eine *französische Komödie* durch den Directeur Fierville und Lecteur Uriot, – und im Jahr 1767 neben der Opera seria, auch noch eine Opera buffa eingeführt.
Die *Poesie* der großen Opern war meistens von der Komposition des berühmten Operndichters – des Abt Metastasio, des Verazy, und Cajetan Martinelli. Die *Music*, von Jomelli, von Sachini, Kapellmeistern in Neapel, von Boroni, vom Conzertmeister Teller aus Baiern, einem vortrefflichen Tonsezer für den Tanz und das Ballet, von Poli, und in neuerer Zeit von dem Conzertmeister Zumsteeg, einem Zögling der Hohen Carls Schule. Die *Decorationen* von Columba, Ritter Sèrvandoni, Guibal und Scoti. Die Intendance über das Theater war dem damaligen Geheimen Legations-Rath und nachmaligen Geheimen Rath von Bühler, und als dieser in das Ministerium gezogen wurde, dem geheimen Legations-Rath nunmehrigen Geheimen Rath Kaufmann übertragen. Der Herzog vertrat öfters selbst, wenn große Opern aufgeführt wurden, im Orchester die Stelle des Ober-Kapellmeisters Jomelli am Klavier, welches er sehr meisterhaft spielte.
Zu *Besoldungen* für das gesammte Theater Personal waren zwar nur 80.000 f. in Geld bei der herzoglichen General Caße ausgesezt: Allein, wenn hiezu auch der kirchenräthliche Musik=Beitrag von damaligen 15.000 f. geschlagen, und ferner in die Rechnung genommen wird, daß ein großer Theil des Personals, neben seinem Gehalte an Geld, auch Natural Besoldung zu genießen hatte, und daß überdieß ein beträchtlicher Theil der Besoldungen von der Kammerschreiberei, oder aus Sere-

nißimi Privat Caße, bestritten wurde; so erforderten manches Jahr nur die Besoldungen, ohne die beträchtliche Decorations=Garderobe und Aufführungs=Kosten, zum wenigsten 150.000 f.
Vom 8ten Nov: 1764 bis 8ten Febr: 1765 mithin des Winters, in einer Zeit von 3 Monaten, wurde das große *Opern=Haus in Ludwigsburg*, zwar ein außer den Fundament= und den Brustmauern blos hölzernes Gebäude, aber eines der grösten Schauspielhäußer in Deutschland, hergestellt, welches, ungeachtet das von den Oberforstämtern herbeigelieferte Holz teils gar nicht, teils bei weitem nicht im wahren Werthe in Anschlag kam, 40.700 f. kostete, aber auch in etlichen dreisig Jahren, ungeachtet der von Zeit zu Zeit darauf verwendeten Reparations Kosten, um seiner Baufälligkeit willen, gegenwärtig mit dem Abbruche bedroht ist.
Die *Decorationen* zur opera Demofonte, welche zuerst in demselben aufgeführt, und die zur opera Titus, welche bald nacher auf dem kleinen Hoftheater im Schloß daselbst gegeben wurde, kamen zusammen auf 19.937 f. und die Repräsentations=Kosten von diesen beiden Opern auf 8.814 f. zu stehen.
Außer dem großen Opernhause in Ludwigsburg, dem kleinen Hoftheater im Schloß daselbst, und dem grosen Schauspielhause in Stuttgardt, wurden auch in *Graveneck*, auf der *Solitude*, im *Teinach*, und in *Tübingen* Schauspielhäuser errichtet, und wenn sich der Herzog daselbst aufhielt, Schauspiele gegeben, im Jahr 1778 aber das Teinacher Komödienhaus nach Stuttgardt versezt. Alle Sing= und Schauspiele, ohne Ausnahme, genos das Publicum, immer unentgeldtlich.

Es sträubten sich viele gegen einen Beruf dieser Art

Im Jahr 1770 errichtete der Herzog eine militärische Pflanzschule auf der Solitude, welche im Jahr 1771 und 1772 schon in 300 Zöglingen bestand, und worüber der damalige Hauptmann und Flügel Adjutant nunmehrige General Major des Schwäbischen Craises, Ritter des Militär=Ordens, von Seeger, die Intendence erhielt.
Da der unbegränzte Aufwand auf Musik, und Theater schon vorhin den Finanzen allzu lästig fiel, und numehr mit den grosen Kosten dieses Erziehungs Instituts sich nimmer vertragen wollte; So wurde dieser neuen Lieblings Idée jene ältere aufgeopfert, und nicht nur in gedachtem Jahr 1770 der Ober=Kapellmeister Jomelli, sondern in der Folge auch das übrige ausländische Personal des Orchesters, der opera, der Komödie und des Ballets, nach und nach, bis auf wenige Lehrer, für die militärische Pflanzschule, seiner allzu kostbaren Dienste entlassen, und dadurch der Herzog auf den Gedanken geleitet, in dieser Pflanzschule, und in der im Jahr 1782 daraus entstandenen Hohen Carls Schule, sodann in der – unter der Oberaufsicht der Frau Reichs Gräfin von Hohenheim, und nach-

maligen Herzogin Francisca angelegten École des Demoiselles, durch den Unterricht in der Music, sich eine Kammer= und Hof=Music zu erziehen, und es wurde eine beträchtliche Anzahl junger Leuthe zu diesem Zwecke ausgewählt.
Ihr Lehrer, der Musikmeister Schubert[4] brachte sie bald so weit, daß sie schon im Jahr 1771 Conzerte vor dem Herzog und dem Hofe mit Beifall aufführten. Dies und der Unterricht in Sprachen und in der Tanzkunst ermunterte andere Zöglinge, auch in der Schauspielkunst, und mit Ballets Versuche zu machen. Ihrer etliche dreisig führten am 14ten Dec: 1772 unter der Anleitung des Professors Uriot, La Chaße de Henri IV. auf, und 60 andere gaben ein Ballet nach der Anweisung des Balletmeisters Balderoni. Im Jahr 1773 wurden L'Avare von Molière und Le Marchand de Smyrne, nebst einem Ballet: *die Eroberung der Insul*, gegeben.
Viele Zöglinge, welche jetzt zum Theil höhere oder niedere Staatsbedienungen und Militär=Chargen begleiten, oder aus denen in der Folge vorzügliche bildende Künstler geworden sind, gaben sich damals zu diesen jugendlichen Theatralischen Spielen, welche sie als Übungen ihrer besten Bildung ansahen, gerne her, und bis jetzt waren nur für das Ballet eine Anzahl junger Leute dem beständigen Unterrichte des Balletmeisters Balderoni übergeben.
Der Kapellmeister Boroni ertheilte einigen zur Musik bestimmten jungen Leuten Unterricht im Gesang, und als im Jahr 1773 die École des Demoiselles von Ludwigsburg auf die Solitüde versetzt wurde, sah er sich im Stande, am 14ten Dec: solchen Jahrs die von ihm in Musik gesezte – von Verazy verfertigte Operette, Li Pitagorici, aufführen zu lassen, mit welcher auch das ein Jahr zuvor gegebene Ballet wiederholt wurde. Diese Operette machte eigentlich Epoche für die nach und nach erfolgte Organisation eines National=Theaters; denn von nun an wurden die Zöglinge Gauß, Reneau, und Curie, so wie die meiste Élevinen der École des Demoiselles für das Theater bestimmt. Zu jenen kamen in der Folge noch mehrere, und sie führten noch auf der Solitüde auf:

den 14ten Dec: 1774 Le Deserteurs
den 6. Jun: 1775 L'Amour fraternel.

Nach der Versezung beider Institute nach Stuttgardt,
im Jahr 1776 Zemire und Azor,
La Faußе Magie,
Les deux Avares,
La didone abandonnata,
Tom Jones,
Demofonte,
Le Triomphe de L'Agriculture et des beaux-Arts,
Calliroe
und andern Schauspiele mehr.

Im Nov: 1775 wurden die dem Ballet gewiedmete Zöglinge von den übrigen akademischen Abtheilungen abgesondert, und der Aufsicht eines eigenen Officiers übergeben: Als eben dieses im Nov: 1779 und in den nächstfolgenden Jahren mit denen für das Orchester und das Schauspiel ausgezogenenen Eleven geschah; so waren endlich bestimmt: [...]

Summa *des ganzen Personals*:		
Bey der Music und dem Schauspiel		abgegangen und gestorben
Männlichen Geschlechts	38	13
Weiblichen Geschlechts	7	4
Bey dem Ballet		
Männlichen Geschlechts	22	7
Weiblichen Geschlechts	17	12
	39	36
	84	

Zwar sträubten sich viele, besonders der leztern 2 Klassen des Schauspiels und Ballets, nebst ihren Eltern und Verwandten, gegen einen beständigen Beruf dieser Art; die meisten waren einer ganz andern solidern Bestimmung und Versorgung gewärtig. Allein, da ihre Eltern meistens Soldaten oder arme Leute waren, welche die Erziehung und Bildung ihrer Kinder lediglich der Gnade Carls zu verdanken hatten; so wurden diese dadurch für obligat angesehen, und von der Wahl irgend einer andern Lebens Art abgehalten.

Im Jahr 1779 waren schon wöchentlich zwei Schauspiele im großen Opernhauses zu Stuttgardt festgesezt, und für deren Genuß mußte das Publikum ein bestimmtes Entrée=Geld oder Abonnement bezahlen, um damit die Aufführungs-, Beleuchtungs- und andere Kosten zu bestreiten. Nur die an Geburts Tägen des *Herzogs* und der *Herzogin* oder bei andern festlichen Gelegenheiten aufgeführten Schauspiele wurden frei gegeben.

Am 1ten Febr: 1781 wurde das Neue vom Teinach hieher gebrachte kleine Schauspielhaus mit dem Singspiel: *das Gärtner Mädchen*, und dem damit verbundenen Ballet eröfnet.

Immer noch blieben die Zöglinge des männlichen Geschlechts mit der Hohen Carls Schule, und die des Weiblichen mit der École des Demoiselles im Verhältniß. Sie genossen daselbst ihre Verpflegung und, neben den Lehranstalten in den schönen Wissenschaften, den Unterricht.

In der Musik,

Von dem Hoforganist Säman, † den 24. Jan: 1775, dem Capelmeister Poli, entlaßen, Musikmeister Celestini, ausgewichen den 23. 7br: 1777, und Kapellmeister Mazanti, entlaßen den 23. Apr: 1781.

im Schauspiel,

von dem Professor Uriot, † den 29. Oct. 1788.

und *im Ballet*,
Von dem Balletmeister Balletti, † den 27. April 1775. Von dem Balletmeister Saunier; entlaßen den 25. Febr: 1788. [Von dem Balletmeister] Regnaud; entlaßen den 30. Apr: 1786, und den Tanzmeistern: Kochel, Hutti (abgegangen), Herrmann (abgegangen).

Dem Schauspiele mehr deutsche Würde zu geben

Die Stelle des Schauspiel Directors Uriot erhielt im Jahr 1787 der durch sein ungünstiges Schicksal bekannte, und als Schriftsteller berühmte Dichter *Schubart*. Uriot war zwar, wie mit der französischen Litteratur überhaupt – also mit der dramatischen insonderheit, gut bekannt (Seine an den Herzog Carl verkaufte zahlreiche Büchersammlung legte den Grund zu der in Stuttgart errichteten öffentlichen Bibliothek); und in seinen jüngern Jahren selbst ein guter Schauspieler; aber man merkte es seinen deutschen Zöglingen zu sehr an, daß sie einen gebornen Franzosen zum Instructor hatten.
Er war der deutschen Sprache nicht mächtig, und mit dem Geiste derselben nicht vertraut genug, um seine Zöglinge immer den richtigen Ausdruck in der Declamation, und die accente und Pausen am rechten Orte im Dialog zu lehren. *Schubart* gab sich daher alle Mühe, diese Fehler zu verbessern, und statt der eingeschlichenen französischen Manieren dem Schauspiele mehr deutsche Würde zu geben.
Er starb im Jahr 1792 zu früh für die Bühne, für die Schönen Künste, und für seine Familie.
An seiner Stelle kam, als Hof und Theater Dichter, der bei der Hohen Carls Schule angestellt gewesene Lehrer Schlotterbeck, welcher zugleich die Function eines Sekretärs bei der Theater Direction vertritt und dem zugleich die Censur neuer Schauspiele anvertraut ist. Das Theater und das Publicum hat seinem Dichter Talent mehrere Prologen, Epilogen und andere mit verdientem Beifall aufgenommene dichterische Producte zu verdanken.
So bildete sich endlich in jenen beiden Instituten das zum grösten Theil gegenwärtig noch vorhandene Orchester, das Schauspiel und das Corps de Ballet; aus lauter in etlichen 80 Köpfen bestandenen Wirtembergischen und Mömpelgartschen Landes=Kindern, unter welchen sich mehrere als vorzügliche Künstler auszeichneten.
Die außerordentlichen Fortschritte dieses neuen Musik und Theater Corps übertrafen in kurzer Zeit die Erwartung des Herzogs und des Publikums.
Es waren lauter akademische Zöglinge, welche im Jahr 1782 die den Großfürstlich Rußischen Herrschafften gegebene drei Opern, La Didone

C. F. D. SCHUBART.

Christian Friedrich Daniel Schubart (1739–1791)
Theaterdichter und Leiter der deutschen Oper am württembergischen Hoftheater 1787–1791.
Punktier-Radierung von Ernst Rauch, 1832, nach Christian Jakob Schlotterbeck

abandonata, Le feste della Teßaglia, und Le Delicie campestri, ò Ippolito e Aricia mit lautem Beifall aufführten. Nur den zwo leztern Opern wohnten noch zwei blos für diese beeden Vorstellungen beschriebene italienischen Sänger, Sign: Amantini, und Sig: Dal Prato bey.
Gleicher Beifall krönte ihre deutsche Schauspiele, ihre Ballete, und das Orchester.
Bey ihrem im Jahr 1781 erfolgten Austrit aus den bisher genossenen Lehranstalten, und ihrer würklichen förmlichen Anstellung im Orchester und beim Theater wurden ihnen, nach dem Verhältniß ihrer Talente, als damaligen jungen Leuten, mäßige Besoldungen angeworfen, welche sie anfangs aus der Akademie Caße erhielten, und wovon endlich, als sich solche im Ganzen auf ungefähr 30.000 f. beliefen, die herzogliche General Caße vom Jahr 1791 an, bis aufs Jahr 1795 jährlich 22.000 f. – Überrest aber die Akademie Caße beizutragen hatte.
Als die Hohe Carls Schule im Jahr 1794 aufgehoben wurde, und einige der vorzüglichsten Mitglieder des Theaters nach und nach theils durch Sterbfälle abgingen, theils ohne Abschied zu nehmen, ihr beßeres Glück im Auslande suchten, und es die Herstellung und Erhaltung des Ganzen notwendig machte, ihre Fächer durch Ausländer auszufüllen, welchen größere Gehalte zugestanden werden mußten, als die Landes Kinder zu genießen hatten; so wurde im Jahr 1795/96 der Theater Fond auf 32.000 f. regulirt.
Zwar dauerten, auch nach aufgehobener Akademie, einige Lehr-Anstalten in den Sprachen, und zwar in der italienischen Sprache von dem Professor Procopio, und Lehrer Schlotterbeck, in der deutschen Sprache und in der Mythologie von gedachtem Schlotterbeck, in der Musik und dem Gesang von Zumsteeg, [Berlsch] und Stauch, in der Schauspielkunst von Haller und in der Tanzkunst von Semmler und Dieudonné, noch eine zeitlang fort.

Für Musik und Theater nicht viel gewonnen

Allein die jüngere Zöglinge welche solche besuchten, ersezten ihre abgekommene Vorgänger bei weitem nicht, die meisten verließen nach und nach eine Laufbahn, auf welcher sie mehr Schwierigkeiten fanden, als sie sich anfangs gedacht haben mochten, und auf welcher der gröste Theil ihrer ältern und bessern Vorgänger eben kein sehr reizendes Ziel erreicht hatte. Am Ende wurde daher, durch diese lezte Anstalt, welcher Unterstüzung und Carls Anleitung fehlte, für die Musik und das Theater nicht viel gewonnen.
Zur Handhabung der Jurisdiction und Polizei bei dem Theater=Musik= und Ballet=Personal, und zur Aufsicht über die zum Theater gehörigen

Gegenstände, war von jeher eine Direction angeordnet, welche derzeit in folgenden Personen besteht:
Dem Herrn Haußmarschall Kammerherrn von Gemmingen, dem Herrn Geheimen Rath Kauffmann, dem Herrn Obrist Lieutnant v. Alberti, dem Herrn Hof und Domainen Rath Hartmann, als Kammer Deputatus; und dem Herrn Lieutnant und Auditor Haselmajer, als Entrepreneur des Theaters.
Mit dem Regierungs Antritt Herzog Friedrichs II. erhielt S^{e} Excellenz Herr Reichs Graf von Zeppelin, Staats und Conferenz Minister & die Ober Direction über das Theater; dagegen hatte noch unter der vorigen Regierung im Jahr 1797 der Herr Haußmarschall von Gemmingen seine Stelle bei diesem Departement niedergelegt.
Theater Kassier: Herr Kammerrath und Bauverwalter Daniel.
Sekretair: Herr Theaterdichter Schlotterbeck.
Der höchstseelige Herr Herzog Friedrich Eugen war dem Schauspiel sehr gut. Er bewies dieses durch seine fleissigen und vergnügten Besuche desselben, durch höchsteigene Anwerbung des vorzüglichen Schauspielers Pauli, durch einen Beitrag von 1.500 f. zu Aufführung der am 1ten Dec: 1795 hier zum erstenmal gegebenen Zauberflöte, durch mehrere Unterstüzungen des Theaters in außerordentlichen Fällen, und durch verschiedene an die Theater=Direction erlassene Resolutionen: in dem z. B. auf die Bitte des Solotänzers Traub und seiner Frau, entweder um die Zusicherung einer lebenslänglichen Beibehaltung in Herzogl: Diensten, oder um die Erlaubniß, ein anderes Engagement suchen zu dürfen, unterm 14.ten Febr: 1796 die gnädigste Resolution erfolgte: »daß, da Serenißimus das Ballet nicht abzuschaffen gedenken, in dieser Hinsicht die Furcht des Solotänzers Traub und seiner Frau, aus den herzoglichen Diensten ohne irgend ein Verschulden entlassen zu werden, ungegründet sei.«
Und zwo Resolutionen vom 7ten Apr: und 14ten Sept: 1796 nicht nur die gnädigste Absicht: »das Theater auf einen Fuß von mehrerer Vollkommenheit zu bringen«, sondern auch die gtr: Aeußerung enthielten, »daß Höchstdieselben in Rücksicht, daß die meisten bei der Musik und dem Theater angestellten Personen Landes Kinder seyen, dem Publikum den Genuß dieses Vergnügens gerne gönnen.«
Bey diesen huldreichen Gesinnungen glaubte das Theater Personal die Dauer seiner Existenz mehr als jemals gesichert, und es beeiferte sich, durch Anstrengung aller seiner Kräfte, die Zufriedenheit seines gnädigsten Fürsten zu verdienen, und zu erhalten, als mit einmal seine heitern Aussichten sich sehr verfinsterten, in dem der Einfall der Francken und die kriegerischen Zeitumstände überhaupt eine Einschränkung der Kammer=Ausgaben, und während Sr^{mi} Anwesenheit in Anspach im August 1796 einen neuen Kammer Plan veranlaßten, durch welchen jener blos zu Besoldungen bestimmte Fond, von 32/m f. auf -: 23.000 f :- herabgesezt,

und dabei ausdrücklich verordnet wurde, daß darunter »die von dem Mitgliede der Theater Direction Obrist Lieutnant Albertti, vorhin aus der Militär Kaße bezogene Gage mit -: 900 f. und die – dem Hof und Theaterdichter Schlotterbeck, als Lehrer bei der Hohen Carls Schule, bei der General Caßa angewiesen gewesene Akademie=Pension, von -: 400 f., zusammen 1.300 f. mitbegriffen seyn, mithin von der Theater Caße bestritten und dieser Fond unter keinem Vorwand überschritten – nur auf den Fall das Theater um einer Hof-Trauer, oder anderer zufälligen Ursachen willen, geschloßen werden müßte, wurde in der Folge dem Entrepreneur eine Vergütung, wie hienach vorkommen wird, gnädigst zugestanden – viel mehr überdieß noch, wegen einer – zu Bestreitung der auf die Aufführung der Zauberflöte verwendeten 11.372 f. (: mit höchster gnädigster Genehmigung :) contrahinten – zum Theil verzinßlichen Schuld von 6.000 f. 6 Jahre lang jährlich die Summe von 1.000 f. an gedachten 23/m f. von der General Caße innebehalten, der Zinnß daraus von der Theater Casse besonders bestritten – und hienach von der H. Theater Direction ungesäumt *ein Plan für die Zukunft* entworfen werden soll.«
Der Termin, von welchem an der bisherige Fond von 32/m f. aufhören, und der verminderte Fond von 23/m f. eintreten, auch einige bei dieser Gelegenheit verhängte Besoldungs Reduktionen zu würken anfangen sollten, war auf den 23. Oct: 1796 festgesezt. Die Besoldungen des Musik=, Theater= und Ballet=Personals bestunden damals, mit Einrechnung der abgedachten 1300 f., ungeachtet mehrere unentbehrliche Rollenfächer, wie hienach vorkommen wird, nicht besezt waren, in 32.489 f.
Die Entrée Gelder und Abonnements, welche von wöchentlichen 2 Schauspielen höchstens järlich 10. bis 12.000 f. betrugen, reichten kaum hin, die Repräsentations-, Decorations-, Beleuchtungs-, Comparzen- und Statisten- Drucker- Meubles- Garderobe- und andere Kosten, auch neue gnädigst genehmigte – auf die Einnahme der Entrée-Gelder verwiesene Besoldungen, Reise Gelder, Remunerationen & zu bestreiten. Der neue Fond war also zu Bestreitung der bereits vorgelegenen Besoldungen unzulänglich um wenigstens -: 9.489 f. :- ohne wegen der oben berührten Zauberflöten Schuld etwas in die Rechnung zu nehmen.
Nun hätte die für die Kirche und den Hof unentbehrliche Musik, mit ihren damals für ein im Grunde gar nicht übersezte Personal über 17.000 f. sich belassenen Besoldungen, auf den Fond von 23.000 f. den nächsten, und wegen des Kirchenräthlichen Musik Beitrags von 12.000 f. den gegründetsten Anspruch zu machen gehabt, und darüber, und über abgemelte Abzugs Posten, wären kaum noch 4.000 f. für das Theater und Ballet bevor geblieben, deren Besoldungen über 14.000 f. betrugen.

Württembergisches Hoforchester
Aquarell, anonym, um 1800

Zu ihrer gegenwärtigen Lebensart genötigt

Die herzogliche Theater Direction stellte daher in einem Anbringen vom 13. Octbr: 1796 dem Herzog nicht nur dieses, sondern auch noch weiter vor:
Daß das ganze Theater- und Ballet- so wie das Musik-Personal, bis auf 9 Personen, in lauter Zöglingen der ehemaligen Hohen Carls Schule, und aus Landes Kindern bestehe, welche (: wie oben schon bemerkt wurde :) als durch ihre Erziehung für obligat angesehen, meistens gegen ihren und ihrer Eltern Willen zu ihrer gegenwärtigen Lebensart genötigt, nun bei dem Theater älter geworden, – die meisten verheurathet und mit Kinder beladen seyen, und es jetzt für sie zu späth wäre, durch irgend einen andern Weg sich ihren Unterhalt zu erwerben, – daß daher der Verlust, oder nur eine merkliche Schmählerung ihrer ohnehin geringen Besoldungen, welche meistens kaum als Pensionen anzusehen seyen, und mit welchen sie sich schon kümmerlich genug behelfen müßen, nicht nur der gänzliche Zerfall des Theaters nach sich ziehen – sondern auch unfehlbar Folge haben müßte, daß eine ziemliche Anzahl Menschen, welche zum herzoglichen Dienst erzogen wurden, den besten Theil ihres Lebens demselben gewiedmet – und daher auf lebenslängliche Versorgung gerechten Anspruch zu machen haben, dem Mangel und Elend ausgesezt, und zum Theil als Betler dem Staat zur Last fallen würde; daß wenn auch den Landes Kindern und akademischen Zöglingen ihre Besoldungen in Pensionen verwandelt werden wollten, schon hiezu der Fond von 23/m f. – wie hienach deutlicher gezeigt werden wird, bei weitem nicht, und um so weniger hinreichte, als noch der – dem Obrist Lieutnant Alberti, als Mitglied der Theater Direction, von der H. Kriegs Casse zur Theater Casse überwiesene Gehalt von 900 f. und die Akademie Pensionen des Hof und Theaterdichters Schlotterbeck, und des Magazinsverwalters Reichmann à 400 f. zusammen mit -: 800 f. hiezu kämen, und überdieß der Sänger und Schauspieler Reuter und dessen Frau, welche damals noch auf 3 Jahr engagirt waren, der Schauspieler Burchardi wegen eines 6jährigen accords, und der Schauspieler Pauli, welcher erst seit kurzer Zeit von Serenißimo höchstselbst bei dem hiesigen Theater angestellt war, und sich kaum vorher an die Solotänzerin Debuißer verheuratet hatte, auf den Fall eines Bruchs ihrer mit gnädigster Genehmigung getroffenen Contracte, beträchtliche Entschädigungen ansprechen würden, – und daß endlich blos durch Abschaffung des ausländischen Personals das mit großen Kosten errichtete, im eigentlichen Sinne des Worts, wenigstens zum grösten Theil, wahre National Theater für ganz aufgehoben anzusehen, und, einmal aufgelößt, nach einigem Zeitverlauff, mit dem Duplum des Fonds von 23/m f. nicht wieder hinzustellen wäre.
Allein nach dem nun einmal durch die unterm 14.[t] Sept: 1796 ergangenen allzubestimmte Special-Resolution alle Hofnung zur Vermehrung des

Theater Fonds ganz und gar abgeschnitten war; so fruchteten alle Vorstellungen nichts.
Es war mithin an dem, daß das Schauspiel und das Ballet, diese kleinen Überreste von dem ehemaligen Lustre des Wirtemberg'schen Hofs, und von der in so manchen Rücksichten nüzlich und wohlthätig gewesenen hohen Carls Schule, wie diese, auch vollends ganz zu Trümmern gegangen wären.

Dem Mangel und der Verzweiflung überlassen

Bei allen diesen Umständen fiel es der Theater Direction schwer, einen ihr gnädigst aufgetragenen *Plan für die Zukunfft* zu entwerfen. Und in dieser kritischen Lage blieb ihr kein anderer Ausweg übrig, als auf einen Versuch anzutragen: Ob nicht etwa durch den Weeg einer Entreprise das – am Rande des Verderbens gestandene Personal bei seinen geringen Besoldungen zu erhalten, und das Theater und Ballet überhaupt noch zu retten sein möchte?
Daß es würcklich im Grunde dem Herzog Selbst hierum zu thun gewesen seyn müße, läßt sich zimlich deutlich theils aus der schnell erteilten gstn: Resolution, durch welche dieser Vorschlag gut geheissen, und befohlen wurde, den Versuch ungesäumt zu machen, theils auch daraus schließen, daß die Resolution vom 14ten Sept: lediglich keinen Winck gab, wann die Reduction des Besoldungs Fonds eigentlich gelten sollte; überhaupt rechtfertigte sein guter Regenten Karacter die Vermuthung, daß ihm unmöglich gleichgültig seyn konnte, eine beträchtliche Anzahl Landes Kinder, welche ihre besten Jahre in herzoglichen Diensten verlebten, mit einmal dem Mangel und der Verzweiflung zu überlassen.
Durch einen glücklichen Zufall erhielt der Schauspiel Director Mihul in Nürnberg sehr bald Nachricht von der vorhabenden Verpachtung. Er meldete sich schriftlich als Liebhaber zu der Entreprise. Man lies ihn hieher kommen, und auf die ihm vorgelegte Vunctation, darüber gepflogene Unterhandlungen, und deshalb an Serenißimum erstattete Berichte, wurde unterm 23. Dec: 1796 ein von Höchstdenselben, jedoch mit der abermals wiederhohlten ausdrücklichen Verwahrung, keine weitere als die ausgesezte Summe von 23/m f. zu verwilligen, gnädigst genehmigter Kontract auf 6 Jahre mit demselben abgeschlossen, welcher in der Hauptsache dahin gieng: »daß das gesamte Musik-, Schauspiel- und Ballet-Personal, wie bisher, unter S:^{r} Herzoglichen Durchlaucht mediaten Disposition verbleiben soll. Daß der Entreprenneur nicht nur die Ergänzung des – über einige Besoldungs Reductionen sich noch ergebenen Deficits bei der Theater Kasse, järlich 8.000 f. zu derselben zu bezahlen, und diese Summe mit monatlichen 666 f. 40x. baar zu entrichten – sondern überdieß

Eine Prima Donna
Eine Schauspielerin zu naiven Rollen,
Einen Tenoristen, und
Einen Schauspieler zu alten intrikanten und zärtlichen Rollen
In guten vorzüglichen Subjecten für das hiesige Theater auf seine Kosten beizubringen, und das Fach einer zärtlichen Mutter besser zu besezen – Alle Jahr für 750 f. neue Klaider zur Theater Garderobe anzuschaffen, – auf den Fall das Theater um einer Hof=Trauer, oder einer andern zufälligen Ursache willen, geschlossen würde, keine andere Entschädigung, als daß denen von ihm angestellten Personen das Ratum ihrer Gehalte, und ihm und seiner Frau das Ratum von 1.500 f. auf die Zeit des Theaterstillstands von gnädigster Herrschafft bezahlt werden soll, anzusprechen – und
Er, Entreprenneur, alle Repräsentations- Beleuchtungs, Meubles – Buchdrucker- und überhaupt alle auf die Aufführung der Schauspiele und Ballets, auf die Theater Bediente, auf das Ankleiden und Frisiren p. gehende Kosten, ohne Ausnahme, zu bestreiten haben soll. –
Wohingegen ihm der unzienßliche Gebrauch der beeden hiesigen Schauspielhäußer, der Scenen und Decorationen, der Theater Garderobe und übrigen Utensilien, nach einem genauen Inventarium, eingeräumt – die Aufführung *dreyer* Schauspiele in der Woche gestattet, – auch das Musik Personal zum Dienst bei denselben verbindlich gemacht – alle Abonnements- und Entrée-Gelder ihm überlassen, – das von dem Caffetier Glaser bisher für die Erlaubniß, im großen Opernhause Redouten geben zu dürfen, accordirte Bestandgeld von järlichen 1.100 f zum Bezug, und nach expirirtem Glaserischen Accord, der unentgeldtliche Eintritt in denselben zugestanden, – auch das vorhin von dem Theater Schneider innegehabte freie Logis im großen Opernhause gst: bewilligt wurde.«
Als Mihule, nachdem seine Entreprise kaum 7 Monate gedauert hatte, durch die zwischen ihm und einem Theil des Theater Personals entstandene Mißhelligkeiten und Erbitterungen sowohl, als durch die von dem Publikum beinahe allgemein geäußerte Unzufriedenheit über den Gang seiner Entreprise, und über die theils gar nicht, oder, aus allzuweit getriebener Sparsamkeit, schlecht besezte Rollenfächer, auch durch etlichmaliges Auszischen seiner Frau bestimmt wurde, um seine Entlaßung zu bitten, die er auch durch gnädigste Resolution vom 22. Jul: 1797 würklich erhielt.

Daß die Kunst bei Nahrungssorgen sinkt

So übergab der Canzlei Advocat D. Vellnagel einen *Vorschlag zur Selbstadministration des herzoglichen Hoftheaters* auf herrschafftliche Rechnung und

Kosten, welcher dieser Einrichtung, als einer dem Lustre des Hofs anständigern Anstalt, wodurch alle Collissionen mit einem Entreprenneur hinwegfallen auf eine sehr einleuchtende Art das Wort redte, und von gründlichen Theater-Kenntnißen des Verfassers zeugte.
Allein, da weder er, noch jemand anders, dafür haften wollte, daß der so beschränkte und so unabweichlich festgesezte Theater=Fond nicht überschritten werden soll, die Einnahmen, außer diesem Fond aber grösten-theils vom Zufall und von veränderlichen Zeit- und andern unvoraussichtlichen Umständen abhängen, auch auf der andern Seite die meisten Ausgaben der Veränderung unterworfen sind, mithin durchaus kein sicherer Calcul im Ganzen statt findet, und ein herrschaftlicher Caßier bei jedem Schauspiel, welches etwas größeren als den gewöhnlichen Aufwand erforderte, und in jedem außerordentlichen Falle, Seine Herzogliche Durchlaucht mit unzäligen Berichten, Anfragen und Biten um Ratifkationen und Dekrete &. belästigen müßte: übrigens die Besorgniß, daß die Einnahmen zu Bestreitung der Ausgaben nicht zureichen möchten, bei dem rechtschaffensten, treuesten und thätigsten herrschaftlichen Unternehmer eine Aengstlichkeit und Schüchternheit hervorbringen würde, welche dem Lustre des Theaters nachtheiliger als das Privat Intereße eines Entreprenneurs werden konnte, welch lezteres dieser, wenn er seinen Vortheil recht versteht, und auf Ehre hält, immer in der hochmöglichsten Vervollkommnung des Theaters, und in dem Beifall des Hofs und des Publikums suchen – und am sichersten finden wird.
So war wieder nichts anders übrig, als zu einer Entreprise die zu Flucht zu nehmen, um welche der Hauptmann und Regiments Quartiermeister Schweickhart und der Lieutnant und Auditor Haselmaier sich als Liebhaber gemeldet hatten: und es wurde dann die von lezterem vorgeschlagene – für das herrschaftliche Intereße und das Theater vortheilhaffter als die Mihulesche Entreprise, und als die Schweickhartsche Vorschläge erfundene Gewährs=Administration durch eine unedirte Resolution vom 27. Aug: 1797 gst: genehmigt, vermög welcher gedachter Lieutnant und Auditor Haselmaier vom 16t Sept gedachten Jahres an bis auf den 16t Sept: 1803, mithin auf 6 Jahre, in alle Mihulesche Verbindlichkeiten und Vortheile eingetretten ist, und der Haselmaiersche Kontract von dem Mihuleschen sich hauptsächlich dadurch unterscheidet und vortheilhafter darstellt, daß Haselmaier über seine Einnahmen und Ausgaben Rechnung abzulegen – und den, nach Abzug eines jährlichen Gehalts von 2.000 f. auf sich und seine Gehülfen, etwa herauskommenden Gewinnst zur Helfte der gnädigsten Herrschaft, auch für 750 f. neue Kleider, nebst allen auf seine Kosten verfertigenden neuen Decorationen, dem Theater zu überlassen, sich verbindlich gemacht hat.
Durch diesen eingeschlagenen Weeg wurde auch das Theater und Ballet bisher wirklich aufrecht erhalten, und der gegenwärtige Gewährs Administrator Haselmaier hat auf eine gegen die Mihulesche Pacht=Periode

sehr in die Augen laufende Weise, weder Mühe noch Kosten gespahrt, das Selbe nach und nach mehr empor zu bringen.
Folgende Berechnung gibt hievon, und von seiner Uneigennüzigkeit unter andern die überzeugendsten Beweise:

Die Musik= und Theater=Besoldungen bestunden, nach einer gegen Ende des 1ten Haselmaierschen Pacht-Jahres gemachten Berechnung, in	39.086 f.
hieran bezahlte: Die herzogliche Rennt Kammer mittelst des Fonds von 23/m f. nach Abzug jährlicher 1.280 f. wegen der Zauberflöten Schuld, noch	21.720 f.
der Gewährs=Administrator, Lieutnant Haselmajer, vermöge Kontracts	8.000 f.
Außer dem Kontract, an Zulagen und für fremde Schauspieler,	9.206 f.
Zusammen	17.206 f.
die Benefice Casse, von dem Ertrag 4 frei Schauspiele, für welche der Gewährs Administrator 400 f. zu bezahlen hat	160 f.
thut obige	39.086 f.
Der Gewährs Administrator Haselmaier hatte also zu bestreiten:	
Besoldungen, nach nächst vorhandener Berechnung	17.206 f.
Neue Kleider zur Theater=Garderobe anzuschaffen für	750 f.
Zur Benefice Caße für 4 zum Besten derselben accordirte frei Schauspiele	400 f.
Und für sich und einen Gehülfen, nach seinem Kontract einen Gehalt anzusprechen, von	2.000 f.
sodann hat derselbe in seinem ersten Pachtjahr auf 156. Repräsentationen, für die Beleuchtung, Garderobe, für Decorationen &.&. einen Aufwand gehabt, nach vorgelegter Berechnung, von	14.785 f. 1 x.
Summa	35.141 f. 1 x.
Hingegen Eingenommen:	
Vom 17. Sept: 1797 bis 28. Nov: 1798	
Entrée Geld	25.195 f. 44 x.

Entschädigung von der herzogl: General Caße, wegen Hoftrauer	4.906 f. 35 x.
dergl[en] weiter	600 f.
der Redouten=Pacht hat abgeworfen	1.283 f. 20 x.
	31.985 f. 39 x.

Mithin reichte die Einnahme zu Bestreitung der Ausgaben nicht zu, um 3.155 f. 22 x. und es verlohr also der Gewährs Administrator nicht nur die sich bedungenen 2.000 f. – sondern auch noch weitere -: 1.155 f. 22 x., die er aus seinen eigenen Mitteln zusezen mußte.

Daß die Kunst bei Nahrungssorgen sinkt

Aus allen bisher angeführten – und denen noch weiters vorkommenden Umständen legt sich zugleich zu Tage, daß das Schauspiel, als solches, ungeachtet dasselbe nur an Besoldungen für ausländische Mitglieder wenigstens 9.000 f. kostet, eigentlich der Entreprenneur, oder welches einerlei ist, das Publikum bezahle, und die herzogliche Renntkammer durch deßen Aufhebung nicht nur nichts gewinnen, sondern vielmehr beträchtlich verlieren würde. Denn immer würde doch eine *Kirchen= Hof= und Kammer=Musik* unentbehrlich bleiben, oder der kirchenräthliche Beitrag hiezu von 12/m f. an Geld und Naturalien auch aufhören.
Die Besoldungen des Personals derselben betragen zwar zur Zeit, als der Theater-Fond von 32/m f. auf 23/m f. herabgesezt wurde, mit Ausschluß der Gagen, welche einige bei der Militär=Caße beziehen, die zugleich Hautboisten=Dienste versehen, nur ungefähr -: 17.000 f.
Allein diese Besoldungen, welche zum Theil nur in 150 f. in 2, 3 bis 400 f. für die verschiedenen Subjecte bestehen, wurden vor 14 Jahren, zu einer viel wohlfeilern Zeit, und für junge akademische Zöglinge regulirt, von welchen die meisten sich inzwischen verheuratet haben, jetzt mit mehr oder weniger Kindern beladen sind, und, bei der sehr gestiegenen Theurung aller Lebens Mittel, sich in einer äußerst bedauerlichen Lage befinden. Viele, welche zugleich beim Gesang in der Oper, und als Akteurs und Aktrizen im Schauspiel sich gebrauchen lassen, und deswegen entweder Zulagen aus der Theater Caße zu genießen haben, oder in neuerer Zeit von dem Entreprenneur besonders belohnt werden, koennten nicht bestehen, wenn ihnen diese Hülfs Quellen verstopft würden.
Viele sind deshalb bei Zeiten in jüngern Jahren entwichen, um ein beßeres Loos außer ihrem Vaterlande zu suchen, deren Stellen noch jetzt leerstehen, weil sie mit den erledigten allzugeringen Besoldungen nicht wieder besezt werden konnten; andere starben, und das Orchester ist daher zwar immer noch großen Theils mit sehr vorzüglichen Subjecten besezt, aber bei weitem nimmer so zahlreich als zu Herzog *Carls* Zeiten. Der Ab-

gang betraf zufälligerweise besonders die Saiten spielende Klasse: diese steht nun mit den blasenden Instrumenten in einem solchen Mißverhältnisse, und wird, indem sie sich zu wenig gegen leztere ausnimmt, in ein solches Dunkel gesezt, daß unmöglich ein gutes Ganzes mehr herauskommen kann, und die Schwäche der Saiten=Instrumente nicht nur in der Oper und im Schauspiel, wo einige Musiker als Akteurs auftreten, sondern auch in Hof=Conzerten, jedem Kammer, und besonders fremden, welche das aus der hohen Carls-Schule hervorgegangene Orchester noch in seinem vollkommenern Zustande gekannt haben, immer sehr auffallen muß. Ein weiterer Grund der Unvollkommenheit des Orchesters liegt neben dem, daß die Kunst bei Nahrungs Sorgen sinkt, zum Theil auch darinn, daß mehrere demselben ganz unentbehrliche Subjecte zugleich als Hautboisten beim Militär angestellt sind, durch welchen Dienst musikalische Übungen gar offt verhindert werden: und endlich würde es, wenn die – eigentlich um der Oper Willen angestellten, und bisher wo nicht ganz, doch zum Theil, von dem Entreprenneur bezalte Sänger und Sängerinnen abgingen, an einigen männlichen und weiblichen Singstimmen fehlen, und, wenn allen diesen Mängeln nur einigermasen abgeholfen werden wollte, die Kirchen- und Hof-Musik allein kosten, mit Inbegriff des kirchenräthlichen Beitrags von 12/m f., wenigstens 20.000 f.

Wenn nun hiezu die oben bemerkte militärische und akademische Pensionen [...] geschlagen werden, so kommt heraus eine Summe von 22.700 f. und es scheint bei Bestimmung des Theater Fonds blos auf das Musik=Personal und vorgedachte Pensionen abgehoben – auf das Schauspiel und Ballet hingegen ganz keine Rücksicht genommen worden zu seyn.

Da aber die gegenwärtig noch beim Ballet angestellten 25 Personen, welche nun unter 4 Herzogen gedient haben, bei denen oben schon angeführten Umständen, billig, und um so mehr auf lebenslängliches Brod zählen, als solches demselben teils durch seine Entstehung, theils durch eine ausdrückliche Resolution Herzog *Friedrichs* gewisermasen garantirt ist, und das ganze Corps nur noch 8.190 f. Gehalt bezieht, welches auf die Personen eine in die andere gerechnet, nicht ganz 328 f. ausmacht, und von der Gnade des gegenwärtigen durchlauchtigten Regenten allerdings zu hoffen steht, daß er wenigstens den Weeg des allmähligen Abgangs demjenigen, welcher nur Unglückliche machen würde, in jedem Falle vorziehen werde; So würde, selbst im Fall der Abschaffung des Schauspiels, nur für die Musik und zu Pensionen die Summe von -: 30.890 f. ein – dem vorhinigen Theater Fond von 32/m f. zimlich nahe kommender Geld Aufwand, erfordert werden.

Es muß daher bei der – in Absicht auf das hiesige Theater vorwaltenden besondern – von allen andern Theater Einrichtungen Deutschlands sehr verschiedenen Beschaffenheit, Serenißimo und der herzoglichen Rennt

Cammer der Aufrechterhaltung des Schauspiels um so mehr gelegen seyn, als solches gegenwärtig gnädigster Herrschafft keinen Aufwand macht, sondern nebst dem Ballet vom Entreprenneur fast ganz unterhalten wird, und gleichwohl zum Lustre des Hofes sehr vieles beiträgt.
Allein, wenn auch von dieser Seite die Bühne feste steht; so laborirt dieselbe hingegen an folgenden Gebrechen, welche ihren herannahenden Zerfall, oder wenigstens mehr Sinken als Steigen derselben verkündigen.
Das 1te rührt von der ursprünglichen Organisation her, und besteht darinn, daß, des so sehr herabgesezten Fonds ungeachtet, bei dem Theater alle Hauptzweige desselben, nemlich *Oper*, *Schauspiel* und *Ballet* noch immer vereinigt sind. Wenn auf jedes dieser 3 Fächer gleiche Rücksicht in der Ausbildung und im Aufwande genommen werden will, so kann, aus Mangel hinlänglicher Einkünfte, keines gedeihen. Das Orchester ist, besonders in dem Falle, wenn mehrere Musiker als Sänger und Schauspieler auftretten, offenbar zu schwach, das Theater-Personal hingegen von mittelmäsigen Subjecten zu stark, und daher beim Schauspiel und Ballet, wenn sie nicht zerfallen sollen, allerdings eine Einschränkung nöthig.
Insgemein wird das Ballet für das entbehrlichste Fach des Schauspiels angesehen. Würden, so hört man öfters urtheilen, die Kosten des Ballets auf das Schauspiel verwendet, so koennte dieses mehr empor gehoben, und der Unzulänglichkeit des Theater Fonds abgeholfen werden.
Allein das Ballet kann, ohne den grösten Nachttheil für die Oper und das Schauspiel, nie ganz aufgehoben werden, weil nicht nur Ballete sehr oft unentbehrliche Theile der dramatischen Vorstellungen sind, und mit vielen derselben in unzertrennlicher Verbindung stehen, sondern auch das Ballet-Personal, bei Besezung nobler Statisten Pläze, und zum arrondißement Theatralischer Vorstellungen sehr vermißt werden würde, in dem Soldaten nur zu gewinnen – und hauptsächlich nur zu militärischen Statisten taugen. Ob jedoch gerade ein Corps de Ballet von 25 Personen zu diesen Zwecken nöthig sey? ist freilich eine andere Frage.
Da indes dasselbe nun einmal existirt, so lasse man es mit seinen geringen Gehalten absterben. Ohnehin erreichen Tänzer und Tänzerinnen von Profeßion gewöhnlich kein hohes Alter. An 8 bis 9 Paaren wird man am Ende zu obigen Zwecken genug, und in der Folge der Zeit 7 bis 9 Personen weniger zu unterhalten haben, auch werden durch diesen Weeg nicht nur Besoldungen hinwegfallen, welche für fremde Künstler wohl bald geschöpft werden müßten, wenn das Ballet in seiner gegenwärtigen Verfaßung fort erhalten werden wollte, sondern auch der beträchtliche für die Oper und das Schauspiel meistens untaugliche auf Costüme, Kleidungen, auf Versazungen in der Dekoration & gehende Ballet=Aufwand erspart werden.
Sodann suche man auch einiger beim Schauspiel vorhandener mittelmäsiger und schlechter Subjecte, bei schicklicher Gelegenheit, auf eine gute Art sich zu entledigen.

Der Künstler wird als Mietling herabgewürdigt

Ein *Zweites Hauptgebrechen* des hiesigen Hoftheaters liegt in der im Jahr 1796 durch die Verminderung des Besoldungs Fonds aus Noth veranlaßten *Verpachtung* desselben. Zwar hat diese, wie schon anderwärts gezeigt worden, auch ihre gute Seite: Allein jeder Entreprenneur übernimmt nur das Theater in der Hoffnung einer guten Ausbeute. Schlägt diese Hoffnung fehl, so wird er mehr auf mittelmäsige und wohlfeilere – als auf vorzüglichere und kostbare Subjecte sehen, oder gar durch Nichtbesezung kostbarer Rollenfächer, durch Sparsamkeit an Costüme, Kleidern, an decorationen, an der Beleuchtung & sich zu entschädigen suchen. Jeder Direction werden durch die Pacht die Hände gebunden, und gleichwohl werden alle Fehler des Entreprenneurs insgemein auf die Rechnung derselben geschrieben. Der Künstler wird als Miethling und die Kunst als ein Gegenstand merkantilistischer Spekulation herabgewürdiget. Dieß war der Fall bei dem ersten Entreprenneur Mihule.
Zwar hat, in Vergleichung mit demselben, durch seinen Nachfolger, den gegenwärtigen Gewährs Administrator Lieutnant Haselmaier, das Theater viel gewonnen, indem es diesem, als einem vermöglichen Manne, nicht sowohl um Gewinnst, als vielmehr darum zu thun ist, durch Herstellung eines vorzüglichen Theaters sich beim Fürsten und beim Publikum ein Verdienst zu machen. Er hat sich aber, wie oben vorgekommen, durch dieses Bestreben und seine Uneigennüzigkeit in seinem ersten Pacht Jahre einen beträchtlichen Schaden zugezogen. Das gegenwärtige Jahr scheint seiner Entreprise noch weniger günstig zu seyn. Der lezte äußerst herbe und ungewönlich lange Winter verminderte die Besuche des Theaters, und mithin auch die Einnahme der Casse sehr beträchtlich, und die gegenwärtigen kalamitosen Zeit=Umstände geben zu beßern Aussichten, und zu Vergütung des bisherigen Schadens in den noch übrigen 4 Pacht Jahren, schlechte Hofnung.
Es ist mithin zu besorgen, daß er, um nicht in immer größern Schaden zu versinken, entweder zu Mihulschen Hülfsmitteln, auf Kosten des Theaters und des Publikums, seine Zuflucht zu nehmen genötiget seyn, oder die gegenwärtige für ihn sehr mißliche Lage des Theaters, und jeden weitern Anlaß, dazu zu benuzen suchen werde, sich seines accords zu entledigen: und es würde als dann wohl eben so schwer halten, einen andern annehmlichen Entreprenneur unter den bißherigen Bedingungen aufzutreiben, als jemand, mit den nötigen Theaterkenntnisses und Erfahrungen, zur Übernahme der Theater=Oeconomie auf herrschaftliche Rechnung, unter der Voraussezung, auszufinden, daß der Fond von 23/m f. für Musik, Schauspiel und Ballet nie überschritten werden soll.
Ohne Zweifel aber würde durch die Ausführung folgender Vorschläge zu einer Pensions= und Wittwen=Kasse; dieses Theater, wo nicht von allen vorberührten und andern demselben anklebenden Fehlern, doch von den

meisten derselben befreit – auf einen soliden Fuß gesezt – und für dasselbe unter den übrigen Hoftheatern Deutschlands, deren gröster Theil es in neuerer Zeit nachstehen mußte, bald ein höherer Rang erworben werden koennen.
Der Schauspielstand ist, im Ganzen genommen, der unglücklichste und bedauerungswürdigste von allen freien Künsten. Bei den meisten Bühnen, und unter schwankenden Directions=Verfassungen, werden die Schauspieler gemeiniglich nur auf einige Zeit beherbergt.
Mangel und Elend im Alter ist nur gar zu oft das Loos dieser unstet und flüchtig in der Welt herum irrenden Menschen. Nur bei sehr wenig Theatern, z. B. beim kaiserlichen Hoftheater in Wien, bei dem königlichen in Berlin, bei dem Churfürstlichen in München & ist ihr Unterhalt auch auf den Fall der Abnahme der Kräfte in ihren alten Tagen durch Pensionen gesichert. Theater, durch solche Einrichtungen beginstigt, zeichnen sich durch sehr wichtige Vortheile vor allen andern aus. Sie gewähren den Nuzen, daß die vorzüglichsten Subjecte viel wohlfeiler beizubringen und beizubehalten sind. Nur lebenslängliche Versorgung kann ein Reiz werden, eine mehr eintragende, aber unsichere Stelle zu verlassen.
Gute Subjecte drängen sich zu einem solchen Institut.
Jedes Individuum wird an die Wohlfahrth desselben gefesselt, und sucht sich durch Kunstfleis und gute Aufführung der Achtung des Publicums für immer zu versichern. Man erhält dadurch eine eingespielte Gesellschaft. Die Vervollkommnung des Theaters sichert und vermehrt zugleich auch die Theater Einkünfte &&.
Alle diese Vortheile und Vorzüge könnten für das Stuttgardter Hof Theater, nach folgendem Plan, nur mit einer in Vergleichung mit der wichtigen Stärkung und dem wohlthätigsten Zwecke sehr geringen Unterstüzung von Serenißimo, sehr leicht erhalten werden, ohne alle Besorgniß, einer andern herrschaftlichen Casse, woraus anderswo gewöhnlich die Pensionen fließen, jemals lästig zu fallen.
Da sich von der Gnade und Grosmuth Seiner Herzoglichen Durchlaucht nicht anders denken läßt, als daß das ältere aus der hohen Carls Schule ausgegangene – und inzwischen nachgezogene, aus lauter Landes Kindern bestehende Musik-Theater- und Ballet-Personal einer lebenslänglichen Versorgung durch fortdauernden Genuß ihrer geringen Besoldungen, sich zu erfreuen haben werde;
So ist hier eigentlich nur noch davon die Frage, wie und aus welchen Quellen dem kleinen – nur in 10 bis 12 Köpfen bestehenden Rest des neuern fremden Personals lebenslängliches Brod zuzusichern, und für arme Wittwen des Musik und Theater Personals überhaupt, einige Unterstüzung auszumitteln seyn möchte? [...]

Anmerkungen

1 Ausführliche Biographie siehe *Allgemeine Deutsche Biographie*, Bd. 10. Eine Kurzbiographie findet sich im vorliegenden Band, S. 78f.

2 Rudolf Krauß, *Das Stuttgarter Hoftheater von den ältesten Zeiten bis zur Gegenwart*. Stuttgart, 1908.

3 Die Anstellung Niccolò Jommellis als Oberkapellmeister erfolgte bereits 1753.

4 Christian Friedrich Daniel Schubart.

Arkaden am Neuen Lusthaus in Stuttgart
(Staffage und Hintergrund historisierend dargestellt)
Aquarell von Carl Beisbarth, 1875
Beim Umbau des Lusthauses zum Hoftheater 1845/46 hielt der mit hinzugezogene Baumeister Beisbarth den historischen Befund in zahlreichen Skizzen, Zeichnungen und Aquarellen fest. Etliche davon hat er – wie das vorliegende Blatt – Jahre später in Reinzeichnung ausgeführt

»Hier ist kein Platz für einen Künstler«

Das Stuttgarter Hoftheater 1797–1816

Reiner Nägele

Aufgrund der prekären wirtschaftlichen Situation wurde das Hoftheater im Dezember 1796 an einen privaten Unternehmer verpachtet. Doch bereits nach sieben Monaten bat der von Intrigen angefeindete, vom Publikum und der ausländischen Presse stark kritisierte Entrepreneur Wenzeslaus Mihule um seine Entlassung. Nachfolger wurde Leutnant und Auditor Christian Karl Gottfried Haselmaier. Im selben Jahr trat Herzog Friedrich II., der spätere König Friedrich I., in der Nachfolge seines verstorbenen Vaters Friedrich Eugen die Regentschaft an. Nach vier Jahren Pacht, im November 1801, wurde über das Vermögen Haselmaiers der Konkurs verhängt, das Theater ging wieder in die Verwaltung des Hofes über. Nachdem Anfang 1802 die bisherige Theaterdirektion zurückgetreten war, wurde Kammerpräsident Ulrich Lebrecht Baron von Mandelsloh zum alleinigen Intendanten ernannt. Treffend urteilte Johann Wolfgang von Goethe nach einem Besuch des Stuttgarter Theaters im Sommer 1797 über die Stuttgarter Verhältnisse:

Es ist gewissermaßen ein Unglück wenn das Personal einer besondern Bühne sich so lange nebeneinander erhält; ein gewisser Ton und Schlendrian pflanzt sich leicht fort, so wie man z. B. dem Stuttgarder Theater, an einer gewissen Steifheit und Trockenheit, seinen akademischen Ursprung leicht abmerken kann. Wird, wie gesagt, ein Theater nicht oft genug durch neue Subjecte angefrischt, so muß es allen Reiz verlieren. Singstimmen dauern nur eine gewisse Zeit, die Jugend, die zu gewissen Rollen erforderlich ist, geht vorüber, und so hat ein Publikum nur eine Art von kümmerlicher Freude, durch Gewohnheit und hergebrachte Nachsicht. Dies ist gegenwärtig der Fall in Stuttgard und wird es lange bleiben, weil eine wunderliche Constitution der Theateraufsicht jede Besserung sehr schwierig macht[1].

Trotz prominenter Kritik an der »akademischen« Darstellungskunst und am teilweise überalterten oder auch künstlerisch unzureichenden Personal (wie schon in der Denkschrift Hartmanns protokolliert[2]) richtet sich das Interesse auch der neuen Theaterleitung letztlich nicht nach den künstlerischen Erfordernissen einer modernen Bühne mit Blick auf ein kommerzielles, kritisches Publikum. Vielmehr dokumentieren die Verwaltungsakten des Hoftheaters während der Regierungszeit Friedrich I. eine wechselseitige Irritation zwischen Herrscher und Publikum, deren Ursprung zeittypisch in der Konfrontation differierender Ansprüche an den Kunstbetrieb zu finden ist. Der Fürst versteht sich nach wie vor, nicht anders als seine Ahnen im 18. Jahrhundert, nicht als Zuschauer eines kunstschaffenden Theaters, sondern als Mittelpunkt einer repräsentativen Welt. Bühne und Zuschauerraum sind gleichberechtigter Teil höfischer (Selbst-)Inszenierung. 1814 berichtet die Leipziger *Allgemeine musikalische Zeitung* mit kritischem Akzent von den problematischen Stuttgarter Verhältnissen (Auszug):

Die ganze Art und Weise, wie hier die theatralischen Angelegenheiten von oben herab betrachtet und geleitet werden, lässt sich besser, wenigstens eingänglicher, durch einzelne, ganz specielle Data, als durch allgemeine, meistens Zweifel, wo nicht Missdeutungen findende Schilderungen, hier wie überall darthun. Als ein solches Datum möge die Rede Platz finden, womit der geh. Legationsrath, Hr. v. Matthisson, den Hrn. v. Wechmar beym Personale der hiesigen Hofschaubühne einführte.
»Auf allerhöchsten Befehl habe ich die Ehre, Ihnen, meine Herren und Damen, den Herrn Baron v. Wechmar, als Ober-Director unsrer Schaubühne, vorzustellen. Wir gaben einander feyerlich das Wort, Hand in Hand zu gehen, als Freunde, und niemals das doppelte Ziel unsrer Bestrebungen aus den Augen zu verlieren: die Zufriedenheit unsers erhabenen und grossmüthigen Beschützers, und das Fortschreiten der Kunst. Unser Wahlspruch heisst: Parteylosigkeit, Humanität, Harmonie und Gerechtigkeit. Ich bitte Sie, das wohlwollende Vertrauen, wodurch Sie mich während meiner kurzen Amtsführung beglückten, auf meinen würdigen Herrn Successor überzutragen. Ich kenne seinen strengen und ernsten Willen, das Gute zu fördern und jeder Unbill zu wehren. Der Beyfall seines Königs ist ihm das Höchste. [...]

Mit Schmach gebrandmarkt entweiche der Kabalen-, Intriguen- und Unterdrükkungsgeist zurück zum Orcus, von wann er, wie ein giftiger Pestqualm, aufstieg. Mit deutschem Redlichkeitssinn wollen wir keinen Moment aus dem Gesichtspuncte verlieren, Wirtembergs grossem und guten Könige, nach seinen mehr als je zuvor vervielfältigten Herrschersorgen, durch richtig berechnetes Ineinandergreifen unsrer Gesammtkräfte, einen, so viel als möglich, ungemischten und lautern Kunstgenuss dankbar zu bereiten. – Es lebe der König!«[3]

Publikumserziehung

Friedrich leitete weder das Interesse an einem emphatisch verstandenen Kunstideal (wie es Goethe vorschwebte), noch war ihm eine ständige repräsentative Kunst, die einen dauerhaft substituden finanziellen Aufwand erfordert hätte, ein Anliegen[4]. Nur bei außerordentlichen festlichen Angelegenheiten mit adligen Gästen, unterstützte er die Theaterkasse aus seiner Privatschatulle[5].
Allein schon die baulichen Gegebenheiten des 1764/65 errichteten Ludwigsburger Opernhauses weisen sinnbildhaft auf den Anspruch einer geschlossenen Gesellschaft hin, »die ihre Herrschaft im Spiegel des Theater-Gleichnisses« feierte, wie es Roland Dressler formulierte[6].

Auch wenn mit Kunstverstand verschwenderisch-üppige Bilder inszeniert waren, der anwesende Fürst im Zuschauerraum blieb der Protagonist. Er wurde durch die Zentralperspektive, mit der die Kulissen den Bühnenraum optisch zu erweitern suchten, auf besondere Weise 'ausgezeichnet'. [...] Der ideale Ausgangspunkt für diese Kulissenbühne war der Sitzplatz des Fürsten. So bot die Zentralperspektive nicht nur eine besondere Bevorzugung für den ranghöchsten Zuschauer. Sie wurde zugleich von den anderen Zuschauern als Zeichen verstanden, das ihre gesellschaftliche Stellung in der höfischen Hierarchie markierte. Je stärker sich für sie das perspektivische Bild verzerrte, weil sie weiter entfernt vom Regenten waren, um so niedriger hatten sie sich selbst zu achten.

Freilich hatte die barocke Illusionsperspektive als Ideal inzwischen ausgedient, und so hielt sich Friedrich I. auch bei Aufführungen im Stuttgarter Theater allermeist in der kleinen Seitenloge auf[7]. Die herrschaftliche Erwartungshaltung an das Bühnengeschehen und die Besucher hatte sich jedoch nicht gewandelt. Bei festlichen Anlässen, zumal bei Anwesenheit adliger Gäste, nahm Friedrich in der großen Mittelloge des ersten Ranges Platz, und er verstand sich nach wie vor als erster Adressat des Dargebotenen: indem er sich exklusiv das Recht ausbat, Zustimmung oder Ablehnung zu artikulieren und ein respektvolles Betragen der Zuschauer rigoros einzufordern. Allein der Herzog und spätere König durfte das Zeichen zum Applaus geben. Sinnbildhaft ersetzte das sichtbare Zeichen für die Untertanen die Status gewährenden sozialen Bezüge einer geschlossenen höfischen Entourage. Aus einem Schreiben Friedrichs an den Intendanten Freiherr von Mandelsloh:

Sehr mißlich habe ich gestern Abend nach Beendigung des Schauspiels ersehen müssen, daß [...] einige Zuschauer im Parterre, als der Vorhang herabgefallen, applaudirten, ander ungezogene Buben auf den hinteren Bänken sich herausgenommen, überlaut zu zischen. Da nun ein solcher Unfug zu keiner Zeit, am allerwenigsten aber in Meiner Gegenwart geduldet werden kann, so will ich Ihnen andurch aufgegeben haben, mittelst eines gedrukten Advertissements auf dem Comödienzettel, wie auch in den Zeitungen das Publikum für dergleichen Ungezogenheiten zu verwarnen [...] Auch überhaupt sich aller Beifallsbezeugungen in Gegenwart Meiner, wenn ich nicht das Zeichen gebe, zu enthalten[8].

Bei der drei Tage später erfolgten Aufführung von August von Kotzebues »Johanna von Montfaucon« zierte bereits eine entsprechende herzogliche Verordnung den Programmzettel[9].
Der Konflikt zweier gegensätzlicher Erlebniswelten – und Machtansprüche – musste zwangsläufig kollidieren. Das kommerzielle Publikum verstand Theater primär als karnevaleske Veranstaltung. Wandernde Schauspieltruppen mit ihrem häufig improvisierten Repertoire (Stegreiftheater) und Marionettentheater auf den Jahrmärkten waren in der Vergangenheit die artistische Schule des Pöbels gewesen. Auch das »Volk« begreift sich vor der Bühne als Teil der Inszenierung, nicht jedoch in vorgesetzter oder gar fokaler Funktion, sondern in einer den Bühnenfiguren gleichberechtigten Rolle. Was gefällt, wird sogleich beklatscht, was missfällt, ausgepfiffen, Sentenzen werden kommentiert, Sympathien und Antipathien unverzüglich und lautstark Ausdruck verliehen. Im höfischen Theater jedoch obliegt die Rolle des kritischen Beobachters allein dem Fürsten. Die herzoglichen Disziplinierungsmaßnahmen zielen deshalb auch keineswegs darauf, den Untertanen zu einem andächtigen, kunstverständigen Rezipienten zu erziehen, sondern diesen Respekt vor der Macht zu lehren, als Erziehung zur Höflichkeit im ursprünglichen Wortsinne. Die für das Publikum des 19. Jahrhunderts typische »Kunstandacht« als Rezeptionshaltung hatte – zumindest in Stuttgart – ihren Ursprung weniger in einsichtigem Respekt vor der »Sittenschule der Nation«, als vielmehr in restriktiver Disziplinierung und polizeilicher Einschüchterung. Eine Verordnung vom 11. Februar 1808 verfügte die Anwesenheit von einem bis zwei Polizeikommissären bei Schauspielen und Redouten, denen die Militärwache bei ungebührlichem Betragen der Zuschauer auf Verlangen beizustehen hatte[10].
Auch Mitglieder des Hoftheaters, die außerhalb ihres Dienstes als Zuschauer anwesend waren, wurden explizit diszipliniert. Aus einem Verweis vom 4. Dezember 1814 der Oberdirektion an das Hoftheaterpersonal:

Die unterzeichnete Stelle hat zu ihrem Befremden erfahren müssen, daß Mitglieder des Königlichen Hoftheaters, wenn sie sich als Zuschauer in der Theater-Loge befinden, sich erlauben, – je nachdem sie einer der agirenden Personen geneigt oder abgeneigt sind, – den Ton zum applaudiren anzugeben, oder solche laut zu tadeln.

191

den 11. Aug. 1807

Euer Königlichen Majestät

sehe ich mich genöthigt, in der Anlage die Bitte eines hier anwesenden Musikers, Namens Carl Marie von Weber aus Breslau, welcher bei des Herrn Herzogs Eugen Hoheit, als ein talentvoller Künstler durch die weitere Beylage empfohlen worden, — Vor Allerhöchst Denenselben, sich mit einem Concert auf dem Forte piano, und einer Simphonie mit vollem Orchester von seiner Composition, produciren zu dürfen, allerunterthänigst vorzulegen, und mir allerhöchsten Befehl zu erbitten, ob dessen allerunterthänigstem Gesuch, allergnädigst willfahrt werden wolle?

In aller tiefster Ehrfurcht.

Euer Königlichen Majestät

Stuttgardt den 9ten Aug. 1807.

allerunterthänigst gehorsamster
Waechter Director

Eingabe
des Hoftheaterintendanten Karl von Waechter an König Friedrich I. 1807 über Carl Maria von Webers Wunsch, am Stuttgarter Hof ein Konzert geben zu dürfen

Da nun weder das Eine noch das Andere für sich schicklich ist, oder geduldet werden kann, die Beyfall=Bezeugungen aber, – wenn anders Seine Königliche Majestät nicht Allerhöchst Selbst denen Vorstellungen anzuwohnen geruhen -, lediglich dem Publicum überlassen bleiben müssen; so wird denen sämtlichen Mitgliedern des Königlichen Hoftheaters hierdurch untersagt, aus der Theater Loge zuerst zu applaudiren, oder ihren Tadel zu äußern[11].

Einmal traf der Zorn des Fürsten einen in späteren Jahren berühmt gewordenen Gast, den Komponisten Carl Maria von Weber. Seine königliche Majestät habe »höchstmißfällig vernehmen müßen«, daß der Privatsekretär Weber

sich unterstanden in die Königl. kleine Loge zu gehen, und an den Schranken zu erscheinen; Allerhöchstdieselbe wollen daher dem Theater= und Musik=Director v. Waechter den Auftrag ertheilt haben, diesem Secretaire für eine derlei Unverschämtheit, zu Vermeidung sehr unangenehmer Folgen für ihn, zu verwarnen[12].

Auch der Sohn eines Gastwirts, Heinrich mit Namen, wird wegen ungebührlichen Betragens behördlich ermahnt, und dies, obgleich der König bei besagter Vorstellung nicht anwesend war. Die fürstliche Direktive galt gelegentlich auch ohne fürstliche Präsenz. Der begeisterte Zuschauer hatte sich unterstanden, »seinen oft wiederholten Beifall auf eine sehr laute und auffallende Art zu äußern«, notierte Polizeidirektor Abele, »so daß es mir schien, es errege die Aufmerksamkeit des Publikums«[13]. Er wurde, außerhalb des Theaters, vom diensthabenden Polizisten ermahnt.

Repertoirekontrolle

Ebensowenig ist die Zensur ein ehrbarer Versuch, mit aufgeklärtem Willen Sitten und Moral zu verbessern. Zensiert wurde die Presse – also gedruckte Schriften – in Württemberg nach Gesetzen, »die zuerst der Abwehr der Revolution von außen (1791) und dann den Reformbestrebungen im Inneren (1797) einen Riegel vorschoben«[14]. Für das Theater bestand zunächst keine solche Erfordernis. Zwar stellte sich das Problem auch einer Kontrolle des Repertoires und der Bühnenaktion mit Öffnung des Hoftheaters gegen Eintrittsgeld und Abonnements (seit 10. Mai 1779). Denn auch für das Theater galt, was in der württembergischen Zensur-Ordnung von 1797 als Begründung formuliert war, nämlich die Furcht des Staates vor »dem größeren Publikum«, vor der »Denkungs- und Handlungsart derjenigen Leute [...], welche ohne eigenes Nachdenken sich durch zufällige äußere Eindrücke leiten lassen«[15]. Im Theater freilich ließ sich dies ohne institutionalisierte Kontrollbehörde realisieren. Da der Schauspiel- und Opernbetrieb vorrangig der »Unterhaltung« und »Zerstreuung« des Herrschers zu dienen hatte, bestimmte dieser auch die Gegenstände seines Vergnügens.

Die Repertoirelisten und auch die Besetzung der Rollen kontrollierte Friedrich persönlich. Aus einem Schreiben Friedrichs an Mandelsloh vom 28. Oktober 1802:

Es ist Meine Intention, daß Mir zu Anfang jeden Monats das Repertorium des in demselben aufzuführenden Stüke, nebst Anzeige der Rollenvertheilung überschikt werde[16].

Die »Rollen-Austheilung« mußte Matthisson zur Prüfung und Genehmigung vorgelegt werden, der sie dem König zur letztgültigen Beurteilung weiterreichte. Dies galt auch für » bereits einstudirte Stücke«, zwecks einer »gleichmäßigen Revision in Beziehung auf ihre Besezung«[17].
Zudem erfolgte, vor Erstellung der Repertoire-Listen eine Begutachtung der aufzuführenden Werke. So konnten auch konkrete politische Intentionen – wie z. B. die anstehende Verleihung der Königswürde – die Werkauswahl beeinflussen.

Die Penelope ist, als Opera Seria, eine vortreffliche Oper, die letzten Winter in Florenz mit großem Beifall gegeben wurde und schon der Nahme: Cimarosa bürgt für die Vortrefflichkeit der Composition. Da zufälligerweise in dieser Oper eine Königskrönung vorkommt, so würde sie vielleicht in gegenwärtiger Zeit auf eine ziemlich passende Art um so mehr gegeben werden können, als der französische Kaiser vorzugsweise die Compositionen von Cimarosa und Paësiello liebt und diese beyden großen Meister persöhnlich kannte[18].

Die bereits existierenden Kontrollmöglichkeiten hätten also die Einrichtung einer institutionalisierten Theaterzensur nicht erforderlich gemacht. Doch auch Frechheiten und ungebührliches Benehmen auf der Bühne – nicht nur im Zuschauerraum – kamen, da sie des Fürsten Anstand und Würde beleidigen, einer Insubordination gleich und mussten zensorisch geahndet werden. Friedrich las selbstverständlich die Stücke selbst nicht, sondern beurteilte das Repertoire nach den vorgelegten Listen, die aufgrund der Gutachten erstellt wurden. Mit dem konkreten Inhalt wurde der Herrscher erst bei der Premiere konfrontiert, mit gelegentlich disziplinarischen Konsequenzen. Friedrich an den Oberintendanten Graf von Winzingeroda:

Ich lasse ihm in der Anlage das Manuscript des gestern aufgeführten Nachspiels [»das glückliche Mißverständnis«] mit dem Auftrag zugehen, daß, da in demselben viele schmutzige Anzüglichkeiten enthalten sind, eine weitere Aufführung desselben nicht gestattet werde[19].

Dieser Vorfall hatte zur Folge, daß Friedrich, eine Woche später, eine Theaterzensur einforderte[20], um künftig

die Wahl der Stücke so zu treffen, damit keine solche Mißgriffe, welche den guten Ton, den guten Geschmack, und die Sitten beleidigen, statthaben könne? [...und sie machen den Vorschlag,] ob nicht, so wie bey denen mehresten Büchern gebräuchlich sey, ein Litteratus, welcher hienlängliche Fähigkeiten besizze, um allenfalls aus Stücken, welche bis auf einige Stellen aufführbar wären, solche wegzustreichen, und dafür, des Gangs des Stücks wegen, andere zu suppliren, als Censor angestellt werden mögte, welchem alle neuen Stücke zuzustellen wären, um darüber sein Urtheil zu geben.

Trotz konkreter Vorschläge zur Besetzung dieser Stelle, scheint es allerdings nicht zu einer institutionalisierten Zensur in der geforderten Form gekommen zu sein. Im April 1809 findet sich ein Dekret Friedrichs an die Theaterdirektion, in der dieser befiehlt, dass das gestern aufgeführte Stück, Goethes »die Mitschuldigen«,

wegen Unsittlichkeit von dem Repertorio weggelassen werde, auch künftighin kein neues Stük mehr in das Repertorium aufgenommen werde, ohne daß es vorher durch den Bücher Fiscal, Hofrath Lehr eingesehen, und als unschädlich erkannt worden sey.

Hofrat Lehr übernahm also künftig die »zensuramtliche Durchsicht«, die er teilweise sogar mit so großem Eifer betrieb, dass er sich den Spott des Monarchen zuzog, als er Gotthold Ephraim Lessings »Miß Sara Samson« für bedenklich erklärte[21].

Bühnendisziplin

Es waren freilich nicht nur »Anzüglichkeiten« oder religiöse Bedenken (z. B. die Streichung der Beichtszene in Friedrich Schillers »Maria Stuart«), die eine persönliche Intervention des Monarchen nach sich zogen. Da das Hoftheater seiner Funktion nach nicht primär ein »Volkstheater« war, sondern ein Unterhaltungsbetrieb zu fürstlichem Vergnügen, konnten auch Serenissimi Langeweile, dessen Überdruss am Repertoire oder mangelnder Eifer der Darsteller zu herrschaftlichen Sanktionen führen. Friedrich an die Theater-Oberintendanz (10. Dezember 1806):

Seine Königliche Majestät haben aus der gestrigen All: Anzeige des Kammerherrn Ober=Ceremonien Meisters von Roeder höchstmißfällig erfahren, daß die Faulheit und Nachläßigkeit einiger Sängerinnen schon wiederum Ursache ist, daß heute ein altes Stück aufgeführt werden muß. In gleichem Grund mißfällig ist es Allerhöchstdenselben, daß der Kammerherr von Roeder zu dieser heutigen Vorstellung ein Stück vorschlägt, das Seine Königliche Majestät schon längst biß zum Überdruß gesehen haben. [...] Da aber Seine Königliche Majestät endlich dieser öftern Wiederholung der nehmlichen Ermahnungen müde sind, so werden Allerhöchstdieselben bei der nächsten ähnlichen Vorfallenheit mit der größten Strenge gegen diejenigen versehen, denen einige Schuld daran beigemessen werden kann, auch, nach Befund der Umstände, solche ohne weiteres verabschieden[22].

Und nur zwei Monate später, abermals ein Schreiben Friedrichs:

Seine Königliche Majestät haben die u. Anzeigen des OberCeremonienmeisters, Kammerherr von Roeder vom gestrigen Tag, eingesehen und geben demselben darauf zu erkennen, daß andere Stüke, als die schon ewig abgedroschenen heute aufgeführt werden sollen. Überhaupt sind Seine Königliche Majestät höchst ungnädig, daß gestern Abend um 8 Uhr nach Allerhöchstdieselben und das Publikum mit einer falschen Ansage hintergangen worden, da doch schon das medicinische Attestat die Krankheit der Schauspielerin Leibnitz bezeugte. Seine Königliche Majestät wollen ein für allemal diesen Unordnungen abgehalten wissen, und Sich und das Publikum nicht länger durch die Nachläßigkeit der Direction und Intendanz, und den Launen der Schauspieler äffen lassen. Wenn die Irrungen gegeben werden können, so soll es geschehen. Am künftigen Mittwoch soll neben dem angegebenen Stük »die Intrigue durch die Fenster« aufgeführt werden. Wonach nunmehr das weitere zu besorgen ist[23].

Schließlich übte sich Friedrich selbst als Kritiker post szenum. Eine in »auffallend elende Weise ausgefallene Theatervorstellung« zog gar eine disziplinarische Untersuchung nach sich. So hatte der Akteur Friedrich Reil offenbar seine Rolle nicht gelernt, waren »die Schauspielerinnen bis zum Abgeschmakten lächerlich« kostümiert, die Dekorationen stimmten nicht, und durch ein »zur Unzeit gegebenes Signal« der Trompeten, »welche das Stük unterbrachen«, wurde dieses »aller Wahrscheinlichkeit beraubt«. Nicht genug: »Der Acteur Weberling schien die Absicht zu haben, seine Rolle lächerlich zu machen, agierte mit seinem Schwert auf eine so auffallende Weise, daß es ein allgemeines Gelächter erregte«[24].
Der Intendant zeigte Einsicht und Friedrich gab sich schließlich zufrieden mit der Mahnung, dass zukünftig dergleichen nicht wieder vorkomme. Besonders dürfe die Wahl der Kostüme nicht dem »Eigensinn der Schauspieler« überlassen werden. Gerade hinsichtlich der Personendarstellung zeigte Friedrich eine bemerkenswerte Sensibilität. Ganz im Geiste des Ancièn Régime galten ihm Kleidung und Haartracht als Standessymbole, die es, so forderte es der soziale Code, auch auf der Bühne zu wahren galt. Im nachfolgenden Beispiel offenbart sich zudem einmal mehr Friedrichs Respekt vor dem französischen Verbündeten.

Hofrath etc. Theater O. Intendanz benachrichtigt das Directions Comité Churfüstlichen Hof-Theaters, daß Seine Churfürstliche Durchlaucht in Rollen von Personen von Stande seit kurzem mehrere mahle bey den Schauspielern Leibniz und Vincenz ungepuderte Haare bemerkt und mißbilligt haben; so wie es denn nicht abzuleugnen, daß das französische Costüme des erstern, so wie es auch gestern der Fall war, wenn es auch vielleicht nicht eigentlich vernachläßigt ist, doch so erschien, und H. Leibnitz um vortheilhaft aufzutreten, mancher kleiner Sorgfalt nicht überhoben werden darf[25].

Kleiderordnung

Nicht nur die Schauspieler auf der Bühne hatten in ihren Rollen einen standesgemäßen Habitus zu wahren, auch den Orchestermitgliedern wurde unter Friedrichs Regierung die Kleidung restriktiv vorgeschrieben,

nicht als einheitliche Tracht, sondern dem jeweiligen Stand in der höfischen Hierarchie angemessen. Der Kapellmeister »als untergeordnetes Mitglied der K. Hof=Theaterdirektion« hatte demnach die Uniform des Hoftheater-Sekretärs zu tragen, von kornblauer Farbe, mit stehendem Kragen, »vorne mit acht weißen Knöpfen (: WR :) ganz zugeknöpft« und mit »Stikerey am Kragen und an den Aufschlägen des Roks«, die Instrumentalmusik-Direktoren und Kammer-Musiker dagegen einen kornblauen Rock mit »der Stikerey der Kammerdiener, ohne Degen«[26]. Auch die Hofmusiker, niederste Charge in der Orchesterhierarchie, hatten uniformiert zu erscheinen, deren Rock war »ohne Stikerey und mit dunkelblauem Vorstoß« ausgezeichnet. Weiße und schwarze Federn auf den Hüten dienten ebenso zur weiteren Rangauszeichnung; erst unter Friedrichs Nachfolger wurde die Feder am Hut abgeschafft, da diese »keine Rangdistinktion mehr begründe«[27]. Wilhelm I. war es auch, der den seit 1803 verfügten Uniformzwang zunächst nur für die Hofmusiker wieder abschaffte. Zwar hätten auch diese »in Folge der allgemeinen Uniformierung« sich entsprechend zu kleiden, seine königliche Majestät habe aber mit der Anordnung »für diese Individuen durchaus keinen Zwang verbunden«. Einem jeden Hofmusiker stehe es frei, »sich nach Zulassung seiner Kräfte eine Uniform anzuschaffen, oder die Anschaffung ganz zu unterlassen«[28]. Die Liberalisierung galt aber zunächst nicht für den Kapellmeister, die Musikdirektoren und Kammermusiker.
Trotz dieser unter Wilhelms Regiment zunächst erneuerten Kleiderordnung scheint deren Umsetzung in der Praxis leger gehandhabt worden zu sein, so dass innerhalb weniger Monate von einem »Uniformzwang« nicht mehr die Rede sein konnte. Das gesamte Orchesterpersonal habe »künftig bei Kammer= und Hof-Concerten, und ähnlichen Gelegenheiten, jedesmal in guter und anständiger Kleidung, besonders aber *nicht* mit *Stiefeln* bekleidet, zu erscheinen«[29], verfügte ein königliches Dekret vom September 1817. Und bereits eine Woche später, ist die alte Kleiderordnung gänzlich außer Kraft gesetzt.

> Da am nächstkünftigen Sonntag, zur Feyer des Allerhöchsten Geburtsfestes Seiner Majestät des Königs, eine Festins=Oper gegeben werden wird; so erwartet man von den sämtlichen Mitgliedern der K. Hof-Musik, daß sie bey dieser Vorstellung, wie überhaupt künftig bei allen dergleichen Gelegenheiten, in anständiger Kleidung, namentlich durchgängig im Frak, erscheinen werden[30].

Dennoch bat im August 1817 eine Gruppe von sechs Kammermusikern den König um Verleihung des Degens zur Hofuniform, also um die Auszeichnung mit einer ranghöheren Insignie, unter anderem mit der Begründung, es hätten

> alle Mitglieder der Kaiserlichen Capelle in Wien, der königlichen in München, der Groß-Herzoglichen in Darmstadt u: a: m: den Uniform mit Degen, und wir

(Stuttgart.)

№ 5.

Fünfte Vorstellung im monatlichen Abonnement.

Freitag, den 25ten Merz,

Am Feiertage Mariä Verkündigung:

Johanna von Montfaucon,

Ein romantisches Gemälde aus dem vierzehnten Jahrhundert in fünf Akten, von August von Kozebue.

Personen:

Ritter Adalbert von Estavajel, Herr zu Granson, Belmont rc. —	Herr Gley.
Johanna von Montfaucon, seine Gemahlin	Mad. Aschenbrenner.
Otto, ihr Sohn, 8 Jahre alt —	Mlle. Aschenbrenner.
Ritter Eginhard von Lasarra, Herr zu Monts — — —	Herr Weberling.
Ritter Darbonnay, Anführer eines Haufens Söldner, und Lasarra's Bundsgenosse	Herr Keppler.
Wenzel von Montenach, Burgvoigt zu Belmont — — —	Herr Seidler.
Philipp, sein Sohn — —	Herr Vinzens.
Guntram, Besizer eines Meierhofes nahe bei Granson — — —	Herr Pfizenmeier.
Hildegard, seine Tochter —	Mad. Pauli.
Ein Einsiedler — —	Herr Pauli.
Wolf, Adalbert's alter Knappe —	Herr Sutor.
Eberhard, } Montenach's Reiter — —	Herr Schlooz.
Reinhard, } Montenach's Reiter —	Herr Horz.
Ulrich, } Montenach's Reiter — —	Herr Weizel.
Heribert, } Montenach's Reiter — —	Herr Mergel.
Romuald, Lasarra's Knappe —	Herr Rehle.
Ullo, } Lasarra's Knechte — —	Herr Deker.
Rupert, } Lasarra's Knechte — —	Herr Schlotterbek.

Ein Greis. Ein Hirt. Eine alte Frau. Ein Mädchen. Ein Bauer. Ein Henkersknecht. Reiter. Knappen. Bauern. Bauernkinder. Hirten vom Gebirge.

Die Szene ist am Welschneuenburger See und in der Gegend umher.

Herzogliche Verordnung. Da in dem Schauspielhause, am Schlusse der Vorstellung vom 21. diß in höchster Gegenwart Seiner Herzoglichen Durchlaucht ein sehr ungebührliches und unanständiges, lautes Zischen entstanden ist: so hat, zu Verhütung ähnlicher Unordnungen, das zur Wache bestimmte Militair die Weisung erhalten, alle diejenige Personen, welche sich in Zukunft einen solchen Unfug zu Schulden werden kommen lassen, ohne Unterschied, von welchem Rang' und Stande sie immer seyn mögen, aus dem Schauspielhause hinauszuführen, und an die betreffenden Behörden zur nöthigen Bestrafung zu übergeben. Es wird daher diese Verfügung auf ausdrüklichen, höchsten Befehl hiedurch öffentlich, und mit dem Anhang bekannt gemacht, wie Seine Herzogliche Durchlaucht erwarten, daß die Zuschauer im Schauspielhause sich, in Höchst Dero Gegenwart, auch aller lauten Beifallsbezeugungen, wenn Höchst Dieselbe nicht das Zeichen dazu geben, enthalten werden.

Herzogliche Hoftheater-Intendanz.

(Der Anfang ist um 5, der Schluß um 8 Uhr.)

(1803.)

Theaterzettel des Stuttgarter Hoftheaters vom 25. März 1803 mit herzoglicher „Applaus“-Verordnung wünschen diesen Künstlern, welchen wir in der Virtuosität auf keinen Fall nachstehen, auch nicht in Rücksicht der Auszeichnung nachgesetzt zu seyn[31].

Die Oberhofintendanz stellte es den Musikern bei Reisen außer Landes frei, »sich mit Degen zu bewaffnen«, hingegen bleibe innerhalb des Landes der erteilte Befehl bestehen, »um so mehr, als jenes Instrument ihnen bey Ausübung ihrer Kunst hinderlich seyn könnte«[32].

Orchesterdienst

Zwar existierte eine 1804 erlassene »Verordnung für das Churfürstliche Hoftheater und Hofmusik=Personale«, die jedem neu engagierten Theatermitglied gegen Unterschrift ausgehändigt wurde, dennoch führte das Einfordern der dort formulierten Proben- und Aufführungsdisziplin gelegentlich zu Konflikten, insbesondere bei den Orchestermitgliedern. Die Violinisten seien »nie zu der bestimmten Zeit wenn die Proben anfangen, zugegen, [...] auch alle Augenblicke sich einer oder der andere wehrent der Probe von seinem Plaz entfernt«, weshalb die Exekution bei der Aufführung, gestern abend, »elend« gewesen sei[33]. Der Kapellmeister und die Violinisten werden ermahnt. Weitere Beispiele:

Denen sämtlichen Mitgliedern des Königlichen Orchestre wird hierdurch eröffnet: daß wenn wieder einmal der Fall eintretten sollte, daß man glaube, es sey nicht Plaz genug, um im Orchestre sizzen zu können, sich demungeachtet, und zwar bey Strafe, keines derselben entfernen dürfe, ohne sich vorher bey der unterzeichneten Behörde gemeldet zu haben[34] [17. Mai 1813].

Die Oberdirektion des Hoftheaters erteilt dem Orchesterpersonal das Verbot, fremde Personen bei Opernproben in das Orchester einzuführen. Diese störten den Probenbetrieb, indem sie »über die Balustrade, welche das Orchester vom Parterre scheidet, steigen, um von lezterem aus die Proben anzusehen und anzuhören[35] [25. November 1814].

In einem Rundschreiben vom 8. Mai 1816 an das Orchesterpersonal wird dasselbe nochmals nachdrücklich auf die bestehenden Theatergesetze verwiesen und einige Punkte, deren Missachtung eine Geldstrafe nach sich ziehen, »erneuert«[36] (Auszug).

1.) Jedes Orchester Mitglied hat sich in der Probe, nicht später, als 5 Minuten, vor dem Anfang, und in der Vorstellung eine Viertelstunde vor deren Anfang, auf seinem Plaz einzufinden. [...] 5.) Das Plaudern im Orchester in der Probe, unter dem Dialog auf der Bühne, das unzeitige Stimmen, das Präludiren, und überhaupt Alles, was die Ordnung und die Ruhe stört, wird bei Strafe von »30 x« untersagt.

Ein besonderes Problem stellen die Nebentätigkeiten der am Hof angestellten Musiker dar. Da die so bezeichneten »Hofmusiker« in der sozialen Hierachie der Theaterangestellten an unterster Stelle rangieren, sehen sich jene, die nicht mit Zulagen gesegnet sind (durch Titel und Amt eines »Kammermusikers« oder »Musikdirektors«), gezwungen, das bescheidene Gehalt durch Unterricht oder bezahlte Auftritte außerhalb ihrer dienstlichen Verpflichtung aufzubessern. Letzteres wurde 1815 unter Strafe gestellt.

Da dem Vernehmen nach mehrere Mitglieder des Königlichen Hof-Orchestre sich dazu gebrauchen lassen, gegen Bezahlung an öffentlichen Orten, in Wirtshäusern, und bey Bällen, zum Tanz, zu spielen, dieses aber weder mit der Würde eines Königlichen Hof Musicus, noch viel weniger mit der Ehre des Königlichen Hof-Orchestre vereinbar ist, und daher nicht geduldet werden kann; so wird solches hierdurch alles Erstes und bey Strafe verboten[37].

Dass das Musizieren in Wirtshäusern und auf Festplätzen freilich nicht nur ein Infragestellen der königlichen Würde, sondern eine existenzbedrohende Konkurrenz für die nichthöfischen Musiker darstellte, geht aus einer Klage des Stadtmusikus Mayer gegen Militärmusiker und Hoforchestermitglieder hervor. Diese hatten bei einer Kirchweih aufgespielt und dadurch, so Mayer, seien »Eingriffe in meine Kunst geschehen, wodurch also mein rechtmäßiges Dienst Einkommen geschmälert werden muß«. Der Stadtmusikus verweist in der polizeilichen Anzeige auf ein Dekret vom 10. April 1810, nach welchem ihm sein »altes Recht bey Hochzeit und Reihen Tägen ausschließlich spielen zu dürfen«, wieder zugesichert wurde[38].

Kapellmeisterpflichten

»Das größte und wesentlichste Verdienst eines Kapellmeister«, so steht es in einem Pflichtenkatalog für den Kapellmeister 1813 zu lesen, »besteht unstreitig darin, das Accompagnement gleichsam in die Singstimmen zu verweben, weich und leicht, so dass, wie durch Zauber, der schöne Wahn vorherrschend werden muss, ein vollbesetztes Orchester sei nur ein einzelnes Instrument (: ein Panmelodikon :) welches mit dem Gesange zu einer einzig selbständigen total Harmonie befreundet ineinander klinge[39].« Um dem Streben nach diesem Ideal gehörigen Nachdruck zu verleihen, wurde auch dem Kapellmeister in seiner Dienstausübung administrative Kontrolle und Kritik zuteil. Die Theaterverordnung von 1804 und die individuellen Dienstverträge, in denen u. a. auch die Verantwortlichkeiten der Kapellmeister festgeschrieben sind, reichten offenbar als disziplinarisches Instrument nicht aus. Am 28. März 1813 erscheint deshalb ein Votum über die »Pflichten und Gerechtsame des Kapellmeisters«, dem das obige Zitat als Punkt 1) zur Einleitung diente.

2) Alle Opern sollen dem Kapellmeister zur kritischen Prüfung übergeben werden, welcher sein Gutachten […] dem Direktor schriftlich mittheilt. Im Fall Direktor u. Kapellmeister in ihrem Urtheile nicht übereinstimmen, soll eine Probe mit vollem Orchester erlaubt sein, um die Oper allseitig würdigen zu können.

3) Ihm liegt es ob, mit Zusicherung des Hofsängers *Krebs*, die Singrollen, der auf's Repertoir kommenden neuen Oper, zu vertheilen, solche aber dem Direktor zur Genehmigung vorzulegen, welcher dann die ihm nöthig scheinenden Veränderungen vorzunehmen berechtigt ist.
4) Wegen Ansezung der Proben hat er mit dem Direktor (besonders in Bezug auf Zeitbestimmung) und mit dem Opern=Regißeur zu kommunizieren, auch den Regißeur des rezitirenden Schauspiels davon in Kenntniß zu sezen, damit Opern= u. Schauspiel=Proben sich nicht kreuzen.
5) Bei der ersten Klavierprobe, welche nothwendig vorausezt, daß der Kapellmeister die Partitur und die Regißeur schon das Buch vollkommen durchstudirt haben, wird bestimmt, *wie viel* Proben im Zimmer, und *wie viel* auf dem Theater statt finden sollen.
6) Bei den Zimmerproben hat der Kapellmeister uneingeschränkte Stimme und Befehls=Gewalt. Da er durch vorhergegangenes Studium der Partitur mit dem Geiste der Komponisten vertraut werden mußte, so gehört es zu seinem Berufs= Pflichten, das Orchester sowohl, als das Singpersonal ebenfalls damit in vertraute Bekanntschaft zu sezen, und zwar erstens so zu dirigiren, daß es dem Geist und Charakter der Musik gemäß accompagnire, und also lezterm auf solche Weise das Rollenstudium um vieles zu erleichtern, auch hat er den Leseproben der Opern pünktlich beizuwohnen.
7) Bei diesen Zimmerproben muß alles zur Vollendung gedeihen, was das Technische der Musik erfordert: reine Korrektheit des Gesangs und präziser Vortrag des Orchesters. Sänger, Sängerinnen und Chorpersonale müßen ihre Musikparthien schon bei den Zimmerproben richtig vortragen können, und bei der ersten Theaterprobe vollkommen memorirt haben.
8) Der Kapellmeister hat das Recht, nach Aufschlagung das Repertoir, wenn er gegründete Einwendungen machen zu haben glaubt, dieselben, besonders bei neu einzustudirenden Opern, dem Direktor vorzutragen.
9) Von beiden Instrumental=Musikdirectoren, eben so wie dem Konzertmeister und übrigen Mitgliedern des Theatermusik-Personals, muß die Verbindlichkeit auferlegt werden, wenn sie Urlaub verlangen, oder aus einer Probe wegbleiben wollen, deshalb beim Kapellmeister einzukommen, weil *er* nur zu bestimmen vermag, welches Orchester=Mitglied gerade in *dem* Augenblik entbehrt werden könne. Jedoch darf kein Urlaub und keine Dispensation von Proben ohne Mitwissen und Genehmigung des Direktors, vom Kapellmeister zugestanden werden.
10) Gleich den Regißeurs auf der Bühne, hat im Orchester der Kapellmeister auch als Polizei=Beamter volle Autorität. Er gebeut Ordnung und Ruhe und bestraft das, bei keinem wohlorganisirten Institute, es sei militärisch, literarisch, artistisch u.s.w. jemals zu entschuldigende Allzuspätkommen, durch öffentlichen und scharfen Tadel; berichtet aber über das Vorgefallene an die Direction. Auch sorgt er dafür, daß die Saiteninstrumente (wie das in Paris zu *Glucks* Zeiten, durch eine sogenannte Stimm=Kammer, ins Werk gerichtet wurde) so weit es bei uns Lokalität u. Umstände zulassen, schon reingestimmt ins Orchester gebracht werden.
11) Der Kapellmeister hat die Choristen zu prüfen, und wenn er unter diesen ein ausgezeichnetes Talent entdekt, die Direktion darauf aufmerksam zu machen.
12) Der Kapellmeister ist, *was den musikalischen Theil der Oper betrifft*, im Dienste gebietender Chef des Singpersonals und Orchesters, die beiden Instrumental= Musikdirektoren und den Konzertmeister nicht ausgeschlossen.

Conradin Kreutzer (1780–1849)
Württembergischer Hofkapellmeister
1812–1816.
Lithographie von Joseph Kriehuber, 1837

13) Beim rezitirenden Schauspiel und in Abwesenheit des Kapellmeisters tritt der ihn substituirte Konzertmeister in die vollen Rechte seiner Autorität.

Kapellmeister Conradin Kreutzer war jedoch als Orchesterleiter zu wenig »Polizei=Beamter« und, trotz anfänglichen Eifers, ohne dauerhaften Willen zur kontinuierlichen Erziehungsarbeit angesichts der Stuttgarter »widrigen Verhältnisses«: er sei »nun einmal zu lau, zu nachsichtig« und »wisse Einmischungen in sein Amt nicht wie es sich gehörte, zurückzuweisen«, schreibt ein Kritiker der AmZ 1816[40]. Ihm war die Stuttgarter »Despotie«, wie Kreutzer Louis Spohr anvertraute, »unerträglich« geworden[41]. So mag es kaum verwundern, daß sich während seiner Amtszeit (1812–1816) auffällig die Verweise der Oberdirektion gegen seine Person häuften.
Einmal hatte er es versäumt, seiner Pflicht zur Anzeige von fehlenden Musikern bei Proben nach § 28 der Verordnung vom 13. November 1804 nachzukommen. Die Oberdirektion habe »schon öfters auf eine mißfällige Art bemerken müssen, daß mehrere Mitglieder des Orchestre, eigenmächtig von denen Opern Proben wegbleiben, ohne daß davon durch den Kapellmeister die Anzeige gemacht worden wäre«[42]. Ein weitaus gravierender Vorwurf allerdings war der mangelnden Diensteifers.
In einer »Ermahnung« vom 29. Juni 1815 wird der Kapellmeister zum wiederholten Male aufgefordert,

nicht nur die Proben mit ungleich grösserem Fleiß und Nachdruck, als bisher geschehen ist, zu ordnen und zu halten, sondern auch im Allgemeinen sich der Leitung des Orchesters mit der erforderlichen Wärme, und mit der gehörigen – von keinen Nebenrüksichten gebundenen – Strenge anzunehmen. [...] Endlich sieht sich der Unterzeichnete auch noch zu der Bemerkung veranlaßt, daß das Streichen und Corrigiren in der Partitur oder in den Stimmen eine Sache ist, die künftig in den lezten Proben nicht mehr, am allerwenigsten aber in der Generalprobe, statt haben kann daher auch der Kapellmeister allen dergleichen noch rückständigen Defekten ausser der Probenzeit abzuhelfen hat, wie er denn überhaupt wohl daran thun wird, sich seinen Amts-Obliegenheiten mit mehrerem Eifer, und mit Zurücksetzung störender Nebensachen, zu widmen[43].

Dass es freilich nicht nur eine Frage der Persönlichkeit war, die einer erfolgreichen Reorganisation des Orchesters und des Opernpersonals entgegenstand, sondern in den besonderen Verhältnissen am Stuttgarter Hof gründete, zeigte sich, nachdem Kreutzer entnervt seine Entlassung genommen hatte. Auch sein Nachfolger Johann Nepomuk Hummel verließ nach zwei Jahren bereits wieder den Stuttgarter Hof, nachdem er gleichfalls unter den Intrigen, Kompetenzbeschneidungen und Verleumdungen des Intendanten von Waechter zu leiden gehabt hatte. Der Kapellmeister – »dieser Mensch« -, so hatte Waechter dem König zugetragen, »hält nehmlich bey jeder Gelegenheit seine Meinung für die untrüglichste, schwatzt bey seinem höchst bornirten Verstand zugleich so viel und so verwirrt, daß man nach einer Sitzung von 2–3 Stunden kaum noch wußte, wovon denn eigentlich die Rede war«[44]. Hummels Fazit nach Beendigung seiner Dienstzeit:

Sie haben sich gewundert, daß ich Stuttgart verlasse; allein wer die hiesigen Verhältnisse kennt, muß mir dazu gratulieren; denn hier ist kein Platz für einen Künstler, der die Welt mit seinen Arbeiten bereichern soll; sondern nur für einen Alltags-Menschen, der mit Essen und Trinken Vorlieb nimmt, und sich überhaupt alles gefallen lassen will[45].

Anmerkungen

1 Beilage, zu einem Brief an Herzog Carl August, Tübingen d. 12. Sept. 1797, *Goethes Werke*, Weimarer Ausgabe IV, Briefe, 12, S. 292 f.
2 Siehe den Beitrag von J. G. A. von Hartmann im vorliegenden Buch, S. 85–108.
3 *Allgemeine musikalische Zeitung* (im folgenden AmZ) 16 (1814), Sp. 469–470.
4 Wie Krauß unterstellte: Friedrich »setzte seinen Stolz darein, die herabgekommene Bühne wieder auf eine Höhe zu bringen«. Rudolf Krauß, *Das Stuttgarter Hoftheater von den ältesten Zeiten bis zur Gegenwart*, Stuttgart 1908, S. 111.
5 Ebd., S. 115.
6 Roland Dressler, *Von der Schaubühne zur Sittenschule:* Das Theaterpublikum vor der vierten Wand, Berlin 1993, S. 72.
7 Krauß, 1908, S. 111.
8 Staatsarchiv Ludwigsburg, E 18 I Bü 345.
9 Ebd.
10 Krauß, 1908, S. 111 f.
11 Staatsarchiv Ludwigsburg, E 18 I Bü 328.
12 Ebd., Bü 345, Schreiben vom 4. September 1808.
13 Ebd., Bü 163, Schreiben vom 24. Juli 1815.
14 Karlheinz Fuchs, *Bürgerliches Räsonnement und Staatsräson*, Göppingen 1975, S. 193.
15 Zitiert nach Wolfram Siemann, *Normenwandel auf dem Weg zur »modernen« Zensur.* Zwischen »Aufklärungspolizei«, Literaturkritik und politischer Repression (1789–1848), in: *Zensur und Kultur*, hrsg. von John A. McCarthy, Tübingen, 1995 (= Studien und Texte zur Sozialgeschichte der Literatur; 51), S. 69.
16 Staatsarchiv Ludwigsburg, E 18 I Bü 85 (Abschrift).
17 Ebd., Bü 5, Dekret an die Theaterdirection vom 4. Dezember 1813.
18 Ebd., Bü 189, Schreiben vom 22. Dezember 1805.
19 Ebd., Schreiben vom 1. Januar 1805.
20 Ebd., Schreiben vom 9. Januar 1805.
21 Krauß, 1908, S. 142.
22 Staatsarchiv Ludwigsburg, E 18 I Bü 345.
23 Ebd., Schreiben vom 9. Februar 1807.
24 Ebd., Schreiben vom 23. Oktober 1807.
25 Ebd., Schreiben vom 4. Januar 1805.
26 Ebd., Bü 328 und »Anhang der Classen«, Verordnung vom 16. März 1817.
27 Ebd., E 6 Bü 1, Anbringen von Wächters zur Erneuerung der vier

Jahre alten Uniformen, der »Westen« und »Beinkleider«.

28 Ebd., E 18 I Bü 328, Schreiben vom 26. Juni 1817 (nach einem Dekret vom 12. Juni).

29 Ebd., Bü 327, Schreiben vom 13. September 1817.

30 Ebd., Schreiben vom 22. September 1817.

31 Ebd., Bü 328, Schreiben vom 7. August 1817.

32 Ebd., Schreiben vom 13. August 1817.

33 Ebd., Bü 327, Schreiben vom 26. Februar 1810.

34 Ebd.

35 Ebd.

36 Ebd.

37 Ebd., Schreiben vom 7. August 1815.

38 Ebd., Schreiben vom 21. Dezember 1817.

39 Ebd., Bü 18.

40 AmZ 19 (1817), Sp. 529.

41 Louis Spohr, *Selbstbiographie*, Bd. I, Tutzing 1968, S. 238.

42 Staatsarchiv Ludwigsburg, E 18 I Bü 390, Schreiben vom 25. Oktober 1814.

43 Ebd.

44 Ebd., Bü 380, Antwortschreiben Waechters auf Hummels Anklage wegen Kompetenzüberschreitungen, 1818.

45 Zitiert nach Karl Benyovszky, *J. N. Hummel.* Der Mensch und Künstler, Bratislava 1934, S. 207.

»Stuttgart. – Koenigliches Hof Theater.« Stahlstich von Ernst Friedrich Grünewald und William John Coole nach einer Zeichnung von Friedrich Keller, um 1840. König Friedrich ließ durch den Hofbaumeister Nikolaus Friedrich Thouret im Jahr 1811 das Theater im Neuen Lusthaus um- und ausbauen: innen wurde der Saal mit 4 Galerien ausgestattet, außen wurde der Nord- (= rückwärtige) Giebel abgebrochen sowie links und rechts Nebengebäude angefügt

Melchior Hollenstein (1789–1851), Geiger

Reiner Nägele

Er ist der zweite Sohn des Harfenisten und Geigers Arnold Hollenstein. Geboren im bayerischen Neuburg am 12. Oktober 1789, katholisch, kam er mit seinem Vater, der 1804 als Orchestermusiker in den Dienst der Stuttgarter Hofkapelle trat, in die württembergische Residenzstadt. Arnold Hollenstein ist der Urahn einer großen Musikerdynastie am Stuttgarter Hof, Geiger, Pauker, Fagottisten, Klarinettisten. 1806 wurde Melchior als Chorist beim Hoftheater angestellt, ohne Bezahlung Er machte auch aushilfsweise Dienst als Violinist. Zwei Jahre später bittet der Vater die Intendanz, den Sohn als Violinisten anzustellen; der Sohn könne sein Brot nun selbst verdienen und ihn und seine übrigen Kinder noch so viel kosten, »daß es meine schwachen Kräfte ohnehin übersteigt, ihnen eine gute Erziehung« zukommen zu lassen. Er wird mit einem jährlichen Gehalt von 150 Gulden engagiert[1].

Das Gehalt reicht jedoch nicht hin, um sich ein eigenes Zuhause leisten zu können. Als ihm sein Vater schließlich Kost und Logis versagt – ihm »täglich die Thire weißt«, da er »selbst zu thun genug hat, um ehrlich hinaus zu kommen« –, bittet Melchior um Gehaltserhöhung, die zunächst abgelehnt wird. Im März 1810 wagt er eine abermalige Eingabe an den

Intendanten. Nochmals betont er nachdrücklich, daß er mit 37 Gulden im Quartal »unmöglich bestehen kann«. Er habe Hofmusiker werden wollen, auch um sich besser zu stellen. Doch sein Bruder, als Chorist, verdiene 250 Gulden, er, als Hofmusicus, nur 150. Damit könne er nicht leben,

einzig aus diesem Grund müßte ich bitten, mich von den Theater Diensten zu entlasten, um dan diesen Sommer mit Tanzspielen mir mehr zu verdienen, indem ich in einigen Orten hier alle Sonntag mit Tanzspielen gewiß 8 f. verdiene, obgleich ich mir sodann diese Art Music nicht zu meinem Endzweck mache [...] Meine Camer (ein Zimmer ist es nicht:) – in welchem ich nicht einmal im Stande bin, mich zu üben, kostet mich quartaliter 9 f. – Kost, um zu leben, Mittags – (12 Xr. des tages) 18 f. quartaliter – zusammen – 27 f. – also noch 10 f. zu andern nothwendigen Bedürfnissen (als Bett Wesch etc.) woher sodan auch Kleidung? Nebenverdienste habe ich keine, den wen ich auch mit Tanzspielen etwas verdienen könte, erfordert mein Dienst im Theater zu seyn.

Fortan erhält er 50 Gulden mehr. Nach weiteren erfolglosen Forderungen nach Gehaltserhöhung, nimmt Melchior im November 1811 seine Entlassung, wird aber im Februar 1812 erneut eingestellt, nun mit 400 Gulden plus 30 Gulden Saitengeld für den Harfendienst. Er hatte sich nämlich bereit erklärt, die Harfe, »welche nicht sehr oft vorkomme«, mit zu spielen. Auch wird er von 1815 an verpflichtet, beim Tanzunterricht des königlichen Musikinstituts als Musikus anwesend zu sein. 1824 zur Viola versetzt, was ihm 50 Gulden mehr Verdienst einbringt, bewirbt er sich drei Jahre später auf die freigewordene Stadtmusikerstelle, in welcher Funktion er bereits seit zwei Jahren aushilfsweise tätig ist. Kapellmeister Peter Lindpaintner spricht ihm dafür eine wohlwollende Empfehlung aus. Er bleibt jedoch Hofmusiker und wird am 1. September 1848 pensioniert. Er stirbt am 18. März 1851.

Nebenverdienst

Da bei der heutigen Vorstellung des Donau Weibchens 2.[tr] Theil der Hofmusicus Hollenstein, d. Sohn nicht im Orchestre, gewesen und der Vater auf das Befragen worum sein Sohn nicht gegenwärtig seye, angegeben hat »daß der Orchestre Director Ries demselben Urlaub auf den Abend gegeben habe« man aber dieser Angabe keinen Glauben beimessen können, indem Niemand ausser der Königl. Hof Music u. Theater Direction, – am wenigsten aber bei Opern im grosen Opernhause, wenn nur 6 dienstfähige Violinisten an jeder Stimme vorhanden sind, Urlaube oder Dispensationen vom Mitspielen erteilen ermächtiget ist, so wurde der Orchester Director Ries zu seiner Erklärung hierüber schrittweise aufgefordert.

Ries erklärt der untersuchenden Kommission, dass der junge Hollenstein ihn zwar um Dienstbefreiung gebeten, er aber diesem mitgeteilt habe, dass er nicht befugt sei, solche Erlaubnis zu erteilen. Schließlich sei auch, am Tag der Aufführung, der Vater zu ihm gekommen mit der Bitte: »Er möchte seinen Sohn welcher Heute etwas verdienen könnte nicht angeben wenn er im Orchestre fehlt«. Ihn gehe das nichts an, habe er geantwortet, und als Hollenstein am Abend nicht erschienen sei, habe er, Ries, angenommen, diesem sei seitens der Theaterdirektion der Urlaub erteilt worden. Hollenstein Sohn wird daraufhin mit der Aussage von Ries konfrontiert:

Q: Ob die Angabe des Orchestre Director Ries gegründet seyn?
R: Es seyn solche in so ferne nicht gegründet, daß auf seine Bitte um Urlaub, Herr Ries ihme geantwortet habe: »er könne wegbleiben – aber den Sonntag müsse er wieder hier seyn«.
Q: Ob er nicht wisse, daß jeder Hof Musicus Urlaub von der Direction haben müsse?
R: Ja das wisse er.
Q: Warum er nicht bei der Direction selbst um Urlaub angehalten habe?
R: Er habe dazu keine Zeit mehr gehabt, denn er habe gleich nach der Probe nach Leonberg gehen müssen.
Q: Ob er nicht wisse, daß bei einem in Königl.[r] Besoldung stehenden Diener die Amts Geschäften vorgehen, und auf keine Neben Geschäften Rüksicht genommen werden könne?
R: Ja das wisse er.
Q: Ob ihme auch bekannt seye, daß ein Königl.[r] Diener sich nicht ohne Urlaub von seiner Direction über Nacht aus der Stadt entfernen dürfe?
R: Nein das seye ihm nicht bekannt gewesen.
Q: Wenn er aber doch Zeit gehabt habe den Orchestre Director Ries um Urlaub zu bitten, warum er nicht die Direction zu dieser Zeit um Urlaub gebeten habe?
R: Er habe den Herrn Director von Wächter in den Anlagen gesehen und habe geglaubt es schike sich nicht, wenn er ihn dort darum anrede.
Q: Warum aber sein Vater noch andern Tags zum Orchestre Director Ries gegangen seye, und diesen gebeten habe ihne nicht anzugeben wenn er fehle, wenn er schon ohnbedingten Urlaub von dem Orchestre Director Ries gehabt habe?
R: Sein Vater habe nicht gewußt, wenn er um Erlaubniß gefragt habe, den er seye von Hauß weggegangen, ehe sein Vater nach Haus gekommen seye.
Q: Ob er denn zu Hauß Niemand gesagt habe, daß ihme der Orchestre Director Ries Urlaub gegeben habe?
R: Er habe es zu seiner Mutter gesagt, daß er Urlaub habe.

Hierauf wird Melchior Hollensteins Vater befragt. Dieser bestätigt die Aussagen seines Sohnes und auch, dass der Orchesterdirektor diesem Urlaub gegeben habe mit der Anmerkung, »auf einen komme es nicht an«. Erneut wird der Orchesterdirektor mit den Aussagen der Hollensteins konfrontiert. Ries bleibt jedoch dabei, keinen Urlaub erteilt, sondern den jungen Hollenstein gebeten zu haben, sich mit seinem Ersuchen an die Direktion zu wenden.

Q: Ob er auch dem alten Hollenstein keinen Urlaub für seinen Sohn gegeben habe?

R: Der alte Hollenstein habe eigentl. gar keinen Urlaub für seinen Sohn von ihm begehrt, sondern seye nur erst Abends kurz vor der Komödie zu ihm gekommen – und habe ihme gesagt: sein Sohn seye fort, er Ries möchte denselben doch nicht angeben, wenn er heute Abend fehle; Und da er bisher noch keinen Auftrag gehabt habe, die Fehlenden anzuzeigen; so habe er ihme geantwortet, daß ihn dieses nichts angehe.
Q: Der alte Hollenstein behaupte aber doch, daß er Ries ihme eingestanden habe, daß er seinem Sohn Urlaub gegeben habe, und zwar mit dem Beisaz; daß er ihme geäusert habe: »Auf einen komme es nicht an«. Ob diesem so seye?
R: Dieses seye ebenfalls eine boshaffte Lüge; denn hievon habe er kein Wort zu jenem gesagt, vielmehr habe er ihm, als derselbe ihm eröffnet habe, daß er nach Leonberg gegangen seye um zum Tanz zu spielen, bemerkt: daß es ihn wundere daß einem Hof-Musicus erlaubt werde auswärts zum Tanz zu spielen.

Es folgt eine Gegenüberstellung von Ries und Hollenstein junior. Auch der Vater war geladen, doch war dieser durch Urlaub, den er in Ludwigsburg verbrachte, entschuldigt.

Bei dieser Confrontation gestande der Hof Musicus Hollenstein ein: daß der Orchestre Director Ries ihm keinen Urlaub gegeben habe und er habe blos aus Furcht daß er über dieses Verfahren gestrafft werden mögte, zu seiner Entschuldigung angegeben: daß der Orchestre Director Ries ihme Urlaub gegeben habe und er habe nicht geglaubt, daß der Orchestre Director Ries darüber zur Verantwortung gezogen werde, – oder Verdruß haben könnte.
Er bereue also um so mehr diesen Fehler, und bitte: daß er ihme nicht so hoch angerechnet werden möge.
Orchestre Director Ries bezeugte daß er ihm, weil er wie er angebe, nicht aus Bosheit, Unwahrheit gegen ihn angegeben habe, diesen Fehler für seinen Theil verzeihe.

Heirat

Das Königl. Ober Amt Backnang theilt einen Auszug aus dem Scortations Protocoll von Murrhardt d: d. 29ten April d: J: mit, wornach die ledige Jacobine Kayserin von Hegnach, Ober Amts Waiblingen den Hof Musicus Melchior Hollenstein als Schwängerer angiebt. Dieser, heute hergefordert, läßt sich dahin vernehmen,

Q: Personalibus?
R: Melchior Hollenstein Königlicher Hof Musicus, 22 Jahre alt, Catholischer Religion. ledig.
Q: Die ledige Jacobine Kayserin von Hegnach gebe an, sie seye den 1ten Sept: v. J. in der Behausung ihrer Schwester der Rothgerberin Weiß in Stuttgart, von ihm geschwängert worden?
R: Er könne nicht in Abrede ziehen, daß er die Kaiserin zu dieser Zeit beschlafen habe.
Q: Ob diesem Beischlaf ein legaler Ehe=Verspruch vorangegangen sey?

R: Er und die Kaiserin haben zwar eine Verheiratung beabsichtet, der Kaiserin Mutter und Verwandte haben aber die Einwilligung verweigert!
Q: Ob er noch geneigt sey, die Kaiserin zu heyrathen?
R: Ja!
Q: Ob er schon wegen Scortation anderwärts angegeben, und bestraft worden sey?
R: Beides nicht!
Q: Was er an Vermögen besitze?
R: Nicht das allermindeste. Sein geringer Gehalt reiche nicht einmal, zu denen seinem Standt angemessenen Ausgaben hin.

Hollenstein erhält die einfache Scortations-Strafe von 20 Gulden plus Tax und Surplus von 2 Gulden, 6 Kreutzern. Man einigt sich wegen der Zahlung mit Hollenstein auf »einen billigen accord«, da er »nicht das geringste Vermögen besizze, und sich mit seiner geringen Besoldung kaum die nöthigsten Lebens-Bedürfnisse beschaffen könne«. Am 21. März 1814 bittet er um die Erlaubnis, Jacobine Kaiser heiraten zu dürfen. Deren Vermögen belaufe sich, so Hollenstein, auf 3063 Gulden, 33 Kreutzer, auch erwarte sie noch ein »beträchtliches Vermögen auf den Todesfall ihrer Mutter«. Die Erlaubnis wird erteilt, und Melchior heiratet eineinhalb Jahre später – jedoch eine Andere.

Da der Hof-Musicus Melchior Hollenstein, welchem unter dem 28ten Merz 1813 die allerhöchste Erlaubnis ertheilt gewesen ist, sich mit Jacobine, Tochter des weiland Eberhard Gabriel Kaiser, Unterförster in Hegnach, Waiblinger Oberamts, zu verheyrathen, diese Jacobine Kaiser nicht geehelichet, sondern sich vor 6 Wochen mit Friederica, Tochter des Weinschenk Lebsanft dahier verheyrathet hat, ohne um die Allerhöchste Elaubnis dazu, allerunterthänigst nachzusuchen; so wurde derselbe vorgefordert, und hierüber folgendermaßen vernommen:
Q: Wie er dazu komme, sich mit einer andern Person verheyrathet zu haben als mit derjenigen zu welcher ihm unter dem 28. Merz v: J: die Allerhöchste Erlaubniß auf sein allerunterthänigstes Nachsuchen ertheilt worden?
R: Er habe es nicht verstanden, daß er nochmals um die Heiraths Erlaubniß einkommen müße, und geglaubt, daß, weil er einmal die Erlaubnis zu seiner Verheyrathung gehabt habe und in dieser Erlaubniß, keine Person benahmt sey, es ihm frey stehe, eine andere Person zu heyrathen.
Q: Wie er auf diese Meynung gerathen sey, da er doch wisse, daß er unter dem 21. Merz v: J: ausdrücklich um die Erlaubnis, die Jacobine Kaiserin von Hegnach heyrathen zu dürfen, eingekommen sey, und ihm auf dieses All: Gesuch die Allerhöchste Genehmigung ertheilt worden sey?
R: Er habe geglaubt, daß weil kein Name in der ihm ertheilten Erlaubniß stehe, solche für immer gelte.
Q: Warum er nicht die schuldige Anzeige von seiner jetzigen Verheyrathung gemacht habe?
R: Er habe dieses in der nemlichen Meynung daß, er die Erlaubniß habe zu heyrathen wen er wolle, unterlassen.
Q: Welcher Geistliche ihn copulirt habe?
R: Der hiesige katholische [*Name unleserlich*]

Q: Ob dieser ihn blos auf seine Anzeige, und sein Verlangen copulirt habe?
R: Nein! Er habe den Erlaubniß Schein vom 28. Merz v: J:, dem geistlichen Rath, Stadt=Pfarrer v: Keller gezeigt, ihm aber nicht gesagt, daß er schon einmal habe heyrathen wollen, sondern nur daß er die Erlaubnis von Seiner Königlichen Majestät schon habe: und hierauf habe derselbe gleich an den [*Name unleserlich*] geschickt, und ihm sagen lassen, er könne ihn copuliren.
Q: Ob der Geistliche Rath von Keller keine Bemerkung darüber gemacht habe, daß der Datum des Erlaubniß Scheins schon über 18 Monate alt sey?
R: Nein!

Hollenstein wird zu einem 24stündigen Arrest auf der Hauswache verurteilt.

Orchesterdienst (1822)

Der Königliche Hof-Musikus Georg Reinhardt zeigte bei der Königlichen Hof-Theater=Direction beschwerend an, daß ihn der Hof-Musikus Melchior Hollenstein kurz vor Anfang des am 22ten dieses im Redouten-Saal statt gehabten Krügerischen Concerts durch Ausstossung grober Worte empfindlich beleidigt habe, und bat deshalb, ihm Genugthuung zu verschaffen.

Zunächst wird der Beleidigte, Georg Reinhardt vorgeladen. Dieser ist 33 Jahre alt, verheiratet, Vater von 3 Kindern und seit zwei Jahren als Hofmusikus (Klarinettist) bei der Königlichen Hofkapelle angestellt. Er schildert den Vorfall aus seiner Sicht:

Bekanntlich gab der Kammermusikus Krüger am 22ten dieses im K. Redouten-Saal ein Concert. Als kurz vor dem Anfang desselben der Musik=Director Müller das A. wornach die Instrumente gerichtet werden, von mir verlangte, gab solches der Klarinettist Michael Hollenstein unberufen an, und zwar um einen Viertels Ton zu hoch. Ich erklärte ihm ernstlich, diesen Ton nicht anzugegen, indem er zu hoch seie und dadurch eine ganz falsche Stimmung herauskomme. Statt Folge zu leisten, überhäufte mich Hollenstein mit Schmähungen, welche ich jedoch mit kalten Blut anhörte, und hier übergehe, weil ich den Hollenstein aus verschiedenen Gründen, besonders auch deswegen, weil er so schwach ist zu glauben, daß ich ihm im Weg stehe, bemittleide, und deshalb nicht klagbar gegen ihn auftreten mag.
Dagegen kann ich nicht gleichgültig gegen die Schmähungen sein, welche sich der Bruder des Michael Hollenstein, Melchior Hollenstein, Violinist, gegen mich erlaubte. Nachdem nämlich der erstere mit seinem Schimpfen zu Ende war, stund Lezterer von seinem Plaz auf, ging auf mich zu, und äusserte folgendes: »Sie sind ein unverschämter, ungebildeter, elender, übermüthiger, frecher Kerl, wenn es mir geschehen wäre würde ich sie dafür gezüchtiget haben«.
Während er lezteres sagte, ballte er seine Fäuste und ich glaube, daß Hollenstein zulezt noch zugeschlagen haben würde, hätte die Musik nicht angefangen, denn Hollenstein war so im Zorn, daß er sich kaum zurükzuhalten gewußt hat.
Ich bewundere meine Gelassenheit, daß ich dem Hollenstein durchaus keine Antwort gab, sondern mich damit begnügte, nach der ersten Abtheilung des Concerts von diesem Auftritt dem Kapellmeister Lindpaintner Anzeige zu machen, welcher

mich dann an die Königl. Hoftheaterdirektion gewiesen hat.
Noch muß ich bemerken, daß Melchior Hollenstein, nachdem er mir die Grobheiten gemacht, im Orchester bei den Mitgliedern herumgegangen ist, und sich gerühmt hat, mir recht unverschämt begegnet zu sein namentlich hat er auch seine Heldenthat dem Kammer-Musicus Stern erzählt.

Reinhardt benennt namentlich Zeugen – »die ganze Reihe, in der ich gestanden« –, erklärt sich bereit, seine Aussage gegebenfalls zu beeiden, und wird entlassen. Vorgeladen wird Melchior Hollenstein. Er ist 33 Jahre alt, verheiratet, Vater von 6 Kindern. Er soll nun seinerseits »der Wahrheit gemäs angeben, wie sich die Sache zugetragen hat?«

Schon in vorigem Jahre wurde mein Bruder, nebst dem Hofmusikus Scheffauer, dem Kammer-Musikus Reinhard und dem Hornisten Schwegler von dem Hof-Musikus Georg Reinhard durch die Aeusserung in einem Concert im Redouten=Saal, »daß sie durchaus kein feines Gehör hätten«, beleidigt, und es hat damals schon nicht mehr viel gefehlt, so wäre es zu Thäthlichkeiten gekommen, es lief jedoch noch damit ab, daß Schwegler den Reinhard einen unverschämten Menschen geheißen.
In dem lezten Concert des Kammer-Musicus Krüger hat der Musik=Director Müller das A. verlangt, und mein Bruder gab es. Reinhard war hierüber aufgebracht und äusserte gegen meinen Bruder, »wie er so unverschämt sein möge, das A. zu geben, da sein Instrument ganz falsch sei u. er nicht wisse, was C. oder Cis auf der Clarinette sei, u. er übrigens kein Ohr habe«. Ich habe die Sache mitangehört, und mich, eingedenk der im vorigen Jahre schon, meinem Bruder angethanen Beleidigung, desselben angenommen, daher zu Reinhardt gesagt: »Sie haben auch einen Bruder im Orchester, der kein Künstler ist, den könnte ich auch corrigiren, wenn ich wollte; es ist sehr unverschämt von Ihnen, daß sie sich so unartig gegen meinen Bruder betragen«. Dieses ist alles, was ich zu Reinhardt gesagt habe. Was mein Bruder mit ihm gehabt, weis ich nicht mehr.

Was er zu dem Vorwurf, er habe Reinhadt in übler Weise beleidigt, ihm die Fäuste gezeigt und ihn bei den anderen Orchestermitgliedern verleumdet, zu sagen habe? Weiter nichts, so Hollenstein, als daß die Angabe des Reinhards unwahr sei. Er werde seine Aussage gegebenenfalls beeiden. Auch er nennt Zeugen, andere als Reinhard. Die Zeugen werden vernommen (Auszüge):

Hofmusikus Riesam:
Ich weis durchaus nichts, was der Hof-Musikus Melchior Hollenstein gegen den HofMusik. Georg Reinhardt geäussert hat. Ich size von Reinhardt und Hollenstein zimmlich entfernt, und melire mich nicht gerne in eine Sache, die mich nichts angeht. Ich habe mich während des Wortwechsels mit dem Hofmusikus Krall unterhalten.

Hofmusikus Krall:
Ich size im Orchester neben dem Hof-Musikus Riesam, und unterhalte mich, wenn nicht gespielt wird, gewöhnlich mit diesem. Ich hörte zwar einsmals den Hof-Musikus Melchior Hollenstein etwas stark gegen den Hof-Musikus Georg

Reinhardt hinsprechen, habe ein und andre Worte – jedoch nicht den ganzen Zusammenhang – gehört und verstanden.

Hofmusikus Nißle:
Ich saß zwar im Orchester des Redoutensaals in derselben Reihe, jedoch etwas vor gegen die Violinen, allein ich habe von dem ganzen Wortwechsel nur weniges gehört, und zwar einige beleidigende Worte, welche der Hof-Musikus Melchior Hollenstein gegen den Hof-Musikus Georg Reinhardt hingesprochen hat. Ein Feind aller Händel habe ich gar nicht Acht auf den Wortwechsel [...] gegeben, und bin also nicht im Stande etwas näheres auszusagen.

Hofmusikus Köhler:
Ich kann nicht in Abrede ziehen, daß ich neben dem Hof-Musikus Melchior Hollenstein im Orchester des Redouten-Saals gesessen bin; den ganzen Hergang der Sache bin ich jedoch theils weil es weg. des Stimmens nicht still war, theils weil mir der Hollenstein den Rüken geboten – und gegen Reinhardt hingesprochen hat, zu erzählen nicht im Stande; ich liebe überdies die Händel nicht, und gebe deshalb auch nicht darauf acht.

Hofmusikus Barnbek:
Während Melchior Hollenstein mit dem Georg Reinhardt, neben dem ich im Orchester des Redouten-Saals saß, den Wortwechsel hatte, sprach ich gerade mit dem Hof-Musikus Stähle, und ich habe von dem ganzen Vorfall weiter nichts gehört, als den Melchior Hollenstein zu Georg Reinhardt sagen, »Sie sind ein unverschämter Mensch«.

Hofmusikus Stähle:
Von dem ganzen Wortwechsel zw. Georg Reinhardt und Melchior Hollenstein habe ich, da ich nicht ganz in der Nähe war, indem der Hof-Musikus Barnbek zwischen mir u. dem Reinhardt gesessen, kein Wort verstanden, um so weniger als nicht sehr laut gesprochen worden ist.

Hofmusikus Hauber:
Ich kann nicht läugnen, daß ich im Krüger. Concert neben dem Clarinettisten Hollenstein und in der Nähe des Hof-Musikus Reinhardt gesessen bin, habe auch bemerkt, daß Melchior Hollenstein mit dem Reinhardt etwas gesprochen hat, was es aber war, das habe ich nicht verstehn können, um so weniger als ich nicht genau darauf Acht gegeben habe.

Kammermusikus Stern:
Am 22ten als Krüger sein Concert gab, spielte ich auch in demselben, und ging nach dem ersten Stük, der von mir componirten Ouverture an den Ofen, um mich zu wärmen. Indem ich da stand, kam auch der Hof-Musikus Michael, und nicht Melchior Hollenstein, und sagte mir, daß er mit dem Hof-Musikus Georg Reinhardt einen Streit gehabt habe. Hollenstein wollte zwar noch mehr sagen, es fing aber inzw. die Musik an, ich wollte ihr zuhören und entfernte mich vom Ofen u. Hollenstein. Daß der Melchior Hollenstein etwas hievon gesagt, weis ich mich nicht zu erinnern.

Klarinettist Michael Hollenstein:
In das am 22. dieses Monats statt gehabte Concert des Kammer-Musikus Krüger kam ich ¼tel Stunde vor dem Hof-Musikus Georg Reinhardt, u. wärmte, um wie

zu stimmen, meine Clarinette, was bei kalter Witterung bei blasende Instrumenten immer geschehen muß. Nachdem dieses geschehen war, kam der Musik=Director Müller, und verlangte das A. von mir während gerade der Reinhardt sein Instrument auspakte. Ohne an etwas Arges zu denken, und weit entfernt, zu glauben, daß Reinhardt sich dadurch beleidiget fühlen werde, gab ich das A. an. Jetzt fuhr Reinhardt auf, und sagte im grösten Zorn zu mir, »wie können Sie sich unterstehen, das A. anzugeben, da auf Ihrem Instrument kein Ton zu dem andern stimmt.« Ich entgegenete ihm darauf, daß ich jetzt warm und daher etwas höher als er sei. Auf dieses äusserte Reinhard vor 5–6 Mitglieder des Orchesters, die um uns herum standen, »Sie sind ein eingebildeter einfältiger Mensch«. Meine Erwiederung darauf war: »Herr Reinhard, glauben Sie, daß ich ein so reines Gehör habe, wie Sie sind ein guter Clarinettist, und für das, was Sie besser sind, sind Sie auch besser bezahlt.« Hiemit endigte sich denn der Wortwechsel zwischen uns, und begann nun zwischen meinem Bruder Melchior Hollenstein u. dem Reinhardt.
Bei dieser Gelegenheit kann ich nicht umhin, eines Zwistes zu erwähnen, der schon im vorigen Jahr zw. Mir u. Reinhardt in einer Probe von einem Winter-Concert im Redouten-Saal Statt gehabt – und wahrscheinlich den Grund zu dem neuerlichen Auftritt gelegt hat. Ich bekam ein neues Instrument u. da wurde vom Blasen die Rede. Herr Reinhardt sagte mir, ich möchte mein Blatt umdrehen und blasen, wie er: die art seie schlecht wie wir (hierunter verstand er mich, den Kammer-Musikus Reinhardt u. den Scheffauer) blasen. Ich gab ihm zur Antwort: Herr Reinhardt, dieses würde mich schwer ankommen; so habe ich es bei dem Kammer-Musikus Reinhardt gelernt. Seine Aeusserung darauf war:
»Wie mögen Sie Sich dann nach einem solchen Manne bilden, der selbst nichts versteht? Sie wollen eben keinen guten Rath von mir annehmen. Wegen was hat man mich dann (von Frankfurth) kommen lassen? Wegen nichts anderem, als weil sie 3 (Hollenstein, Kammer-Musicus Reinhardt und Scheffauer) nichts verstehen.«
Ich entgegnete ihm: »Ich bleibe bei meiner Methode, u. bleiben Sie bei der Ihrigen.« Mit der Erwiederung von Seite des Reinhardt, »Sie sind ein eingebildeter stolzer Mensch« und mit dem Beginnen der Musik hat sich dann dieser Vorfall geendiget.

Auch der Pauker Anton Hollenstein wird in der Sache seines Bruders vernommen und gesteht, »daß es gar kein Wunder seie, wenn man mit Reinhardt in Unannehmlichkeiten komme; er lasse beinahe keines der Mitglieder des Orchesters in Frieden, und wisse immer zu tadeln«. Auch Musikdirektor Müller, der den Stimmton A gefordert hatte, wird vernommen. Er habe den Ton gefordert, den ihm Hollenstein auch gegeben habe, während Reinhardt noch die Klarinette zusammensteckte. »Ich sagte dem Holenstein, daß der Ton etwas zu hoch seie, und wartete bis Reinhard fertig war, und lies mir dann von diesem den Ton angeben«. Von dem Streit habe er allerdings nichts mitbekommen.
Nachdem nun die Untersuchung abgeschlossen ist, wird Reinhardt zu den oben gemachten Aussagen befragt. Sein Kommentar: Diese trügen sämtliche das Gepräge der Unwahrheit an sich. Es kommt zur Urteilsverkündung:

Da der Hof-Musikus Melchior Hollenstein den Hof-Musikus Georg Reinhardt nach geschehenem Verhör um Verzeihung gebeten hat: So ist zwar diesmal von einer Bestrafung abstrahirt, dem Ersteren jedoch durch den Intendanten mündlich erörthert worden, daß in Zukunft derartige Auftritte strenge werden bestraft werden.
Hienach geht nun gegenwärtiges Protocoll ad acta. Stuttgart den 17. Juni 1824.

Anmerkungen

1 Der Text zitiert im folgenden aus der Personalakte M. Hollensteins, Staatsarchiv Ludwigsburg, E 18 II Bü 459.

Johann Rudolph Zumsteegs »Die Geisterinsel«

Zur Aufführungsgeschichte einer Festoper

Reiner Nägele

In der von Friedrich Schiller herausgegebenen Monatsschrift »Die Horen« erschien 1797 Friedrich Wilhelm Gotters Singspiellibretto nach William Shakespeares Drama »Der Sturm« (The Tempest)[1]. Das Libretto hatte Gotter ursprünglich für Friedrich Fleischmann geschrieben, der die Shakespeare-Bearbeitung 1798 komponierte. Die Vorrede zum Libretto gibt davon Zeugnis: »Die Oper ist von Herrn Fleischmann in Meinungen, kraft eines förmlichen und ausschliessenden Vertrags mit dem Dichter, in Musik gesezt, und noch bei Lebzeiten des leztern zu Ende gebracht worden. Die Ausführung hatte den ganzen Beifall des verstorbenen Dichters«[2]. Auch Johann Friedrich Reichardt komponierte nach Gotters Vorlage eine Festoper zur Huldigung des Königs von Preußen in Berlin, deren Aufführung 1798, entgegen der Fleischmanns, großen Beifall fand[3]. Schiller selbst beurteilte Gotters Dichtung kritisch. »Ich habe«, schreibt er an Johann Wolfgang von Goethe, »den ersten Akt gelesen, der eben sehr kraftlos ist und eine dünne Speise[4]«, was

Johann Rudolf Zumsteeg (1760–1802)
Konzertmeister des württembergischen Hoforchesters 1793–1802.
Gemälde von Jakob Friedrich Weckherlin, angeblich 1784,
Photo um 1900 von Hermann Brandseph, Stuttgart

Schiller jedoch nicht von einer Publikation abhielt, hatte er doch, wie er weiter schreibt, noch einige leere Bogen zu füllen.
Der Stuttgarter Konzertmeister Johann Rudolph Zumsteeg, gemeinsam mit Musikdirektor Johann Georg Distler als Leiter der Hofmusik tätig, war zu jener Zeit ein in Stuttgart geschätzer Komponist von Singspielen, Schauspielmusiken und Melodramen, außerhalb Württembergs jedoch bekannt vor allem als Komponist von Balladen und Liedern.
1797 begann Zumsteeg mit der Komposition des Gotterschen Singspiels, nach einer fast zehnjährigen Schaffenspause für die Bühne. Zuletzt war 1788 sein Melodram »Tamira« am Stuttgarter Hoftheater in Szene gegangen. »Die Geisterinsel« kam am 7. November 1798 zur Uraufführung[5]. Überregional hatte, noch vor der Premiere, die neugegründete Leipziger »Allgemeine Musikalische Zeitung« (AmZ) von Zumsteegs Kompositionsvorhaben berichtet, diesen als »beliebten Komponisten«, als »Verfasser der Kompositionen verschiedener Bürgerscher Balladen und anderer sehr gesuchter Sachen« vorgestellt und die Hoffnung ausgesprochen, dass Zumsteeg das rechte Mittel finde »zwischen blos alt oder blos neu, blos schwer oder blos leicht, blos gelehrt oder blos getändelt[6]«. Die Neugier der musikalischen Fachwelt war somit über die Grenzen Württembergs hinaus geweckt. Der Stuttgarter Aufführung folgten denn auch, vor allem nach Zumsteegs Tod (1802), weitere sehr erfolgreiche in mehreren deutschen Städten. Die AmZ berichtet 1805, das Bühnenwerk sei auch »ein Lieblingsstück der Franzosen[7]«. Doch unabhängig von dem erst relativ spät einsetzenden überregionalen Bühnenerfolg, verbreitete sich rasch die Kenntnis von der herausragenden Shakespeare-Adaption des Stuttgarter Komponisten. Nicht unwesentlich hatte dazu die emphatische Berichterstattung der AmZ beigetragen. Diese veröffentlichte zunächst im Februar 1799 ein Duett aus der Oper (Beginn 3. Akt) als Beilage. Nur wenige Monate später, im Juli und August, folgte eine 32seitige (!) Analyse mit Partiturauszügen, die den herausragenden künstlerischen Wert des Singspiels und das Genie Zumsteegs zu beweisen suchte. Auch der Verlag Breitkopf & Härtel reagierte zügig auf den – anfänglich nur regionalen – Publikumserfolg. Noch im Frühjahr 1799 wurde der vom Komponisten selbst erstellte Klavierauszug veröffentlicht. Nun war das Werk dem allgemeinen Studium, vor allem aber dem finanziell interessanten Markt der Hausmusiktreibenden zugänglich. So konnte Zumsteeg bereits im Februar 1800 seinem Freund Schiller mitteilen, »welche Sensation meine Komposition der Geisterinsel gemacht«[8] habe und diesen nachdrücklich bitten, ihm, dem nunmehr erfolgreichen Opernschreiber, ein Libretto zur Vertonung anzufertigen, möglichst im »heroisch-komischen Stil«.
Sowohl Zumsteegs, als auch die Vertonungen von Fleischmann und Reichardt fallen in die Zeit eines neu erwachten Shakespeare-Interesses. Gerade in den neunziger Jahren des 18. Jahrhunderts erhielt der schon fünf-

zig Jahre währende Rezeptionsprozess einen kräftigen Anstoß, mit der Entdeckung der Sonette und vor allem mit dem Erscheinen von Goethes Roman »Wilhelm Meisters Lehrjahre« und der darin geschilderten »Hamlet«-Interpretation[9]. Für Ludwig Tieck etwa war der Engländer Gewährsmann, um das »Wunderbare« in die Dichtung einzuführen; neben dem »Sommernachtstraum« steht in seiner Publikation von 1793, die den Titel »Shakespeare's Behandlung des Wunderbaren«[10] trägt, »Der Sturm« als Exempel im Vordergrund. Eine Adaption des Stoffes auf der Opernbühne konnte also auch seitens des behandelnden Stoffes auf ein breites Publikumsinteresse setzen.

I.

Zur Feier des höchsten Geburtsfestes seiner herzoglichen Durchlauch wurde am Dienstag, dem 6. November 1798, eine Redoute mit festlicher Beleuchtung im großen herzoglichen Theater zu Stuttgart gegeben. Einen Tag später, als weiterer Teil der Feierlichkeiten, fand im kleinen Hoftheater die Uraufführung von Zumsteegs »Geisterinsel« statt[11]. Zumsteeg hatte vom 2. bis 7. November in den Ausgaben der »Schwäbischen Chronik« den Verkauf des Textbuches zu 24 Kreutzern annociert, erhältlich beim Komponisten in der Akademie. Der Erfolg der Aufführung ermutigte ihn, bereits eine Woche nach der Premiere eine Aufführung bei aufgehobenem Abonnement zum eigenen Benefiz zu veranstalten[12]. Den überwältigende Erfolg dokumentiert auch die Tatsache, dass sich Zumsteegs Bühnenwerk 20 Jahre lang auf der Stuttgarter Bühne halten konnte. 1817 wurde das Werk, vorläufig, zum letzten Mal gespielt.
Der ein halbes Jahr nach der Premiere bei Breitkopf & Härtel in Leipzig erschienene Klavierauszug war bemerkenswerterweise nicht Zumsteegs Brotherrn gewidmet, sondern »Sr. Königl. Majestät Georg III., König von Grosbrittannien und Irland, Churfürsten zu Hannover &&& allerunterthänigst zugeeignet«. Der Grund dürfte die im Frühsommer 1797 vollzogene Vermählung Herzog Friedrichs von Württemberg mit Prinzessin Charlotte Auguste Mathilde, einer Tochter Georgs III. gewesen sein[13]. Möglicherweise brachte dieser Staatsakt Zumsteeg auch erst auf die Idee, nach immerhin fast zehn Jahren Schweigen als Komponist für die Bühne, sich mit einem populären Stoff des englischen Nationaldichters zu beschäftigen.
Der lang andauernde lokale Erfolg, die Erhebung des Werkes in den Stand einer Repertoireoper für zwei Jahrzehnte, ist weniger ein Ausweis für die überzeitliche Qualität der Komposition, als vielmehr Signum für eine konservative Rezeptionshaltung des Stuttgarter Publikums (bzw. der für das Repertoire verantwortlichen Intendanz) und Ausdruck einer eigenwilligen, durchaus politisch intendierten Programmgestaltung. Auf-

fällig deckt sich die Bühnenpräsenz der »Geisterinsel« am Stuttgarter Hoftheater mit der Regierungszeit Friedrichs, des ersten Königs von Württemberg (1797–1816).
Der Ausbruch der Französischen Revolution hatte ihn, der sich in jenen Tagen in Paris aufhielt, zutiefst erschüttert. Fortan war für ihn der Gedanke ein Alptraum, »die Revolution könne auf Deutschland übergreifen, die seitherige Gesellschaftsordnung zerbrechen und ein Chaos ohnegleichen anrichten. Die Angst vor dem gewaltsamen Aufbegehren der Untertanen gegen die gottgegebene fürstliche Obrigkeit, vor der revolutionären Umwälzung, beeinflußte fortan sein politisches Denken und Handeln[14]«. Eine Oper wie »Die Geisterinsel«, die die staatstragende Moral des literarischen Originals aus dem 17. Jahrhundert unverändert kolportierte, schmeichelte nicht nur dem Selbstverständnis des Herrschers, sondern erwies sich auch aufgrund ihrer Popularität als nützliches politisches Instrument. Verkündet wird über die Figur des Zauberkönigs Prospero ein göttlich privilegiertes Herrscherideal und ein Menschenbild von kontemplativer Weisheit und tätiger Pflicht. Und nicht anders, als in den barocken, die absolutistische Macht verherrlichenden Staatsaktionen und höfischen Opern, ist es der großmüthige Fürst, der das Schicksal seiner Untertanen, trotz mancher affektuöser und intriganter Verwirrungen, letztendlich zum »lieto fine« führt, Kraft seiner herrscherlichen Gnade und Güte (»clemenza«). Nicht anders als die Vielzahl der »Alexander«-Opern, oder als die dem Alexandertopos verpflichteten Machwerke des Ancien Régime – zu denen auch Mozarts »La clemenza di Tito« zu zählen ist –, ist auch bei Shakespeare der Fürst ein souverän Handelnder, mit einer über der Intrige stehenden Rolle. Das Verhältnis von Herrscher und Untertan ist idealisiert; die Fürstengestalt ist Vorbild, nicht Abbild.
Nicht zuletzt erzählt gerade die Shakespearsche Geschichte mit der insulären Staatsgründung den Sieg der Zivilisation über die Natur, der Ordnung über die Wildnis als das Werk eines divinen Herrschers. Am Ende lässt sich der in seinem Heimatland abgesetzte König, von der schiffbrüchigen Hofgesellschaft dazu aufgefordert, zur Rückkehr bewegen. Die frevelhaft verletzte Ordnung ist wieder im Lot. Es wäre naiv zu glauben, man habe im Stuttgarter Theater, neun Jahre nach Ausbruch der Revolution im Nachbarland, die restaurative Botschaft des Stückes nicht verstanden. Neun Jahre währte der Fluch, der das Handeln der Protagonisten im Stück motiviert: »Heute geht das neunte zu Ende. – Eben heute«, läßt Prospero seine Tochter wissen. Miranda: »Warum legt ihr so viel Nachdruk auf diese Worte?« Prospero: »Weil unser Schiksal an diesem Tage hängt.[15]«
Schon wenige Jahre nach der Premiere, sah sich die Regie für eine Aufführung am 11. November 1805 veranlasst, die durch Gotter vorgegebene und von Zumsteeg bis auf Unwesentliches unverändert komponierte dramaturgische Gestalt der Oper in entscheidender Weise zu manipulieren.

Der Stuttgarter Rezensent der AmZ berichtet von dieser radikal veränderten Inszenierung: Die Geisterinsel »ist und bleibt immer eine der Lieblingsopern des hiesigen Publikums, und darf mit den ersten Opern der letzten Jahre um den Vorzug streiten. Mit Recht wurde aber das Publikum über die Direktion mismuthig, welche sichs, Gott weiss warum, unterfangen, die Gottersche Bearbeitung zu verstümmeln, indem sie die gleich nach der Sinfonie folgende Arie der Miranda wegliess, und mit dem Chor hinter der Scene (ohne Begleitung der Blasinstrumente) den Anfang zu machen vorschrieb. Hierauf folgte sogleich, ganz ohne vorbereitenden Dialog, das Finale des ersten Akts, in welchem auch Kalibans erster Auftritt ausgelassen wurde. Kaliban stieg erst bey der Stelle: ›Wo bin ich? was erblick ich?‹ unter Blitz und Donner aus der Erde hervor (?). Kurz nach dem Sturme folgte erst seine Arie: ›Ein schlaues Blendwerk‹ – Alles übrige wurde vom ersten Akt weggelassen und den Zuhörern das schöne Duett aus B: Vernimm die Schrecken – und sogar auch das im letzten Akt: Traurige Korallen – entzogen. Überhaupt wurde diese Oper so unbarmherzig abgekürzt und zugestutzt, dass sie über eine Stunde kürzer dauerte.[16]«
Tatsächlich finden sich im handschriftlich überlieferten Klavierauszug jener Zeit[17] aus dem Besitz des Hoftheaters Korrekturen und Annotationen eingetragen, die auf die Bearbeitung von 1805 hinweisen. Nach dem Finale im 1. Akt findet sich der rot eingetragene Vermerk: »N^{ro} 3 Aria in G«. Nummer 3 ist Mirandas Arie »Hier, wo wir geborgen«. Deren Schluss folgt die Anmerkung »Seque N^{ro} 5. Aria D dur Weberling«, wobei es sich um besagte Arie Calibans handelt (»Ein schlaues Blendwerk«), von der auch der Rezensent als Schluss des 1. Aktes spricht[18]. Der Schauspieler Karl Friedrich Weberling war der Darsteller des Caliban. Am Ende von Calibans Arie findet sich die Szenenanweisung »ab« und der Vermerk »II«, als Hinweis auf den folgenden Akt. Die weiteren Änderungen, von denen der Berichterstatter nur andeutungsweise spricht, sie aber nicht konkret benennt, sind nicht eindeutig aus der überlieferten Partitur und den Klavierauszügen zu belegen. In sämtlichen erhaltenen Aufführungsmaterialien überlagern sich mehrere Bearbeitungsschichten, von denen jedoch keine der Inszenierung von 1805 schlüssig zuzuordnen wäre.
Das Streichen des gesamten Dialogs, mit Ausnahme der kleinen Auftrittsphrase Calibans, enthebt den ganzen 1. Akt – zumindest formal – der Singspielsphäre und gibt ihm den Anschein einer durchkomponierten »großen Oper«, seiner impliziten Funktion als »Staatsoper« angemessen, die, nicht anders als die Opernproduktion in Frankreich, der Herrscherverherrlichung zu dienen hatte. Die neue Bearbeitung[19], vor allem mit den beiden Arien als Finalschluss des 1. Aktes, statt des von Zumsteeg komponierten Schifferchores, zerstörte nicht nur die ursprüngliche Dramaturgie, sie negierte auch das subtile motivische Geflecht, das Zumsteegs Komposition zugrunde liegt. Die Aktverknüpfung I + II gestaltet

Zumsteeg auf musikalischer Ebene, durch Spiegelung von Motiven des Schlusschores aus Akt I im Anfangsrezitativ Fernandos in Akt II[20].
Freilich darf nicht vergessen werden, dass der Plot der Erzählung dem Stuttgarter Publikum wohl bekannt war, und somit der Verzicht auf die dialogisch vorgetragene Motivation – Mirandas Fluch, Prosperos Sorge, Calibans Anspruch auf die Inselherrschaft und sein Interesse an Miranda – legitimiert scheinen mochte. Statt auf eine Logik der Entwicklung, die Gotters Libretto und Zumsteegs Vertonung eigen ist, setzte die neue Dramaturgie auf einen möglichst großen, effektvollen Kontrast. Mit dem Streichen der Introduktionsarie Mirandas eröffnete nun ein unsichtbarer Chor das Werk; auch dies ein unzweifelhafter Tribut an das französische Vorbild, hatte sich doch um die Jahrhundertwende in der Opéra-Comique die Chorintroduktion als konventioneller Gestaltungstypus der Werkeröffnung durchgesetzt[21]. Das Streichen der begleitenden Blasinstrumente diente wohl dazu, den kontrastiven Effekt zum gerade verklungenen Finale der Ouverture zu verstärken. Die Exposition der Figuren fand, verkürzt, im Ensemble des ersten Finales statt, einer dramatischen Szene, der am Ende, unmittelbar dem Sturm und dem Chor der Ertrinkenden folgend, Miranda ihr »Hier, wo wir, geborgen« entgegensetzte, widerum effektvoll kontrastiert von Calibans teuflischer Drohung »Ein schlaues Blendwerk dieser Nacht, soll sie an meine Seite ketten«. Was zunächst wirr anmutet, mag durchaus, von seiner Bühnenwirkung her betrachtet, schlüssig sein. Ohne Verlust der Botschaft, die als bekannt vorausgesetzt werden durfte, wurde mit diesem neuen Arrangement der Unterhaltungswert gesteigert. Der musikalische Sinn allerdings, durch Tonartenplan, subtile Gradation der musikalischen Mittel (Arie – Duo – Ensemble – Chor) und gliedernde motivische Korrespondenzen erfüllt, ging dabei verloren.
Ob bei den nachfolgenden Aufführungen diese Bearbeitung beibehalten, oder wieder die ursprüngliche Form restauriert wurde, ist nicht überliefert. Die »Geisterinsel« machte in jedem Fall den erwünschten Eindruck, auch auf die hofierten französischen Verbündeten. »Josephine, Kaiserin von Frankreich, achtete, während ihrer Anwesenheit in Stuttgart, mit vieler Güte auf Zumsteegs Wittwe, und verlangte von ihr die Partitur der Geisterinsel ihres Mannes, um sie übersetzen und in Paris aufführen zu lassen[22]« berichtet die AmZ 1806.

II.

»Bis in die 40er Jahre hinein« wurden die Chöre aus der »Geisterinsel« gesungen, ist in der »Schwäbischen Chronik« 1889 zu lesen[23], »bald öffentlich, bald in Privathäusern« und »jedermann kannte die Ouverture«.

Johann Rudolph Zumsteeg:
Die Geisterinsel.
Singspiel in 3. Akten (UA 1798),
1. Akt, Finale.
Deutlich sichtbar sind die
Bearbeitungsspuren zur Aufführung am
26. Juni 1889: Taktstreichung, erweiterte
Instrumentation und Textänderung

Dann scheint das Werk in Vergessenheit geraten zu sein; eine neue Zeit mit einem anderen musikdramatischen, aber auch politischen Bewusstsein war angebrochen, Giacomo Meyerbeer und Richard Wagner, die in ihren Werken dem modernen Geschichts- und Nationalempfinden Rechnung trugen, hielten auf der Stuttgarter Bühne Einzug.
Am 25. Juni 1864 hatte König Karl, nach achtundvierzigjähriger Regierung seines Vaters, den württembergischen Thron bestiegen. 1870 trat Württemberg nach langem Zögern dem Norddeutschen Bund und damit dem neuen Reich bei. Die seinerzeit mit Karls Regierungsantritt verknüpften Hoffnungen auf neue Impulse in der inneren und der deutschen Politik hatten sich zwar weitgehend erfüllt, die Verdienste in der Reichs- wie Innenpolitik verdankten sich jedoch nicht dem Engagement des Königs, sondern seinem Ministerpräsidenten Hermann von Mittnacht und einer gut funktionierenden Verwaltung. So wurde bereits in den sechziger Jahren Unzufriedenheit mit dem Monarchen laut. Ein Biograph: »Man vermißte bei ihm die tiefere Einsicht, das selbständige Urteil und das Pflichtbewußtsein. Seine Impulsivität und seine Unberechenbarkeit ließen ihn als launisch erscheinen. Seine Günstlinge gewannen Einfluß auf ihn und brachten dem Stuttgarter Hof den Ruf einer Kamarilla ein. Mit zunehmendem Alter wurde der König nachlässiger in der Erfüllung seiner Regentenpflichten und Repräsentationsaufgaben. Seine häufige Abwesenheit von Stuttgart war auffallend und eigentlich erst in den achtziger Jahren, in denen er ganze Winter an der Riviera verbrachte, durch Krankheit zu begründen. Er tat sich schwer im Umgang mit dem Volk[24]«. Dafür zeigte er lebhaftes Interesse für Kunst und Musik.
Im Juni 1889 galt es, Karls 25jähriges Regierungsjubiläum zu feiern. Es gab Veranstaltungen im ganzen Land, zahlreiche Festschriften wurden gedruckt, Huldigungsadressen überbracht, selbst das Kaiserpaar sowie einige Landesfürsten waren nach Stuttgart angereist. Als künstlerische Krönung dieses Feiertages beabsichtigte die Intendanz des Hoftheaters, eine Festoper zu inszenieren. Die Wahl fiel auf das nahezu hundert Jahre alte Werk Zumsteegs, »Die Geisterinsel«. Für die Wahl mögen vielerlei Gründe gesprochen haben. Im Bericht der »Schwäbischen Chronik« zur geplanten Neuinszenierung, der im folgenden zitiert werden wird, ist von dem Gedenken an einen »hervorragenden württembergischen Komponisten« die Rede. Dass ein stark patriotischer Gedanke als Moment der nationalen (württembergisch-schwäbischen) Selbstbehauptung im Reich sämtliche Festveranstaltungen durchzog und so über die bloße Huldigung des Monarchen hinauswies, zeigt der Festkalender. Die Jubiläumsfeier des Vereins zur Förderung der Kunst zu Ehren des Königs im Hoftheater brachte beispielsweise ein aufwendig inszeniertes Festspiel auf die Bühne, das auf Drängen des Publikums wiederholt werden musste, und in dem Szenen aus dem »schwäbischen Volksleben« sowie Tableaus aus der württembergischen Geschichte in sogenannten »lebenden Bildern« vor-

geführt wurden[25]. Das Volk feierte also nicht nur den König, sondern auch sich selbst in Rückbesinnung auf die Landesgeschichte.
Vielleicht spielte aber darüberhinaus noch ein weiterer, verborgener Grund eine Rolle. Shakespeares Drama handelt bekanntlich von einem König, der Herrscher bleiben wollte, ohne jedoch seinen herrscherlichen Pflichten zu genügen. Prosperos Verstoß gegen diese Ordnung, zu deren Hüter er doch bestellt war, erweckte in seinem Bruder die böse Natur. Bei Shakespeare lautet das Bekenntnis Prosperos: »[Den freien Künsten] nur beflissen, warf ich das Regiment auf meinen Bruder und wurde meinem Lande fremd, verzückt und hingerissen in geheimes Forschen. [...] Mich armen Mann – mein Büchersaal war Herzogtum genug -, für weltlich Regiment hält er mich ungeschickt[26]«. Zwar finden sich diese die Vorgeschichte erzählenden Zeilen nicht in Gotters Bearbeitung, auch nicht in der Aufführungspartitur[27] – dort ist nur von dem Verrat an Prospero die Rede, nicht jedoch von dessen Versagen[28] -, die finale Botschaft jedoch bleibt diesselbe: »Das befreite Vaterland wünscht sich seinen guten Fürsten zurük, dessen Tugenden es nicht erkannte [...] Empfange das feierliche Zeugniß unserer Sendung! Höre die Stimme Deines Volks aus dem Munde seiner Abgeordneten! Und laß unser Flehen Dich bewegen, ihm zu verzeihen, und zu ihm zurückzukehren«[29]. So könnte auch die Entscheidung für dieses Werk am Königstag, außer als geschichtliche Reminiszenz, ebenso als politischer Appell gelesen werden.
Doch die geplante Aufführung kam zunächst nicht zustande. Die »Schwäbische Kronik« berichtet am 23. September 1889:
»Die ursprünglich als Festoper in den Junitagen des K. Regierungsjubiläums zur Aufführung bestimmte »Geisterinsel« von Zumsteeg (erste Aufführung in Stuttgart am 7. Nov. 1798) wird nunmehr am 26. d. M. als Festvorstellung vor den K. Majestäten in Szene gehen. Das Motiv, welches für den Befehl der Aufführung maßgebend war, ist der allgemeinen Anerkennung sicher: es soll ein hervorragender württ. Komponist der Vergessenheit entrissen und wieder zu Ehren gebracht werden. Was den Text zunächst betrifft, führt das Zumsteeg'sche Werk den Titel »Singspiel« in drei Akten von Gotter. Es ist aber keineswegs eine originale Schöpfung Gotters, sondern einfach eine Bearbeitung des Shakespearschen Sturmes, oder vielmehr Umarbeitung nach damaligem Zeitgeschmack. Die Shakespear'schen Ideen und Gestalten sind verwässert und die Handlung stellenweise willkürlich verändert. Da es unmöglich schien, dem modernen Geschmacke, der den Shakespeare möglichst unvermischt verlangt, einen derartigen trivialen Dialog zu bieten, mußte sich die Intendanz entschließen, den ursprünglichen Shakespear'schen Dialog in Schlegel'scher Uebersezung wieder herzustellen, soweit dies mit der Handlung in der Gotterschen Einrichtung vereinbar war; im Text zu den Gesängen selbst war diese Aenderung unmöglich. Es mußten also die Zumsteeg'schen Kompositionen dem so wiederhergestellten Originale

eingereiht werden, nachdem in einer musikalischen Leseprobe, an welcher der Generalintendant, die Hofkapellmeister und die Opernregisseure teilnahmen, festgestellt worden war, welche Teile der Musik als die wertvollsten jedenfalls beibehalten und welche, als mehr oder weniger veraltet, zu entfernen waren. Wenn auch diese Arbeit mit besonderen Schwierigkeiten verbunden war, läßt sich doch jezt, nachdem eine Reihe von Proben vorüber ist, schon im Voraus sagen, daß bis zu einem gewissen Grade ein einheitliches und verständliches Werk aus dieser neuen Bearbeitung hervorgegangen ist, das jedenfalls für hier von hervorragendem musikalischem Interesse ist.«

Am 26. September 1889 ging Zumsteegs Oper über die Bühne des Stuttgarter Hoftheaters, »in neuer Bearbeitung«, wie der Programmzettel[30] vermerkt. Die musikalische Leitung dieses Abends hatte Kapellmeister Carl Doppler übernommen, für die Regie zeichnete Anton Hromada verantwortlich, der auch die Figur des Caliban spielte. Die königlichen Majestäten hatten in der Mittelloge Platz genommen, weshalb für alle Besucher der Veranstaltung Festkleidung vorgeschrieben war[31].

III.

Gotters Dramaturgie, der sich Zumsteeg mit seiner Vertonung ohne Einschränkung verpflichtete, ist primär musikalisch gedacht, d. h. die musikalischen »Nummern« sind für die Struktur des Dramas und dessen Verlauf ein wesentlicher Teil, nicht nur eine bloße Abwechslung zum Dialog. Handlungsträger sind Paare – wie schon im alten »Dramma per musica« – deren Verbindung entweder gestört wird (Prospero/Miranda bedroht durch Caliban) oder überhaupt erst hergestellt werden muss (Miranda/Fernando). Demzufolge sind auch die Zentralfiguren der einzelnen Akte musikalisch exponiert. Im 1. Akt wird Miranda vorgeführt, ihr Schicksal – der sich erfüllende Fluch der Hexe und Calibans möglicher Triumph – ist Katalysator der nachfolgenden Intrige. Ausgezeichnet wird sie deshalb kompositorisch durch zwei Arien, eine davon die Eröffnungsarie, sowie durch ein Duett mit Prospero. Ariel und Caliban, die beiden gegensätzlichen Prinzipien in ihrem je unterschiedlichen Verhältnis zum Herrscher der Insel, sind mit je einer Arie vorgestellt. Beide sind Diener Prosperos: Ariel, der gute und Caliban der böse Geist, Letzterer zugleich, als möglicher Prätendent mit Zauberkräften ausgestattet, das böse Herrscherprinzip. Im affektiven Zentrum steht das Paar Prospero/Miranda. Den Akt beschließt wirkungsvoll ein Chor der Ertrinkenden.

Den 2. Akt beherrscht Ferdinand. Er eröffnet den Akt mit einem Rezitativ und ist, musikalisch zumindest, bis zum Finale nahezu ständig präsent, sei es im Duett mit Prospero oder mit Miranda. Fabio tritt als weitere Figur zum Geschehen hinzu, als Rivale Ferdinands. Er stellt gleichfalls li-

bertäre Ansprüche an Miranda. In Shakespeares Vorlage ist diese kordiale Verwicklung nicht vorgesehen, sie ist eine Erfindung Gotters. Fabios Auftreten dient Gotter dazu, den »rührenden« bzw. empfindsamen Aspekt zu verstärken und das Hauptinteresse des Publikums auf die Liebe zwischen Ferdinand und Miranda zu lenken, nicht auf den geplanten Mord an Prospero. Dies trägt der »alten«, barocken Operndramaturgie Rechnung, in der stets menschliche Leidenschaften, Affekte oder auch Rührseligkeiten thematisiert wurden. Im affektiven Zentrum des Geschehens steht auch in diesem Akt ein Paar, diesmal Ferdinand und Miranda. Musikalisch steigert sich das Bühnengeschehen kontinuierlich von der Anfangsarie über Duette, Terzette und ein Quintett zum dramatischen Ensemblefinale. Eine fast intime Szene, ein Duett zwischen den beiden Liebenden, bildet den Aktschluss und kontrastiert wirkungsvoll zum Finale I und III.
Im 3. Akt werden die verschiedenen Paarkombinationen in Duetten zusammengeführt: Eröffnend Miranda/Ferdinand (zugleich die Verklammerung mit dem Schluss des 2. Aktes), dann Prospero/Ariel, Fabio/Ferdinand, Ariel/Caliban, schließlich folgt ein Quintett und das Finale mit Schlusschor, korrespondierend zum 1. Akt.
Die ausführliche Schilderung ist notwendig, um die Konsequenzen aus der Neubearbeitung deutlich benennen zu können. Glücklicherweise hat sich im Bestand der Württembergischen Landesbibliothek sowohl die handschriftliche Aufführungspartitur, als auch der gedruckte Klavierauszug für den Souffleur erhalten. Beide dokumentieren nicht nur die originale Fassung des Zumsteegschen Singspiels[32] mit der teilweise eingeklebten ursprünglichen Dialogpartie. Auch der neu verfasste Dialog ist vollständig in beide Ausgaben eingefügt. Zudem sind in diesen Materialien nicht nur die dramaturgischen Änderungen der Fassung von 1889 vermerkt, sondern es ist ebenso die Neuinstrumentierung mit roter Farbe vom Original abgesetzt eingetragen[33]. Ein direkter Vergleich von ursprünglicher Fassung und Bearbeitung ist somit möglich.
Der Rezensent der »Schwäbischen Chronik« vom 27. September 1889 bemerkte am Tag nach der Aufführung, dass das Zumsteegsche Werk von Doppler »tüchtig neu instrumentirt und auch teilweise melodisch umgearbeitet worden [sei], um es dem heutigen Geschmack mehr anzupassen[34]; in dramatischer Beziehung hat man den Shakespear'schen »Sturm« mehr benüzt, als es wohl in früherer Zeit geschehen ist, wodurch namentlich die komischen Parthien eine entschiedene Bereicherung erfuhren [...] Der Karakter des Singspiels ist nun allerdings darüber in den Hintergrund getreten. Die ›Geisterinsel‹ dürfte sich in diesem modernen Gewand jetzt wohl eine komische Oper nennen«.
Die augenfälligste Veränderung in der neuen Bearbeitung trifft die Figur Calibans, wie sie sich in den Dialogen darstellt. Gotter hatte dem Wilden, unter Rousseauschem Einfluss und entgegen der Shakespeareschen

Vorlage, »menschliche« Züge verliehen, ihn zwar nicht zu einem edlen Wilden geformt, aber doch ein bemerkenswertes Selbstbewusstsein verliehen. Somit fungiert er dramatisch als ernstzunehmender Widerpart zu Prospero, immerhin erhebt Caliban ja auch Anspruch auf die Inselherrschaft, und er zeigt sich im 2. Akt, 10. Auftritt, durchaus in der Lage, Oronzio und Stefano einzuschüchtern. Nicht so bei Shakespeare und nicht so in der neuen Bearbeitung. Dort präsentiert er sich ohne Abstriche als unzivilisierter Gnom, unterwürfig, bösartig und somit von Anbeginn an für das Herrscheramt disqualifiziert – eine komische Gestalt, mehr nicht.

Die nicht unerheblichen Streichungen von musikalischen Nummern, die die ursprünglich fein komponierte Dramaturgie zunichte macht, verleiht auch der Moral der Geschichte einen bemerkenswert anderen Akzent. Vor allem ist die Rolle der Miranda deutlich verkleinert; gleich die beiden Arien zu Beginn des 1. Aktes entfallen. Im 2. Akt fällt dem Strich des Dramaturgen nicht nur eine weitere Arie Mirandas (»Froher Sinn und Herzlichkeit«) zum Opfer, das gesamte Finale mit dem Duett Ferdinand/Miranda beibt weg. Der Akt endet mit der Romanze Ferdinands, in welcher er seine Herkunft erklärt. Entsprechend gestrichen ist der Beginn des 3. Aktes, das Duett zwischen Miranda und Ferdinand. Und Fabio, der immerhin mehrere Arien zu singen hätte, ist mit Ausnahme eines Terzetts, nur noch als Sprechrolle auf der Bühne präsent. Akt I + III eröffnen jeweils die ursprünglich später einsetzenden Geisterchöre.

Deutlich verlagert sich das Handlungsgerüst auf den Konflikt Prospero/ Fernando. Gerade die rührseligen Szenen, die musikalisch gestaltete Liebe zwischen Ferdinand und Miranda, die eigentliche Triebfeder des Geschehens bei Gotter und Zumsteeg, sind nahezu gänzlich eliminiert, ebenso Fabios Liebesschwüre für Ferdinand und Miranda. Exponiert wird stattdessen durchgängig die Gestalt des Zauberkönigs Prospero. Zusätzlich wird dies noch unterstrichen durch eine Verlängerung des 1. Aktes. Nicht mehr der Chor der Ertrinkenden bildet den Schluss, die neue Bearbeitung fügt die Begegnung zwischen Prospero und Fernando aus dem 2. Akt an, so dass nun mit der »zauberhaften« Demonstration der Herrschermacht Prosperos gegenüber Ferdinand das 1. Finale beschließt[35]. Im 2. Akt, der kaum noch eine nennenswerte Zahl an musikalischen Nummern vorzuweisen hat, da u. a. das gesamte Finale entfällt, dominieren die komischen Sprechrollen. Inhaltlich konzentriert sich das Geschehen auf den geplanten Herrschermord. Der 3. Akt, der schon im Original in Prosperos Milde gegenüber den Verrätern sowie seiner versprochenen Rückkehr kulminiert, bleibt deshalb in der Struktur relativ unverändert.

Zielt die Geschichte bei Gotter auf Miranda und ihr Schicksal, so lenkt dagegen die neue Bearbeitung das Interesse des Zuhörers auf Prospero, den Herrscher der Insel. Die veränderte Dramaturgie trägt also dem politischen Charakter der Aufführung zur Huldigungsfeier für den württembergischen Monarchen in subtiler Weise Rechnung. Die Aufführung der »Geisterinsel« in dieser modernen Bearbeitung wurde noch zweimal wiederholt, am 29. September und 27. Oktober, dann geriet das Werk endgültig in Vergessenheit.

Anmerkungen

1 Im Verlag Cotta, Tübingen, im 11. Band, 3. Jahrgang, 8. und 9. Stück. Zur Geschichte des Librettos siehe die Introductory Notes in: *German Opera*, 1770–1800, vol. 20, Librettos, New York & London 1985.

2 Ebd., 8. Stück, S. 1.

3 Der Kommentar zum Libretto der »Geisterinsel« in dem Faksimileband *German Opera*, 1770–1800 (s. Anm. 1) nennt, neben Gotter, als Koautor Friedrich Hildebrand von Einsiedel und weiß auch von einer weiteren Komposition nach dem Originallibretto durch den Komponisten Friedrich Haack (1794, Stettin). Völckers weist der Haackschen Vertonung aber ein anderes als das Gottersche Libretto zu (Jürgen Völckers, *Johann Rudolph Zumsteeg als Opernkomponist.* Ein Beitrag zur Geschichte des deutschen Singspiels und der Musik am Württembergischen Hofe um die Wende des 18. Jahrhunderts, Erfurt 1944, S. 44.).

4 Brief vom 17. August 1797, in: *Schillers Werke, Nationalausgabe, Briefwechsel, Bd.* 29., hrsg. von Norbert Oellers und Frithjof Stock, Weimar 1977, Nr. 124.

5 *Schwäbische Chronik* vom 2. November 1798; siehe auch Rudolf Krauß, *Das Stuttgarter Hoftheater von den ältesten Zeiten bis zur Gegenwart*, Stuttgart 1908, S. 109. und Völckers S. 44., der fälschlicherweise alternativ den 6. November nennt.

6 AmZ 1 (1798), Sp. 16.

7 AmZ 7 (1805), Sp. 333.

8 Brief vom 12. 2. 1800, in: *Schillers Werke*, Bd. 38., 1, Nr. 276.

9 *Shakespeare-Rezeption.* Die Diskussion um Shakespeare in Deutschland, hrsg. von Hansjürgen Blinn, Berlin 1988, S. 13.

10 Siehe Ludwig Tieck, *Kritische Schriften*, Bd. 1, Leipzig 1848, S. 35–74.

11 *Schwäbische Chronik* vom 2. November 1798.

12 *Schwäbische Chronik* vom 12. November 1798.

13 Landshoff schreibt, allerdings ohne Beleg, Zumsteeg habe die Widmung an Georg III. »auf Wunsch seines Herzogs« angefertigt. (Ludwig Landshoff, *Johann Rudolph Zumsteeg* (1760–1802). Ein Beitrag zur Geschichte des Liedes und der Ballade, Diss. München 1900, S. 109.).

14 Paul Sauer, *König Friedrich I.* (1797–1816), in: 900 Jahre Haus Württemberg, Leben und Leistung für Land und Volk, hrsg. von Robert Uhland, 3. Aufl., Stuttgart 1985, S. 286.

15 *Horen*, 8. Stück, S. 13.

16 AmZ 7 (1805), Sp. 332.

17 Württembergische Landesbibliothek (im folgenden WLB), HB XVII 695.

18 Vermerkt ist auch ein Name: *Webeling*.

19 Merkwürdigerweise annociert im Vorfeld der Aufführung der *Schwäbische Merkur* das Werk als eine »Oper in 4 Akten«, dies belegen jedoch weder die Aufführungsmaterialien noch der Aufführungsbericht.

20 Zumsteeg folgt hier exakt der Anweisung Gotters: »Die Musik wiederholt einzelne Gedanken aus dem Schlußchor des ersten Akts« (*Horen*, 9. Stück, S. 1).

21 Arnold Jacobshagen, *Der Chor in der französischen Oper des späten Ancien Régime*, Frankfurt am Main, Berlin 1997 (= Perspektiven der Opernforschung; 5), S. 364. f.

22 AmZ 8 (1806), Sp. 331

23 27. November 1889.

24 Eberhard Gönner, *König Karl (1864–1891)*, in: 900 Jahre Haus Württemberg, S. 338.

25 Bericht in der *Schwäbischen Kronik* vom 25. Juni 1889.

26 William Shakespeare, *Der Sturm*. Ein Zauber-Lustspiel, übersetzt von August Wilhelm v. Schlegel, Ausgabe Stuttgart 1951, S. 8f.

27 WLB, HB XVII.

28 *Horen*, 8. Stück, Rede der Miranda, S. 12.

29 *Horen*, 9. Stück, Rede des Ruperto, S. 75.; so auch in den Aufführungsmaterialien (Partitur und gedruckter Klavierauszug für den Souffleur).

30 Im Besitz der WLB.

31 *Schwäbische Kronik* vom 25. September 1889.

32 Es handelt sich um eine Kopie, wohl angefertigt nach dem Theaterbrand 1802.

33 Manche Stimmen, vor allem die Bläser, sind zum Teil separat beigefügt, signiert und datiert von der Hand Carl Dopplers.

34 Der Orchestersatz ist erheblich erweitert durch Vergrößern des Bläserchores – 4 statt 2 Hörner, Verdoppelung der Solopartien im Oboen- und Fagottsatz, Trompeten, Pauken – sowie durch Addition von Bläsern zum ursprünglich reinen Streichersatz. Sind die Singstimmen bei Zumsteeg fast ausschließlich nur mit Violinen und Bass begleitet, wortausdeutend kommentiert durch Bläsereinwürfe bzw. instrumentale Zwischenakte, so sind nun, neben der Viola, nahezu ständig Bläser auch bei den Singpartien präsent. Der Klang ist voluminöser, verschmelzend, und das Prinzip des Zumsteegschen Satzes, geprägt durch einen steten Wechsel von instrumentalem Ritornell und streicherbegleitendem Gesang (plus subtil gesetzten, den Affekt deutenden Bläsersoli) ist gänzlich aufgehoben. Durch die immerwährende Präsenz des gesamten Orchesterapparates entsteht die Notwendigkeit, die Singstimmen von wechselnden Holzbläsern colla parte begleiten zu lassen, um so die Melodie zu stärken. So entsteht der Eindruck eines permanenten Klangfarbenwechsels. Doppler ging sogar soweit, einzelne Takte, die als kurze instrumentale Zwischenspiele gesetzt waren, aus dem Satz zu streichen, um einen »harten« Wechsel im Orchesterklang (Streicher – Bläser – Streicher) zu vermeiden und so ein »organisches« Klangkontinuum zu erreichen.

35 Diese Änderung wurde aber wohl erst relativ spät vorgenommen, nachdem das Textbuch (Buchdruckerei Greiner & Pfeiffer, Stuttgart) bereits gedruckt war. Dieses vermerkt noch die alte Ordnung mit dem Schluss nach dem Chor der Schiffer. Im Textbuch aus dem Besitz der WLB (Signatur A 21 C/1924) ist die Aktverschiebung mit schwarzer Tinte nachgetragen. In der Partitur sowie im Klavierauszug des Souffleurs ist die Verschiebung des Aktschlusses selbstverständlich eingetragen.

Das Opernrepertoire des Stuttgarter Hoftheaters 1807–1818

Programmzettel als Quelle zur Theatergeschichte

Samuel Schick

In der Württembergischen Landesbibliothek Stuttgart sind die Theaterzettel des Stuttgarter Hoftheaters, mit denen die nächste Vorstellung öffentlich bekanntgemacht wurde, von Mai 1807 bis zur Auflösung der Bühne 1918 nahezu komplett erhalten. Eine tiefergehende Analyse dieses interessanten Bestands wurde bisher jedoch noch nicht vorgelegt. Diese Arbeit will einen Überblick über die Möglichkeiten des Materials geben, und beinhaltet neben den wichtigsten statistischen Ergebnissen bislang wenig beachtete Details zur lokalen Aufführungspraxis der ersten Jahrzehnte des 19. Jahrhunderts. Die ersten Jahrgänge der Sammlung, die zur Eingrenzung des Umfangs ausschließlich betrachtet wurden, besitzen einen besonderen Reiz, zeigen sie doch das Bemühen des Hoftheaters um eine leistungsfähige Oper[1] unter drei verschiedenen Hofkapellmeistern: Franz Danzi, der kurz nach Beginn der Sammlung im August 1807 eingestellt wurde, Conradin Kreutzer, der von 1812 bis 1816 wirkte, und schließlich Johann Nepomuk Hummel, im Amt bis 1818. Nach diesem

übernahm Peter Lindpaintner die Stelle, die er bis zu seinem Tod in Jahr 1856 innehatte. Sein Wirken mit einzubeziehen, hätte den Aufwand der Datenerhebung vervielfacht und den Umfang dieses Aufsatzes gesprengt.
Ergänzend zu den Theaterzetteln liegt in Stuttgart noch ein großer, wenn auch leider nicht kompletter, Bestand an Opernpartituren, die als Direktionsexemplare dienten und mit den Eintragungen der Kapellmeister einen sehr genauen Einblick in die erklungene Bearbeitung geben. Im Bestand E 18 I des Staatsarchivs Ludwigsburg schließlich sind die Akten aus der Verwaltung des Theaters gesammelt, welche in Teilen ergänzend zu den Zetteln herangezogen wurden. In diesen Beständen ist auch ein Briefwechsel Franz Danzis[2] erhalten, der einen sehr persönlichen Blick auf das Theater ermöglicht.
Das Format eines Zettels ist zu Beginn im Normalfall ca. 22 auf 17 cm, und wird in der Länge erweitert, wenn mehrere Stücke an einem Abend aufgeführt werden. Für besondere Veranstaltungen, wie der Hochzeit Jérôme Bonapartes mit der Prinzessin Katharina von Württemberg am 13. August 1807 (siehe Abbildung 1) werden teils wesentlich größere Zettel verwendet[3]. Der Text ist von einer Zierleiste umgeben, die normalerweise je nach Aufführungsort verschieden gestaltet ist, es kommen aber die Ludwigsburger Leisten auch in Stuttgart vor, selten andersherum. Im Lauf der Jahre wechseln die Leisten nach und nach, aber nie plötzlich und vollständig, da die alten Druckplatten offensichtlich nach Aktualisierung des Datums und anderer veränderlicher Daten wiederverwendet wurden. Dadurch erklärt sich auch die Hartnäckigkeit mit der sich manche Schreibfehler auf den Zetteln halten. Ein Extremfall in dieser Hinsicht ist Johann Baptist Schenk, dessen Singspiel »Der Dorfbarbier« bis 1816 neunmal unter dem Namen »Schink« angekündigt wird, obwohl auf dem ersten erhaltenen Zettel vom 26. Dezember 1808 der falsche Vokal handschriftlich korrigiert wurde. Zum Jahresbeginn 1817 (Wiedereröffnung nach der Trauerpause wegen König Friedrichs Tod) ändert sich das Design der Zettel komplett, die Zierleiste entfällt, das Normalformat wird auf ca. 33 zu 19 cm erhöht und mit den neuen Druckplatten erscheint auch Schenk in korrekter Schreibung. Dazu wird eine Ankündigung für die nächste Aufführung abgedruckt, gegebenenfalls mit dem Hinweis auf Gastrollen und Debüts.
Da ein Theaterzettel natürlich vor der Aufführung gedruckt wurde, war es möglich, dass eine Oper trotz des gedruckten Zettels nicht aufgeführt wurde, weil im letzten Moment noch ein Zwischenfall, wie etwa erkrankte Hauptdarsteller, eintrat. Auf einigen Zetteln ist deshalb der gedruckte Titel handschriftlich durch den tatsächlich gespielten ersetzt worden. Man darf aber nicht einfach vermuten, dass dies konsequent in allen Fällen geschehen ist. Da bei dieser Arbeit allerdings die eine oder andere falsche Oper nur unerheblich ins Gewicht fällt, wurde unter diesem Vorbehalt die Zettelsammlung als Hauptquelle verwendet[4].

Für das Jahr 1808 liegt ein Spielplan vor, den Franz Danzi am 20. Januar 1809 mit einem Brief an seinen Münchner Freund Joseph von Morigotti schickte, um ihm die Opernaufführungen seines ersten Jahrs als Hofkapellmeister mitzuteilen[5]. Von den melodramatischen Stücken abgesehen, die Danzi nicht aufführt, ist die Übereinstimmung mit den Zetteln überzeugend: Danzi summiert 97 Vorstellungen, drei zusätzliche lassen sich in den Zetteln auffinden, wobei eine wahrscheinlich auf einen Fehler Danzis zurückgeht[6].

Dieser Brief bietet auch den Schlüssel zum Verständnis der Kreuze und Kreise, die hinter dem Titel etlicher Zettel zwischen April 1808 und Mai 1809 mit Bleistift gezeichnet sind. Im Gegensatz zu den Zetteln kennzeichnet Danzi in seinem Brief nicht nur die Premieren, sondern auch die neu einstudierten Werke. Ein Vergleich mit den Zetteln zeigte nun, das exklusiv bei allen Premieren des Jahres 1808 ein Kreis vermerkt ist und die neu einstudierten Stücke mit einem Kreuz gekennzeichnet wurden[7]. Es muss also, zumindest in den ersten Jahren, zu den Premieren noch rund die Hälfte an neu einstudierten Werken dem Aufwand an Proben hinzugerechnet werden.

Informationsgehalt der Theaterzettel

Die Grundlage dieser Arbeit besteht in einer Datenerfassung sämtlicher Opern-Zettel des untersuchten Zeitraums. Von den Informationen, die ein Theaterzettel dem Leser bietet, wurden alle wichtigen und variablen Faktoren katalogisiert.

Die erfassten Daten:

- Datum, Wochentag und Aufführungsstätte
- Nummer im monatlichen Abonnement
- Hinweis auf Benefizveranstaltungen und Premieren
- Hinweis »auf allerhöchsten Befehl« oder auf Festlichkeiten
- Titel des Stücks / der Stücke (teils mit Untertitel)
- Anzahl der Akte und Gattung des Werkes
- Textdichter, Originalsprache des Librettos, Bearbeiter / Übersetzer
- Komponist
- Grund für eventuelle Änderungen im Spielplan

Lediglich summarisch aufgenommen werden konnten:

- Rollen, Chöre, teils auch Ort der Handlung

Die weiteren Informationen änderten sich nur sehr langsam oder besitzen keine besondere Bedeutung und wurden deshalb nur bei Abweichungen vom Üblichen notiert:

- Das Textbuch und sein Preis
- Verwaltungstechnisches zu den Abonnements u. a.

- Ankündigung von Redouten (Maskenbälle)
- Eintrittspreise nach Kategorien aufgeschlüsselt
- Wo die Karten für Benefizveranstaltungen gekauft werden können
- Fundsachen sowie Anfang und Ende der Veranstaltung
- Ankündigung der nächsten Veranstaltung

Fehlende Theaterzettel

Zwei Lücken im Zettelbestand der Jahre 1807 bis 1818 sind auffällig, wovon die zweite mit dem Tod König Friedrichs am 30. Oktober 1816 einsetzt. Sein Sohn und Thronerbe Wilhelm I. ließ das Hoftheater am 6. Januar 1817 wieder eröffnen. Es fehlen also keine Zettel, da überhaupt kein Spielbetrieb stattgefunden hat. Die einzige richtige Lücke, abgesehen von einzelnen fehlenden Zetteln, beginnt Ende des Jahres 1813 und endet mit dem 1. Januar 1815. Nur noch drei Zettel dieses Zeitraumes lassen sich in Aktenbüscheln[8] und Sammelbänden[9] nachweisen, es wurden also Zettel gedruckt. Da die Sammlung in Jahresbänden vorliegt und mit dem Jahresbeginn 1815 wieder einsetzt, könnte vermutet werden, dass ein Band verlorengegangen ist. Dagegen spricht aber das plötzliche Abbrechen der Sammlung im Band 1813 am 24. November, auch konnten alle Nachforschungen keine Hinweise auf die Existenz eines verschollenen Bandes erbringen. Es ist davon auszugehen, dass das Sammeln der Zettel im Dezember 1813 eingestellt, und erst 1815 wieder aufgenommen wurde[10].

Um die fehlenden Daten zu ersetzen, kann man die in den Ludwigsburger Akten erhaltenen sogenannten »Repertorien« hinzuziehen. Für das Jahr 1814 finden sich für Januar bis Juni sowie August und September Listen der Werke eines Monats mit dem jeweiligen Datum[11]. Der Bewertung dieser Quelle kommt es zugute, dass diese Listen auch aus dem Jahr 1815 erhalten sind[12]. Bei einem Vergleich der Repertorien dieses Jahres mit den Theaterzetteln zeigt sich, dass die Aufführungen bei Differenzen auf den Zetteln überwiegend später datieren als auf den Listen. Namentlich drei Premieren, die einige Tage verzögert sind, lassen den Schluss zu, dass die Repertorien die Monatsplanung darstellen, von denen bei Problemen, wie zusätzlich nötige Proben für die Neuheiten oder Änderungswünschen des Königs[13], abgewichen wurde. In den Monaten Mai und Juni 1815 scheint die Planung völlig fehlgelaufen zu sein, von 13 geplanten Opern sind laut Theaterzetteln nur 5 zur Aufführung gelangt.

Weil die Repertorien für das Jahr 1814 folglich keine den Theaterzetteln gleichwertige Quelle darstellen, und auch außer dem Namen des Werkes mit Datum keine zusätzlichen Informationen bieten, wurden sie nicht in den Datenbestand eingearbeitet und in den statistischen Untersuchungen das Jahr 1814 ausgespart. Der Betrieb scheint den Repertorien zufolge

1814 wie gewohnt weitergegangen zu sein, allerdings ist auffällig, dass der Mittwoch nicht für Opern verwendet wurde, sondern ab Mai ein festes Format für diesen Tag mit zwei Schauspielen und einem Konzertvortrag dazwischen üblich war.

Die Spieltage

In der Summe konnten 988 gespielte Opern und Schauspiele mit Gesang gezählt werden, wobei dieser Zahl, da teilweise zwei kürzere Opern an einem Abend aufgeführt wurden, nur 955 Aufführungstage gegenüberstehen. In jedem der 125 erfassten Monate wurden also im Schnitt knapp 8 Tage mit Opern bespielt, dabei ist die Streubreite recht gering: drei Viertel der Monate liegt mit sechs bis neun Aufführungen im Bereich des Mittelwertes, nur gute zehn Prozent hatten fünf oder weniger Opernabende[14] und in den restlichen Monaten wurde zehn- bis elfmal, im Oktober 1808 sogar 13mal gespielt. Diese Gleichverteilung ist erklärbar, denn es gab einen festen Plan für die Verteilung von Opern und Schauspielen auf die Wochentage, ebenso wie spielfreie Wochentage, die nur im Ausnahmefall bespielt wurden.
Die Hauptspieltage für Opern waren während der ganzen Zeit Montag, Mittwoch, Freitag und Sonntag, wobei der Sonntag mit insgesamt 391 Aufführungen den weitaus größten Anteil stellt, auf den Mittwoch entfallen immerhin noch 212 Vorstellungen, auf Freitag 152 und auf Montag 87. Dienstag, Donnerstag und Samstag sind dagegen mit 36, 43 und 30 Belegungen deutlich als Ausweichtermine zu erkennen. Die außergewöhnliche Verschiebung einer Aufführung fand jedoch nicht so oft statt, wie diese Zahlen vermuten lassen, denn in zwei Fällen wurden nachweisbar Anordnungen getroffen, die regulären Spieltage zu ändern. Dies betrifft den Sommer 1809[15] und den einzigen Versuch zur dauernden Änderung im Oktober 1813. Es wurde die Anordnung erlassen, zukünftig Mittwoch und Samstag nicht zu spielen und Donnerstag sowie Sonntag Opern zu geben. Die Theaterzettel zeigen eine konsequente Umsetzung des Erlasses, der aufgrund eines Rückgangs der Abonnentenzahlen, wie Krauß[16] mitteilt, nach einem halben Jahr wieder aufgegeben wurde[17]. Eine Anordnung zur Verlegung muss auch im Jahr 1810 angenommen werden, denn von Mai bis September finden sich 13 Opern am Donnerstag, dagegen nur eine Vorstellung am Mittwoch. Unter den Samstagen finden sich mit 13 Vorstellungen auffällig viele Benefizveranstaltungen.
Die Aufführungen sind gleichmäßig, mit einer leichten Schwäche im Sommer, über das Jahr verteilt, jedenfalls gab es keine Sommerpause und die einzige größere spielfreie Zeit war die Karwoche, die am Ostermontag traditionell (bis auf das Jahr 1816) mit einer Opernaufführung abgeschlossen wurde.

Die Spielstätten

In der untersuchten Zeit wurden in Stuttgart zwei Theater bespielt, das »Königliche große Opernhaus« und das »Königliche kleine Schauspielhaus«, wobei aber in beiden Häusern sowohl Schauspiele, als auch Opern gegeben wurden. Außerhalb Stuttgarts wurde das »Königliche Schloßtheater« in Ludwigsburg, das Theater im Schloss Mon-Repos[18], sowie die Theater in Freudental und Schorndorf[19] bespielt. Theaterzettel sind jedoch fast nur aus Stuttgart und Ludwigsburg erhalten. Aus Schorndorf liegt kein einziger Zettel vor, aus Freudental drei Opern-Zettel, in Mon-Repos sind zu dieser Zeit immerhin 16 Opernaufführungen belegbar. Da es sich in den drei letztgenannten Theatern um rein höfische Veranstaltungen gehandelt haben wird[20], ist noch ungeklärt, ob überhaupt zu allen Vorstellungen Zettel gedruckt wurden. Die erhaltenen Zettel der Theater an den Sommerresidenzen des Königs außerhalb Stuttgarts stammen alle aus den Monaten Mai bis September, einzig das Ludwigsburger Schlosstheater wurde gelegentlich im Winter bespielt[21]. Pro Jahr fanden ungefähr zehn Opernaufführungen außerhalb Stuttgarts statt, ab 1813 nur noch fünf oder weniger.
In beiden Stuttgarter Häusern wurde, bis zur Aufgabe des kleinen Hauses im Februar 1812, abwechselnd gespielt[22], wobei eine Verteilung des Repertoires auf die zwei Bühnen nicht konsequent durchgeführt, aber deutlich ist. Im großen Haus wurde wesentlich weniger gespielt, aber zumeist ernsthafte Gattungen wie opera seria und semiseria, tragédie lyrique, große Oper oder »ernsthaftes Singspiel«, was jedoch im kleinen Haus nur wenig zur Aufführung gelangte. Vertreter der rein komischen Gattungen wurden, bis auf wenige Ausnahmen, im großen Haus nicht gegeben.

Benefizveranstaltungen

Den bedeutenderen Sängern und Schauspielern des Hoftheaters wurden regelmäßig Benefizveranstaltungen zu ihren Gunsten gewährt, bei denen die Theaterkasse natürlich nichts einnahm. Dass genau die Hälfte der 87 als Benefiz aufgeführten Opern Premieren waren, ist bemerkenswert, zumal ebenfalls genau ein Drittel aller Opernpremieren des untersuchten Zeitraums Benefiz-Aufführungen waren[23]. Neben den entgangenen Eintrittsgeldern war sicher auch für die Abonnenten ärgerlich, dass Benefizveranstaltungen bei »aufgehobenem Abonnement« veranstaltet wurden, und somit für viele Premieren trotz Abonnements Eintritt gezahlt werden musste. Der Tenor Johann Baptist Krebs, als Extremfall, konnte jedes Jahr eine Opernpremiere zu seinen Gunsten auf die Bühne bringen, darunter Erfolgsstücke wie Fioravantis »Sängerinnen« und Paërs »Massinissa«.

Abonnements

Für das Stuttgarter Hoftheater waren ein monatliches und ein jährliches Abonnement erhältlich. Bis zu dem fehlenden Jahr 1814 umfasste ein monatliches Abonnement 12 Vorstellungen wovon meist eine knappe Hälfte[24] auf Opernvorstellungen entfiel, danach wurden monatlich 16 Aufführungen angeboten, wobei das Verhältnis zwischen Oper und Schauspiel gleich blieb. Das Theaterjahr ist nur durch den Beginn eines neuen Jahresabonnements gekennzeichnet, das aus zwölf einzelnen Monatsabonnements besteht, und bedeutet keine Zäsur im Spielplan. Der Beginn des Jahres schwankt merkwürdig unregelmäßig zwischen September und November[25], was daran liegt, dass die Länge des »Spiel«-Monats nicht kalendarisch festgelegt war, sondern nach der Menge der Aufführungen etwas kürzer oder länger sein konnte. So ist es zu verstehen, dass das Abo-Jahr, welches im November 1812 begonnen hatte, schon im August 1813 zu Ende war, und die Abonnenten zwei Monate bis zum Beginn eines neuen Theaterjahres warten mussten.

Premieren

Auf den Zetteln werden Premieren mit dem Hinweis »zum Erstenmal:« oder später »(Neu)« kenntlich gemacht, wobei zu beachten ist, dass ein Werk, das zum Beispiel in Stuttgart schon aufgeführt worden war, in Ludwigsburg trotzdem als Premiere angekündigt wurde. Das ist verständlich, denn außer dem Hof, der sich in Ludwigsburg in der Sommerresidenz aufhielt, war das Publikum ein anderes.
Die Anzahl der Premieren ist ein gutes Mittel, die Vitalität der Bühne zu erkennen (siehe unten): So schreibt Krauß über die Amtszeit Kreutzers »Die rege Tätigkeit und Tatkraft, die er anfangs entfaltete, hielt jedoch nicht lange an; allerhand Schwierigkeiten und Ränke scheinen ihm sein Amt allmählich verleidet zu haben.«[26] Diese Einschätzung ist anhand der Premieren in den Theaterzetteln sehr deutlich nachzuvollziehen: Vor dem Juli 1816, in dem Kreutzer seine Entlassung beantragte, findet sich eine außergewöhnlich geringe Zahl an Premieren.

Die Komponisten und ihre Werke

Den 988 erfassten Opernaufführungen stehen durch die Mehrfachaufführung der Repertoire-Opern genau 201 einzelne Werke gegenüber. Der Durchschnittswert von knapp fünf Aufführungen pro Oper hat jedoch keinen Aussagewert, denn die Streubreite liegt zwischen etlichen durchgefallenen Werken mit nur einer einzigen Aufführung und den Publi-

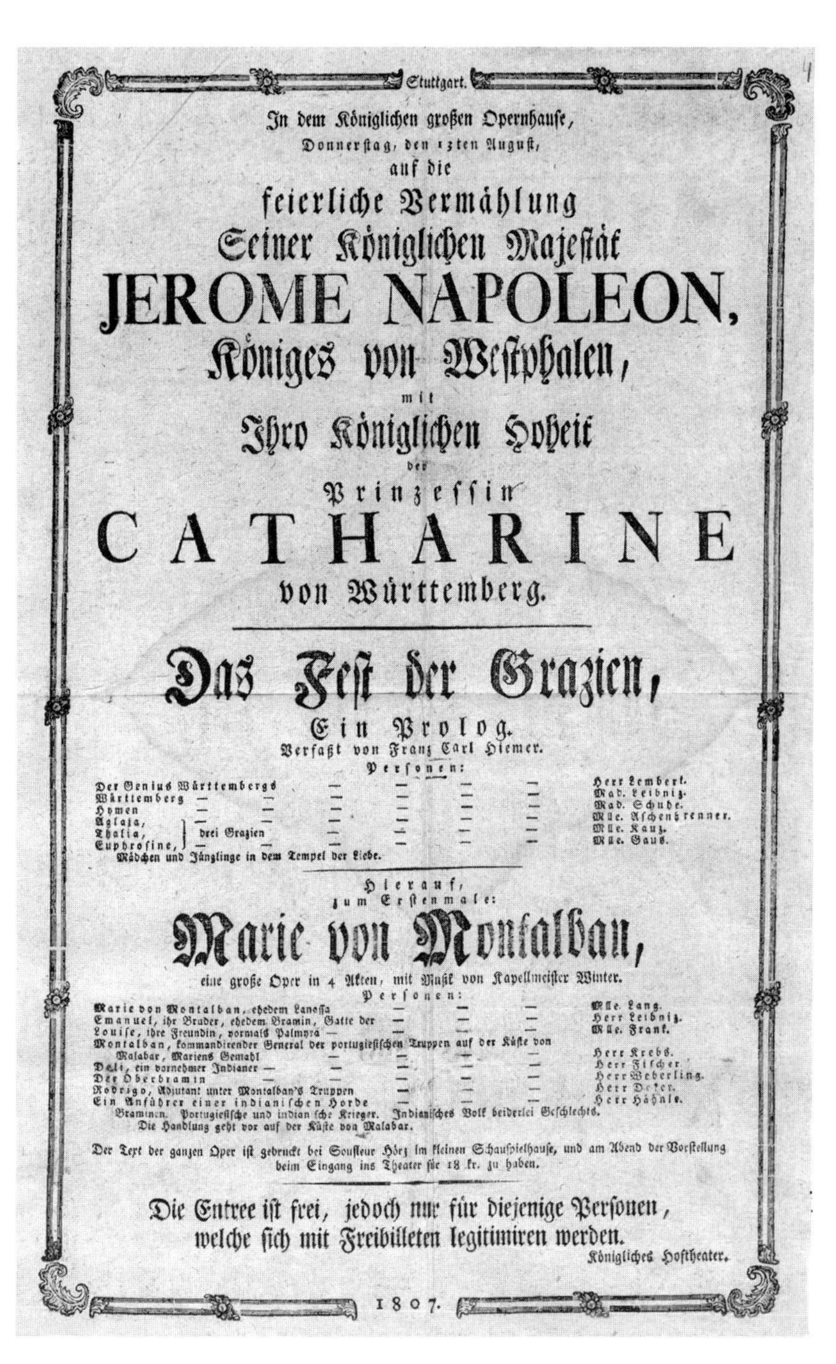
Stuttgart.

In dem Königlichen großen Opernhause,
Donnerstag, den 13ten August,
auf die
feierliche Vermählung
Seiner Königlichen Majestät
JEROME NAPOLEON,
Königes von Westphalen,
mit
Ihro Königlichen Hoheit
der
Prinzessin
CATHARINE
von Württemberg.

Das Fest der Grazien,
Ein Prolog.
Verfaßt von Franz Carl Hiemer.

Personen:

Der Genius Württembergs — Herr Lembert.
Württemberg — Mad. Leibniz.
Hymen — Mad. Schube.
Aglaja, } drei Grazien — Mlle. Aschenbrenner.
Thalia, } drei Grazien — Mlle. Kauz.
Euphrosine, } drei Grazien — Mlle. Gaus.
Mädchen und Jünglinge in dem Tempel der Liebe.

Hierauf,
zum Erstenmale:
Marie von Montalban,
eine große Oper in 4 Akten, mit Musik von Kapellmeister Winter.

Personen:

Marie von Montalban, ehedem Lanessa — Mlle. Lang.
Emanuel, ihr Bruder, ehedem Bramin, Gatte der — Herr Leibniz.
Louise, ihre Freundin, vormals Palmyra — Mlle. Frank.
Montalban, kommandirender General der portugiesischen Truppen auf der Küste von Malabar, Mariens Gemahl — Herr Krebs.
Deli, ein vornehmer Indianer — Herr Fischer.
Der Oberbramin — Herr Weberling.
Rodrigo, Adjutant unter Montalban's Truppen — Herr Deker.
Ein Anführer einer indianischen Horde — Herr Hähnle.
Braminen. Portugiesische und indianische Krieger. Indianisches Volk beiderlei Geschlechts.
Die Handlung geht vor auf der Küste von Malabar.

Der Text der ganzen Oper ist gedruckt bei Soufleur Hörz im kleinen Schauspielhause, und am Abend der Vorstellung beim Eingang ins Theater für 18 kr. zu haben.

Die Entree ist frei, jedoch nur für diejenige Personen, welche sich mit Freibilleten legitimiren werden.

Königliches Hoftheater.

1807.

Theaterzettel
des Stuttgarter Hoftheaters vom
13. August 1807

kumslieblingen von Mozart, Paër und Weigl mit über 20 nachweisbaren Aufführungen.

Mit 93 Aufführungen[27] ist Wolfgang Amadeus Mozart der zur untersuchten Zeit am meisten gespielte Komponist, von dem alle wichtigen Bühnenwerke aufgeführt wurden[28], wobei außer »Idomeneus« und zwei Bearbeitungen von »Cosi fan tutte« alles dauerhafte Erfolge waren. Danzi als erklärter Mozartverehrer machte im Jahr 1810 den glücklosen Versuch, »Idomeneus« in das bleibende Repertoire aufzunehmen, während »Cosi fan tutte« von Hummel im Jahr 1817 zweimal unter den Titeln, »So machen sie es alle« und »Mädchen sind Mädchen« aufgeführt wurde. Ab 1816 zeigt sich eine deutliche Häufung an Aufführungen der vier Repertoire-Opern, und »Titus« und »Figaro« gleichen sich, gemessen an ihrer Aufführungszahl, den weiterhin beliebten Opern »Don Juan« und »Die Zauberflöte« an.

An zweiter Stelle steht mit 86 Aufführungen Ferdinando Paër, der ebenfalls lange Zeit in Wien wirkte, als Vertreter der italienischen opera semiseria. Von ihm sind sehr viele Werke aufgeführt worden[29], wobei vier nur einmal gegeben wurden, und vier weitere mit drei bis fünf Aufführungen kurz in Mode waren und dann in Vergessenheit gerieten. Lediglich weitere vier seiner Opern können als dauerhafte Erfolge gewertet werden.

Mit 68 Aufführungen schon deutlich zurück hinter Mozart und Paër ist Joseph Weigl, der Meister des Wiener Singspiels[30]. Seine »Ostade« und die tränenselige »Schweizerfamilie« wurden oft aufgeführt, »Das Waisenhaus« hielt sich auch über mehrere Jahre, besaß es doch einen starken Lokalbezug durch das Kunstinstitut im Stuttgarter Waisenhaus, dessen Zöglinge auch in Kinderrollen auf der Bühne zum Einsatz kamen[31].

Mit Weigl gleichauf findet sich Étienne Nicolas Mehúl (66 Aufführungen) als Vertreter der Pariser opera comique. Mehr noch als bei Weigl hatten alle seine Werke dauerhaften Erfolg[32]. Das selten gespielte »Die zwei Blinden von Toledo« erlebte immerhin fünf Aufführungen in 4 Jahren. Es zeigt sich jedoch gegen Ende des untersuchten Zeitraums eine deutliche Abnahme der Aufführungen seiner Werke: 1818 wurde nur noch dreimal »Joseph und seine Brüder« gegeben.

Nach diesen vier Komponisten, deren Werke fast ein Drittel des gesamten Spielplans stellten, muss noch eine Gruppe Komponisten mit rund 40 Aufführungen[33] erwähnt werden.

Nicolas-Marie Dalayracs Werke[34] zeigen einen sehr starken Rückgang im Lauf der Jahre: 35 Aufführungen unter Danzi stehen je vier unter seinen Nachfolgern gegenüber, die Tendenz ist aber auch unter Danzis Leitung deutlich rückläufig[35].

Peter von Winters Erfolg am Hoftheater geht vor allem auf ein einziges Stück zurück: »Das Unterbrochene Opferfest« wurde jedes Jahr (bis auf 1816) zwei bis drei mal aufgeführt und war, mit 24 Aufführungen insgesamt, das Lieblingsstück der Stuttgarter (mit »Don Juan« zusammen und

dicht gefolgt von Weigls »Schweizerfamilie« sowie den anderen Mozart-Opern).
Wenzel Müller als Vertreter des Wiener Singspiels der 1790er Jahre ist mit sieben verschiedenen Opern mehr durch die Hartnäckigkeit, mit der sich seine Werke im Repertoire halten auffällig, als durch einzelne Spitzenplätze. Interessant ist, dass von ihm noch im Jahr 1818 zwei Opern zur Premiere gebracht wurden, darunter die schon 19 Jahre alte »Teufelsmühle am Wiener Berg«.
Die restlichen 557 Aufführungen verteilen sich auf 70 weitere Komponisten, wobei Menge und Erfolg der Werke verschiedener Komponisten natürlich stark voneinander abweichen. Von Einigen wurde nur ein einziges beliebtes Werk aufgeführt[36], von Anderen hatten mehrere Werke Premiere, die aber alle nicht mehr als zwei Aufführungen erlebten[37]. 16 Komponisten sind überhaupt nur mit einer einzigen Aufführung belegt.
Eine Sonderstellung nimmt Gioacchino Rossini ein, im Zuge des europaweiten »Rossini-Fiebers« kommt es auch in Stuttgart unter Hummels Leitung zu einer plötzlichen Begeisterung für seine Werke. 1817 beginnt sein Aufstieg mit zwei Aufführungen des »Tancred« im Februar[38] und Juni, im Januar 1818 folgt eine dritte. Im August dieses Jahres ist eine erstaunliche Zunahme der Aufführungen zu verzeichnen, und in den fünf Monaten bis zum Jahresende wird je fünfmal »Tancred« und »die Italiener in Algier« gegeben.
Rossini gehört mit Gasparo Spontini und François Adrien Boieldieu zu den drei Komponisten, deren Werke am deutlichsten eine zunehmende Aufführungsfrequenz zeigen, Boieldieus »Johann von Paris« kommt 1812, im Jahr der Pariser Premiere, bereits nach Stuttgart, und nachdem es sich als Erfolgsstück erweist, werden 1815 bis 1817 drei weitere Opern in das Repertoire genommen, von denen aber nur der schon recht alte »Telemach« (uraufgeführt 1806 in St. Petersburg) einigermaßen erfolgreich war.
Deutlicher als die zunehmenden Tendenzen, die auch dadurch entstehen, dass die Komponisten erst am Beginn ihrer Schaffensperiode stehen, ist die Abnahme der Aufführung von Werken anderer Komponisten. In erster Linie betrifft dies die Vertreter der Pariser opéra comique und der drames lyriques: Nicolas-Marie Dalayrac, Etienne Nicholas Mehúl und Luigi Cherubini, weniger deutlich Henri Montan Berton, Jean-Pierre Solié und André-Ernest-Modeste Gretry. Die Neuorientierung der opéra comique in der Nachfolge della Marias mit Boieldieu und Nicolò Isouard konnte den Triumph des italienischen Repertoires über das französische nicht stoppen. Bis 1813 wurden in rund der Hälfte[39] aller Aufführungen italienische und französische Werke einigermaßen gleich verteilt gegeben. Ab 1815 zeigt sich dann eine deutliche Tendenz zu mehr italienischen Werken, das deutsche Repertoire nimmt einen Raum von konstant 40 Prozent ein und das italienische wächst auf Kosten der französischen

Opern von 25 Prozent auf 45 Prozent, womit im Jahr 1818 sogar mehr italienische Werke gespielt wurden als deutsche. Die Aufführungssprache war jedoch, im Gegensatz zum Beispiel zu München mit seinen italienischen Gastspieltruppen[40], im ganzen Zeitraum generell deutsch.

Lokalkomponisten

In Stuttgart selbst gab es eine ganze Reihe Personen, die sich mit der Komposition von Opern beschäftigten. Die meisten waren Mitglieder im Orchester oder als Sänger tätig, wobei zumeist auch die Libretti aus Stuttgart stammten. An erster Stelle ist der Librettist Franz Karl Hiemer zu nennen, der als angestellter Theaterdichter auch mit der Übersetzung von fremdsprachlichen Opern beschäftigt war.

Die herausragende Figur unter den Lokalkomponisten ist Konzertmeister und Chordirektor Wilhelm Sutor, der immerhin 24 Aufführungen seiner Werke verbuchen konnte, wobei auch hier der Erfolg vor allem auf den 11 Aufführungen seiner Oper »Apollo's Wettgesang« gründet, die 1808 im Jahr der Premiere bereits fünfmal gegeben wurde. Die anderen fünf Werke konnten sich nicht längere Zeit im Repertoire halten oder wurden nur vereinzelt wieder aufgeführt.

Die übrigen Lokalkomponisten waren:

Friedrich Knapp (Registrator)	3 Werke / 7 Aufführungen
Ludwig Abeille (Konzertmeister)	2 Werke / 4 Aufführungen
Johann Michael Müller (Instr.-Direktor)	2 Werke / 3 Aufführungen
Joseph Fischer (Bass und Opernregisseur)	1 Werk / 2 Aufführungen
Johann Nepomuk Schelble (Tenor)	1 Werk / 2 Aufführungen
Konrad Kocher (Musiklehrer)	2 Werke / 2 Aufführungen
Christian Ludwig Dieter (Violinist)	1 Aufführung
Schwegler [genannt »der Erste«]	1 Aufführung

Die Stuttgarter Hofkapellmeister waren ebenfalls mit Opernkompositionen beschäftigt. Von Danzis Vorgängern wurden Bühnenwerke von Johann Rudolph Zumsteeg und insbesondere sein Singspiel »Elbondokani« in den ersten Jahren noch außerordentlich gern gespielt. Niccolò Jommellis Kompositionen wurden nicht mehr gegeben; das »Verzeichnis der Opern, welche bey dem Musikalien Depot des königlichen Hof-Theaters vorhanden sind«[41] von 1812 gibt zu den zwei Partituren, die den Theaterbrand von 1802 überlebten, den Grund an: »sind italienisch vorhanden und nicht übersetzt«.

Franz Danzi war schon in München bemüht gewesen, als Opernkomponist bekannt zu werden, dies gelang ihm jedoch auch in Stuttgart nicht in gewünschter Weise. Die beiden Aufführungen seiner Münchner Oper »Die Mitternachtsstunde« erfolgten 1808 im Abstand von zwei Wochen in Ludwigsburg und Stuttgart, und nachdem er zunächst an einen Erfolg

glaubte[42], blieb es bei diesen zwei Aufführungen. Sein Melodram »Dido« wurde 1811 nur einmal gegeben und sein letztes Stuttgarter Werk, das Singspiel »Eugen und Camilla, oder: der Gartenschlüssel« immerhin zweimal mit größerem Abstand im März 1812 und Januar 1813.
Sein Nachfolger Conradin Kreutzer erfreute sich beim Stuttgarter Publikum größerer Beliebtheit, acht seiner Opern wurden aufgeführt, wobei drei durchfielen, und drei weitere nur im Jahr der Premiere mehrmals aufgeführt wurden. Lediglich »Feodore« und »Zwei Worte, oder: die Nacht im Walde« wurden gelegentlich aufgeführt, beide Werke können mit sechs bzw. fünf Aufführungen aber auch nicht als wirkliche Erfolge gerechnet werden.
Johann Nepomuk Hummel schließlich trat in Stuttgart nicht als Opernkomponist in Erscheinung, ließ sich aber zwischen den Schauspielen gern mit »Phantasien auf dem Pianoforte« hören.

»Leichte Muse«

Da das Hoftheater sehr auf den finanziellen Erfolg achten musste, konnte die Auswahl des Repertoires selten nach rein künstlerischen Gesichtspunkten erfolgen, denn der Wunsch des Publikums nach leichten oder rührseligen Stücken musste erfüllt werden. Dazu war das Hoftheater in Stuttgart das einzige Theater und hatte die ganze Bandbreite des Repertoires von der alltäglichen Unterhaltung bis zu Feierlichkeiten des Hofes abzudecken. In anderen Residenzstädten der Zeit waren diese Aufgaben auf mehrere Bühnen verteilt, und das jeweilige Hoftheater konnte sich in weit größerem Umfang den künstlerisch anspruchsvolleren Gattungen widmen.
Vaudevilles und Quodlibets, die sich in Stuttgart großer Beliebtheit erfreuten, sind, neben den unzähligen komischen Opern des französischen Repertoires, typische Vertreter der gehobenen Unterhaltung. Zwölf derartige Werke können immerhin 45 Aufführungen für sich verbuchen[43], wobei gerade bei diesen Stücken die Entscheidung schwer fällt, inwieweit sie dem Bereich der Oper überhaupt zuzuordnen sind. Hier wurden solche Werke mitgezählt, auf deren Zettel der musikalische Gehalt ausdrücklich erwähnt wird, oder durch den Hinweis auf ein Textbuch »zu den Arien und Gesängen« kenntlich ist. Dass es an parodistischen Absichten auf den normalen Opernbetrieb bei diesen Werken nicht mangelt, zeigt der Zettel zur Premiere am 6. Februar 1815 (siehe Abbildung S. 166) von »Rodrich und Kunigunde, oder: Der Eremit vom Berge Prazzo, oder: Die Windmühle auf der Westseite, oder: Die lange verfolgte und zuletzt doch triumphierende Unschuld«. Neben der Verspottung der beliebten Sitte, den Operntitel mit einem in seinem Nutzen zumeist fraglichen Untertitel zu versehen, wird die auf den Titel folgende

Stuttgart.

Mit aufgehobenem Abonnement.

Montag, den 6ten Februar,
zum Benefiz für Herrn Lembert:
zum Erstenmal:

Roderich und Kunigunde,

oder:

Der Eremit vom Berge Prazzo,

oder:

Die Windmühle auf der Westseite,

oder:

Die lange verfolgte und zuletzt doch triumphirende Unschuld,

ein dramatischer Galimathias als Parodie aller Rettungsstücke und aller gewöhnlichen Theater-Coups mit verschiedenen Dekorationen geziert, mit Gefechten und Evolutionen ausgestattet, durch einen Tirannen und mehrere Räuber schauerlich, durch eine heimliche Ehe interessant gemacht, und zulezt durch eine Feuersbrunst erwärmt, in zwei Akten von Castelli; Musik von Mozart, Cherubini und andern.

Personen des Prologs:

Der Schauspiel-Direktor —	Herr Blumauer.
Herr Walm — — —	Herr Pauli.
Der Dichter — — —	Herr Hartmann.

Personen des Stücks:

Sakripandos, ein Tirann, in Kunigunde verliebt — — — —	Herr Miedke.
Detrussando, ein Räuberhauptmann, Sakripandos Helfershelfer und Ausführer seiner schändlichen Plane — —	Herr Jost.
Graf Childebrand, Kunigundens Vater, gegenwärtig als Eremit auf dem Berge Prazzo lebend — — — —	Herr Vincenz.
Ritter Roderich von Taubenklee, dessen Neffe, heimlich mit Kunigunden vermält, erscheint als Geist — — —	Herr Lembert.
Kunigunde, Childebrands Tochter —	Mad. Gehlhaar.
Der kleine Roderich, ein Knabe von 5 Jahren, Roderichs und Kunigundens Söhnlein	Mine Dardallon.
Malinotto, Roderichs Knappe —	Herr Keppler.
Billino, ein junger Bauer — —	Herr Löhle.
Ein alter Landmann — —	Herr Gehlhaar.
Fraskasollotto, } Räuber — —	Herr Hölzl.
Schraffamuzzio, } Räuber —	Herr Schlooz.
Pissikransavamiro, } Räuber — —	Herr Leibniz.
Erster } Knecht Sakripandos — — — —	Herr Hörz.
Zweiter } Knecht Sakripandos —	Herr Fürst.
Dritter } Knecht Sakripandos — — — —	Herr Mercy.

Reisige. Landleute.
Die Handlung geht um- auf und im Berge Prozzo vor.

Vorher zum Erstenmale:

Raphael,

historisches Lustspiel in einem Akt.

Personen:

Fürst Augustin Chigi — —	Herr Eßlair.
Raphael — — — —	Herr Lembert.
Cäcilie — — — —	Mad. Eßlair.

Billets sind bei Herrn Lembert in der Bebenhäuser Gasse Lit. C., Nro. 141 und Abends an der Kasse zu haben.

Ober-Direction des Königlichen Hof-Theaters.

1815.

Der Anfang ist um Fünf, das Ende nach 8 Uhr.

Theaterzettel
des Stuttgarter Hoftheaters vom 6. Februar 1815

Gattungsangabe mit Beschreibung des Stückes noch deutlicher: »ein dramatischer Galimathias als Parodie aller Rettungsstücke und aller gewöhnlichen Theater-Coups mit verschiedenen Dekorationen geziert, mit Gefechten und Evolutionen ausgestattet, durch einen Tirannen [sic!] und mehrere Räuber schauerlich, durch eine heimliche Ehe interessant gemacht, und zuletzt durch eine Feuersbrunst erwärmt, in zwei Akten von Castelli; Musik von Mozart, Cherubini und andern.« Auch die mitwirkenden Personen sind schon auf dem Zettel deutlich als Karikaturen zu erkennen.

Repertoire-Übersicht

Mit ca. 27 Prozent stellt das deutsche Singspiel den weitaus größten Anteil am Repertoire des gesamten Zeitraums, wobei nicht einmal zehn Prozent der Singspiele der norddeutschen Tradition angehören, die meisten wurden in Wien uraufgeführt, etliche auch in München oder Stuttgart selbst. Die Gattung zeigt einen deutlichen Rückgang im Verlauf der elf Jahre[44]. Die französische opéra comique hält ca. 18 Prozent und zeigt ebenfalls, wie oben schon erwähnt, einen deutliche Verlust in den letzten Jahren. Das italienische Repertoire verteilt sich auf vier Prozent opera seria, 13 Prozent opera semiseria und schließlich zehn Prozent opera buffa. Einzig die opera seria hat am Anwachsen der italienischen Werke keinen Anteil, während die beiden anderen Gattungen im letzten erfassten Jahr schließlich auf jeweils rund 20 Prozent aller Aufführungen anwachsen.
Die Produktivität der Bühne, vor allem unter Danzis Leitung, zeigt sich bei einem Vergleich mit dem Mannheimer Hoftheater, dessen Theaterzettel veröffentlicht wurden[45], und einen detaillierten Vergleich erlauben. Auch der rein summarische Vergleich ist bereits genügend aussagekräftig: Unter Danzis Leitung fanden in den beiden Stuttgarter Häusern durchschnittlich 92 Opernaufführungen pro Jahr statt, die Mannheimer Bühne liegt mit durchschnittlich 57 Aufführungen weit zurück. Während unter Kreutzer und Hummel mit 88 die jährliche Menge etwas zurückging, erlebte Mannheim 1813 bis 1816 eine Blütezeit und produzierte durchschnittlich 82 Opern im Jahr, jedoch 1817 und 1818 wieder unter 70 Opern jährlich.
Noch deutlicher wird der Unterschied, wenn nur die Premieren verglichen werden: In Mannheim wurden im untersuchten Zeitraum jährlich zwischen fünf und zehn neue Opern auf die Bühne gebracht[46], in Stuttgart unter Danzi im Durchschnitt fast 16 Neuheiten, unter Kreutzer und Hummel dagegen etwas mehr als acht. Es darf natürlich nicht übersehen werden, dass Stuttgart in den ersten Jahren einen großen Nachholbedarf[47] hatte, während in Mannheim keine Phase des Niedergangs zu verzeichnen war. Der Vergleich der Premieren mit München ist nur in den ersten Jahren möglich, später ist die Situation durch Gastspiele und meh-

rere Theater in der Stadt nicht mehr vergleichbar. Mit durchschnittlich acht Premieren 1807 bis 1810 bringt die Münchner Bühne aber nur geringfügig mehr Neuheiten als Mannheim.

Aufführungssprache

Die Opernaufführungen am Stuttgarter Hoftheater erfolgten zu der untersuchten Zeit generell auf deutsch. Unter den fast 1000 erfassten Aufführungen sind nur drei fremdsprachliche belegbar[48]. Die nahezu ausschließliche Verwendung der Landessprache lässt sich durch mehrere Anhaltspunkte erhärten. Das auffälligste sind sicher die übersetzten Titel der Opern[49], oft sogar in Verbindung mit dem ausdrücklichen Hinweis auf die Originalsprache und den Übersetzer[50]. Alle Partituren, die im Zusammenhang dieser Arbeit bisher eingesehen wurden, sind entweder nur mit deutschem Text versehen, oder der Übersetzungsvorgang ist durch zusätzlich unterlegten deutschen Text von anderer Hand nachvollziehbar. Auch der oben schon erwähnte Umstand, dass Jommellis Opern nicht mehr aufgeführt wurden, weil sie nur italienisch vorhanden sind, muss so gedeutet werden.

Rezitative versus Dialoge

Wie anhand der Partituren zu erkennen ist, wurden in allen Opern gesprochene Dialoge verwendet. Am prekärsten zeigt sich dieser Umstand in den Werken der opera seria. So wurden der Partitur von Mozarts »Titus«, laut Zettel eine »nach la Clemenza di Tito frei bearbeitete Oper«, die Rezitative erst um 1850 hinzugefügt[51]. Die Partituren der anderen Werke aus dem Bereich der opera seria zeigen alle zwischen den Arien die typischen farbigen Zettel eingeklebt, die zur Orientierung eine Kurzfassung der Dialoge bieten. Allerdings wurden nur das Secco-Rezitativ und längere Accompagnato-Rezitative durch Dialoge ersetzt, die einleitenden Rezitative vor Arien wurden ebenso beibehalten, wie Passagen in größeren musikalischen Zusammenhängen[52]. In einigen der Partituren sind die Rezitative enthalten, aber mit Rotstift der Vermerk »bleibt weg« ergänzt. Eine Partitur, die den Bearbeitungsvorgang anschaulich macht ist »Trajan in Dazien« von Guiseppe Nicolini; sie wurde offenbar in der italienischen Originalgestalt abgeschrieben oder angekauft und zeigt neben dem fremdsprachlichen Titelblatt »Trajano in Dacia / Opera seria / in due Atti« durchgehend Rezitative und italienischen Text. Von fremder Hand wurde der Partitur dann ein deutscher Text unterlegt, allerdings nicht bei den Secco-Rezitativen, an deren Stelle die erwähnten Dialogzettel mit deutschem Text eingelegt wurden. Nicola Zingarellis Werk »Gerusalemme«, das auf dem Zettel als »große Oper« bezeichnet ist, mit seinem geistlichen Text aber Nähe zum Oratorium zeigt, demonstriert ein ähnliches Bild. Hier wurden die Rezitative zusätzlich zum fehlenden Text noch ausdrücklich mit Rotstift als wegbleibend markiert. Die einleitenden Accompagnato-Rezitative »dopo la cavatina« wurden ebenfalls gestrichen, bis auf die ebenfalls deutsch unterlegten Allegro-Teile unmittelbar vor den Arien, aber später neu komponiert[53] und zusätzlich eingebunden. Eine umfassendere Untersuchung, auch im zeitgeschichtlichen Kontext, wird sich dieser Frage stellen.

Anmerkungen

1 Durch König Friedrich I. erhielt das Hoftheater erhebliche Zuschüsse und persönliche Anteilnahme bis hin zur Auswahl des Repertoires. Während sein Vorgänger das Theater an Unternehmer verpachtet hatte, die allesamt Schwierigkeiten hatten, dem Ruin zu entgehen, war Friedrich, sicher auch aus repräsentativen Zwecken, an einer leistungsfähigen Bühne interessiert.

2 Veröffentlicht in: Volkmar von Pechstaed, *Franz Danzi Briefwechsel* (1785–1826), Tutzing 1997. Alle Briefe Danzis zitiert nach dieser Edition.

3 In diesem Fall ca. 38 auf 27 cm.

4 Weitere Untersuchungen werden die zusätzlichen Möglichkeiten heranziehen (Zeitungen, Spielpläne und Jahresrückblicke).

5 Staatsarchiv Ludwigsburg E 18 I Bü 318.

6 Aufführung am 26. oder 30. Dezember 1808.

7 Bei »Der Dorfbarbier«, der mit einem Kreuz versehen ist, bei Danzi aber nicht mit »neu einstudiert« erwähnt wird, handelt es sich jedoch ebenfalls um den ersten Nachweis der Oper in der Zettelsammlung.

8 Staatsarchiv Ludwigsburg E 18 I Bü 309: zwei Zettel (eine Oper).

9 Württembergische Landesbibliothek Stuttgart Sammelband »Hoftheaterzettel 1804; 1814–1818; 1823«: ein Zettel mit Schauspiel.

10 Ob Tod oder Entlassung des Archivars als mögliche Ursache wäre zu klären.

11 Staatsarchiv Ludwigsburg E 18 I Bü 158.

12 Staatsarchiv Ludwigsburg E 18 I Bü 165.

13 Ein Beispiel findet sich im Staatsarchiv Ludwigsburg E 18 I Bü 189: Brief des Königs an Theaterdirektor von Wächter (15. September 1810): »Seine königliche Majestät haben den [...] vorgelegten Entwurf eines Repertorii [...] eingesehen«.

14 Diese Zahl enthält auch die Monate, in denen die spielfreie Karwoche die möglichen Termine einschränkte, und die Monate vor Danzis Amtsantritt, in denen fast nur Theater gegeben wurde.

15 Theaterzettel vom 24. Juni 1809 mit dem Verwaltungshinweis: »Da die Abänderung dahin getroffen worden ist, dass während dieses Sommers, statt des Montags, am Dienstag die Vorstellungen gegeben werden«.

16 Rudolf Krauß, *Das Stuttgarter Hoftheater von den ältesten Zeiten bis zur Gegenwart*, Stuttgart 1908, S. 122.

17 Ab Anfang Mai 1814 zeigen die Repertorien wieder den Freitag statt des Donnerstags als Operntag.

18 Schreibweise der Theaterzettel.

19 Krauß, 1908, S. 121.

20 Keiner der Zettel aus Mon-Repos und Freudental ist mit einer Preisliste versehen, während in Ludwigsburg regelmäßig eine solche gesetzt wurde.

21 Zwei Opernaufführungen im Dezember 1807.

22 Ab Juni 1808 wurde das kleine Schauspielhaus renoviert und folglich nur im großen Haus gespielt. Die Wiedereröffnung fand am 19. Oktober 1808 mit Fioravantis »Sängerinnen auf dem Lande« statt. Krauß schreibt fälschlicherweise (S. 120), der Umbau hätte im Frühjahr stattgefunden.

23 137 Premieren insgesamt, 44 Premieren als Benefiz.

24 Meistens zwischen vier und sieben Aufführungen.

25 1815 und 1816 war der Beginn des Theaterjahrs im März, wurde aber 1817 durch Verteilung der zwölf Monatsabonnements auf 14 Monate und Einschub zusätzlicher Monatsabonnements wieder auf den Herbst verlegt.

26 Krauß, 1908, S. 124.

27 Das sind fast zehn Prozent aller gespielten Opern.

28 Don Juan: 24 Aufführungen; Titus: 22; Die Zauberflöte: 21; Die Entführung aus dem Serail: 15; Die Hochzeit des Figaro: 8; Idomeneus, König von Kreta: 1; [Cosi fan tutte]: 2.

29 Sargines, oder: der Triumph der Liebe: 20; Camilla: 19; Achilles: 12; Massinissa: 12; Der lustige Schuster: 7; Leonore, oder: Spaniens Gefängnis bei Sevilla: 5; Griselda: 3; Agnese: 3; Dido: 2; Der Scheintode [sic]: 1; Die Macht der Liebe: 1; Lodoiska: 1.

30 Die Schweizerfamilie: 23; Ostade: 18; Das Waisenhaus: 8; Der Korsar aus Liebe: 6; Die Uniform: 6; Kaiser Hadrian: 4; Das Gut im Gebirge: 3.

31 Anfang 1812 wurde das Institut eröffnet, aber im siebten Jahr seines Bestehens schon wieder aufgelöst. Dennoch sind aus ihm eine ganze Reihe gute Schauspieler und Opernsänger hervorgegangen. (Krauß, 1908, S. 134).

32 Helene: 16; Vetter Jakob: 14; Joseph und seine Brüder: 12; Der Schatzgräber: 10; Uthal: 9; Die zwei Blinden von Toledo: 5.

33 Dalayrac 43 Aufführungen; Winter 39; Müller 36.

34 Auf den Theaterzetteln findet sich stets die Schreibweise d'Alayrac.

35 1807: 5 Aufführungen, 1808: 10, 1809: 6, 1810: 6, 1811: 4, 1812: 4.

36 Friedrich Heinrich Himmel mit »Fanchon, das Leiermädchen« (17 Aufführungen), Henri Montan Berton mit »Aline, Königin von Golkonda« (13), Johann Baptist Schenk mit »Der Dorfbarbier« (12) sowie Jean-Pierre Solié mit »Das Geheimnis« (11).

37 Domenico Cimarosa: 3 Opern; 4 Aufführungen, Franz Danzi: 3 Opern; 5 Aufführungen.

38 Der Zettel der Premiere wurde herausgeschnitten, nur noch die Ankündigung und ein schmaler Papierstreifen weisen auf die Aufführung hin.

39 Stark schwankend zwischen 45 Prozent (1809) und 60 Prozent (1812).

40 Siehe: Hubertus Bolongaro-Crevenna, *L'Arpa festante*. Die Münchner Oper 1651–1825, von den Anfängen bis zum »Freischützen«, München 1963. Auswertung der Münchner Theaterzettel nach Premieren S. 209 ff. Ab 1815 zunehmende Anzahl an italienischspra-

chigen Premieren; der Impresario A. Cera aus Bologna bringt mit seiner Truppe den deutschen Opernbetrieb 1816 und 1817 fast zum Erliegen. 1810 Gastspiel französischer Schauspieler mit elf fremdsprachlichen Opernpremieren.

41 Staatsarchiv Ludwigsburg E 18 I Bü 1973.

42 Danzi schreibt am 20. November 1808 nach München, dass die Oper »mit Beifall« gegeben wurde. (Staatsarchiv Ludwigsburg E 18 I Bü 318).

43 17 Aufführungen entfallen auf Ignaz von Seyfrieds beliebtes Vaudeville »Rochus Pumpernickel«.

44 1808 bis 1811 zwischen 30 und 40 Prozent, ab 1812 zwischen 20 und 25 Prozent.

45 Oscar Fambach, *Das Repertorium des Hof- und Nationaltheaters in Mannheim* 1804–1832, Bonn 1980 (= Mitteilungen zur Theatergeschichte der Goethezeit, Bd. 1).

46 Im Durchschnitt 7 Opern pro Jahr.

47 Franz Danzis erstes Jahr als Hofkapellmeister stellt mit 21 Premieren den absoluten Höhepunkt dar und macht den Eifer sichtbar, mit dem er sich der, wegen der Krankheit seines Vorgängers Johann Friedrich Kranz, lethargisch gewordenen Bühne annahm. Bis zu seinem Wechsel nach Karlsruhe Ende 1812 sinkt die Anzahl der jährlichen Premieren auf 13.

48 Am 15. Februar 1808 wurde Georg Bendas Melodrama »Pygmalion« »in französischer Sprache vorgetragen«. Am 23. Oktober 1809 wurde »in italienischer Sprache« Antonio Salieris Oper »Trophons Zauberhöhle« gegeben. Freier Eintritt aus Anlass des Besuchs Kaiser Napoleons in der Stuttgarter Oper (siehe Staatsarchiv Ludwigsburg E 18 I Bü 318, Brief Danzis vom 7. November 1809). Am 10. Juni 1817 »Siffera's Tod, große italienische Cantate [...] von Joseph Siboni« (möglicherweise auch deutsch aufgeführt).

49 Teilweise wird ein ganz neuer deutscher Titel gegeben, der eine präzise Zuordnung zum Originalwerk unmöglich macht.

50 Z.B. »nach dem französischen, bearbeitet von...«, »aus dem italienischen übersetzt«.

51 Siehe handschriftlicher Katalog zum Bestand HB XVII der Württembergischen Landesbibliothek Stuttgart von Alexander Eisenmann, 1926.

52 Vor allem in den Finali und anderen Ensemblestücken.

53 Alexander Eisenmann identifizierte im Katalog die Handschrift der Alternativen mit der Conradin Kreutzers, in dessen Amtsperiode die Premiere am 6. November 1814 fiel.

»Stuttgart – Koenigliches Hof-Theater«
Stahlstich von Heinrich Gugeler
nach einer Zeichnung von Friedrich Keller,
2. Hälfte 1840er Jahre.
1845/46 wurde unter der Leitung der
Hofbaumeister Ferdinand Gabriel und
Ludwig Friedrich Gaab das Neue Lusthaus
gänzlich zum Theater umgebaut. Das
ganze Gebäude wurde um ein Stockwerk
erhöht, und auf allen Seiten wurden
Anbauten angebracht. Ein weiterer
Innenumbau erfolgte 1883

Regesten zum Repertoire der Stuttgarter Hofoper 1800–1850

Clytus Gottwald

Im Zuge der Katalogisierung der Opernhandschriften der Württembergischen Landesbibliothek (Signaturgruppe HB XVII) erwies es sich als notwendig, den Bestand E 18 I des Staatsarchivs Ludwigsburg zu untersuchen, in dem die Akten zur Erwerbungspolitik der Hofoper aufbewahrt werden. Obwohl längst nicht mehr vollständig, geben sie doch signifikante Auskunft darüber, welche Geschäftsbeziehungen die Intendanz unterhielt, um an neue Opern, Singspiele und Possen mit Musik zu kommen. Dadurch ließen sich die auf Grund der Papiermarken bestimmten Provenienzen zeitlich näher eingrenzen, was mit Hilfe der Papiermarken wegen des Mangels an detaillierten Findbüchern nur unzureichend gelingen wollte.

Auffällig sind die vielen Verzeichnisse der Opern, die der Kurfürst, bzw. König zu Anfang des Jahrhunderts anlegen ließ. Dieses Phänomen geht zurück auf den Theaterbrand vom September 1802, der fast den gesamten Notenbestand vernichtete. Die Neubeschaffung der Partituren muss sich mit einer gewissen Hektik vollzogen haben; denn immer wieder kontrollierte der Monarch, ob diese Neubeschaffung mit der gebotenen Eile

durchgeführt wurde. Offenbar nahm man es deshalb mit den Nachweisen, was wo zu welchem Preis gekauft wurde, nicht so genau.
Die Ordnung der Regesten erfolgt chronologisch, die Büschelnummer ist in [eckiger] Klammer dem Datum nachgesetzt. Originalzitate sind *kursiv* wiedergegeben. Folgende Büschel sind nicht aufgenommen:
E 18 I, Bü 190 enthält nur Theaterzettel.
E 18 I, Bü 194 enthält Akten zu Gastspielen fremder Gesellschaften.
E 18 I, Bü 195 enthält ein Verzeichnis der eingereichten und zurückgelegten Stücke 1855.
E 18 I, Bü 196 dasselbe für 1859.

Personenverzeichnis der Hoftheaterverwaltung:
Danzi, Franz (1763–1826), Hofkapellmeister 1807–1812.
Döring, Ludwig Wilhelm Herrmann. Verwaltungsdirektor ca. 1805–1816.
Friedrich I. von Württemberg (1754–1816). 1797 Herzog. 1803 Kurfürst. 1805 König.
Gall, Ferdinand von (1790–1872). 1846–1869 Intendant.
Hummel, Johann Nepomuk (1778–1837), Hofkapellmeister 1816–1818.
Kranz, Johann (1754–1807), Hofkapellmeister 1803–1807.
Kreutzer, Conradin (1780–1849), Hofkapellmeister 1812–1816.
Lehr, Friedrich von (ca. 1780–1854). 1820–1829 Intendant.
Leutrum, Victor Emanuel Philipp von (-1842). 1829–1841 Intendant.
Lindpaintner, Peter Joseph von (1791–1856), Hofkapellmeister 1819–1856.
Mandelsloh, Ulrich Lebrecht von (1760–1827). Württembergischer Staatsminister.
Matthisson, Friedrich von (1761–1831). Dichter und Zensor.
Roeder, [?] von. Kammerherr, Oberzeremonienmeister, Mitglied der Hofintendanz ca. 1804–1806.
Taubenheim, Wilhelm von (1805–1894). 1841–1846 Komissarischer Intendant.
Wächter, Karl von (1774–1828). 1807–1814, 1816–1820 Intendant.
Wechmar, Ernst Adolph Heinrich von 1814–1816 Intendant.
Wilhelm I. von Württemberg (1781–1864). 1816 König.

7. Februar 1801 [189]
Friedrich verbietet die Aufführung von Schillers *Wallensteins Lager*, *Die Piccolomini* und *Wallensteins Tod.*

1802[189]
Consignation Von den Musicalien welche nach dem Brand des Theaters d. 18. Septr. 1802 gerettet wurden.
Gerettet wurden: *Don Juan. Korsar aus Liebe. Baum der Diana. Didone. Verwirrung aus Ähnlichkeit. Idoli. Graf Armand. Spiegel von Arcadien. Die Schöpfung. Das Pfauenfest. Amor und Psiche. Der Hausmeister* [beide von Abeille]. *Demofoonte. 34 Stück Kirchenmusik.* Der genaue Wortlaut dieser Akte findet sich bei Reiner Nägele, *Die Rezeption der Mozart-Opern am Stuttgarter Hof 1790 bis 1810.* Mozart Studien 5 (1995) Stuttgart, S. 135.
Dazu gibt es noch einen Nachtrag vom 17. Februar 1804: Neu angekaufte Opern.
1. *Das Donauweibchen 1. Theil von Kauer. ist besezt, aber noch nicht einstudirt.*
2. *Das Donauweibchen 2. Theil von Kauer. ist noch nicht ausgeschrieben.*
3. *Die theatralischen Abentheuer von Cimarosa und Mozart. ist besezt, aber noch nicht einstudirt.*
4. *Der Jurist und der Bauer von Süßmayer. zum austheilen.*
5. *Michel Angelo von Mehul. kann besezt werden.*
6. *Figaro von Mozart. ist noch nicht ausgeschrieben.*
7. *Camilla von Paer. kann ausgetheilt werden.*
8. *Die vereitelten Ränke von Cymarosa. ist noch nicht ausgeschrieben.*
9. *Il Ciabbatino oder der Schuhflicker von Fioravanti. ist bei Schlotterbeck zum übersezzen.*
10. *Die Wegelagerer von Paer. ist besezt.*
11. *Die Liebe im Narren Hause von Dittersdorf. ist noch nicht ganz ausgeschrieben.*
12. *Betrug durch Aberglauben von Dittersdorf. ist noch nicht angekommen.*
13. *Der Barbier von Sevilla von Paissello* [!]. *ist noch nicht ausgeschrieben.*
14. *Das rothe Käppchen von Dittersdorf. Ist noch nicht ausgeschrieben.*
15. *Im trüben ist gut fischen von Sarti. ist noch nicht ganz ausgeschrieben.*
16. *Oberon von Wranitzky. kann ausgetheilt werden.*
17. *Die Wette von Mozart. Ist noch nicht ausgeschrieben.*
18. *Die Zauber Zitter von Müller. muß noch in Partitur geschrieben werden.*
19. *Der Korsar von Weigel* [!]. *Ist zum austheilen.*
20. *Das Haus ist zu verkaufen. ist correct* [corrigiert] *aber noch nicht ausgeschrieben.*
Nachträge von anderer Hand: *Adelheid di Guesclin. Camilla. Der Korsar aus Liebe. Fanchon.* Undatiert und ohne Unterschrift.

1. November 1802[191]
Ein gewisser Beck aus Mannheim schickt Partitur zu *Entführung aus dem Serail* ab.

31. Dezember 1802[191]
Weimar bietet Opern von Ernst Wilhelm Wolf an.

13. Januar 1803[191]
Frankfurter Theater bietet an, Kopie vom *Sonntagskind* anzufertigen.

2. Juni 1803[193]
Sekretär Haug hat *Milton* übersetzt. Roeder bittet um Genehmigung der Aufführung.

26. April 1804[193]
Kranz wird beauftragt, bei Dr. Schmieder in Hamburg die Partitur zu *Fanchon* [von Himmel] zu kaufen.

19. Mai 1804[189]
L'Electeur voulait voir jeudi prochain à Stoccard Gustav Vasa, j'ai l'honneur de vous en prévenir Monsieur en Vous priant de vouloir donner les ordres nécessaires à cet effet. Louisbourg le 19. Mai 1804.

19. Mai 1804[193]
Wilfinger berichtet aus Wien, dass der Schauspieler Koch Kopien von Theaterstücken besorgen könne. Krebs sei in Wien angekommen und erhielt mehrere Angebote.

1. Juni 1804[193]
Christian Wilhelm Franke, Leipzig, macht Kostenvoranschlag für die *Wegelagerer.* Bietet die Operette *Die tiefe Trauer* von Berton in eigener Übersetzung an.

1804[193] Bitte der Witwe Zumsteegs um Aufführung von dessen *Frühlingsfeier* nach Klopstock. Zugesagt.

21. Juli 1804[193]
Witwe Zumsteeg schickt Rechnung für Partitur zu Haydns *Sieben Worte am Kreuz.*

11. August 1804[193]
Notiz: Haug bittet um Honorar für den Text zu *Ebondoncani.*

6. Dezember 1804[193]
Notiz an Kurfürst: Ökonomieverwalter Hopfensteck hat Oper *Die Wegelagerer* gekauft. Man wird versuchen, diese weiterzuverkaufen.

1. Januar 1805[189]
Friedrich verbietet Nachspiel zu *Das glückliche Mißverständnis.*

12. Januar 1805[193]
Roeder, Doering, Kranz etc. schlagen die Aufführung von *Lehmann oder der Thurm bei Neustadt* von Dalayrac vor.

24. Januar 1805[193]
Weber, Kirchenrats-Kanzlist, hat sich zur Komposition einer Oper entschlossen [*Das Dorf im Gebirge*].

24. Januar 1805[193]
Der Tenor Krebs hat von Wien die Partitur zur Oper *Romeo und Julia* von Zingarelli mitgebracht und bietet sie samt Übersetzung um 100 fl. an. *Fiat!*

29. Januar 1805[193]
Ignaz Walter, Regensburg liefert Partitur zu *Griselda* von Paer.

3. Februar 1805[193]
Friedrich moniert, dass zu wenig neue Stücke aufgeführt werden, und fordert dazu auf, solche zu kaufen. Auf seiner Wunschliste erscheinen folgende Titel: *Zauberzither, Richard Löwenherz. Oberon. Die Wilden. Der neue Gutsherr. Das neue Sonntagskind. Die Savoyarden. Der Eremit auf Formentera. Der Schiffspatron*, wobei *Der neue Gutsherr* und *Der Schiffspatron* das gleiche Stück von Dittersdorf bezeichnen.
Die Ober-Intendanz antwortet: *Der Eremit auf Formentera* von Dieter sei verbrannt, man müsste ihn neu anschaffen. Dazu wäre aber die Vertonung des gleichen Librettos von Ritter in Mannheim der Vertonung von Dieter vorzuziehen.

11. Februar 1805[193]
Notiz von Wächter: Dieter bittet um Ankauf der Partitur zu *Der Eremit auf Formentera.*

27. Februar 1805[191]
Weber, Stuttgart, bietet Oper *Das Dorf im Gebirge* an.

4. März 1805[191]
Kranz hält Webers Oper für anspruchslos.

30. März 1805[189]
Pro memoria an den Kurfürsten. Bezogen werden sollen: *Das Haus ist zu verkaufen* und *Adolph und Clara* mit deutschem Text, *Fanchon oder das Layermädchen* durch die Zumsteegsche Musikhandlung. *Der Miethsmann*, *Der Schreiner* und *Die Schwestern von Prag* durch den Regisseur Fischer in Frankfurt. *Der Fassbinder* von Mannheim. *Die Tante Aurore* wird nach Übersetzung auch von Frankfurt bezogen. Regisseur Fischer hat auch *Adelheid von Guesclin* von Simon Mayr und die Einlagen von den besten Meistern zu *Helene* angeboten, die erst kürzlich gegen eine Kopie der Oper *Vetter Jacob* eingetauscht wurde. Dadurch wird das Stück abendfüllend.

10. Mai 1805[193]
Notiz an Kurfürst: Grua, Hofmusiker in Mannheim, moniert Bezahlung der von ihm gelieferten Partitur zu *Zauberzither*, *Das Haus ist zu verkaufen*, *Betrug aus Aberglauben*, *Die Savoyarden*, *Die Wilden* und des Dialogs zu *Lehmann.* Gruas Brief datiert vom 5. Mai 1805.

29. Mai 1805[191]
J. C. Koenecke, Lehrer am Gymnasium in Rostock, bietet Übersetzung von Cimarosas *L'Astuzie femminili* an.

15. Juni 1805[191]
Weber, Hofbademeister, hat sich an Wintzingerode gewandt mit der Bitte, dem Kirchenrats-Kanzlisten Weber Bescheid über seine Oper zukommen zu lassen. → 27. Februar 1805.

21. Juni 1805[191]
Bescheid der Oberhofintendanz an Weber: Das Stück kann nicht sogleich gegeben werden.

8. Juli 1805[193]
Willms, Frankfurt, fordert Bezahlung für *Adelbert* und *Die Schwestern von Prag.*

27. Juli 1805[193]
Friedrich genehmigt die Aufführung der Oper *Ginerva di Scozia* auf 30. September 1805.

9. August 1805[193]
Notiz von Wächter: Baron von Steube bittet um Erledigung der Rechnung für die Oper *Milton.*

12. Dezember 1805[189]
Die Theaterdirektion wird vom Direktions-Comité aufgefordert, Mozarts *Figaro* und *Ma tante Aurore* in deutscher Übersetzung herauszubringen.

22. Dezember 1805[189]
Dr. Griesinger teilt mit, er habe sechs Opern aus Neapel erhalten: *Penelope von Cimarosa. I Traci amanti von Cimarosa. Il Credule von Cimarosa. L'impresario in angustie von Cimarosa. L'inganno felice von Paisiello. La serva innamorata von Guiglielmi.*

23. Dezember 1805[191]
Hofrat Döring erhält Auftrag, die Partituren von Dr. Griesinger zu kaufen und Cimarosas *Penelope* als erste Oper übersetzen zu lassen.

23. Dezember 1805[189]
Kapellmeister Kranz erhält Auftrag, sich mit Dr. Griesinger in Verbindung zu setzen, *auch wegen Acquisition verschiedener der schönsten Quintetts, Quartetts, Terzetts, Duetts und Arien.*

2. Januar 1806[191]
Werckmeister aus Berlin bietet *Die Sylphen* von Himmel an. Auch *Fanchon, das Leiermädchen* sei von ihm zu haben.

4. Januar 1806[189]
Pro memoria des Direktions-Comitées an den Kurfürsten: Verzeichnis der vorhandenen Musikalien. 1. *Geisterinsel von Zumsteeg;* 2. *Axur von Salieri*; 3. *Lilla von Martín*; 4. *Entführung aus dem Serail von Mozart*; 5. *Die Müllerin von Paisiello*; 6. *Der Dorfbarbier von Schenk*; 7. *Der Doctor und der Apotheker von Dittersdorf*; 8. *Der Spiegel von Arkadien von Süssmayr*; 9. *Das unterbrochene Opferfest von Winter*; 10. *Achilles von Paer*; 11. *Graf Armand von Cherubini*; 12. *Don Juan von Mozart*; 13. *Korsar von Weigl*; 14. *Baum der Diana von Martín*; 15. *Die Verwirrung aus Ähnlichkeit von Portugallo*; 16. *Das rothe Käppchen von Dittersdorf*; 17. *Idoli von Weigl*; 18. *Cosi fan tutte von Mozart*; 19. *Oberon von Dalayrac* [?]; 20. *Elbondoncani von Zumsteeg*; 21. *Liebe macht kurzen Prozess von Süssmayr*; 22. *Das Donau Weibchen von Kauer*; 23. *Das neue Sonntagskind von Miller*; 24. *Titus von Mozart*; 25. *Die Danaiden von Salieri*; 26. *Der Vetter Jacob* [von Méhul]; 27. *Camilla von Paer*; 28. *Der Jahrmarkt von Zingarelli*; 29. *Amor und Psiche von Abeille*; 30. *Der Hauss Meister von Abeille*; 31. *Das Pfauenfest von Zumsteeg*; 32. *Der lustige Schuster von Fioravanti*; 33. *Didone abbandonata von Jommelli*; 34. *Demofoonte von Jommelli.*
Es folgen Schauspiel-Musiken: 1. *Ein zu leichter Sinn von Abeille*; 2. *Chor zu den Hussitten von Weber*; 3. *Zu dem Kreuzfahrer von Abeille*; 4. *Zu Hamlet von Zumsteeg*; 5. *Zu Achmet und Zenide von Abeille*; 6. *Zur Jungfrau von Orléans 2mal Weber und Schwegler.* Es folgen Prologe, Ballett und Kirchenmusik (u.a. das Requiem von Mozart).
Im Begleitschreiben bedauern die Unterzeichneten, dass *Figaro* und *Ma Tante Aurore* noch nicht aufgeführt wurden, soll aber nachgeholt werden. Bisher seien die Aufführungen daran gescheitert, dass der Regisseur Fischer abwesend und die Sängerin Graff schwanger sei.
Dazu gibt es noch ein Verzeichnis der Opern, die zum Einstudieren bereit sind: 1. *Ginevra di Scozia von Mayr*; 2. *Barbier von Sevilla von Paisiello*; 3. *Figaros Hochzeit von Mozart*; 4. *Die Zauberflöte von Mozart*; 5. *Palmira von Salieri*; 6. *Oberon von Wranitzky*; 7. *Richard Löwenherz von Grétry*; 8. *Lodoiska von Cherubini*; 9. *Lehmann von Dallayrac*; 10. *Theatralische Abentheuer von Cimarosa.* Die meisten Opern können wegen der Schwangerschaft der Graff nicht aufgeführt werden. Sekretär Haug sei dabei, *L'intrigue aux fenêtres* und *Le Delire* zu übersetzen.

Johann Baptist Krebs (1774–1851)
Seit 1795 Sänger an der Stuttgarter
Hofoper, seit 1823 als Opernregisseur tätig.
Radierung von Fr. Fleischmann ca. 1817

9. Januar 1806[189]
Weiteres Verzeichnis der Opern, die vorhanden, aber noch nicht einstudiert sind: 1. *Die Zauberzither von Müller*; 2. *Das Haus ist zu verkaufen von Dalayrac*; 3. *Die Wilden von Dalayrac*; 4. *Die Savoyarden von Dalayrac*; 5. *Der Dorfbarbier von Schenk*; 6. *Der Spiegel von Arkadien von Süssmayr*; 7. *Liebe macht kurzen Prozess von Süssmayr*; 8. 9. *Das Donau Weibchen Theil 1–2 von Kauer*; 10. *Der Baum der Diana von Martín*; 11. *Milton von Spontini*; 12. *Der Faßbinder von Meisonier*; 13. *Der Marktschreier von Meisonier* [Süssmayr]; 14. *Die Schwestern von Prag von Meisonier* [W. Müller]; 15. *Der Eremit auf Formentera von Dieter.*
Noch nicht ausgeschrieben: 1. *Das rothe Käppchen von Dittersdorf*; 2. *Cosi fan tutte von Weigl* [!]; 3. *Amor und Psiche von Abeille*; 4. *Der Hausmeister von Abeille*; 5. *Das Pfauenfest von Zumsteeg*; 6. *Didone abbandonata von Jommelli*; 7. *Demofoonte von Jommelli*; 8. *Palmira von Salieri*; 9. *Die vereitelten Ränke von Cimarosa*; 10. *Betrug durch Aberglauben von Dittersdorf*; 11. *Das Dorf im Gebirge von Weber.*
Noch nicht übersetzt: 1. *Der lustige Schuster von Fioravanti*; 2. *Penelope von Cimarosa*; 3. *I Traci amanti von Cimarosa*; 4. *Il Credulo von Cimarosa*; 5. *L'Impresario in angustie von Cimarosa*; 6. *L'inganno felice von Paisiello*; 7. *La serva innamorata von Guglielmi.*

6. Februar 1806[191]
Musikdirektor Brandl aus Bruchsal bietet Oper an. Abgelehnt.

17. Februar 1806[192]
Hofschauspieler Carl Reinhard, München, teilt mit, dass der König Musikdirektor Cannabich nach Paris geschickt habe, um die beliebtesten Opern zu kaufen. Reinhard bietet nun Kopien an von *Die Intrigen durch das Fenster* von Isouard und von den Berton-Opern *Montano und Stephanie*, *Das unterbrochene Konzert* und *Die Romanze.*

15. März 1806[191]
Kapellmeister Kranz erstellt Gutachten zu einigen Opern, darunter *Il Credulo* von Cimarosa. In der Oper sei vieles veraltet, anderes noch gut.

[undatiert] [191]
Sutors Gutachten zu *Penelope* und der Möglichkeit, ihrer Aufführung. Schlägt Änderungen vor, die er selbst vornehmen könnte.

26. März 1806[191]
Breitkopf & Härtel bieten von Bierey *Rosette oder Das Schweizerhirten-Mädchen* an.

6. Mai 1806[191]
Willms, Frankfurt, bietet *Die Sängerinnen auf dem Lande* von Fioravanti an.

7. Mai 1806[191]
Matthäus Stegmayer, Wien, bietet eigene Dramen an, wurden jedoch zurückgeschickt. In einem Anschreiben offeriert er *Fanisca* von Weigl; Schikaneder offeriert *Swetards Zauberthal* [von Fischer] und *Vestas Feuer* von Weigl.

16. Juni 1806[191]
Willms aus Frankfurt bietet an: *Gulistan*, sowie Cherubinis *Fanisca* und Bertons *Aline, Königin von Gol-*

conda. Roeder bescheidet: *Fanisca* haben wir bereits, *Aline* ist zu teuer, bei *Gulistan* kann man noch zuwarten, da man genügend neue Opern habe.

21. Juni 1806[191]
Thadé Weigl bietet von Gyrowetz *Mirana, Königin von Amazonien* an.

20. Juli 1806[192]
Die Intendanz des Theaters in Bamberg bittet um Kopien mehrerer Opern. Der Schreiber Schaul jun. macht Kostenvoranschläge für *Figaros Hochzeit* von Mozart, *Griselda* von Paer, *Geisterinsel* von Zumsteeg, *Elbondocani* von Zumsteeg, *Lodoiska* von Cherubini und *Die unruhige Nachbarschaft* [von W. Müller].

13. August 1806[191]
Thadé Weigl, Wien, bietet von Dalayrac *Gulistan oder Der Hulla von Samarcand* an.

1. Oktober 1806[193]
Die Oper *Uthal* ist von Paris eingetroffen. Muss bezahlt werden.

17. Oktober 1806[191]
Thadé Weigl bietet von Gyrowetz *Agnes Sorel* an.

19. Dezember 1806[191]
Josef Steigenberger, Chorsänger und Musik-Kopist aus München, bietet von Winter *Fratelli rivali* an.

28. März 1807[191]
Thadé Weigl bietet von Gyrowetz *Ida* an.

19. Dezember 1808[191]
Willms, Frankfurt, schickt Verzeichnis der in Frankfurt vorliegenden Opern. Wächter hatte darum gebeten. Das Verzeichnis selbst fehlt.

9. Februar 1809[191]
Willms weist darauf hin, dass folgende Opern in Frankfurt vorrätig seien: *Soliman, Pyrrhus, Der Scheintote, Der türkische Arzt, Der Deserteur, Orpheus, Die tiefe Trauer* und *Der portugiesische Gasthof.*

25. September 1809[191]
Wächter veranlasst Bestellung der Oper *Richard Löwenherz* von Weigl bei Stegmayer.

30. September 1809[191]
Gley, Hamburg, bietet Operette *Der Unsichtbare* von Carl Eule an.

1. Oktober 1809[191]
Willms, Frankfurt, bestätigt Auftrag, ein Duett Hyon und Almansor zu *Oberon* [von Wranitzky] zu kopieren. Die beiden Arien des Almanser wurden von Stegmann neu komponiert.

27. Januar 1810[191]
Wächter drängt Stegmayer in Wien, *Rochus Pumpernickel* zu schicken, weil es an Fasching aufgeführt werden soll.

25. Februar 1810[191]
Schmitt, Frankfurt, bittet um Überlassung der Partitur zu *Leonore* von Paer zwecks Kopie. Muss dem König zur Genehmigung vorgelegt werden.

20. April 1810[191]
Wächter bestellt bei Willms: *Rochus Pumpernickel, Pyrrhus mit Musik von Zingarelli* und *L'amant jaloux. Man kann ihm dafür Musik zu Deodata geben, welches gegenwärtig so viele Sensation in Berlin macht.*

30. Mai 1810[191]
Wächter schlägt vor, bei Stegmayer in Wien die Fortsetzung des *Rochus Pumpernickel* zu bestellen.

12. Juni 1810[191]
J. J. Ihlée, Frankfurt, teilt mit, dass die Oper *Pyrrhus* [von Zingarelli] in 8–10 Tagen in Stuttgart eintreffen werde.

2. Juli 1810[191]
Schmitt, Frankfurt, übersendet verlangte Oper [welche?].

27. August 1810[191]
L. Berger, Mannheim, übersendet zwei Singspiele: *Der Zitherschläger* und *Der Gefangene* von Wenzel Müller. Kündigt Reise nach Stuttgart an. Bringt Partitur zu *Die Verwandlungen* mit.

23. Dezember 1810[191]
Oberkirchenrat Ewald, Karlsruhe, bietet *Carlo Fioras* seines Schwiegersohns F. Fränzl, Musikdirektor in München, an.

27. Januar 1811[191]
Wächter fordert Stegmayer, Wien, auf, die Oper *Macbeth* (Ouverture und Chöre) zu kopieren.

6. Februar 1811[191]
Willms, Frankfurt, kann *L'amant jaloux* nicht liefern (Anfrage vom 9. Januar 1811). Wurde unterdessen verkauft. Neu einstudiert werden in Frankfurt: *Der Papa und sein Söhnchen*, Posse von Lembert und *Der 30jährige ABC-Schütz* von Wenzel Müller. Fragt, ob Stuttgart das Trauerspiel *Der Brautkranz*, das Lustspiel *Die Neugierigen* und *Semiramis* von Catel besitze.

29. März 1811[191]
Breitkopf & Härtel bieten Beethovens Musik zu *Egmond* an.

31. Mai 1811[191]
Willms offeriert *Semiramis* von Catel und *Vestalin* von Spontini. Wächter: Zur Ansicht kommen lassen, Catel kaufen, wenn billig zu haben. Willms lehnt Ansichtssendung ab. Beschreibt Handlung von *Semiramis*.

16. Juli 1811[192]
Wächter bittet Stegmayer, Wien, u. a. um *La Passione di N. St. Giesu Christo*.

11. November 1811[191]
Wächter bestellt bei Willms, Frankfurt, Partitur und Buch zum *Tiroler Wastl*.

Dezember 1811[191]
Die Grossherzogliche Hofbuchhandlung in Düsseldorf bietet Operetten an: *List für List*, *Die beiden Tanten*, *Bachus und Amor* und *Vier Sterne*. Werden zurückgeschickt.

15. April 1811[191]
Georg Pöll, Regensburg, bietet Oper *Der aufgelöste Harem* an. Das Angebot wird nicht beantwortet.

3. Oktober 1811[191]
Peter Ritter, Kapellmeister in Mannheim, beklagt, seine Oper *Salomons Urtheil* sei in verstümmelter Form aufgeführt worden. Offeriert neue Oper *Davids Erhöhung*. Iffland habe die Partitur mit nach Berlin genommen, danach könne sie kopiert werden. Auch zwei Einakter bietet er an: *Die beiden Eremiten* und *Feodore*.

1. Januar 1812[197]
Kreutzer bittet um Aufführung seiner Oper *Fedora*, wenn sich die Aufführung von *Conradin von Schwaben* wegen der Milder-Hauptmann weiter verzögern sollte.

9. Januar 1812[191]
Schmitt, Frankfurt, bittet um Kopien von *I due gemelli* und von *Trajan* [in Dazien]. Wächter: *Gemelli* sind von Krebs, *Trajan* von Hiemer übersetzt worden, können von diesen angekauft werden.

10. Januar 1812[191]
Graf Dillen überweist Wächter eine Oper des Sachsen-Coburgischen Kapellmeisters Schneider. Bittet um Prüfung.

12. Januar 1812[197]
Kreutzer überlässt die Höhe des Honorars der Generosität der Intendanz→ 1. Januar 1812.

10. März 1812[191]
Thadé Weigl, Wien, bietet *Franciska von Foix* [von Weigl] an.

7. April 1812[197]
Königl. Dekret: Kreutzer erhält für *Conradin von Schwaben* 30 Louisd'or. Danzi hat seine Opern gefälligst umsonst zu liefern.

14. April 1812[197]
Kreutzer moniert, dass man ihm die Kopierkosten nicht erstattet habe.

15. April 1812[197]
Wächter empfiehlt Anschaffung von *Medea* von Cherubini, *Coriolan* von Nicolini, *L'amant jaloux* [von Grétry], *Schule der Eifersüchtigen* von Salieri.

19. April 1812[191]
Amon, Musikdirektor in Heilbronn, bietet Oper nach Kotzebue an.

25. April 1812[197]
Wächter empfiehlt dem König Ankauf von Cannabichs *Palmer und Amalie*.

28. April 1812[191]
Wächter hält Amons Oper für nichtssagend. Soll zurückgeschickt werden → 19. April 1812.

28. April 1812[189]
Verzeichnis der bei dem Musicalien Depot des Kgl. Hoftheaters vorhandenen Opern: Axur – Salieri; Achilles – Paer; Aufbrausende – Mehul; Abentheuer, theatralische – Cimarosa; Adelheid von Guesclin – Mayr; Adolph und Clara – Dalayrac; Ariadne – Benda; Aline – Berton; Agnes Sorel – Gyrowetz; Apollos Wettgesang – Sutor; Adrian von Ostade – Weigl; Almansor und Dilora von Danzi [!]; *Angelo, Michel – Nicolò* [Isouard]; *Abu Hassan – C.M. Weber; Augenarzt – Gyrowetz; Amor und Psiche – Abeille; Alte Überall, der – Spindler; Baum der Diana – Martín; Barbier von Sevilla – Paisiello; Betrug durch Aberglauben – Dittersdorf; Blinden von Toledo – Méhul; Blaubart – Grétry; Camilla – Paer; Caesar in Farmacusa – Salieri; Caverne, la – Le Sueur; Comedie ohne Theater – Paer; Claudine – Kienlen; Cendrillon – Isouard; Comedianten, die – Fioravanti; Camilla und Eugen – Danzi; Conradin von Schwaben – Kreutzer; Doctor und Apotheker – Dittersdorf; Donau-Weibchen 1. Theil – Kauer; Didone abbandonata – Jommelli; Demofoonte – Jommelli; Donau-Weibchen Theil 2*

– *Kauer; Dorf im Gebirge – Registrator Weber; Demona – Tuzek; Deodata* – [Bernhard Anselm] *Weber zu Berlin; Die Dorfdeputierten – Dieter; Dido – Danzi; David – Sutor; Dorfbarbier – Schenk; Entführung aus dem Serail – Mozart; Ebondocani – Zumsteeg; Elisene – Roesler; Emma oder Die Gefangene – Cherubini; Eroberung von Jerusalem – Quaisin; Fischer im Trüben – Sarti; Figaros Hochzeit – Mozart; Fanchon – Himmel; Fest der Winzer – Kunze; Fassbinder – Meisonier; Faniska – Cherubini; Festung an der Elbe – Fischer; Feodore – Kreutzer; Der Gefangene – della Maria; Geisterinsel – Zumsteeg; Graf Armand – Cherubini; Griselda – Paer; Ginevra – Mayr; Guts-Herr – Dittersdorf; Gulnare – Dalayrac; Gulistan – Dalayrac; Geheimnis, das – Solié; Gespenst, das oder Deodata – Gyrowetz (war schon vorhanden, als Allerhöchst derselbe die Aufführung der Weber-Oper befahl); Gimpel auf der Mess – Quodlibet; Hausmeister – Abeille; Haus zu verkaufen – Dalayrac; Helena – Mehul; Herodes in Bethlehem – arr. Sutor; Hausgesinde – Fischer; Hadrian – Weigl; Jurist und Bauer – Süssmayer; Jahrmarkt – Zingarelli; Iphigenie in Tauris – Gluck; Intrigue am Fenster – Isouard; Junggesellen-Wirtschaft – Gyrowetz; Ida – Gyrowetz; Joseph in Egipten – Méhul; Idomeneo – Mozart; Insulanerinnen – Abeille; Korsar – Weigl; Käppchen, das rothe – Dittersdorf; Lilla – Martín; Leman – Dalayrac; Lodoiska – Cherubini; Leonore – Paer; Müllerin, die – Paisiello; Milton – Spontini; Marktschreier – Süssmaier; Montalban – Winter; Matrimonio segreto – Cimarosa; Medea – Benda; Mitternachtsstunde – Danzi; Milch-Mädchen, das – Fischer; Massinissa – Paer; Minnesänger – Knapp; Matrose, der kleine – Gaveaux; Nina – Dalayrac; Numa Pompilius – Paer; Nachbarschaft, die unruhige – Müller; Oberon – Wranitzky; Onkel als Bedienter – della Maria; Opferfest – Winter; Orazier und Curazier – Cimarosa; Philosophen, Die – Paisiello; Palmira – Salieri; Pfauenfest – Zumsteeg; Pigmalion – Benda; Pachter Robert – Lebrun; Peter und Aennchen – Abeille; Pantoffeln – Bierey; Romeo und Julia – Zingarelli; Räuberhöhle – Paer; Richard Löwenherz – Grétry; Ruinen von Portici – Fischer; Rudolph Crequi – Dalayrac; Ritt auf den Blocksberg – Sutor; Rochus Pumpernickel – Quodlibet; Rochus, Familie – anonym; Rochus, Hochzeit – Quodlibet; Ränke, die vereitelten – Cimarosa; Spiegel von Arkadien – Süssmaier; Sonntagskind – Müller; Schatzgräber – Méhul; Singspiel – della Maria; Savoyarden – Dalayrac; Schwestern von Prag – Müller; Sängerin auf dem Lande – Fioravanti; Sicilianer – Fischer; Sargino – Paer; Salomons Urtheil – Ritter; Schloss Montenero – Dalayrac; Schweizer Mädchen – Bierey; Singspiel auf dem Dach – Fischer; Schweizer Familie – Weigl; Sclavenhändler – Schwegler; Schein Tote – Paer; Semiramis – Catel; Soliman 2ter- Süssmaier; Titus – Mozart; Talisman – Salieri; Tante Aurore – Boieldieu; Teufels Stein – Müller; Tag in Paris – Isouard; Trajan in Dazien – Nicolini; Trofonio – Salieri; Theseus – Sutor; Uthal – Méhul; Uniform – Weigl; Unsichtbare, Der – Eule; Ulysses – Cimarosa; Ursulinerinnen – Devienne; Verwir-*

rung aus Ähnlichkeit – Portugallo; Vetter Jacob – Méhul; Vestalin – Spontini; Verwandlungen – Fischer; Wette (Cosi fan tutte) – Mozart; Wilden, Die – Dalayrac; Weiber-Cur – Paer; Worte, Die zwei – Kreutzer; Waisenhaus – Weigl; Wirtshaus im Wald – Seyfried; Wladimir – Bierey; Zauberzither – Müller; Zauberflöte – Mozart; Zwillinge – Guglielmi; Zitherschläger – Ritter.

11. Juni 1812[197]
Wächter empfiehlt Ankauf von *Ferdinand Cortez* von Spontini und *Federico ed Adolfo* von Gyrowetz in Wien.

24. Juni 1812[197]
Der königliche Gesandte in Paris hat die Kosten für die Partitur zu *Merope* auf des Königs Privatrechnung gesetzt, müssen aber aus dem Theateretat bezahlt werden.

24. Juni 1812[197]
Wächter beschwert sich, dass die Theaterkasse den Preis für *L'amant jaloux* nicht zahlen will.

6. Juli 1812[197]
Wächter bittet um den Kauf von Winters *Das Labyrinth.*

8. Juli 1812[197]
Wächter empfiehlt Aufführung von den *Insulanerinnen* von Schlotterbeck-Abeille. Dazu:

21. Juli 1812[197]
Wächter hat gestern Nacht die Partitur zu *Medea* erhalten.

9. Juli 1812[197]
Gutachten von Krebs.

8. Juli 1812[197]
Gutachten von Danzi. Daraufhin:

26. Juli 1812[197]
Wächter empfiehlt, das Stück nicht anzukaufen, *da keine günstige Aufnahme zu erwarten ist.*

17. Juli 1812[197]
Abeille bekommt ein Honorar von 12 Louisd'or.

6. August 1812[197]
Wächter hat *Medea* in Herstellung gegeben. Den Preis von 5 Louis d'or solle man Schauspiel-Direktor Reutter in Nürnberg überweisen.

29. August 1812[197]
Wächter will Beethovens *Egmond* durch die Witwe Zumsteeg besorgen lassen.

15. August 1812[197]
Der Gesandte in Paris, Graf von Winzingerode, hat die Oper *Jean de Paris* für 62 fl gekauft.

22. September 1812[197]
Wächter gibt Auskunft über Übersetzungen: Schubart ist für *Othello* vorgesehen, Hiemer hat *Jean de Paris* bereits übersetzt.

20. Oktober 1812[191]
Verhandlungen über den Verkauf der Oper *Das Hausgesinde* an das Karlsruher Theater. Schauspieler Walter habe die Partitur bereits mit nach Karlsruhe genommen, *seitdem hat der unverschämte Kerl nichts von sich hören lassen.*

23. Oktober 1812[191]
C. D. Eule, Musikdirektor in Hamburg, bietet an *Der Antiquitätensammler. Die Musik ist im Geschmack des Unsichtbaren, den Sie die Güte hatten von mir anzunehmen.*

Christian Wilhelm Haeser (1781–1867)
Von 1813 bis 1844 Sänger an der
Stuttgarter Hofoper.
Radierung von Fr. Fleischmann ca. 1817

9. Dezember 1812[197]
Wächter erwartet die Partitur zum *Tiroler Wastl* täglich.

13. Januar 1813[198]
Kreutzer beschwert sich, dass die Oper *Wirth und Gast* [von Meyerbeer] gegen seinen Willen aufgeführt wurde.

24. Januar 1813[198]
Wächter empfiehlt Anschaffung von *Les aubergistes de qualité* [von Catel].

22. Februar 1813[198]
Hofschauspieler Lembert erhält Honorar für die Oper *Die Abentheuer im Bade.*

28. Februar 1813[191]
Johann Baptist Günther, Musikdirektor in Ulm, offeriert *Mirana, Königin der Amazonen* von Gyrowetz und *Schneiderfleck* von Spindler an.

16. März 1813[198]
Kreutzer und Sutor haben Werke verfertigt, die sie aufgeführt wissen wollen. Wächter trägt dem König auch vor, dass Messen von Haydn für den katholischen Hofgottesdienst anzuschaffen seien.

31. März 1813[198]
Kreutzer bittet um 20 Carolinen Honorar für die *Insulanerinnen.*

8. April 1813[198]
Hiemer tauschte den von ihm übersetzten *Johann von Paris* gegen die *Skythen* mit der Regensburger Bühne. Bietet die Partitur für 44 Gulden an.

13. April 1813[198]
Wächter beklagt, dass Sutor seine Kompositionen honoriert haben will. Schwegler, Dieter, Eidenbenz, Zumsteeg, Abeille und Danzi hätten auch kein Geld bekommen. Es sollte entschieden werden, dass nur der Kapellmeister in Zukunft komponieren dürfe.

17. April 1813[198]
Sutors Gesuch um Honorierung.

17. April 1813[198]
Graf Mandelsloh moniert, dass 40 Opern im Magazin schlummern, die noch nicht aufgeführt wurden!

21. April 1813[198]
Auch Schlotterbeck will Honorar für seinen Text zu den *Insulanerinnen* [von Abeille].

1. Mai 1813[198]
Wächter an den König: *Federico und Adolfo* kommt von Wien, ist noch nicht eingetroffen. *Ferdinand Cortez* und *Coriolan* von Nicolini sind eingetroffen. *Major Palmer* und *Les aubergistes de qualité* werden ins Repertoire genommen. Dann sollen aufgeführt werden: *Palmira* von Salieri, *Der alte Überall und Nirgends* [von Spindler], *Die Gefangene* von Cherubini (ist bestellt, muß noch übersetzt werden), *Augenarzt* von Gyrowetz, *Cosi fan tutte oder die Wette* von Mozart (wird demnächst aufgeführt) und *Milton* von Spontini (kann jetzt nach Einstellung des Bassisten Häser gegeben werden).

6. Mai 1813[198]
Graf von Mandelsloh findet den Text *ganz schlecht.* Man dürfe Schlotterbeck höchstens 3–4 Dukaten geben. Wächter empfiehlt 5 Dukaten. Schlotterbeck bekommt schließlich 5 Dukaten = 20 Gulden.

8. Mai 1813[198]
Hiemer erhält 44 Gulden für die Übersetzung der *Skythen* [von Simon Mayr].

12. Juni 1813[198]
Vertrag mit Kreutzer. Erhält nur für Opern, die in Stuttgart komponiert wurden, Honorar. Dazu zwei Briefe Kreutzers.

23. Juni 1813[198]
Notiz an König: Poissl in München hat *Merope* umgearbeitet. Bittet um Erstattung der Kopierkosten.

29. Juni 1813[198]
Wächter empfiehlt Ankauf von Sutors Oper *Pauline*, Text vom Senator Ritter (Matthisson: *recht brav*) um 10 Louis d'or. Auch *Mädchenfreundschaft* wird angeboten.

6. Oktober 1813[198]
Matthisson empfiehlt Ankauf von *Alimon und Zaide* [von Kreutzer]. Der ungenannte Übersetzer *scheint ein Verskünstler ersten Ranges zu sein.*

21. Oktober 1813[199]
Hiemer lehnt Übersetzungen der Opern *Coriolan*, *Dido* und *Die Zerstörung Jerusalems* wegen Arbeitsüberlastung ab.

24. Oktober 1813[198]
Legationssekretär Schaul berichtet aus Paris vom Erfolg der Oper *Agnes* [*Agnese di Fitz-Henry* von Paer], die auch in Italien Furore machte. Wächter empfiehlt Ankauf.

26. Oktober 1813[198]
Matthisson empfiehlt Ankauf der Oper *Der Berggeist* von Danzi. Kreutzer: ... *treffliches Werk des gründlichen Tonsetzers.* Abgelehnt durch Mandelsloh.

29. Oktober 1813[198]
Schriftstücke zur Honorierung von Krebs für die Bearbeitung des Textes mehrerer Opern und anderer Gesangsstücke. Oratorium *Miskia* (ein Pasticcio mit Musik teils von Paer, teils vom Sänger Schelble für das Musikinstitut), *Die Zwillingsbrüder* und *Griselda* von Paer. Ferner Kompositionen von Danzi, Sutor u. a.
Die Arbeiten im einzelnen: *Die Zwillingsbrüder* übersetzt. *Griselda* neuer Text. *Titus* zwei Arien. *Lehmann* eine Szene, eine Arie. *Das Geheimnis* eine Arie. *Hadrian* eine Arie mit Chor. *Familie Pumpernikkel* drei Piecen. *Fest der Winzer* eine Arie mit Szene. *König Theodor* eine Arie. *Cendrillon* ein Duett, eine Cavatine. *Agnes Sorel* eine Cavatine. *Joseph und seine Brüder* eine Romanze. *Korsar aus Liebe* zwei Arien. *Lodoiska* eine Arie. *Sängerinnen auf dem Lande* eine Cavatine. *Sargines* eine Szene. *Rochus Pumpernickel* fünf Piecen. *Feodora* ein Lied.

19. November 1813[198]
Wächter empfiehlt Honorar von 10 Louis d'or an Kreutzer für die Oper *Die Schlafmütze des Propheten Elias.*

3. Januar 1814[198]
Kreutzer rät ab vom Ankauf der Oper *Der Bergsturz von Goldau* von Weigl. Empfiehlt Ankauf von Weigels Oper *Francisca de Foix.*

8. Januar 1814[199]
Matthisson an Mandelsloh: Empfiehlt Ankauf von Häsers Übersetzung zu *Die Brautwerber.*

15. Januar 1814[199]
Matthisson empfiehlt dem König Ankauf von Danzis Oper *Der Berggeist.* Text von Lohbauer.

24. Januar 1814[199]
Matthisson schlägt Mandelsloh 50 fl. Honorar für Krebs vor wegen seiner Textbearbeitung von Mozarts *Cosi fan tutte.* Bekommt 40 fl.

31. Januar 1814[191]
Friedrich Treitschke, Hoftheaterdichter in Wien, teilt in gedrucktem Rundschreiben mit, er habe eine Textbearbeitung von Mozarts *Cosi fan tutte* erstellt.

29. März 1814[199]
Wechmar bittet um Honorar für Musikdirektor [Johann Michael] Müller für Komposition von 24 Entr'acts für das Schauspiel. Müllers Gesuch datiert vom 11. Mai 1813, dazu beigefügt Empfehlungsschreiben Kreutzers.

18. April 1814[199]
Hiemer bittet um Honorar für einen *passenden deutschen Text* zu einer von Kreutzer schon *früher verfertigten Composition.* Es handelt sich um eine Kantate, die zur Siegesfeier am 11. April 1814 aufgeführt wurde. Honorar 16 fl.

19. April 1814[199]
Matthisson bittet um Honorar für Haug wegen der Textbearbeitung der Oper *Dido.*

24. Mai 1814[199]
Wechmar empfiehlt Ankauf der Oper *Carlo Fioras* von Fränzl, Musikdirektor in München.

25. Mai 1814[199]
Knapps Begleitbrief zur Übergabe der Partitur zu *Die Maler.*

8. Juli 1814[199]
Wechmar beantragt Honorar für Hiemer für die Übersetzung von *Telemach* [von Boieldieu]. Hiemer habe auch *Johann von Paris* und *Die vornehmen Gastwirte* übersetzt. 6 Louis d'or.

12. Juli 1814[199]
Wechmar empfiehlt Ankauf von Beethovens *Fidelio.* Genehmigt.

22. Juli 1814[199]
Wechmar beantragt Honorar für Hiemer für die Übersetzung von Zingarellis *Die Eroberung von Jerusalem.*

14. August 1814[191]
Eine Oper [welche?] wird an den Kammerherrn Frh. v. Poissl in München zurückgeschickt.

2. September 1814[199]
Botschaftssekretär v. Schwarz in Paris meldet, dass er die Partitur zur Oper *I nemici generosi* abgeschickt und soeben von Paer die Partitur zu *Agnese* erhalten habe. Auch diese werde er in Kürze nach Stuttgart schicken. Schaul weist darauf hin, dass die Oper schon im Oktober 1803 vom *Compositeur* selbst angeboten, angenommen, aber nicht geliefert wurde.

15. September 1814[199]
Hiemer lässt durch Wechmar anfragen, ob er *Die Zerstörung Jerusalems* übersetzen solle. Fordert 6 Louis d'or.

22. September 1814[200]
Brief Häsers, worin er *Tamerlan* samt einigen Einlagen von Seyfried anbietet. Außerdem bietet er *Der Deserteur*, mit *Musikstücken der besten Tonkünstler Italiens bereichert*, sowie *Die Strickleiter* von Gaveaux mit neuen Gesängen von Weigl, Gyrowetz etc. an. Weiter könne er die Partitur zu *Fünf sind zwei* besorgen, Oper in einem Akt mit Musik von Beethoven, Weigl und Seyfried.

8. Oktober 1814[192]
Ferdinand von Biedenfeld, Karlsruhe, bietet Opern von Brandl an: *Das Mädchen aus Valbella*, *Triumph des Vaterherzens* und *Omar der Gute*.

13. Oktober 1814[199]
Wechmar schlägt Honorar für Kreutzer wegen der Komposition der Oper *Die Alpenhütte* vor.

14. Oktober 1814[191]
Anton André, Offenbach, bietet *Samori* von Vogler an. Abgelehnt.

14. Oktober 1814[199]
Treitschke, Wien, bekommt für *Fidelio* 12 Dukaten in Gold.

17. Oktober 1814[199]
Prof. Osiander erhält 22 Gulden für den Text zu Kreutzers Oratorium *Mosis Sendung*.

20. Oktober 1814[199]
Wechmar will Honorarforderung von Knapp für seine Oper *Die Maler* drücken: *Man kann ihm nicht das gleiche wie Beethoven bezahlen*.

30. Oktober 1814[199]
Wechmar teilt der Theater-Verwaltung mit, dass *Fidelio* und *Tamerlan* angekauft werden dürfen. *Agnese* von Paer, *I nemici generosi*, sowie *Adolfo e Federico* sollen übersetzt werden.

7. Januar 1815[191]
Doering zieht vor, die Entscheidung über die Oper *Der ewige Jude* des Leutnants v. Kaussler der Oberintendanz zu überlassen. Matthisson lehnt ab.

25. Januar 1815[200]
Wechmar bittet um ein Honorar von 32 fl. 42 kr. für den Kapellmeister Hasloch aus Darmstadt, der die Partitur zu Paisiellos *Die listigen Bauernmädchen oder Ritter Tulipan* besorgt hat.

30. Januar 1815[200]
Wechmar bittet um Erstattung des von ihm ausgelegten Kaufpreises von Winters *Tamerlan*.

3. Februar 1815[200]
Wechmar leitet Gesuch Kreutzers an den König weiter, worin dieser um Honorar für die Komposition des Prologs zu Königs Geburtstag am 6. November 1814 bittet. Der König ist jedoch der Meinung, dass solche Gelegenheitsarbeiten zu den Dienstobliegenheiten des Kapellmeister gehören. Ferner habe Kreutzer die Rezitative zur Oper *Die Eroberung von Jerusalem* komponiert, wofür er auch Honorar erwarte.

10. Februar 1815[200]
Wechmar teilt dem König mit, daß der Hofschauspieler Stegmayer aus Wien die Partitur zu *Federica und Adolfo* [von Gyrowetz] geliefert habe.

14. Februar 1815[200]
Wechmar schlägt vor, als Übersetzung von *Agnese* [von Paer] die Übersetzung von Herklots zu verwenden, anstatt das Stück in Stuttgart neu übersetzen zu lassen. Schwarz in Paris hat schon am 4. November 1814 eine [deutsche] Fassung zugeschickt, die ihm von Paer selbst gegeben wurde.

3. März 1815[200]
Der Sekretär Haug hat einen deutschen Text zu *Tamerlan* verfaßt. Wechmar schlägt dafür ein Honorar von 3 Louis d'or vor.

29. März 1815[200]
Verhandlungen mit Poissl in München wegen dessen Oper *Athalia*.

3. April 1815[200]
Carl Zulehner, Mainz, erhält 1 fl. 18 kr. für das französische Textbuch zu *Tamerlan*. Haug soll übersetzen, Kreutzer die Rezitative komponieren.

7. April 1815[200]
Kammermusikus Romberg hat die Oper *Der Grenadier* von Umlauf von Wien vermittelt. Erhält 44 Gulden. Kreutzer äussert sich über das Stück sehr respektvoll.

24. April 1815[200]
Herklots, Berlin, erhält 3 Friedrichsd'or oder 15 Reichsthaler für den deutschen Text zu *Agnese*.

10. Juni 1815[201]
Wechmar gibt Kreutzers Wunsch weiter, für die nachkomponierten Rezitative zu *Tamerlan* ein Honorar von 6 Louis d'or zu erhalten.

15. Juli 1815[200]
Hofmusikus Schwegler bittet um Honorar für seine Operette *Der algerische Sklavenhändler*.

7. August 1815[200]
Wechmar verteidigt sich gegen den Vorwurf des Königs, er habe als Intendant zu viele »Durchfälle« produziert.

12. August 1815[191]
Joseph Triebensee, Kapellmeister in Brünn, bietet Oper *Männertreue* an. Der Text stamme von J. v. Seyfried. Abgelehnt.

12. Oktober 1815[203]
Kreutzer hat gegen das Auftreten von Destouches keine Einwände.

23. Oktober 1815[203]
Ausgedehnter Streit mit dem Öttingen-Wallersteinschen Kapellmeister Destouches, der Kompositionen unterbringen und im Gasthaus zum Römischen Kaiser als Klavier-Solist auftreten wolle.

2. November 1815[200]
Joconde sei durch Vermittlung des Rittmeisters v. Schwarz aus Paris eingetroffen. Kosten 65 Francs.

23. November 1815[200]
Wechmar empfiehlt, bei Zulehner in Mainz *Der Sänger und der Schneider* von Gaveaux zu kaufen.

21. Dezember 1815[200]
Wechmar legt Rechnung für *Athalia* von Poissl vor (100 fl). Fragt ob er auch *Der Wettkampf zu Olympia* zum gleichen Preis kaufen solle.

9. Januar 1816[201]
Wechmar meldet dem König Ankauf der Oper *Die Bajaderen*. König will Näheres wissen, vor allen Din-

gen, ob das Werk nicht *gegen die Sittlichkeit verstößt.* Vermittelt wurde der Kauf durch einen gewissen Ritz in Berlin.

26. Januar 1816[200]
Wechmar trägt Schweglers Bitte nochmals vor.

8. Februar 1816[200]
Wechmar teilt mit, dass die Oper *Joconde* [von Isouard] abgeschrieben sei. Senator Ritter habe die deutsche Bearbeitung gemacht. Honorar: 6 Dukaten.

9. Februar 1816[201]
Wechmar an König: Honorar für Hofmusikus Müller wegen der Komposition des Balletts *Harlekins Geburt.* Antwort: Kreutzer hätte das komponieren sollen, er sei vertraglich dazu verpflichtet.

16. März 1816[201]
Hofmusikus und 1. Oboist Schwegler bietet 12 Entr'acts an. Wechmar unterstützt dies.

23. März 1816[202]
Obwohl Kreutzers Gutachten *verwartet* wird, bestellt man den *Tancred* bei Steigenberger.

16. April 1816[201]
Sutor überreicht Partitur zu *Das Tagebuch* dem König.

18. April 1816[202]
Kreutzer schreibt: *Tancred* von Rossini sei ihm nicht bekannt. Rät von Anschaffung ab, befürwortet stattdessen die Anschaffung von Glucks *Iphigenie in Aulis.*

29. April 1816[201]
Liste der angeschafften, aber noch nicht *dargestellten* Opern, darunter *Fidelio.* Wechmars Kommentar: *Große Musik.*

29. April 1816[201]
Schlotterbeck will Honorar für die Überarbeitung des deutschen Texts zu *Palmira.* Bekommt 11 fl. Krebs bestätigt Schlotterbecks Arbeit.

5. Mai 1816[202]
Kreutzer befürwortet Anschaffung von Gyrowetz' Oper *Helene.*

6. Mai 1816[203]
Ober-Intendanz befiehlt Verkauf der Partitur zu *Die Bajadere* und Aufführung der noch nicht aufgeführten Opern.

15. Mai 1816[202]
Schlotterbeck erhält 11 fl. für Überarbeitung von *Palmira.* Dazu noch weitere Akten zum Thema *Palmira.*

20. Mai 1816[203]
Kreutzer und Krebs liefern Verzeichnis der noch nicht aufgeführten Opern: *Augenarzt* von Gyrowetz, *Fidelio* von Beethoven, *Cosi fan tutte* von Mozart, *Federica e Adolfo* von Gyrowetz, *Milton* von Spontini und *Der Grenadier* von Umlauf.

24. Mai 1816[203]
Die Partitur zu *Gulistan* wird dem badischen Gesandten v. Marschall zurückgegeben.

29. Mai 1816[203]
Wächter gibt die Anordnung weiter.

31. Mai. 1816[201]
Fortsetzung des alten Streits zwischen Kreutzer und dem König über die Honorierung von Kompositionen (Rezitative zu *Tamerlan* und Operette *Der Herr und sein Diener)*.

2. Juni 1816[202]
Kreutzer findet Kochers *Käficht empfehlenswert*.

3. Juni 1816[201]
Wechmar hat die Partitur zu *Palmira* von Wien erhalten. Es handele sich aber um die alte Fassung, die man schon besitze. Für die neue Partitur seien 260 f. W. W. fällig, zu zahlen an Wilhelm Dams, Wien, Kumpf Gasse Nr. 875 3. Stock. Die Verhandlungen wurden durch die königliche Gesandtschaft in Wien (Graf v. Beroldingen) geführt.

3. Juni 1816[202]
Wächter macht die Wiener Botschaft verantwortlich, weil diese zuerst die alte Fassung geschickt habe, nach Beschwerde erst die neue.

5. Juni 1816[191]
Willms, Frankfurt, bietet an: *Milton* von Spontini und *Philipp und Georgette* von Dalayrac. Doering antwortet: *Milton* besitzen wir seit 10 Jahren. Von Dalayrac Buch zur Ansicht bestellen. Gegebenenfalls Oper *Die Bajaderen* im Tausch anbieten.

10. Juni 1816[202]
Oberhof-Intendanz teilt Kocher mit: *Da die Anschaffung neuer Opern in so lange unterbleiben soll, bis die vorhandenen, noch nicht aufgeführten, gegeben seyn werden* ... könne man Kochers Operette nicht kaufen.

10. Juni 1816[201]
Wechmar bittet um Bezahlung von Beethovens *Wellingtons Sieg oder die Schlacht bei Vittoria*. Bezogen wurde das Werk von der Musikalienhandlung Carl Eichele in Stuttgart.

11. Juni 1816[202]
Ober-Intendanz rügt Ankauf von *Palmira*. 260 fl. seien viel zu viel.

17. Juni 1816[201]
Wechmar setzt sich für *Tamerlan* ein.

24. Juni 1816[202]
Wilhelm Dams, Wien, bestätigt Empfang des Honorars für *Palmira*.

24. Juli 1816[202]
Oberhof-Intendanz teilt mit, Kocher wolle für seine am 17. d. M. uraufgeführte Operette *Der Käficht* kein Honorar, dafür aber die Erstattung der Kopierkosten. Genehmigt.

24. Juli 1816[202]
Dem Musikalienhändler Eichele in Stuttgart wird Geld für das Material zu *Wellington's Sieg* angewiesen.

16. August 1816[201]
Wechmar antwortet auf das Dekret des Königs, es dürften keine neuen Opern mehr angeschafft werden, so lange die bereits vorhandenen nicht aufgeführt seien. Darunter befindet sich auch *Fidelio*. Wechmars Kommentar: den *Eure Königl. Majestät nicht mehr sehen wollen*.

10. September 1816[201]
Wechmar muß sich dafür rechtfertigen, dass er Sutors Oper *Das Tagebuch* ohne Erlaubnis des Königs aufgeführt habe.

September 1816[203]
Kreutzer hat einige Musikalien einpacken und verschicken lassen. Kammermusiker Krafft wird verhört, ob sich darunter *herrschaftliches Eigenthum* befunden habe.
Kreutzer nahm bei seinem Abschied folgende, von ihm komponierte Partituren mit: Singspiel *Der Herr und sein Knecht*, *Friedens-Cantate*, *Lebenslied* und *Messe*. Diese seien sein Eigentum, weil für ihre Komposition nichts bezahlt wurde.

17. September 1816[203]
Knapp darf die Bass-Partie seiner Oper *Der Minnesänger* für Häser »ausschreiben« lassen.

18. September 1816[203]
Die Ober-Intendanz gibt Anweisung, künftig Opern von hiesigen Komponisten nur dann anzunehmen, wenn diese bestellt wurden.

20. September 1816[202]
Schwarz teilt mit, Paer habe in Mailand eine neue Oper aufführen lassen, die sehr gut sei [*L'eroismo in amore*].

11. Oktober 1816[201]
König will als Geburtstags-Oper *Orestes* haben. Oberhof-Intendanz lehnt ab, weil es sich um ein Werk des kürzlich entlassenen Kapellmeister Kreutzer handele.

25. Oktober 1816[202]
Wechmar an Schwarz in Paris: Eine Oper von Isouard, *Louis XIII*, soll in Paris *viel Glück gemacht* haben. Wünscht nähere Auskünfte.

30. Oktober 1816[203]
verstarb König Friedrich I. Wilhelm I. nahm bereits im Dezember 1816 eine einschneidende Reorganisation des Theaters vor. Die Ober-Intendanz und Hoftheater-Oberdirektion wurden aufgelöst und Freiherr von Wächter zum Direktor der Hof- und Kirchenmusik ernannt. Wächter, der bereits unter Friedrich Intendant gewesen war, führte das Amt kommissarisch bis 1820. Dann übernahm Friedrich von Lehr die Leitung des Theaters. Kreutzers Nachfolge trat J. N. Hummel aus Wien an.

29. November 1816[203]
Lembert, München, sendet Verzeichnis der Opern, die von ihm bezogen werden können: *L'inganno felice* von Rossini, *La scelta dello sposo* von Guglielmi, *Le lagrime d'una vedova* von Generali, *La Dama soldato* von Orlandi, *La contessa di colle erboso* von Generali und *Ser Marcantonio* von Pavesi.

19. Januar 1817[202]
Nachricht an Zulehner: Oper *Die Jugendjahre Peter des Großen* geht, wenn auch verspätet, wieder zurück.

17. Februar 1817[203]
Danzi, Karlsruhe, soll das Finale zu *Agnes Sorel* von Paer aufführen, hat aber kein Material. Bittet um Unterstützung.

20. Februar 1817[202]
Schwarz, Paris, bittet Wechmar um Erstattung der Kosten für *La journée aux aventures* und *Il trionfo dell'amore*.

4. März 1817[202]
Auftrag für Rittmeister v. Schwarz in Paris, *Les six rosières* von Hérold zu kaufen. Der Preis für diesen Druck soll nicht so hoch sein wie bei *L'eroismo in amore*.

5. März 1817[203]
Sutors entsprechendes Gesuch.

5. April 1817[202]
Hofrat Winkler, Dresden, soll deutschen Text zu *La journée aux aventures* liefern.

19. April 1817[202]
Nachricht an Zulehner: Oper *Une matinée de Frontin* [von Catrufo] bleibt in Stuttgart.

27. April 1817[202]
Hummel findet die Musik von Bochsa gut, schlägt Änderungen vor.

5. Mai 1817[202]
Hummel befürwortet Anschaffung von Kochers Oper *Elfenkönig*.

8. Mai 1817[202]
Hummel schreibt: Die Musik zu den *Rosenmädchen* ist gut, das Stück kann aber nicht adäquat besetzt werden.

9. Mai 1817[202]
Kocher schreibt über Anschaffung seiner Oper *Elfenkönig* an Intendanz. → 5. Mai 1817.

9. Mai 1817[202]
Rittmeister v. Schwarz, Paris, erhält 63 Francs für die Übersendung des Buches zu *Les rosières*.

11. Mai 1817[202]
Aus anderem Zusammenhang geht hervor, dass Hiemer das Buch zu *Les rosières* übersetzt hat.

23. Mai 1817[202]
Matthäus Stegmayer, k. k. Hofschauspieler und Musikalienhändler in Wien, schickt Katalog. Es werden aber nur Schauspiele bestellt.

3. Juni 1817[203]
Sutor erhält Honorar für die Oper *Das Tagebuch*, für Chöre zum Schauspiel *Hermann der Deutsche* und für das Vaudeville *Frontins Morgenstunden*. 99 fl.

22. Juni 1817[202]
Winkler, Dresden gibt ausführlichen Bericht über den Spielplan der dortigen Oper.

11. Juli 1817[202]
Eine dem König verehrte Prachtausgabe der Oper *Ferdinand Cortez* von Spontini wird dem Hoftheater übergeben.

13. Juli 1817[202]
Hummel-Gutachten: Die Musik zu *Heinrich IV* [von Winter?] taugt nichts. *So was Schlechtes ist mir nie vorgekommen. Andromeda und Perseus* [von Méhul?] sei gut, ebenso *Der Dichter und der Dieb*.

14. Juli 1817[202]
Kassenanweisung für Hofrat Winkler in Dresden für Partitur zu *Die Abentheuer eines Tages*. Der Preis für *Le due burle* soll gedrückt werden, weil kein deutscher Text unterlegt wurde.

16. Juli 1817[202]
Mahnung an Steigenberger, die Oper *L'Inganno felice*, die schon bezahlt sei, zu übersenden.

2. September 1817[202]
Wächter streitet mit Karoline Reutter in Nürnberg, die ein Honorar für *Blaubart* [von Grétry] haben möchte. Dabei lag ein Tausch vor.

Johann Nepomuk Hummel (1778–1837)
Württembergischer Hofkapellmeister
1816–1818.
Lithographie von Pierre Roch Vigneron,
wohl nach Cäcilie Brandt 1833

21. September 1817[202]
Karl Winkler, Dresden, schickt Rechnung für Kopie der Partitur zu *Le due burle* [von Rössler].

28. September 1817[202]
Carl Zulehner, Mainz, avisiert Partitur und Buch zu *Karl von Frankreich* [von Boieldieu].

19. Oktober 1817[202]
Die Partitur zu Hérold's *Les rosières* aus Paris eingetroffen.

23. Oktober 1817[202]
Hofmusiker Steigenberger aus München bietet an Buch zu *L'Italiana in Algiera* und *L'Inganno felice.* Letzteres soll unverzüglich übersandt werden.

29. Oktober 1817[202]
Major von Schwarz teilt aus Paris mit, dass Salieris Oper *Die Danaiden* in der von Spontini bearbeiteten Fassung erfolgreich aufgeführt wurde.

13. November 1817[202]
Winkler, Dresden, teilt mit, der Text zu *La journée* sei nach dem Druck übersetzt, muss aber noch der aus Paris bestellten Partitur unterlegt werden.

19. Dezember 1817[202]
Carl Willms, Frankfurt, teilt mit, dass er die Oper *Die Zigeuner* abgeschickt habe.

11. Februar 1818[204]
Jos. Steigenberger, München, fordert Bezahlung der von ihm gelieferten Partitur zu *Turco in Italia* und zu *Pietra del Paragone.* Bietet weitere Partitur an.

März 1818[202]
Mad. Reutter aus Nürnberg gibt im Tausch gegen die Partitur von *Tancred Die Teufelsmühle 2. Theil* ab.

28. Mai 1818[204]
Registrator Weber mahnt erneut Honorar für seine Oper *Oviedo* an.

17. August 1818[204]
Ihlée, Frankfurt, schickt die Kopie der Schauspielmusik ab.

22. September 1818[204]
Seyfried, Wien, hofft auf Aufführung seiner Musik zu *Die Waise und der Mörder* [von Castelli]. Wächter notiert: Honorar für den Komponisten und den Frankfurter Kopisten.

25. November 1818[204]
Hummel bittet um Bezahlung der Komposition von Chören zur *Ahnfrau.*

6. Dezember 1818[204]
Carl Leopold Reinecke, Musikdirektor in Dessau, bietet Oper *Alfred* nach Kotzebue an. Bezeichnet sich als Schüler Naumanns in Dresden.

16. Dezember 1818[204]
Hummel lehnt die Oper *Der Prüfung Traum* von Braun aus Nürnberg ab.

28. Januar 1819[205]
Zulehner schickt Buch und Partitur zu Pavesis *Marcantonio.* Fordert 40 fl.

12. Februar 1819[205]
Karlruhe bietet als Tauschobjekt die Oper *Elisabeth* an.

13. Februar 1819[205]
Heinrich Blume, Berlin, liefert *Der Schiffskapitän* von seinem Bruder Carl Blume ab.

21. Februar 1819[205]
Lindpaintner lobt: Nägelis Katalog sei *reichhaltig*.→ 12. März 1819.

12. März 1819[205]
Hans Georg Nägeli, Zürich, eröffnet in Stuttgart Musikalienhandlung und setzt den Hofmusiker Scheffauer als *Commissär* ein.

April 1819[205]
Karlsruhe bittet, Buch und Partitur zu *Italienerin in Algier* im Tausch übernehmen zu dürfen.

24. April 1819[205]
J. P. Schmidt, Berlin, offeriert Oper *Das Fischermädchen*, Text von Theodor Körner.

30. April 1819[205]
Treitschke, Wien, bietet Schäferspiel *Nachtigall und Rabe* [von Weigl] an. Gekauft.

3. Mai 1819[205]
Blume mahnt Honorar für den *Schiffskapitän* an.

4. Mai 1819[205]
Der Regisseur und Chorleiter Stegmayer, Wien, mahnt Bezahlung an und unterbreitet umfangreiches Angebot: *Othello*, *Elisabeth*, *Die diebische Elster*, *Italienerin in Algier*, *Rothkäppchen* von Boieldieu, *Ein Tag voller Abentheuer* von Méhul, *Einer für die anderen* von Isouard, *Aladin* von Gyrowetz, *Alexis* [von Dalayrac] und *Der lustige Fritz* [von Reuling].

5. Mai 1819[205]
Oper von Schmidt *Das Fischermädchen*: abgelehnt → 24. April 1819.

14. Juni 1819[205]
Conrad Goetze, Hofmusiker in Weimar, bietet seine Oper *Alexander in Persien* an. Abgelehnt.

15. August 1819[205]
Steigenberger, München, berichtet, dass *Otello* und *Mahomet* übersetzt seien. Von *La gazza ladra* sei der 1. Akt übersetzt.

24. August 1819[205]
Pietro Mechetti, Verleger in Wien, bietet folgende Rossini-Opern in deutscher Übersetzung an: *Ricciardo e Zoraide* und *Mosè in Egitto*.

25. August 1819[205]
Karlsruhe schickt *Italienerin in Algier* nach Kopie wieder zurück.

20. Oktober 1819[205]
Kandler, Venedig, bietet Übersetzung zu Meyerbeers Oper *Emma* [di Resburgo] an.

1. November 1819[205]
Zahlungsanweisung an C. Zulehner, Mainz, für *Italienerin in Algier*.

15. März 1820[206]
Lindpaintner erhält 10 Louis d'or für seine Oper *Timantes* und 5 Louis d'or für *Sternenkönigin*.

April 1820[206]
Friedrich Schneider, Thomasorganist in Leipzig, schickt gedruckten Subskriptionsaufruf für sein Oratorium *Weltgericht*.

5. Juni 1820[206]
Lindpaintner subskribiert namens des Theaters.

11. Juni 1820[206]
Zulehner, Mainz, bietet Opern von Rossini, Meyerbeer, Boieldieu, Auber etc. an.

2. Juli 1820[206]
Friedrich Ernst Fesca, Konzertmeister in Karlsruhe, offeriert seine Oper *Cantemire*. Abgelehnt.

31. Juli 1820[206]
Lindpaintner erhält Geld für Musikstücke [welche?], die er während einer Reise in München gekauft hat.

28. August 1820[206]
Zulehner fragt an, ob Stuttgart einen deutschen Text zum *Barbier von Sevilla* von Rossini besitzt.

14. Oktober 1820[206]
Heinrich Ludwig Ritter, Karsruhe, bietet Bearbeitung das Dramas *Der Vampyr* an. Bescheid: Zur Ansicht zuschicken.

12. Oktober 1820[206]
Joseph Triebensee, Kapellmeister am Nationaltheater Prag, bietet Oper *Die wilde Jagd* an. Abgelehnt.

23. Dezember 1820[206]
Franz Roser, Kapellmeister in Wien, teilt mit, dass er nach dem Tode Stegmayers dessen Musikalienhandel und Kopieranstalt übernommen habe.

29. Januar 1821[207]
Heinrich Ludwig Ritter, Mannheim, wiederholt sein Angebot vom 14. Oktober 1820.

9. April 1821[207]
Hoftheater-Intendanz Mannheim sucht Partitur zu Winters Bearbeitung der Gluckschen *Iphigenie in Aulis*. Positive Antwort.

13. April 1821[207]
Treitschke, Wien, liefert die bestellte Oper *Baals Sturz* [von Weigl]. Verlangt 15 Dukaten. Sein Angebot datiert vom 14. Februar 1821.

5. Mai 1821[207]
Carl v. Seckendorff, Stuttgart, bittet um Überlassung der Partitur zur Oper *Marcantonio*, die *gestern gegeben* wurde.

7. August 1821[208]
Peter Ritter, Mannheim, bietet seine Oper *Der Mandarin* an. Akzeptiert.

13. September 1821[207]
Zulehner übersendet Buch und Partitur zum *Barbier von Sevilla* von Rossini. 88 fl. Er versichert, dass er *nicht eine von Ihren Opern verkauft habe*. Insofern habe er ein Guthaben.

11. November 1821[208]
Lieferung der Oper von P. Ritter → 7. August 1821.

27. März 1822[207]
Kreutzer quittiert von Wien aus Honorar für seine Oper *Esop*. Copiatur 26 fl. 40 kr., Maut und Transportkosten 3 fl. 20 kr.

16. April 1822[208]
Brief an Kreutzer, Wien. Es geht um das Honorar für *Esop*.

17. April 1822[208]
Anton Grams, Kontrabassist in Wien, bietet an: *Freischütz* von Weber, *Armida* von Rossini, *Barbier von Sevilla* von Rossini, *Kantate zur* 50jährigen Jubelfeier von Weber und *Fräulein vom See* von Rossini.

21. April 1822[208]
Le Sueur, Paris, bietet gestochene Partitur der Oper *Adam* nach Klopstock an und ermuntert zur Subskription. Genehmigt.

9. Juli 1822[208]
Carl Maria von Weber, Dresden, erhält für die Oper *Der Freischütz* 40 Dukaten. Lehr lobt das Werk als *meisterlich und ächt deutsch.*

5. August 1822[209]
Biedenfeld, Wien, übersendet durch den Schauspieler Maurer das Melodram *Ugolino* von Seyfried. Bietet u. a. *Zelmira* und *Corradino* von Rossini an. Abgelehnt.

28. Oktober 1822[208]
Karlsruhe bittet um Bücher und Partitur zu den Rossini-Opern *Fräulein vom See* und *Armida.*

13. November 1822[208]
Armida wird sofort, *Fräulein vom See* später, nach Gastspiel einer Sängerin, geliefert.

7. Januar 1823[209]
Schlotterbeck will ausleihen: *Die Zauberzither*, *Vetter Jakob* und *Ritter Tulipan.*

26. März 1823[209]
Zulehner, Mainz, bietet Novitäten an: *Der Kapellmeister* von Paer, *Der Einsiedler* von Caraffa, *Baer und Bassa* von Blume, *Gänserich und Gänschen* von Blum, *Der Schiffskapitän* von Blum und *Sänger und Schneider* von Romberg. Gedrucktes Verzeichnis aller anderen Opern liegt bei.

28. April 1823[209]
Hofrat Dr. Georg Döring, Frankfurt, bietet deutsche Bearbeitung von Méhuls nachgelassener Oper *Valentine von Mailand* an. Abgelehnt.

29. April 1823[209]
Karlsruhe schickt ausgeschriebenes Material zu Weigls Oper *Baals Sturz* wieder zurück, bietet im Gegenzug das Vaudeville *Baer und Bassa* von Carl Blume zur Übernahme an.

7. Mai 1823[209]
Karlsruhe fragt nach Kosten für die Überlassung von *Baals Sturz.*

23. August 1823[209]
Karlsruhe bittet um Überlassung des Souffleur-Buches zur Oper *Die verfängliche Wette* nach der Herklots-Übersetzung.

6. September 1823[209]
Kapellmeister Haßloch, Darmstadt, bietet seine Oper *Giafar und Zaide* an. Abgelehnt.

4. Oktober 1823[209]
Karlsruhe bittet um Partitur zu *Idomeneo.*

10. Oktober 1823[209]
Karlsruhe bittet um Aufführungsmaterial zu *Idomeneo.*

14. Januar 1824[212]
K. A. Ritter, Mannheim, bietet gedruckte Partitur zu Aubers Oper *Die Maurer* an.

18. Januar 1824[210]
Friederike Ellmenreich, Frankfurt, bietet Übersetzungen von französischen Lustspielen an.

9. Februar 1824[210]
Karlsruhe bittet um Überlassung des Materials zu *Doktor und Apotheker.*

10. März 1824[210]
Carl Magenau, Hermaringen, Oberamt Heidenheim, bietet Drama *Der Teutsche in Griechenland* an. Schlotterbeck, Kanzlei-Direktor in Ulm, habe das Stück angeblich gelobt.

17. März 1824[210]
Zulehner schickt Buch und Partitur zu Rossinis *Moses.* Bietet weiter *Valentine von Mailand* von Méhul und das Mozart-Pasticcio *Ahasverus* von Seyfried an.

7. November 1824[210]
Ellmenreich offeriert deutsche Übersetzung zu Aubers *Der Schnee* an. Lehr lehnt ab, da man bereits im Besitz von Castellis Übersetzung sei.

10. November 1825[211]
Bestellung von *Ein Wiener in Berlin* bei Zulehner.

19. November 1825[211]
Angely beschuldigt Zulehner, sich das Vaudeville *Sieben Mädchen in Uniform* unrechtmäßig besorgt zu haben. Will gerichtlich gegen ihn vorgehen. Bietet an die Nr. 1–3 (→ 5. Mai 1826), dazu *Schlafrock und Uniform*, *Schneider-Mamsells*, *Pikker-Mamsells*, *Das Ehepaar aus alter Zeit*, *Klatschereien* und *Dover und Calais.*

25. November 1825[211]
Angely schickt Buch und Partitur zu *Sieben Mädchen in Uniform.*

14. April 1826[211]
Lehr schreibt an Holtei, Berlin, dass er die Posse *Ein Wiener in Berlin* bei Zulehner bestellt habe. Auch die Aufführung der Posse *Der alte Feldherr* sei geplant.

30. April 1826[211]
Spengel bietet Entr'acts nach Sonaten von Haydn, Mozart, Beethoven, Rolle, Krommer und Romberg an. Abgelehnt.

5. Mai 1826[211]
Louis Angely, Berlin, übersendet Bücher zu *Die beiden Hofmeister*, *Die Abentheuer in der Judenschänke* und *Schüler-Schwänke.* Nr. 2 geht zurück.

5. Mai 1826[211]
Adolf Bäuerle, Wien, ruft zur Subskription eines Theateralmanachs auf.

10. Mai 1826[211]
Spengel, München, bietet Bearbeitung von Bendas Melodram *Medea* an. Abgelehnt.

26. Mai 1826[211]
Lehr akzeptiert Subskription → 5. Mai 1826.

3. Juni 1826[211]
Spohr, Kassel, erhält 20 Friedrichs d'or für *Jessonda.*

8. Juni 1826[211]
J. C. Röhner, Baden-Baden, bietet Oper *Sturm oder Die verzauberte Insel* an.

30. Juni 1826[211]
Friederike Angely übersendet Bücher und Partitur zu *Die beiden Hofmeister* und *Schüler-Schwänke.*

20. Juli 1826[211]
Lehr mahnt Ritter, die Partitur zu *Die weiße Frau* zu schicken, andernfalls würde er die von Zulehner bereits übersandte kaufen.

21. Juli 1826[211]
K. A. Ritter aus Mannheim übersendet gestochene Partitur zu *Die weiße Frau* mit dem von ihm stammenden deutschen Text.

28. August 1826[211]
Karlsruhe bittet um Überlassung des Materials zu *Zelmira* von Rossini. Abgelehnt, weil Material immer beschädigt zurückkomme. Partitur kann ausgeliehen werden.

4. September 1826[211]
Ritter bestätigt Eingang des Honorars.

12. Oktober 1826[212]
Steigenberger, München, erhält 65 Gulden für die Opern *Die Kreuzfahrer in Ägypten* und *Der Calif von Bagdad.*

29. Oktober 1826[211]
Häser bietet musikalischen Schwank an. Bittet um Berücksichtigung, weil er eine Familie zu ernähren habe. Abgelehnt.

21. März 1827[212]
Heinrich Zunz, Frankfurt, bietet *Das Landhaus im Walde* von Isouard zum Preis von 44 fl. an. Akzeptiert.

3. Juli 1827[212]
Joh. Chr. Kienlen, Ulm, bietet Oper, die von der Intendanz bereits abgelehnt wurde, dem König direkt an.

12. Juni 1827[212]
K. A. Ritter bietet gestochene Partitur zu Rossinis *Belagerung von Corinth* an.

30. Juni 1827[212]
Ritter wiederholt sein Angebot.

19. November 1827[212]
Spohr, Kassel, erhält 15 Friedrichsd'or für Buch und Partitur zur Oper *Faust.*

16. Januar 1828[213]
Max Bohrer, Cellist, wünscht, dem König ein Werk widmen zu dürfen. Auch 19. März 1828.

17. März 1828[213]
K. A. Ritter, Mannheim, bietet *Die Stumme von Portici* von Auber an. Lehr bedauert, vorläufig keinen Gebrauch davon machen zu können.

18. März 1828[213]
G. C. Sander, Medizinalrat in Braunschweig, bietet Schauspiel *Oedipus* mit Musik von Barnbeck an. Akzeptiert.

19. März 1828[213]
Ferdinand Ries, Frankfurt, bietet seine Oper *Die Räuberbraut* an. Abgelehnt.

20. März 1828[213]
Friederike Ellmenreich, Frankfurt, bietet eigene Übersetzung von Onslows Oper *Le Colporteur ou L'Enfant du bucheron*, deutscher Titel *Der Hausierer*, für 44 fl an. Akzeptiert.

1. April 1828[213]
F. Ellmenreich übersendet Buch und Partitur zur Oper *Das Konzert am Hofe.* Erhält dafür 5 # [!].

12. Juni 1828[213]
Kupelwieser, Graz, bietet an: *Die Belagerung von Korinth* von Rossini, *Die Kreuzritter* [Kreuzfahrer] von Meyerbeer, *Die umgeworfenen Kutschen* von Boieldieu, *Theobald und Isolina* von Morlacchi und *Alexis, le colporteur* von Onslow.

7. Juli 1828[213]
Lehr antwortet Kupelwieser, man besitze alle Opern bereits mit Ausnahme von *Theobald und Isolina*, deren Aufführung jedoch nicht geplant sei.

29. August 1828[213]
Kapellmeister Strauss, Karlsruhe, erhält Partitur zu seiner Oper *Der Werwolf* wieder zurück.

28. September 1828[214]
K. A. Ritter teilt mit, dass es in Paris beim Druck von *Les deux nuits* zu Verzögerungen gekommen ist. Die Übersetzung hat er aber schon fertiggestellt.

2. Oktober 1828[213]
A. Flad, Hofmusikus in München, übersendet Oboen-Konzert, bekommt dafür 16 fl. 24 kr.

8. November 1828[213]
Friedrich Schneider bietet vier Oratorien und eine Kantate an. Wird abgelehnt.

11. Dezember 1828[213]
Stahlknecht, Sekretär am Königsstädt. Theater in Berlin, ist von Biedenfeld autorisiert, folgende von diesem übersetzte Opern anzubieten, Rossini: *Torwaldo e Dorlisca*, *Il signor Bruschino*, *Corradino* und *Le Comte Ory;* Pavesi: *Ser Marcantonio;* Donizetti: *Olivo e Pasquale.*

12. Dezember 1828[214]
Holbein, Hannover, bietet Oper *Aloise* an. Lindpaintner empfiehlt Rücksendung.

16. April 1829[214]
Carl Blume, Berlin, bietet Liederspiel *Die Rückkehr ins Dörfchen* mit Musik von C. M. von Weber an.

2. September 1829[214]
Maurice Schlesinger, Verleger in Paris, zeigt das Erscheinen von Boieldieus *Les deux nuits*, Hérolds *L'Illusion* und Rossinis *Guillaume Tell* an.

1. November 1829[215]
K. A. Ritter bietet Rossinis *Wilhelm Tell* an.

2. Dezember 1829[214]
Brief an Poissl, München. Er hat dem König seine Oper *Der Untersberg* dediziert und erhält dafür einen Ring. Buch und Partitur gingen an Lindpaintner, Material soll hergestellt werden, wenn die Arbeit an *Wilhelm Tell* abgeschlossen ist.

18. Dezember 1829[214]
Intendant Graf Leutrum bittet den Wiener Geschäftsträger, Freiherr v. Grempp, bei Castelli zu intervenieren, dass er die Kopie von Bertons Oper *Uniform und Schlafrock* endlich zuschickt.

28. Januar 1830[215]
K. A. Ritter, Mannheim, erhält 55 fl. für Partitur zu *Die zwei Nächte.*

6. März 1830[222]
Schott hat die beiden letzten Akte von *Wilhelm Tell* abgeschickt.

10. März 1830[222]
Leutrum bezahlt den *Tell.*

17. Mai 1830[215]
Castelli, Wien, quittiert den Empfang von 24 Dukaten u. a. für *Uniform und Schlafrock.*

2. Juni 1830[215]
Artaria und Fontaine, Mannheim, bieten Bellinis *La Straniera* für 200 fl. an.

23. August 1830[221]
Steigenberger, München, fordert Honorar für das Kopieren der Opern *Macbeth* und *Doctor und Apotheker* [in Lindpaintners Bearbeitung].

2. September 1830[216]
Bestellung der Stücke von Ferdinand Raimund, Wien, *Alpenkönig und Menschenfeind, Diamant des Geisterkönigs* und *Der Bauer als Millionär.*

10. Oktober 1830[215]
Einen Ring von Amethyst mit Brillanten umgeben als gnädiges Geschenk S. M. des Königs durch Herrn Grafen Leutrum erhalten zu haben, bescheinet [!] *Stuttgart d. 10. Octbr. 1830 Julius Benedict.* Nachtrag: *wegen Überlassung der von ihm komponierten Oper Die Portugiesen in Goa an das Hoftheater dahier.*

4. November 1830[215]
Quittung von Carl Heinrich Zöllner über 55 fl für *Cantate zur Geburtstagsfeier des Königs*, aufgeführt am 27. September Lindpaintner hielt die Musik für ein *gelungenes Werk im ächten Kirchenstyle.* Zöllner stammt aus Braunschweig.

13. Januar 1831[216]
Ferdinand Raimund, Wien, erhält Honorar für *Alpenkönig und Menschenfeind, Diamant des Geisterkönigs* und *Der Bauer als Millionär.* → 2. September 1830.

23. April 1831[216]
Spengel, München, bietet zum wiederholten Mal seine Bearbeitung von Bendas *Medea* an. Abgelehnt.

4. Juli 1831[216]
F. A. Oldenburg, Karlsruhe, bietet deutsche Version der Oper *Zampa oder Die Marmorbraut* an.

17. September 1831[216]
Wilhelm Klötzsche, Leipzig, schickt Buch, Partitur und Stimmen zu *Teobald und Isolina.*

12. November 1831[216]
August Stäger, Graz, bietet italienische Opern an.

7. Dezember 1831[216]
Chélard, München, bekommt einen Brillantring. War bei der Aufführung seiner Oper *Macbeth* zugegen.

3. März 1832[219]
Marschner, Kapellmeister in Hannover, wird um die Übersendung von Buch und Partitur zu *Der Templer und die Jüdin* gebeten.

25. April 1832[219]
Leutrum schickt Wechsel über 25 Friedrichs d'or an Marschner.

2. Oktober 1832[217]
F. A. Michaelis, Stralsund, bietet dringlich seine Oper *Der letzte der Mohicans* an. Szenario beigefügt.

7. Dezember 1832[217]
C. G. Reissiger, Kapellmeister in Dresden, entnahm der Leipziger Musikalischen Zeitung, daß sein Melodram *Yelva* in Stuttgart aufgeführt wurde. Er schrieb deshalb an Molique, der ihm mitteilte, man habe die Musik von Castelli in Wien bezogen. Außer dem Komponisten und dem Textdichter Th. Hell [Winkler], sei jedoch niemand autorisiert, das Werk zu vertreiben. Er bittet daher um Honorar.

23. Mai 1833[226]
Adalbert Prix, Wien, macht Angebote: Donizettis *Acht Monate und 2 Stunden* und Bellinis *Montecchi e Capuleti.*

29. Juni 1833[217]
Leutrum schreibt an Franz Gläser, Kapellmeister am Königsstädtischen Theater in Berlin, es bestehe kein Interesse an seiner Oper *Des Adlers Horst.*

16. August 1833[226]
Prix bietet *Montecchi e Capuleti* erneut an. Der Schauspieler Rothe [Karl Friedrich Rohde] hat *Der böse Geist des Lumpazivagabundus* mitgenommen. Bestellt sind *Arsenius, der Weiberfeind* und *Arsenia, die Männerfeindin.*

28. August 1833[217]
Kapellmeister Stoessel, Wien, bietet Oper *Rodenstein* an.

10. November 1833[226]
Prix bestätigt Zahlung für *Lumpazivagabundus.*

8. April 1834[226]
Prix bietet *Norma* und *Nachtwandlerin* an.

10. April 1834[226]
Leutrum bestellt bei Prix *Graf Ory.* Fragt nach Preis von *Ludovico* von Hérold.

2. Juni 1834[226]
Prix bittet um Klärung, ob *Graf Ory* und *Ludovico* behalten werden.

12. Juni 1834[226]
Prix übersendet *Acht Monate und 2 Stunden.* Ferner zur Ansicht *Die Nachtwandlerin.*

2. Juli 1834[226]
Leutrum bezahlt *Graf Ory.*

23. August 1834[226]
Prix bittet darum, *Die Nachtwandlerin,* falls in Stuttgart kein Interesse dafür besteht, nach Braunschweig weiterzusenden.

6. September 1834[226]
Braunschweig sendet die Partitur zur *Nachtwandlerin* wieder nach Stuttgart zurück.

13. Oktober 1834[226]
Leutrum beschwert sich bei Prix über die fehlerhafte Partitur zu *Anna Boleyn.*

18. Oktober 1834[226]
Prix verlangt Honorar für *Acht Monate und 2 Stunden.*

23. Oktober 1834[226]
Prix übersendet die Rezitative zu *Anna Boleyn,* die der Kopist aus Nachlässigkeit vergessen habe.

8. November 1834[226]
Prix bietet *Lumpazivagabundus 2. Theil (Familie Knierim)* an.

14. November 1834[226]
Leutrum lehnt Aufführung von *Die Macht der kindlichen Liebe* ab.

11. Dezember 1834[226]
Prix übersendet Buch und Partitur zu *Montecchi e Capuleti,* sowie zu *Die Macht der kindlichen Liebe.*

17. Januar 1835[226]
Prix mahnt Entscheidung darüber an, ob die Oper *Die Macht der kindlichen Liebe oder Acht Monate und 2 Stunden* behalten wird.

28. Januar 1835[226]
Leutrum schickt *Lumpazivagabundus 2. Theil* wieder zurück. Dagegen werden *Montecchi e Capuleti* behalten, obwohl die Partitur von Fehlern strotzt. *Die Nachtwandlerin*

geht ebenfalls zurück. Die Partitur wurde auf Prix' Verlangen nach Braunschweig geschickt, kam aber *uneröffnet* zurück.

30. Juni 1835[226]
Leutrum bittet um Ansichts-Partitur zu *Eulenspiegel.*

1. Juli 1835[222]
Leutrum honoriert Schott für Aubers *Lestocq.*

14. November 1835[226]
Prix übersendet *Zu ebener Erde und erster Stock* [von A. Müller] und fordert Honorar für *Eulenspiegel.* Ferner bietet er von Bellini *Beatrice di Fenda* an.

15. Dezember 1835[226]
Prix mahnt Bezahlung von *Eulenspiegel* und *Zu ebener Erde und erster Stock* an.

17. Dezember 1835[226]
Zu ebener Erde und erster Stock wird bezahlt.

23. Dezember 1835[226]
Prix verlangt Bezahlung für den seit Monaten in Stuttgart liegenden *Eulenspiegel.*

3. September 1836[222]
Leutrum bittet Schott um Zusendung von Aubers *Maskenball.*

20. September 1836[222]
Die Partitur zu *Maskenball* geht wieder zurück.

7. Oktober 1836[222]
Leutrum dankt Schott für die Übersendung der Libretti zu *Gustav* [Gustav III. von Auber?] und *Puritani.* Klavierauszug zu *Acteon* geht zurück.

13. Mai 1837[222]
Schott erhält Honorar für *Puritani: .. schlecht und fehlerhaft geschrieben.*

15. Mai 1837[218]
Leutrum schickt die Partitur zu Fescas *Cantemira* an den Ministerialrat Saint-Julien in Karlsruhe zurück. Lindpaintner habe dem Werk *volle Anerkennung zu Theil werden lassen.*

18. Mai 1837[222]
Schott entschuldigt sich für die fehlerhafte Partitur zu *Puritani* → 13. Mai 1837.

16. Juni 1837[218]
Carl Ludwig, Leipzig, bietet mehrere Opern an: *Stumme* [von Portici], *Robert der Teufel, Der Blitz, Die Hugenotten, Maurer und Schlosser* und *Fra Diavolo.*

17. Juni 1837[218]
H. G. Küstner, München, übersendet Buch und Partitur zu *Der hundertjährige Greis.* Diejenige zu *Leonore* folgt.

24. Juni 1837[218]
Leutrum bestellt *L'Elisire d'amore* bei Artaria in Mailand, macht aber die Bestellung am 4. Juli wieder rückgängig.

30. Juni 1837[218]
Die nach München gehörige Partitur zu *Der hundertjährige Greis* wurde an Graf Leutrum übergeben, damit er sie während seiner Reise nach Kreuth in München abgebe.

13. Juli 1837[218]
Artaria bestätigt die Rücknahme der Bestellung vom 4. Juli. → 24. Juni 1837.

26. Juli 1837[218]
Carl Ludwig, Leipzig, bietet den *Postillon von Lonjumau* zum Sonderpreis an.

30. August 1837[219]
Josef Strauss, Kapellmeister in Karlsruhe, bietet 20 Entr'acts an. Bekommt 33 fl.

2. September 1837[222]
Leutrum bittet Wolff, Souffleur in Berlin, um den deutschen Text zu Donizettis *Liebestrank.*

10. September 1837[226]
Leutrum bestellt bei Prix *Bräutigam und Affe.*

29. September 1837[222]
Leutrum bestellt bei Schott: *Die Falschmünzer* von Auber und *Die Jüdin* von Halévy. Er hofft auf fehlerfreie Partitur, sonst droht Rückgabe.

2. Oktober 1837[218]
Quittung über die Rückgabe von *Lenore* in München durch Leutrum.

3. Oktober 1837[222]
Schott bietet an: *Postillon von Lonjumeau*, von Auber *L'Ambassadrice* und von Meyerbeer *Die Hugenotten.*

12. Oktober 1837[226]
Bräutigam und Affe wird bezahlt.

6. Dezember 1837[222]
Schott erhält Honorar für die *Falschmünzer* und *Die Jüdin.*

3. Januar 1838[222]
Bei Schott bestellt: *Postillon von Lonjumeau* und *Le domino noir.*

29. Januar 1838[219]
Direktor Pellet, Graz, lässt Buch und Partitur zu *Il Furioso* nach Stuttgart schicken.

4. Februar 1838[219]
Carl Abel, Clarin-Virtuose in Worms, fragt an, was die Prüfung seiner Oper *Das Rendezvous* durch Lindpaintner ergeben habe.

8. Februar 1838[219]
Leutrum bedauert und schickt Material an Abel zurück. Lindpaintners »Schlechtachten« ist den Akten beigelegt.

13. Februar 1838[219]
Leutrum bestätigt Empfang. Beauftragt Lindpaintner, das Honorar nach Graz mitzunehmen.

29. März 1838[219]
J. B. Wiegand, Sänger in Frankfurt, schickt *Vampyr* an Lindpaintner zurück. Legt Partitur und Buch zu *Die schwarze Dame* bei. Soll in Stuttgart kopiert werden.

5. Mai 1838[219]
August Ferd. Häser (?), Weimar, empfiehlt seine Oper *Der Neger auf St. Domingo*, Text: Wilhem Häser.

15. Mai 1838[222]
Schott erhält Honorar für den *Postillon* und das Textbuch zur *Botschafterin.*

22. Mai 1838[219]
Leutrum sendet Buch und Partitur zu *Die schwarze Dame* an Wiegand zurück. → 29. März 1838.

22. Mai 1838[219]
Leutrum teilt Eberwein, Weimar, mit, dass das Schauspiel *Lenore*, zu dem er die Musik geschrieben habe, aufgeführt wurde. Schickt Wechsel.

22. Mai 1838[218]
Für die Musik zu *Lenore* von Holtei werden dem Weimarer Hofmusiker Eberwein 3 Dukaten bezahlt. Der *Compositeur* des Liederspiels *Der hundertjährige Greis* kann nicht ermittelt werden.

23. Mai 1838[222]
Schott bietet an von Adam *Le fidèle berger*, deutsch von Frhr. von Lichtenstein, von Thomas *Le perruquier de la régence*, ebenfalls übersetzt von Lichtenstein, und von Benedict *The Gipsy's Warning*, deutsch von Castelli.

11. Juni 1838[220]
Dessauers Angebot von *Ein Besuch* aus Prag.

[undatiert] [222]
Souffleur Wolff erhält Honorar u.a. für Buch und Partitur zu *Das phantastische Zeitgemälde* 1739. 1839. 1939 von Meisl.

28. Juni 1838[219]
Francesco Lucca, Verleger in Mailand, bietet *Giuramento* von Mercadante an. Verlagsprospekt beigelegt.

20. Juli 1838[219]
Ignaz Lachner, Kapellmeister in Mannheim, bietet 30 Entr'acts von sich und 12 seines Bruders an, letztere gratis.

23. Juli 1838[219]
Notiz über den Kauf der Marcello-Psalmen. Ausgabe 1830. 8 Bände, 44 fl.

21. August 1838[222]
Leutrum bezahlt Schott für *Die Botschafterin*, *Die Jüdin* und *Der schwarze Domino.*

10. September 1838[221]
Steigenberger erhält Honorar für folgende Ballettmusiken: *Urtheil des Paris*, *Maler Ternier* und *Arsène.*

14. September 1838[219]
Lachner, nun Musikdirektor in Stuttgart, erhält dafür 55 fl.

31. Oktober 1838[219]
Leutrum bedankt sich bei Marschner für die Übersendung der Oper *Der Baba.* Geht zurück.

4. November 1838[219]
N. Stoessel, Militär-Kapellmeister in Ludwigsburg, bietet Neufassung seiner Oper *Rodenstein* an.

25. November 1838[219]
E. Rottmann, München, bietet Drama *Hermann, der Befreier der Deutschen* an. Abgelehnt.

15. Januar 1839[222]
Schott bietet neben *Der Zigeunerin Warnung* von Benedict die Oper *Der Brauer von Preston* von Adam an.

13. Februar 1839[226]
Prix bietet erneut Nestroys *Lumpacivagabundus 2. Theil* an.

25. Februar 1839[222]
Schott bietet an *Der Gott und die Bajadere*, ferner Adam und Benedict und von Clapisson *Die Figurantin* [La figurante].

28. Februar 1839[226]
Prix übersendet *Die Familien Zwirn, Knierim und Leim* (Lumpazivagabundus 2. Teil).

30. Juni 1839[218]
Giovanni Ricordi, Mailand, teilt mit, dass er auf Veranlassung des Grafen v. Degenfeld, württembergischer Geschäftsträger in Wien,

eine Kopie von Donizettis *L'Elisire d'amore* nach Stuttgart schicken werde. Rechnung folgt. Beigefügt gedruckter Verlagsprospekt.

13. Juli 1839[222]
Der treue Schäfer und *Der Pariser Perruquier* von Thomas gehen an Schott zurück. → 20. Juli 1838.

27. Juli 1839[226]
Prix bietet *Die verhängnisvolle Faschingsnacht* an.

28. August 1839[218]
Leutrum bestätigt Ricordi den Erhalt der Partitur und schickt Scheck. → 30. Juni 1839.

5. September 1839[226]
Bezahlung Prix für die Posse *Lumpazivagabundus* 2. Teil. → 28. Februar 1839.

11. September 1839[218]
Ricordi bestätigt Empfang des Schecks und bietet an: *Marino Faliero* von Donizetti, *Lucia di Lammermoor* von Donizetti, *I Briganti* von Mercadante, *L'Assedro di Calais* von Donizetti, *Odda e Bernaver* von Lillo, *Isabella degli Abenanti* von Raimondi, *Belisario* und *Lucrezia Borgia* von Donizetti, sowie *Emma d'Antiochia* und *Uggero il Danese* von Mercadante.

7. Oktober 1839[226]
Leutrum teilt Prix mit, dass Mannheim *Die verhängnisvolle Faschingsnacht* [von Nestroy und A. Müller] zugeschickt habe. Geht nach Prüfung wieder an Prix zurück.

1. November 1839[223]
Schott bietet an *Die Dreizehn* von Halévy und *Der Blumenkorb* von A. Thomas.

21. November 1839[221]
Steigenberger erhält Honorar für die Ballette *Der Zauber fluch* und *Die Pagen des Herzogs von Vendôme.*

10. Dezember 1839[220]
Breitkopf & Härtel bieten *Der Feensee* von Auber an. Preis 42 Rt.

18. Dezember 1839[221]
Steigenberger erhält Honorar für *Die Ochsenmenuette.*

9. Januar 1840[220]
Dessauer, Wien, entschuldigt sich für die Verspätung. Ursache sei ein *langwieriges Kopfübel* gewesen.

26. Januar 1840[226]
Prix bietet von Nestroy und A. Müller *Der Färber und sein Zwillingsbruder* an.

23. Februar 1840[220]
Joseph Dessauer, Wien, teilt mit, er habe Buch und Partitur zu *Ein Besuch in St. Cyr* abgeschickt. Erwähnt, dass er mit Lindpaintner persönlich bekannt sei.

1. Mai 1840[220]
Leutrum mahnt Dessauers Empfangsbestätigung für das Honorar an.

8. Mai 1840[221]
Steigenberger fordert Honorar für die Kopie des Balletts *Die Feuer Nelke.*

15. Juni 1840[220]
C. Klette, Schauspieler und Chorsänger in Karlsruhe, teilt auf Anfrage mit, dass Lortzing dort für *Zar und Zimmermann* 12 Friedrichs d'or erhalten habe.

6. August 1840[220]
M. Stiepanek, Prag, übersendet Karlsruher Theaterzettel zu den *Schlimmen Frauen im Serail.* Die Musik sei von Proch.

12. August 1840[220]
Gemmingen, Intendant in Karlsruhe, teilt dasselbe nochmals, jetzt offiziell, mit.

22. August 1840[220]
Kapellmeister Großmüller, Ulm, schickt ausgeliehene Partitur des *Liebestranks* zurück.

26. September 1840[220]
Leopold Nehrig, Neuchâtel (Schweiz), hat das Vaudeville *Der Liebestrank* bearbeitet. Abgelehnt. Nicht mit der Oper zu verwechseln.

2. Oktober 1840[222]
Sekretär Hezer bestätigt den Eingang der Partitur zu *Der Zigeunerin Warnung.*

10. Oktober 1840[220]
Küstner, Intendant in München, gibt Auskunft u.a. über *Guido e Ginevra* von Halévy. Er bezog die Partitur von Koppe und Sturm in Leipzig. Halévy richtete die Oper eigenhändig für München ein (4 statt 5 Akte). Empfiehlt den Bezug der Partitur von Koppe und Sturm und deren Einrichtung nach Münchner Vorbild. Leutrums Anfrage datiert vom 12. September 1840.

2. November 1840[220]
Lortzing, Leipzig, ist mit dem Honorar von 12 Friedrichs d'or für *Zar und Zimmermann* nicht einverstanden. Bekam in Braunschweig, Dresden und München jeweils 20 Friedrichs d'or.

23. November 1840[220]
Leutrum gewährt Lortzing eine Honorar-Nachzahlung für *Zar und Zimmermann.*

23. Dezember 1840[226]
Prix bietet *Der Talisman* von Nestroy und Müller an.

29. Januar 1841[221]
Küstner, Intendant in München, bittet um Überlassung der Partitur zu *Baer und Bassa.*

7. Februar 1841[226]
Prix liefert den *Talisman.*

13. Februar 1841[221]
Steigenberger schickt Rechnung für Kopien von Polonaise und Pas de trois, sowie der Oper *Die Nacht zu Paluzzi.*

23. Februar 1841[221]
Steigenberger erhält Honorar für Kopien des Balletts *Sylphide* und der obigen Stücke.

24. Februar 1841[221]
Witwe Stössel, Ludwigsburg, bittet um Aufführung der Oper *Rodenstein* ihres verstorbenen Mannes. Abgelehnt.

27. Februar 1841[221]
Amadeus Müller, Sänger und Schauspieler in Basel, bietet *Guido und Ginevra* von Halévy an. Abgelehnt.

27. Februar 1841[221]
Küstner sendet die Partitur *Baer und Bassa* zurück. → 29. Januar 1841.

15. März 1841[221]
Ferd. Jansen, Weimar, bietet diverse Kompositionen von Philipp Jakob Roeth an.

20. März 1841[221]
Leutrum bittet Gemmingen, Karlsruhe, um Überlassung der Partitur zu *Lucia di Lammermoor*, um sie in Stuttgart kopieren zu lassen. Gemmingen lehnt ab.

5. Mai 1841[222]
Schott bietet *Il Guitarrero* von Halévy an.

6. April 1841[221]
Kupelwieser, Wien, bietet Partitur zu *Die Wette um ein Herz* von Suppé an. Abgelehnt. Teilt ferner mit, dass er *Les Martyres* [Poliuto] von Donizetti umgearbeitet habe.

26. April 1841[222]
Leutrum sendet die *Regimentstochter* wieder an Schott zurück. Kein Gebrauch.

27. April 1841[226]
Prix mahnt die Bezahlung des *Talisman* an.

3. Juni 1841[222]
J. A. Blume in Frankfurt empfiehlt sich als Agent.

14. Juni 1841[222]
Blume übersendet: *Die schlimmen Frauen im Serail*, sowie *Doktor Fausts Hauskäppchen*. Bietet an *Peter der Große in Paris* mit Musik von Binder. Pezold soll dies begutachten.

7. Juli 1841[221]
Leutrum wiederholt seine Bitte. Eile sei geboten, da die Oper zu Königs Geburtstag (17. September) gegeben werde solle. → 20. März 1841.

14. Juli 1841[221]
Leutrum schickt Partitur nach Kopie wieder nach Karlsruhe zurück.

23. Juli 1841[226]
Prix bietet von Adolf Müller das *Marmor Herz* an.

September 1841-Februar 1842[224]
Wilhelm Friedrich Siber, Hofmusiker, bietet seine Oper *Almiris* an. Lindpaintner, um seine Stellungnahme gebeten, mag, *den Maßstab höherer Kunst anlegend, zu der Aufführung ... seine Stimme nicht geben.* Aufführung wird abgelehnt. Dennoch hat Lindpaintner nach vielen Eingaben Sibers sich bereit erklärt, Ouverture und erste Szene konzertant aufzuführen.

18. September 1841[223]
Täglichsbeck, Hechingen, bietet Oper *Enzio* an.

15. Oktober 1841[222]
J. A. Blume übersendet *Die Wette um ein Herz.* Wird angekauft.

23. Oktober 1841[222]
Peter der Große in Paris geht zurück → 14. Juni 1841.

29. Oktober 1841[222]
Leutrum bezahlt Schott für die *Regimentstochter* [!].

10. November 1841[221]
Dardenne, Ulm, bittet um leihweise Überlassung der Partitur zu *Die Sängerinnen auf dem Lande.* Genehmigt.

4. November 1841[223]
Lortzing bittet um 20 Friedrichs d'or Honorar für *Die beiden Schützen.* Sendung erfolgte auf Lindpaintners Ersuchen.

25. November 1841[223]
Lortzing erhält nur 15 Friedrichs d'or.

26. November 1841[223]
G. A. Zumsteeg, Musikalienhandlung in Stuttgart, beschwert sich bei Lindpaintner über ein *musikalisches Avertissement* auf einem Theaterzettel.

8. Dezember 1841[223]
Wiederholung des Angebots vom 18. September 1841.

3. Januar 1842[223]
Hinhaltende Antwort an Täglichsbeck. Verschiebung der Aufführung trotz einer Intervention des Fürsten von Hohenzollern-Hechingen → 18. September 1841.

16. Februar 1842[222]
Carl Zulehner, Mainz, teilt mit, dass er nach dem Tode seines Onkel C. Z. dessen Verlag übernommen habe.

11. März 1842[222]
Gemmingen, Karlsruhe, bittet um Überlassung des Materials zur *Regimentstochter.*

23. März 1842[222]
Gemmingen bestätigt den Empfang der Oper.

6. Mai 1842[222]
Schott erhält Honorar für *Lucrezia Borgia.*

10. Mai 1842[222]
Schott mahnt Honorar für den *Guitarrespieler* an.

3. Juni 1842[222]
Leutrum bestellt bei Schott die Oper *Der Blitz* von Halévy.

12. Juli 1842[222]
Josef Netzer, Wien, bietet *Mara* von Otto Prechtler an.

12. November 1842[222]
Xaver Pentenrieder, München, wird *Die Nacht von Paluzzi* zurückgeschickt. Kein Bedarf.

12. November 1842[222]
Schott erhält Honorar für den *Guitarrespieler.*

15. November 1842[222]
Mechetti, Wien, bietet Stücke aus *Belisar* an.

28. November 1842[222]
Gemmingen, Karlsruhe, schickt Material zu *Die Regimentstochter* zurück. Aufführung kam nicht zustande.

1. Dezember 1842[222]
Schott bietet Oper *Der Edelknecht oder Das Armband* von Kreutzer an.

Januar 1843-April 1844[224]
Ausführlicher Briefwechsel zwischen Poissl und der Intendanz. Poissl hatte seine Oper *Zayde* über die Stubenrauch, die Maitresse des Königs, dem Theater angedient. Das Honorar empfand er als Beleidigung. Der König selbst verfügte: 30 Dukaten. Poissl weist darauf hin, dass selbst mittelmäßige Sängerinnen 30-40 Louis d'or für ein

Gastspiel bekämen. Lindpaintner muss ausbügeln: das Honorar sei ein Irrtum. König schenkt Poissl eine Tabatière.

15. Januar 1843[224]
Wilhelm Häser, Bass-Bariton, verfasste den Text zur Oper seines Bruders und bietet das Werk, *Der Neger auf St. Domingo*, erneut an.

5. Mai 1843[223]
Guhr, Frankfurt, bittet um leihweise Überlassung des Materials zu *Der Gott und die Bajadere*. Genehmigt.

7. Juli 1843[223]
Schott kann Preis für *Marino Faliero* noch nicht nennen, dafür aber die Preise für Aubers *Des Teufels Antheil* und *Thomas Riquiqui* von Heinrich Esser.

7. Juli 1843[224]
→ September 1841. Deshalb bittet Siber um Honorar. Bekommt 100 fl. Näheres zu Siber in E 18 II Bü 855, Staatsarchiv Ludwigsburg.

12. Juli 1843[223]

Theatersekretär Hezer teilt Franz Lachner, München, mit, dass das Honorar für *Catharina Cornaro* erst nach der Aufführung fällig wird.

14. Juli 1843[223]
Frankfurt sendet die Oper *Der Gott und die Bajadere* wieder zurück → 5. Mai 1843.

20. Juli 1843[223]
Wolff, Souffleur in Berlin, teilt mit, dass *Marino Faliero* dort nicht vorliegt.

25. Juli 1843[223]
Schott kann *Marino Faliero* nicht liefern → 7. Juli 1843.

27. Juli 1843[223]
Intendant ist über Schott verärgert. Will versuchen, das Stück anderweitig zu beschaffen.

5. August 1843[223]
Schott teilt mit, dass Buch und Partitur zu *Marino Faliero* angekommen seien.

24. September 1843[223]
Julius Koffka, Souffleur in Leipzig, bietet Donizetti-Opern an: *Linda von Chamounix*, *Don Pasquale* und *Marie de Rohan*.

9. Oktober 1843[223]
Lortzing bittet um Honorar für *Casanova*.

23. Oktober 1843[223]
Zahlung an Schott für *Des Teufels Antheil*.

15. Dezember 1843[223]
A. Heinrich, Souffleur in Berlin, bietet Mendelssohns Musik zum *Sommernachtstraum* an.

3. Januar 1844[223]
Louis Hetsch, Musikdirektor in Heidelberg, bietet 6 Ouverturen für Entr'acts an. Abgelehnt.

12. Januar 1844[224]
Schott erhält 43 fl. 30 kr. für Löwes Kantate *Festzeiten*.

24. Januar 1844[225]
Bote und Bock, Berlin, bieten Kompositionen von Josef Gungl an.

30. Januar 1844[224]
Baron Gall [?] schreibt an Taubenheim, den Interims-Intendanten,

Ricordi würde 1000 fl. für den Klavierauszug zu *Nabucco* verlangen. *Der ganze Komponist* [Verdi] *ist nicht so viel werth, wie er für sein Machwerk verlangen läßt.* Notfalls wäre Lindpaintner zu beauftragen: *Daß er dies besser versteht wie Verdi glaube ich versichert zu sein ... So würde uns die ohne Zweifel Juden Süße Speiße mit kräftiger Beymischung geboten ... und die Oper könnte für May als Debüt von Pischek vorbereitet werden.*

26. Februar 1844[224]
Breitkopf & Härtel bieten von Halévy *Karl VI.* an.

28. März 1844[224]
J. C. Lohe, Weimar, bietet noch vor der UA in Weimar die Oper *König und Pachter* an.

29. März 1844[226]
wird endlich die Rechnung für den *Talisman* beglichen → 7. Februar 1841.

31. Mai 1844[224]
Breitkopf & Härtel, Leipzig, bieten Aubers *Sirene* an.

1. Juni 1844[224]
Giovanni Gentiluomo, Gesangslehrer in Wien, bietet Dienste an.

7. Juni 1844[224]
Carl Stein, Hofschauspieler in Wien, bietet Oper *Der Meissel* an. Abgelehnt.

15. Juli 1844[224]
Baldewein, Musikdirektor in Kassel, übersandte 12 Entr'acts. Werden zurückgeschickt.

13. August 1844[224]
Lortzing bietet, ermuntert durch Lindpaintner, den *Wildschütz* an. Honorarforderung 15 Louis d'or. Abschrift des Briefes aus Stargardt-Katalog Nr. 563, 1963, Nr. 533.

26. August 1844[224]
Diabelli, Wien, feilscht um Preis für *Linda* [von Chamounix].

12. Oktober 1844[224]
Stawinsky, Regisseur in Berlin, bietet im Auftrage von Mendelssohn die Musik zum *Sommernachtstraum* um 10 Friedrichs d'or an. Akzeptiert.

20. November 1844[224]
Adalbert Prix, Theatergeschäftsbureau-Inhaber in Wien, bietet an *Stadt und Land oder Der Viehhändler von Oberösterreich* und *Der Krämer und sein Commis.* Trotz Bedenken gekauft.

29. November 1844[224]
Intendanz bezahlt Rechnung von Schott über *Die Sirene* von Auber.

13. Mai 1845[225]
Taubenheim bestellt bei Fr. v. Flotow, Hamburg, Buch und Partitur zu *Alessandro Stradella.* Flotow gab den Brief an Joh. August Böhme weiter, der den Kauf abwickelte.

20. Dezember 1845[225]
J. P. Schmidt, Hofrat in Berlin, bittet um Honorar für die Kopie der (Accompagnato)-Rezitative zu Mozarts *Don Juan,* die beim Gastspiel Jenny Lind in Stuttgart notwendig werden. In Berlin erhielt er dafür 40 Rth. Pr. Courrant. Der benutzte Text ist von Ludwig Rellstab.

18. Februar 1846[226]
Prix liefert die Posse *Sie ist verheiratet* [von Franz von Suppé]. Bietet ferner *Goldteufel oder Ein Abentheuer in Amerika* [von Emil Titl] an.

9. März 1846[226]
Franz Gläser, Kopenhagen, erhält Honorar für seine Oper *Des Adlers Horst.*

17. März 1846[226]
Friedrich Krug, Karlsruhe, bietet Operette *Der Nachtwächter* an. Abgelehnt.

27. Januar 1847[226]
Joh. August Böhme, Hamburg, bietet *Die Matrosen* von Flotow an.

12. März 1847[226]
Breitkopf & Härtel sendet Buch zu *Die Barcarole* von Auber zur Ansicht.

Schloßplatz
vom Turm der Stiftskirche aus fotografiert.
Anonym, vor August 1863, Albuminpapier

Aloys Beerhalter (1799–1858), Klarinettist

Reiner Nägele

Aloys Beerhalter war ein begabter Instrumentalvirtuose, der auch auf Konzertreisen, vorwiegend in Württemberg und Bayern, Erfolge beim Publikum feiern konnte. Verstärkt durch wachsende Verschuldung und familiäre Probleme gelingt es ihm zu keiner Zeit, trotz eines beachtlichen Gehalts und mehrfachen finanziellen Zuwendungen durch den König, sein privates Leben, das aufgrund der alimentativen Pflicht seines Dienstherrn stets eng mit dem beruflichen verbunden bleibt, zu konsolidieren.[1]
Aloys Beerhalter wird am 6. Juni 1799 als Sohn eines Dorfmusikanten gleichen Namens im württembergischen Dorfmerkingen (bei Neresheim) geboren und katholisch getauft. Zwölfjährig kommt er in die Lehre bei Stadtmusikus Sauerbrey in Neresheim, wo er sich, dem Vorbild seines Vaters folgend, »in allen gangbaren Instrumenten Uebung verschaffte«.[2] Nach seiner Firmung, 1815, wechselt er den Lehrmeister und geht zu Louis Hetsch nach Tübingen, der ihn auf dem Violoncello ausbildet. Mit 17 Jahren tritt er in den Dienst der Königlichen Garde zu Pferd in Stuttgart – als Trompeter. 1819 wird er in die Hofkapelle des Fürsten von Thurn und Taxis berufen, als Flötist, zwei Jahre später wechselt er, nun als Posaunist tätig, zum Musikchor des 3. Königlich Württembergischen

Reiterregiments, ehe er als Klarinettist am 16. Januar 1828 Mitglied der Königlichen Hofkapelle in Stuttgart wird. Sein anfängliches Gehalt beträgt 400 Gulden. Zum Amtsantritt wird ihm je ein Exemplar der *Verordnung für das Churfürstliche Hoftheater* vom 13. November 1804 und der Hofordnung vom 10. Juni 1818 überreicht.
Beerhalter ist ein höchst talentierter Klarinettist, der, »so oft er sich hören läßt, die allgemeine Begeisterung hervorruft«[3] und er übt sich nun auch auf dem Bassetthorn, auf dem er es in kürzester Zeit – als Solist und im Orchester – ebenfalls zur allseits gerühmten Meisterschaft bringt. Wie sehr man am Hof seine Fähigkeiten zu schätzen weiß, zeigt eine Anmerkung auf einer Gehaltsliste von 1829/30 zu Beerhalters Eintrag: »Bisher 450 f. Sein höchst ausgezeichnetes Talent macht ihn dieser Zulage würdig. Es dürfte ihm nicht schwer fallen, an einem andern Ort das Doppelte seines diesseitigen Gehaltes zu erlangen«.[4]
Im März 1830 befindet er sich zur weiteren Ausbildung bei dem berühmten Klarinettisten Heinrich Bärmann in München, wofür er zusätzlich zwei Monate Urlaub genehmigt erhält sowie eine finanzielle Unterstützung durch die Oberhofkasse in Höhe von 132 Gulden. Sein Gehalt beträgt inzwischen 550 Gulden. Vom Hof erhält er unentgeldlich zwei Klarinetten (A und B) aus schwarzem Ebenholz mit silbernen Klappen, die für die Summe von 88 Gulden dem Hofmusiker Georg Reinhardt abgekauft wurden. Doch eines der Instrumente ist bereits nach fünf Jahren nicht mehr spielbar, »in Folge der an demselben eigenmächtig vorgenommenen Veränderungen«, wie die Intendanz notiert. Er erhält deshalb 1834 ein neues Instrument mit der Auflage, dass er sich solcher

> Veränderungen an dem ihm nun übergeben werdenden Instrument als dem Eigenthum des Theaters enthalten werde und daß er wenigstens 12 Jahre auf demselben zu spielen hat, ohne auf die Anschaffung eines neuen Instrumentes auf Rechnung der Theaterkasse Anspruch machen zu können.

Oktober 1829 stellt er ein Heiratsgesuch an den König. »Hofmusikus Beerhalter dahier, bittet unterthänigst um Allergnädigste Erlaubniß, sich mit der Tochter des vormaligen Silberkämmerlings Schnek, Louise Henriette Charlotte Schnek von hier, ehelich verbinden zu dürffen«. Gegen die Heirat, so die Antwort des Königs, habe man »diesseits nichts einzuwenden«. Die Ehe war aber wohl nur kurze Zeit glücklich, findet sich doch bereits 1836 eine Mitteilung des Hofgerichts an die Theaterintendanz, »daß der Hofmusiker Beerhalter am gestrigen Tage wegen boshafter Zerstörung des Eigenthums seiner Frau und lebensgefährlicher Drohungen gegen dieselbe in polizeilichen Arrest gebracht worden ist«. Zwei Jahre später bittet er um die Erlaubnis seiner Wiederverheiratung mit der Tochter des Historienmalers Eberhard von Wächter, die der Intendant mit der aufschlußreichen Anmerkung genehmigt, dass man »aus Rücksicht gegen die Familie v. Wächter von der gewöhnl. Bedingung der Ver-

mögensnachweisung *ausnahmsweise* abstrahirt« habe. Denn: Beerhalter ist hochverschuldet. Unmittelbar nach seiner ersten Verheiratung gerät der Musiker zunehmend in finanzielle Nöte. Die Akten belegen Schuldforderungen eines Kaufmannes über 41 Gulden, 36 Kreutzer (22. Juni 1831) und die Schuldklage eines Bierbrauers in ungenannter Höhe (19. Dezember 1831). Im Februar 1837 beträgt der beim Hofgericht eingeklagte Schuldenstand bereits 983 Gulden, 49 Kreutzer, dazu kommt ein bislang nicht eingeklagter Betrag von 200 Gulden. Die Gesamtsumme beträgt somit weit mehr als ein Jahresgehalt. Beerhalter verdient inzwischen 850 Gulden jährlich, wovon ihm 1/3 zur Tilgung der Schulden bereits vor Auszahlung abgezogen werden; es bleiben ihm noch 566 Gulden, 40 Kreutzer. Da er »gegenwärtig eines der talentvollsten Mitglieder der K. Hofkapelle ist«, so der Intendant in einer Bittschrift an den König, erhält Beerhalter 1837 ein einmaliges Geschenk aus der Königlichen Oberhofkasse in Höhe von 100 Gulden.
Fast jährlich, seit 1832, finden sich Gesuche des Musikers um angemessene Gehaltserhöhung, stets mit dem Hinweis versehen, dass »alle wirklichen Mitglieder des Orchesters, welche in artistischer Hinsicht in gleichem Range stehen, beßer besoldet sind«. Beerhalter ist in der Funktion des früheren Hofmusikus Reinhard als 1. Klarinettist tätig. Tatsächlich war Reinhard höher besoldet – 600 Gulden plus 500 für den Titel eines Kammermusikers -, was Beerhalter 1835 zu der Klage veranlasst: er bekomme nur 800 Gulden,

> während mehrere meiner Collegen bey minderen Leistungen gleich anfänglich einen Gehalt von 1000 f und 1100 f zu beziehen hatten. Wie sehr ich da durch in einer Reihe von Jahren verletzt worden bin, hierüber hatt mich mein bitteres Gefühl über Hintansetzung empfindlich belehrt.

Doch alle weiteren Gesuche um Gehaltserhöhungen – »so kann ich mit meinem oben bemerkten Gehalte« – 900 Gulden – »bey der gegenwärtigen Theuerung nicht mehr ausreichen«, schreibt er im November 1838 – werden nur noch zögerlich behandelt, meist werden sie abgelehnt und auch Gehaltsvorschüsse seit Ende 1838 nicht mehr gewährt. Betrachtet man die Gehaltsliste von 1838/39, so hat sich gegenüber den frühen Verhältnissen nichts Grundlegendes geändert. Beerhalter ist tatsächlich, zusammen mit einem Oboisten, der höchst bezahlte Hofmusiker (ohne den Titel eines Kammermusikers) im Stuttgarter Orchester. Am 12. Dezember erlässt der König ein Dekret, wonach »für Angehörige des Theaters, die bereits wegen Schulden eingeklagt sind, keine Gehalts-Vorschüsse mehr beantragt werden sollten«.
Die widrigen privaten Umstände, aber auch das Gefühl der Benachteiligung gegenüber seinen Kollegen, belasten zunehmend seinen beruflichen Alltag.

Da derselbe den Entre-Acte=Dienst am 10. Nov. vorsätzlich umgangen und der an ihn ergangenen Aufforderung bei der Probe von Lumpaci-Vagabundus zu erscheinen nicht Folge geleistet hat; So wird demselben hiermit eine Strafe von [...] 6 f. 30 kr. angesetzt, welche ihm von seinem Gehalt [...] in Abzug gebracht werden wird.

Wenige Jahre später, 1842, wird er von dem ungeliebten »gewöhnlichen« Entre-Act-Dienst befreit; seine Anwesenheit ist aber nach wie vor Pflicht »bei vollständigem Orchester in den Entre-Acts, oder wenn die Intendanz sonst die Beiziehung des Herrn Beerhalter ausnahmsweise für nothwendig erachten sollte«. Bereits Anfang 1839 findet sich ein weiteres Vergehen protokolliert:

Hofmusiker Beerhalter, welcher am 26. Jan. 1839 in der Probe von dem Ballet »*die Insulaner*« betrunken erschienen ist und dadurch Störung und Aufenthalt verursacht hat erhielt in Betracht daß ihm erst vergangenen Monat eine Strafe von 6 f. 30 kr. angesetzt worden, dießmal einen derben Verweis von dem unterzeichneten Intendanten.

Und Juni 1839: »Herr Musik=Direktor!«, ist in einem Beschwerdeschreiben Beerhalters zu lesen,

Sie haben Sr. Exellenz dem Herrn Grafen v. Leutrum gemeldet, ich sei in der Oper – Affe und Bräutigam – betrunken in das Theater gekommen, auf was ich Sie als einen Lügner erkläre, und als einen Menschen für welchen ich keine Achtung mehr haben kann. Ich werde Sie beim Hofgericht belangen, dort wird man Ihnen sagen was es heist einem Mann die *Ehre* und *Achtung* zu rauben.

Einmal landet er gar im Hofgefängnis im alten Kanzlei-Gebäude, da er sich bei einer Probe »unanständig gegen den Kapellmeister benommen hat«.

Um den pekuniären Schwierigkeiten zu begegnen – seine Frau ist seit 1 ½ Jahren krank, ebenso sind es die drei Kinder –, »verkauft« er seit 1846 jährlich seinen Urlaub, d. h. er lässt sich diesen auszahlen; eine übliche Praxis unter den Musikern. Immer wieder finden sich in den Etatlisten Anmerkungen von Zulagen durch Verkauf von Urlaubszeit, in der Regel eine halbe Monatsgage.

Dies jedoch geht auf Dauer zu Lasten der Gesundheit. »Ich kann«, schreibt Beerhalter voller Verzweiflung, »ohne einen Urlaub oder ein angemessenes Gratial hier nicht mehr bestehen, und kann ich eine tief gekränkte Zurüksetzung länger mehr ertragen.« Er droht mit seiner Kündigung, der König, der – auch durch Intervention des Kapellmeisters – Beerhalter nicht zu entlassen gedenkt, gewährt ihm »gnädigst« ein Geschenk von 300 Gulden, »jedoch zum *letztenmal*«. Eine Badekur, die ihm sein Arzt verordnet, kann er jedoch nicht antreten, da er die Kosten, wie er schreibt, »bei einem gegen manchen meiner Collegen immer noch sehr beschränkten Einkommen aus eigenen Mittel nicht zu bestreiten vermag«. Das Gesuch um Zuwendung wird abgelehnt. Nun bittet er um

einen verlängerten Urlaub, um in einem »größeren ausländischen Bad« die Gelegenheit nutzen zu können, »an meinem Bade=Orte wo möglich durch meine Kunst Etwas verdienen« zu können – auch dies wird nicht genehmigt; er erhält aber eine »außerordentliche Unterstützung« von 80 Gulden.
Dennoch unternimmt Beerhalter hin und wieder – bis 1846 – Kunstreisen im Sommer, so in die Niederlande (1841), nach London (1842), wo er sich abermals verschuldet, und nach München (1845). Bis 1850 lässt er sich jährlich seinen Urlaub auszahlen, dann ist wieder eine Kur unumgänglich, für die er von der Hofkasse 55 Gulden Zuwendung erhält, »jedoch unter der ausdrückl. Bedingung daß derselbe auch wirklich eine Badekur gebraucht«. Für einen weiteren Urlaub 1851, den er wegen eines Brustübels anzutreten gezwungen ist, erhält er abermals ein Gnadengeschenk, mit der Auflage, »wenn derselbe seinen grauen Bart abrasire«. Einige Tage später meldet der Intendant an die Hofdomänen-Kammer: »Da derselbe vorgestern wohl rasirt sich bei mir präsentirt hat, so dürfte vielleicht der Auszahlung jenes Gnaden-Geschenkes nichts mehr im Wege stehen«[5].
Die Krankenakte seit dem Jahr 1850 zeugt von Beerhalters gesundheitlichem Raubbau: Anschwellen der Lippe (November 1850), Katarrhfieber (Januar 1851), Badekur (Juni bis August 1851), Katarrh (Januar 1852), Brustleiden (Juni 1852), unbestimmte Krankheit (Dezember 1853), Mundentzündung (September 1854), Fußleiden (Dezember 1854), Fußgicht (Februar und März 1855). 1857 wird ihm eine weitere Badereise verweigert, weil er schon zu oft mit ähnlichen Bitten angekommen sei und man ein einzelnes Mitglied der Hofkapelle diesbezüglich nicht bevorzugen wolle. So lässt er sich seinen Urlaub erneut ausbezahlen. Einige Monate später, am 8. März 1858, nachmittags, stirbt Beerhalter »nach längerer Krankheit« im 59. Lebensjahr.

Anmerkungen

1 Der Text stützt sich auf die Schriftstücke aus der Personalakte A. Beerhalters, Staatsarchiv Ludwigsburg, E II Bü 74.
2 *Das Musikalische Europa* ..., hrsg. von Gustav Schilling, Speyer 1842, S. 23.
3 Ebd.
4 Staatsarchiv Ludwigsburg, E 6 Bü 159.
5 Dieses Schreiben bestätigt die Authentizität von Adolf Palms überlieferte »Bart«-Anekdote zu Beerhalter; A. Palm, *Briefe aus der Bretterwelt.* Ernstes und Heiteres aus der Geschichte des Stuttgarter Hoftheaters, Stuttgart 1881. Die Anekdote wird von Drüner zitiert, ihr Wahrheitsgehalt jedoch in Frage gestellt; Ulrich Drüner, 400 *Jahre Staatsorchester Stuttgart.* Ein Beitrag zur Entwicklungsgeschichte des Berufsstandes Orchestermusiker am Beispiel Stuttgart, in: ders.: 400 Jahre Staatsorchester Stuttgart 1593–1993. Eine Festschrift, Stuttgart 1994, S. 111 f.

Peter Joseph von Lindpaintner (1791–1856) Württembergischer Hofkapellmeister 1819–1856. Lithographie von Th. Wagner, wohl 1822/23 nach einem Gemälde von Franz Seraph Stirnbrand

»Ihre Schulung ist in jeder Beziehung vollkommen«

Das württembergische Hoforchester 1819-1856

Reiner Nägele

1. Allgemeine Verhältnisse

Als König Wilhelm 1816 nach dem Tode seines Vaters, des dicken Königs Friedrich, den württembergischen Thron bestieg, befand sich das Land in einer traurigen Lage, verschuldet, von nur mäßigem Wohlstand, mit einer überdurchschnittlich hohen Auswanderungsrate. Eine verschwenderische Hofhaltung, spätbarocker Repräsentationsaufwand und Friedrichs Jagdleidenschaft hatten die Finanzen zerrüttet. Hinzu kamen Missernten und Hungersnot. Ein besonderes Verdienst des neuen Königs war, dass es ihm in kurzer Zeit gelang, die Finanzverhältnisse Württembergs mit dauerhafter Wirkung zu sanieren. Dass das Hoftheater in Stuttgart der Zivilliste unterstand, mit einem nur kurzen Zwischenspiel von September 1818 bis 1. Juli 1820 als »Königliches Hof- und Nationaltheater«, ist nicht ohne Bedeutung für die Finanzierung der künstlerischen Arbeit an diesem Institut. Etatentscheidungen traf nicht das Ministerium des In-

neren, sondern ausschließlich die Hofkammer. Diese war verständlicherweise darauf bedacht, die Repräsentationskosten so niedrig wie möglich zu halten und somit den königlichen Zuschuss in gemäßigten Grenzen zu halten. Die Zivilliste hatte alle Mehrausgaben im Verhältnis zu den Einnahmen allein zu tragen[1].
Die wöchentlichen Vorstellungen wurden auf vier beschränkt. In den Sommermonaten fanden meist nur Sonntags und Mittwochs Aufführungen statt, da viele Künstler während des Sommers ihren kontraktmäßigen Urlaub nahmen. Um den Theaterbetrieb weiter zu vereinfachen und die Kosten zu reduzieren, ließ der neue Regent fortan nur noch in Stuttgart spielen. Die Hofuniform für die Orchestermitglieder war nun nicht mehr Pflicht. Verschwenderisch zeigte man sich mit Freiplätzen, ein Zeichen für das geringe öffentliche Interesse. Oft genug wurde nur für die Abonnenten gespielt. Die Hofmusik selbst lag im Argen, trotz der Engagements von Franz Danzi (1807-1812), Conradin Kreutzer (1812-1816) und Johann Nepomuk Hummel (1812-1818) als Orchesterleiter und trotz mancher disziplinarischer Maßnahmen unter Friedrichs Regiment, etwa der Einführung einer Probe- und Aufführungsordnung 1804 oder eines Pflichtenkatalogs für den Kapellmeister 1813. Die mangelnde Disziplin der Musiker und des Sängerpersonals war ein ständiger Grund zur Klage, auch in der örtlichen Presse.

2. Der Kapellmeister

Am 4. Oktober 1818 bewirbt sich der 27jährige Musikdirektor aus München, Peter Lindpaintner, um die Stelle eines Kapellmeisters am königlich-württembergischen Hoftheater[2].

Königliche Hof-Theater Intendanz!

Da mir aus sicherer Quelle die Nachricht zu kam, daß in einiger Zeit die Stelle eines Kapellmeisters am Koeniglich=Würtembergischen Hof=Theater durch den Abgang des Herrn Hummel erledigt würde, so fühle ich mich durch diese sich ergebende Vacanz und hauptsächlich durch den Antrieb, meinem Talente einen weitern, thätigern Wirkungskreis anzuweißen, dahin aufgefordert, Einer Koeniglichen Hof=Theater=Intendanz mit meinen musikalischen Fähigkeiten, die sich während der sechsjährigen Directions'sführung am koeniglichen Hoftheater am Isarthor sowohl in productiver Hinsicht als Componist, als auch in executiver als Orchester Director zur vollkommenen Zufriedenheit des Hofes und des Publikums erprobten, den Antrag zu machen.
Sollte Einer koeniglichen Hof=Theater=Intendanz ein solcher Antrag nicht unwillkommen seyn, so bitte ich um baldige Entschließung, und ergreiffe die Gelegenheit mich den geneigten Gesinnungen der köeniglichen Hof=Theater Inten-

danz ganz besonders zu empfehlen, und mit vorzüglicher Hochachtung zu verharren,
Einer Koeniglichen Hof=
Theater=Intendanz
ganz ergebenster
P. Lindpaintner
K.B.Kammermusiker
u Direktor des k. Hof=Theaterorchesters am Isarthor.
München am 4ten 8ten 1818.

Hummel ist zwar noch nicht entlassen – die Stuttgarter Intendanz nimmt sogar, trotz vorliegender Bitte Hummels um Demission, Bleibeverhandlungen auf –, auf dem Bewerbungsschreiben Lindpaintners vom 4. Oktober findet sich jedoch bereits eine Randnotiz: Lindpaintner solle nach Stuttgart kommen und eine Orchesterprobe abhalten. Am 12. November, dem Tag von Hummels definitiver Entlassung, ergeht eine entsprechende Aufforderung an den Münchner Musikdirektor, man sei an »Proben seines Talentes«, einer Orchesterprobe unter Aufsicht, interessiert. Lindpaintners Antwort (17. November)[3]:

Man verlangt, ohne irgend eine Verbindlichkeit zu berühren, Proben meines Talentes zu hören – Proben meines Talentes sind Compositionen, welche, jeder Gattung, sowohl im strengen als im freyen Style, ich der Prüfung bewährter Kenner vorzulegen, oder öffentlich aufzuführen, jederzeit bereit bin; ohne die Gränze der Bescheidenheit nur im mindesten zu überschreiten kann ich hinzusetzen, daß es meine, besonders für beiden königliche Hoftheater gelieferten, Arbeiten sind, denen ich die Anerkennung meiner Fähigkeiten von den würdigsten ausgezeichnetsten hiesigen Kunstgenossen, meinen musikalischen Ruf, und die Gründung einer am hiesigen Hofe ehrenvollen Existenz verdanke. Was die ausübende Leitung des Opernwesens betrifft, brauche ich nur zu wiederholen, daß ich die Direktion seit 6 Jahren zur Zufriedenheit der Kenner und Layen führe.

Der selbstbewusste Ton verfängt. Ein in München ansässiger Staatsrat wird aufgefordert, Erkundigungen über »das hier schon gerühmte Talent« Lindpaintners einzuziehen. Das Ergebnis seiner Nachforschung ist vielsagend und aufschlussreich für die Erwartungen an sein künftiges Amt.

Lindpaintner, welcher in moralischer Hinsicht des besten Rufs genießt, ein sehr guter und geschickter Orchester-Direktor ist, dessen Talent allein das Aufkommen des Orchesters beim Theater am Isar-Thor, welches er seit 6 Jahren dirigirt, zugeschrieben wird. Ohne als Componist schon des Rufs eines Fränz'l oder Winter zu genießen, hat man ihm als Gelegenheitscomponisten schon manches gute und angenehme zu verdanken; besonders soll er sich bey Abänderungen in Opern u. d. durch schnelles Schreiben und glückliche Ideen oftmals ausgezeichnet haben. Als besonderer und ausgezeichneter Virtuos auf irgend einem Instrument ist er nicht bekannt.[4]

Erfolgreicher Orchesterleiter, geschickter Schnellschreiber, erfahrener Bearbeiter, Gelegenheitskomponist, kein Instrumentalvirtuose – wie es Hummel auf dem Klavier gewesen war, weshalb dieser häufig Reiseurlaub beanspruchte -, ein guter Leumund: Das Engagement kommt zustande und wird vorläufig auf ein Jahr begrenzt. Lindpaintner erhält gemäß seinen eigenen Forderungen[5] 2200 Gulden Jahresgehalt, 800 Gulden mehr, als er in München verdiente, und einen jährlichen Urlaub von zwei Monaten oder alle zwei Jahre von drei Monaten.
Wegen der vierteljährigen Staatstrauer um die verstorbene Königin Katharina bleibt das Hoftheater zunächst geschlossen. Lindpaintner, auf 1. Februar engagiert, tritt darum sein Kapellmeisteramt erst am 11. April 1819 an. Neun Monate später eröffnet ihm die Intendanz eine lebenslange Stellung. Mit Blick auf seinen Dienstvertrag konkretisiert Lindpaintner seine Erwartungen an das Amt des Kapellmeisters.

Auf das unterm 23ten vorigen Monats an mich erlassene Schreiben habe ich die Ehre zu erwiedern, daß ich meinen Dank für die schmeichelhafte Zusicherung der vollkommensten Zufriedenheit Einer Hohen Intendanz mit meinen bisheri[gen] Leistungen, welche mir zugleich ferneres volles Zutrauen verbürgt, nicht besser auszudrüken vermag, als indem ich hiemit ohne Rükhalt erkläre, daß es mit zu meinen heißesten Wünschen gehört, einer festbegründeten Bestimmung einer lebenslänglichen Anstellung am hiesigen Hofe versichert zu seyn. Indeß da während meinem neun=monatlichen Dienste als Kapellmeister noch so manches unerörter[t] blieb, was ich zur schriftlichen Bestimmtheit erhoben wünsch[e,] kann ich nicht umhin, die Güte Einer Hohen Intendanz, womit Dieselbe mir Äußerung etwaiger Wünsche erl[...] zu benützen, und dasjenige, was mir als Mensch und Künstler zu meinem Glüke fehlt, als gehorsamste Bit[te] vorzutragen. –
Ich finde es der Würde meiner Stelle, und dem Ansehen des Dienstes angemessen, wenn der Kapellmeister hinsichtlich der Oper von allen Vorfällen, Entwürfen oder Abänderungen im Repertorium, oder in Rollenbesetzungen genau unterrichtet ist, weil sein Urtheil über die Fähigkeiten einzelner Mitglieder nothwendig als competent erscheinen muß, und demselben auch jede Verantwortlichkeit der Art allein zufällt. Derohalb bitte ich um die Zusicherung, daß die Abfassung eines Repertoriums nicht ohne Rüksprache mit Regisseur und Kapellmeister, (indem diese allein die Zeit, binnen welcher eine Aufgabe geleistet werden kann, verbürgen können) und keine Rollenvertheilung ohne Zuziehung des Kapellmeisters geschehen solle.
Um meinen Ruf als Componist auch im Auslande geltend zu erhalten, geht eine zweite Bitte dahin, mir die Aufführung einer großen Oper jährlich, inclusive des Poëms, gegen ein Honorar von zwanzig Karolin zuzusichern, wogegen ich mich verpflichte, alle bei Oper und Schauspiel, alle bei Hofe nöthigen Gelegenheits=Compositionen, welche aber unter der Wichtigkeit einer Operette bleiben, oder Abänderung, Instrumentirung oder Correctur zu übernehmen, und gegen mäsigen Schreibmaterialien=Ersatz zu liefern.
Nebst Beibehaltung zweimonatlichen Reiseurlaubs bitte ich um den dekretirten Jahresgehalt von fünf und zwanzig hundert Gulden, und einer diesem Gehalte angemessenen ausgesprochenen Pension.[6]

Im endgültigen Arbeitsvertrag vom 5. Dezember[7] wird dem künftigen Kapellmeister seine Forderung nach Mitspracherecht bei Repertoire und Rollenverteilung zugestanden, »soweit solches die Oper betrifft«. Desgleichen der geforderte Reiseurlaub und ein jährliches Gehalt von 2500 Gulden; eine Summe, die Hummels ehemaligem Gehalt entspricht (2000 Gulden sowie ein jährlicher Betrag von 500 Gulden für Quartier und Holz). Zum Vergleich: Die Gagen der ersten Kräfte des Schauspiels schwankten zwischen 3000 und 4000 Gulden. Musiker am Hof wurden grundsätzlich schlechter als Bühnenkünstler bezahlt, eine im deutschen Sprachgebiet allgemein übliche Praxis[8].
Bei zu erwartender »Dienst-Unfähigkeit« werde ihm eine Pension zugesichert (Punkt 2), »die sich nach den Statuten der künftig erfolgenden Theater-Pensions-Anstalt richtet, und mit den Dienstjahren in der Art steigt, daß er, wenn diese Dienst-Untauglichkeit während der ersten 10. Jahre eintritt, 1/4. seines Gehaltes – vom 10ten bis 15ten Dienstjahr 1/3 deselben, und vom 15. Dienstjahr an, statt der Hälfte des Gehalts, –: Zwölf-Hundert Gulden – Pension erhält, welche durch kein weiteres Dienstjahr mehr gesteigert wird«. (Dass sich seine Pension nach den Statuten einer erst noch zu errichtenden Pensions-Anstalt richten solle, er vielleicht künftig gar Beiträge zu zahlen habe, führt wenige Wochen später zu einer Eingabe Lindpaintners, in der er erfolgreich um Streichung dieses Punktes aus dem Kontrakt bittet.[9]
Die Forderung Lindpaintners nach der jährlichen Aufführung einer eigenen Oper wird dagegen deutlich eingeschränkt. Punkt 5 des Vertrags sichert ihm die Aufführung und Honorierung einer eigenen Oper »von Zeit zu Zeit« zu. Auch der letzte Punkt des Kontrakts stellt das Primat der Operndirektion – »sowohl in Proben als in Vorstellungen« – heraus. Der Kapellmeister habe zwar dem Vertrag gemäß Kammer-, Hof- und Kirchenkonzerte zu leiten, jedoch nur, »sofern er nicht durch Opern-Proben hiervon verhindert ist«. Desweiteren verpflichte er sich,

> die ihm übertragenen Prüfungen von Sängern, Sängerinnen und Musikern, welche Anstellung suchen, für seinen geordneten Gehalt, und ohne irgend einen Anspruch auf besondere Besoldung – besorgen zu wollen; gleich wie er sich überhaupt die Vervollkommnung des Königl. Orchesters in den einzelnen Theilen wie im Ganzen eifrig angelegen seyn zu lassen, das Musik- und Opern-Personale zum Fleiß, zur Ordnung, und zur möglichst größten Präcision mit allem ernst anzuhalten, auch sich den auf die Führung seines Amts Bezug habenden, sowohl künftigen als jetzigen Anordnungen der Königl. Intendance und seinen übrigen Vorgesetzten willig zu unterwerfen, und ihren Anordnungen Folge zu leisten hat.

Der Vertrag Lindpaintners unterscheidet sich nur in zwei Punkten von dem seines Vorgängers im Amt. Hummel, als Klaviervirtuose, hatte auf einem jährlichen Benefizkonzert bestanden, ebenso auf einer angemessenen Entlohnung für »bestellte Compositionen zum Theater« und für

»Gelegenheits- und Kirchenkompositionen«.[10] Lindpaintner dagegen verpflichtet sich, »alle kleineren – für die Bühne nöthige musikalische Compositionen« unentgeltlich zu liefern; »nur ähnliche Compositionen von größerem Umfang werden nach Verhältniß besonders honoriert«.

*

Königliche Hof=Theater Intendanz![11]

Nach einem im Allerhöchsten Auftrage erhaltenen Cabinets=Schreiben vom 19. d. M. habe ich die Weisung erhalten, der königlichen Hof=Theater=Intendanz die speziellen Bestimmungen meines Dienstverhältnisses, wie solches früher unter der Direction des geheimen LegationsRaths von Lehr sich gestaltet hatte, durch alle Rubriken hindurch genau und umfassend festzusetzen, zu Papier zu bringen, und das Ganze sofort Hochderselben zur weiteren Einleitung vorzulegen, und ich habe die Ehre, ungesäumt der Allerhöchsten Weisung nachkommend mein früheres Functionsverhältniß in allen Beziehungen der vorgesezten königlichen Behörde gehorsamst darzustellen.
Da durch einen speziellen Befehl Seiner Majestät die Repertoir=Angelegenheit, und somit auch die Regulierung der Proben als vollkommen erlediget zu betrachten ist, so übrigt mir noch, die gegen früher in Differenz stehenden Puncte zu berrühren.
Herkömmliches Verfahren
a.) bei Opern=Anschaffung. Zu Folge entweder von Intendanz erhaltenem Auftrage, oder auf meinen unmittelbaren Vorschlag veranlaßte ich die Anschaffung der in Frage stehenden Oper, besorgte außschließlich die Correspondenz, und nachdem der Text derselben von Intendanz und Regie, und meinerseits die Aufführbarkeit der Partitur durch unsere musicalischen Kräfte nicht beanstandet war, wurde die Annahme beschlossen, mir aufgetragen, oder im Gegenfalle die Oper zurükgeschikt.
b.) bei Anschaffung von Instrumenten war jedesmal und meist ein schriftlicher Beibericht des Capellmeisters über Nothwendigkeit und Zwekmäsigkeit derselben üblich.
c.) Die Copiatur einer Oper oder eines Concertstükes erfolgte erst auf meine ausdrükliche Gutheißung; der Musikverwalter Schaub, der dieses Geschäft zu besorgen beauftragt war, wurde eigens in diesem Sinne verantwortlich gemacht, während ich hinwiederum der Direction mit meiner Verantwortlichkeit haftete.
d.) Die Wahl der Vocal und Instrumental=Musikstüke bey Hof= und Abonnement=Concerten war mir gänzlich überlassen, wobei ich jedoch niemals unterließ nach vorheriger Anzeige die nöthige Aprobation von getroffener Anordnung geziemend einzuholen.
e.) Bey Vertheilung der Gesangparthien traf ich Rüksprache mit dem Regisseur, unsere vereinten Vorschläge wurden der Behörde schriftlich vorgelegt, debattirt, und endlich nach Ausgleichung der Ansichten genehmiget, meist durch Unterzeichnung des Intendanten; sofort wurden durch Namensbeisetzung von meiner Hand den betreffenden Mitgliedern die Rollen zugeschikt. Das Gleiche fand bei neuen Besetzungen, und bey unvorhergesehenen Veränderungen statt.
f.) Die Anstellung eines Sängers, oder einer Sängerin erfolgte nie ohne vorherige Einholung der Meynung oder Ansicht des Capellmeisters, in wie ferne das betref-

fende Individuum mit seinem Talente der Anstalt nützlich zu seyn verspräche. Dasselbe galt bei Veränderung ihrer Engagements, ja selbst bey Einladung auf Gastrollen auswärtiger Künstler, ohne daß es deshalb unerläßlich gewesen wäre auf die wiedersprechende Meynung des Capellmeisters unbedingt einzugehen; nur die Mittheilung geschah unbedingt. Nicht so bey Anstellungen, oder Stellungsveränderungen von Chor oder Orchestermitgliedern, bey welchen nach vorhergegangener Prüfung, oder beziehungsweise Erörterung der besondern Dienstverhältnisse die Zustimmung des Capellmeisters stets, und wie aller Orten gebräuchlich, als unerläßlich betrachtet wurde. Wäre diese einfache Maßregel beobachtet, oder meine dagegen erhobene Einwendungen jederzeit berüksichtiget worden, würden sich z. B. die Stellungen der beiden Musikdirectoren gegen das Interesse des Dienstes nicht also haben verändern können, daß die früher geltende Dienstordnung als nunmehr gänzlich aufgehoben zu betrachten ist.
g.) Zulagen oder Urlaube wurden nur auf alljährig verlangten Beibericht, oder auf mündliche Verwendung und Vortrag des Capellmeisters von der Intendanz ertheilt; auch wurden die Bittsteller besonders bei Urlaubgesuchen ohne Ausnahme an die Mitwirkung des Capellmeisters gewiesen, und hierinn liegt auch das natürlichste und wirksamste Mittel das amtliche Ansehen des Dirigenten bey seinen Untergebenen zu befestigen.
Noch ist schließlich des Umstandes zu erwähnen daß ich seit 8 Jahren zwar die Klavierproben abhalte, ohne jedoch als ausübender Klavierspieler dabey thätig zu seyn, und daß ich ferner die Vaudeville's nicht mehr dirigire. Das Erstere wegen übergroßer physischer Anstrengung und Nervenaufreitzung, besonders bei dem Umfange und Gewicht der neueren Opern, ferner auszuüben unvermögend zu seyn, bin ich jeden Augenblik durch beyzubringendes ärztliches Attest zu belegen bereit, während beide Diensterleichterungen mir nur in Folge freiwillig angebotener später jedoch nicht realisirten Gehalts=Zulagen auf dem Wege der Uebereinkunft zugestanden wurden.
Diese wahrhafte und umfassende Aufstellung des Sonst wird das Jezt am besten beleuchten, und genugsam darthun, daß ich nur ordnungsmäßigen mittelbaren Einfluß, das heißt: durch die Person des Intendanten, in Bitte stellte, ein herkömmlicher unbedingter aber, das heißt: ein in jedem angegebenen Falle stattfindender Einfluß das Wesentliche der Stellung eines ehrenhaften Capellführers ausmache.
Indem ich nun meines Auftrages mich erschöpfend entlediget zu haben glaube, stelle ich die weitere Regulierung dieser Angelegenheit dem Hohen Ermessen königlicher Intendanz anheim, und verharre mit schuldiger Devotion als
Einer Hohen Intendanz
gehorsamster Diener
P Lindpaintner Capellmeister

Stuttgart am 22. Jänner 1840.

Mit einem lukrativen Angebot in der Hand, seiner Berufung zum Kapellmeister am Wiener Hof, wagte es der inzwischen auch international geachtete Stuttgarter Orchestererzieher, gegenüber dem König auf Konsolidierung seiner im Lauf der Jahre gewachsenen Dienstkompetenzen zu pochen. Da diese, wie ein Vergleich mit dem ursprünglichen Arbeitsvertrag zeigt, nur »Gewohnheitsrecht« darstellten, war es für den missgünstigen Intendanten von Leutrum zunächst ein Leichtes, dem Kapellmeister Kompetenzanmaßung zu unterstellen. Dieser sei darüberhinaus, so Leutrum in einem Schreiben gegenüber dem König[12], in den Proben gewöhnlich von einer »bösen Laune« beherrscht und in seinen »Ausdrükken« deshalb häufig »grob und beleidigend«. Er sei »unzuverlässig«, »unverträglich« und »parteilich«, was allgemein bekannt sei. Seine »öffentlich absprechenden Urteile über Künstler« hätten zur Unzufriedenheit beim Personal und zum Scheitern von Engagements geführt. Seine Opernkompositionen seien unbeliebt, und außerdem führten »die kränkl. Umstände des Lindpaintner« – 1833 war dieser lebensgefährlich erkrankt gewesen, geblieben sind rheumatische Beschwerden – womöglich »zu einer baldigen Dienstunfähigkeit«, was »bei seiner etwaigen Entlassung« – nach Wien – durchaus »in Betracht zu ziehen« sei. Konkret unterstellt er ihm, zu Punkt (Auszug)

a) daß er auf die Selbstbesorgung des Ankaufs der Opern für die hiesige Bühne hauptsächlich nur deßhalb einen Werth legt, um durch die Geschäftsverbindungen seinen eigenen Compositionen auswärts leichtern Eingang verschaffen, und sie unter bessern Bedingungen bei Verlagen unterbringen zu können.
d) Abgesehen davon, daß der Lindpaintner'sche Dienstcontract auch hievon nichts enthält, möchte bei dem den Componisten anklebenden Neid über die Werke anderer es nicht räthlich seyn, hierauf unbedingt einzugehen, indem sonst manches schöne Musik Stück unberücksichtigt bleiben würde, und manches talent von Componisten oder Tonkünstlern beeinträchtigt werden dürfte. Auch kann es nicht im Dienstverhältnisse eines Untergebenen gegen seinen Vorgesetzten liegen, daß er einen Dienstzweig zu besorgen, in Beziehung auf welchen er von seinem Vorgesetzten keine Einsprache anzunehmen hat.
f) Es sind aber Fälle denkbar, wo ohne die Zustimmung des Kapellmeisters Anstellungen und Stellungsveränderungen Statt zu finden haben, und wo sich der Intendant nicht wohl die Hände binden lassen kann, besonders wenn es sich um eine zweckmäßige Aenderung handelt. So wäre z. B. zu befürchten gewesen, den als Orchester Dirigent ebenso brauchbaren, wie als Violinist berühmten Musikdirector Molique zu verlieren, wenn ihm nicht zugesprochen worden wäre, von Proben schon öfter gegebener Opern, die keiner Abänderung unterliegen, wegbleiben zu dürfen. Die von Lindpaintner hinsichtlich der Stellungs-Veränderungen der Musik-Direktoren Molique & Lachner erhobenen Einwendungen scheinen mehr von seiner bekannten Gehässigkeit gegen Beide, als von seinem Interesse für den Dienst ausgegangen zu seyn, da der Orchesterdienst dadurch nichts weniger als beeinträchtigt worden ist, indem 2 Geiger, Höllerer und Abenheim mit zum Dirigiren der Zwischenakte im Schauspiel verwendet werden, und diesen Musikern dadurch der große Vorschub zu Theil wird, in diesem Geschäft eingeübt zu werden.

Den Einwendungen des Intendanten zum Trotz, gibt der König seinem Kapellmeister – auf der Basis des Schreibens vom 22. des Monats – in allen Punkten recht. Er gesteht Lindpaintner sogar ausdrücklich das Veto-

und Zustimmungsrecht bei »Anstellungs- und Stellungs-Veränderungen« zu, »gleichviel, ob dadurch die Besorgnis entstehen mag, das eine oder das andere Mitglied des Orchesters zu verlieren«.[13] Leutrum dagegen fällt knapp zwei Jahre später in königliche Ungnade und wird entlassen.

3. Orchesterarbeit

Eine grundlegende Änderungen unter der neuen Direktion Anfang der zwanziger Jahre, das Orchester betreffend, ist eine auffällige Verschiebung der quantitativen Verhältnisse innerhalb der Instrumentengruppen. Lindpaintner verstärkt die Violinen, ein Umstand, den die Leipziger »Allgemeine musikalische Zeitung« (AmZ 1825) lobend erwähnt[14]. Dies zeigt ein Vergleich von Besetzungslisten zu Hummels und Lindpaintners[15] Amtszeit:

Hummel: 10 Violinen, 6 Violen, 5 Violincelli, 4 Kontrabässe, 3 Flöten, 4 Oboen, 3 Klarinetten, 5 Fagotte, 5 Hörner, 3 Trompeten, 1 Pauke, 3 Posaunen, 1 Harfe, 1 Flügel.

Lindpaintner: 14 Violinen (plus 2 vakante Stellen), 3 Violen, 3 Violincelli (plus 1 Vakanz), 3 Kontrabässe, 3 Flöten, 3 Oboen, 2 Klarinetten (plus 1 Vakanz), 3 Fagotte, 4 Hörner, 1 Pauke, 1 Trompete, (plus 1 Vakanz), 2 Posaunen, 1 Harfe.

Lindpaintners Orchesterideal ist geprägt von dem Klangbild und dem präzisen Spiel der Münchner Hofkapelle, einem Orchester aus jener Schule, die wohl den künstlerisch bedeutsamsten Einfluss auf das orchestrale Zusammenspiel ausgeübt hat. Der maßgebende Vortragsstil in den Kapellen in Mannheim, München, Darmstadt, Bonn und Stuttgart beruhte auf dem in der Mannheimer Violinschule gepflegten sogenannten »kurzen« Spiel. »Es diente zur Erzielung eines deutlichen Vortrags in größeren Räumen und wurde von den Geigern dadurch erreicht, daß sie die Töne einer Viertelnote nur im Zeitwert einer Achtelnote anstrichen, den Finger jedoch die Zeit eines Viertels hindurch auf dem Griffbrett aufliegen ließen«[16]. Dies hat auch einen unmittelbar erzieherischen Effekt, da der »französische Bogenstrich« eine präzisere Artikulation und die Ausführung schwieriger dynamischer Kontraste erlaubt.
Doch nicht nur die Spielweise des Orchesters wandelt sich. Lindpaintner bemüht sich ebenso um die Anschaffung neuer Instrumente, neben einer Flöte, neuen Pauken (aus München), vor allem natürlich von Violinen. Die Gleichheit der Bogenführung, die Hector Berlioz Anfang der vierziger Jahre bei diesem Orchester bewunderte, geht allerdings wohl nicht auf eine Initiative Lindpaintners zurück, sondern ist eine Frucht der Arbeit des Musikdirektors Bernhard Molique. Anfang der vierziger Jahre bemerkt Hector Berlioz voll Erstaunen, »daß man in Stuttgart bereits ausschließlich die modernen Ventilhörner und -trompeten verwendet, de-

ren Vorzüge gegenüber den Klappen-Instrumenten Adolphe Sax in Paris zur Genüge bewiesen hat«.[17]
Auch in der Sitzordnung des Orchesters vollzieht sich unter Lindpaintners Direktion ein Wandel. Die Leipziger »Allgemeine musikalische Zeitung« berichtet im Februar 1822: »Die Reform, welche Hr. Lindpaintner in der Dislocation der Instrumente im Orchester vorgenommen hat, ist offenbar im Vergleich der frühern, gleichfalls von ihm angeordneten, Stellung zweckmässiger und für die Executierung selbst vortheilhafter, da ihm, dem Direktor, z. B. die Violinen nicht mehr im Rücken, sondern zur Seite sitzen und die Bässe das Centrum bilden.«[18] Von der neuen Sitzordnung gibt der 1825 in Stuttgart weilende George Smart eine präzise Beschreibung: »There were only four double basses, these with the 'cellos were in the centre exactly behind the leader, all the stringed instruments were on his left and all the wind instruments and drums were on his right«.[19]
Die grundsätzliche Trennung von Streichern und Bläsern ist die im deutschen Sprachraum übliche Sitzordnung. Die Platzierung der Streicher auf der rechten und der Bläser auf der linken Seite, wie sie Ottmar Schreiber mit Berufung auf Berlioz für deutsche Theaterorchester als gebräuchlich angibt, trifft allerdings in Stuttgart nicht zu. Die umgekehrte Plazierung hier hat ihren Grund in der Architektur des Hoftheaters. Lindpaintner selbst gibt davon in einem Schreiben an die Intendanz Zeugnis: »Aus acustischen Gründen sind die Geiger links placiert«.[20]
Stärkung der Violinen, die Bässe im Zentrum: Das quantitative Verhältnis der Instrumentalgruppen wie auch die Sitzordnung spiegeln nicht nur ein streicherorientiertes Klangideal wieder, sondern ebenso das Satzverständnis des Kapellmeisters. Der Streicherchor, mit den Melodie tragenden Violinen als klanglich stärkstem Element und den Bässen als Fundament, bildet auch das Zentrum in Lindpaintners Partituren (und ist somit zugleich Reflex der Faktur des idealen musikalischen Satzes), auch noch in der frühen Stuttgarter Zeit. Im autographen Manuskript seiner Oper »Der Bergkönig« (UA 1825) gliedert sich die Partitur entsprechend der Wichtigkeit der Instrumente von oben nach unten: Blechbläser, Holzbläser, Streichergruppe; die wichtigste Instrumentengruppe steht an unterster Stelle. Ziel ist nicht ein »gemischter« Klang, sondern die klare, auch akustisch wahrnehmbare Funktionstrennung von Bläsern und Streichern – später von Richard Wagner, der bekanntlich ein anderes Klangideal favorisierte, heftigst kritisiert[21] –, eine Art mehrdimensionaler Raumklang, dynamisch changierend von links nach rechts, je nach Einsatz der Instrumentengruppen.
Anders als sein Vorgänger, der in der längst obsolet gewordenen Generalbasstradition stehend und als ausgebildeter Pianist vom Flügel aus dirigierte, steht Lindpaintner, als geschulter Geiger, mit seiner Violine am Pult. Während Carl Maria von Weber seit 1814 in Prag, seit 1817 in

Dresden, Louis Spohr ebenfalls seit 1817 in Frankfurt und Josef Weigl seit 1821 in Wien den Taktierstab gebrauchen, dirigiert Lindpaintner bis Mitte der zwanziger Jahre noch mit dem Bogen. Die Tradition, mit dem Violinbogen zu dirigieren, ist freilich älter. Bereits 1812 findet sich ein Dekret an die Stuttgarter Intendanz anlässlich des Entlassungsgesuchs Danzis mit einem Gutachten, »ob die Opern, wie es an mehrern Orten, und namentlich in Frankfurt u. München der Fall ist, statt des Klavirs, hier nicht auch mit der Violin einstudirt und dirigirt werden könne? und wem dieses Geschäft aufzutragen seyn möchte?«[22] Nicht die Einsicht in den Vorteil einer Direktion mit dem Stab, sondern die Notwendigkeit, nach dem Weggang des Kapellmeisters adäquaten Ersatz aus den eigenen Reihen zu finden – wofür freilich nur die Violine spielenden Musikdirektoren in Frage gekommen wären -, zwangen zu dieser aus heutiger Sicht »modernen« Überlegung. Mit Kreutzer und Hummel fanden sich freilich wieder zwei Dirigenten, die, als Pianisten ausgebildet, die Leitung vom Klavier aus favorisierten. Dass Lindpaintner zwar bereits mit dem Violinbogen, aber doch relativ spät im nationalen Vergleich zum Taktstock greift, hat in erster Linie erzieherische Gründe. Der Dirigent, »der kein Instrument zur Hand hat, kann vorkommende Fehler während des Spiels nicht so schnell verbessern, wie der Klavierist der alten Sinfonie und Oper, er kann unsichere Sänger nicht unterstützen und keine Choreinsätze durch Mitspielen angeben«[23].

Lindpaintner probt fast täglich, zu jener Zeit keine übliche Praxis, zumal bei Theaterorchestern.[24] »Dazu ist er fleißig«, lobt Felix Mendelssohn Bartholdy 1832 Lindpaintners Orchesterarbeit, »hat fast täglich Proben mit seinem Orchester«.[25] Auch die Abonnementskonzerte in den Wintermonaten, von Lindpaintners Amtsvorgänger inauguriert, dienten nicht nur der außerhöfischen Unterhaltung – »seine Majestät geht nie ins Konzert«, notiert Berlioz nach seinem Stuttgarter Besuch Anfang der vierziger Jahre[26] -, sondern waren ebenso ein wichtiges Forum zur Orchesterschulung. Da die Aufgaben der Hofkapellen nicht primär die Darbietung von Orchestermusik in künstlerischer Vollendung war, bot ein solches »freiwilliges« Unternehmen der Hofmusiker, über den kommerziellen Aspekt hinaus, letztlich die Gelegenheit, musikalischen Geschmack zu kultivieren und vor allem das Orchester zu präzisem Zusammenspiel und höherer Leistungsfähigkeit zu erziehen.[27] Lindpaintner selbst erwähnt diesen Aspekt in einem Schreiben an die Intendanz vom 20. September 1819.

Abgesehen von dem Vergnügen des Publikums, von den befriedigten Ansprüchen, die die Kunst im Allgemeinen an den exekutirenden Künstler stellt, abgesehen von dem Ansehen, und dem Ruhm, den sich die königliche Hofkapelle auch im Auslande durch Vervollkommnung einer solchen musikalischen Anstalt erwirbt, halte ich es für meine Pflicht, Einer Hohen Intendanz zu bemerken, daß durch ein solches Zusammenwirken allein, der einzelne des Personals, wie das

Ensemble der Instrumentalmusik ihre höchste Steigerung erlangen. Wenn auch nicht untergeordnet in der Oper ist das Orchester doch nur im Concerte selbständig. Der geübte Virtuos wetteifert in seiner Sp[häre], und sucht zu übertreffen, der angehende durch solche Leistungen angefeuert sucht zu erreichen, und wird zum Virtuosen; ich glaube nicht zu viel zu sagen, wenn ich behaupte, daß dadurch allein ein Gemeingeist kann geweckt, und bei so viel vorhandenen, vielleicht zum Theil noch schlummernden Kräften das Un=Erreichte noch erreicht werden. Nebst so vielen andern Zwecken, als z.B. einer Stimmung, gleichmäsiger geübterer Vortrag u.s.w. Vortheile, die sich mehr auf das Mechanische beziehen, würde dadurch unter dem Personale, die so nöthige Einigkeit erzielt, und so zu sagen, ein neuer esprit de corps geschaffen, wobey ich des festern Anschliesens des Personals an Kapellmeister und Instrumental=Direktoren nicht vergessen darf, was ich als nothwendige Folge eines solchen Unternehmens betrachte, wenn anderst jeder Einzelne, nach dem Bedürfniß seiner Individualität, auf Kunst oder ökonomische Vortheile rechnen kann.[28]

Relativ rasch macht sich die erzieherische Arbeit bemerkbar. Bereits im Februar 1820 findet sich eine entsprechende Anmerkung des Intendanten gegenüber dem König. »Die Verdienste dieses Mannes um das hiesige Orchester«, so Hofrat Friedrich von Lehr voller Respekt, »sind nicht zu verkennen; das Schlechte ist durch ihn gut, das Gute besser geworden. Die Capelle hat an Präcision und Feuer, vorzüglich an Zartheit und Geschmack bedeutend gewonnen. Der Mangel der leztern Eigenschaften wurde früher, nicht mit Unrecht, an ihr gerügt. Diese Schattenseite ist verschwunden. Da der Mann in einem Zeitraum von 10 Monaten so viel gethan hat, so läßt sich bey seinem unveränderten Eifer meheres für die Zukunft hoffen«.[29] Auch die AmZ notiert im selben Jahr anerkennend: »Das Orchester hat übrigens unter Hrn. Lindpaintners Leitung sehr viel gewonnen, da derselbe seinem Amte gewachsen und im Berufe streng und exakt ist«.[30]

Einzige, von den Stuttgarter Korrespondenten der AmZ unablässig beklagte »Übelstände« sind, bis Ende der zwanziger Jahre: »das allzuheftige und vernehmliche Taktiren unserer Musik-Dirigenten, mit Bogen und Stab – ja sogar mit den Füßen« sowie das »allzulaute Einstimmen und das unnöthige Phantasiren und Präludiren im Orchester vor Anfange der Oper oder des Concerts«.[31] Letzterer Lärm hatte sich freilich schon im Juli 1827 zugunsten eines »geordneten, successiven Einstimmens nach Einem Normalinstrument«[32] teilweise beruhigt.

So vergehen etwa zehn Jahre, bis Lindpainter sein Orchester soweit geschult hat, dass Mendelssohn bei seinem Besuch 1832 ohne Einschränkung behaupten kann: »Der Lindpaintner ist glaub' ich jetzt der beste Orchesterdirigent in Deutschland, es ist als wenn er mit seinem Taktstöckchen die ganze Musik spielte«; und er lobt weiterhin das »vortreffliche Orchester, das so vollkommen schön und genau zusammengeht, wie man es nur erdenken kann«.[33] Gustav Schilling dokumentiert im selben

Jahr wie Mendelssohn den Endpunkt einer über zehn Jahre dauernden Orchesterarbeit, die sich nun auch in einem dezenteren Dirigierstil niederschlägt: »Eine Lust ist es, aus den vielen Kehlen, Saiten und Röhren nur einen Ton zu hören, in den vielen und verschiedenen Herzen nur ein Gefühl sich regen zu sehen, – und das ist das Werk des stumm und fast ruhig dasitzenden Mannes, in deß Hand nur leicht und leise sich bewegt jenes allmächtige und mit zauberischer Kraft Alles belebende Stäbchen«.[34]
Auch Berlioz zeigt sich bei seinem Besuch in Stuttgart beeindruckt:

Ein anderer Vorzug des Stuttgarter Orchesters besteht darin, daß seine Mitglieder sicher vom Blatt spielen, sich durch nichts verwirren und aus der Fassung bringen lassen, mit der Note zugleich auch die Nuance ablesen und schon beim ersten Abspielen auch die dynamischen Zeichen genau beachten. Sie sind außerdem allen Launen des Rhythmus und des Taktes gewachsen, klammern sich nicht immer an den guten Taktteil, verstehen es, ohne ins Schleppen zu kommen, den schwachen Taktteil zu betonen und von einer Synkope zu der andern überzugehen, ohne Verlegenheit und ohne den Eindruck zu erwecken, als führten sie ein schwieriges Kunststück aus. Mit einem Wort, ihre musikalische Schulung ist in jeder Beziehung vollkommen.[35]

4. Orchesterdienst

»Es ist ein Jammer bei uns«, klagt der Stuttgarter Musiker Nikolaus Kraft in einem Brief an Hummel 1834. »Wer noch jung ist, und Kraft in den Gliedern hat, der soll und muß nun aus unserer Capelle fort«.[36] Der Intendant sei ein »Ignorant und Tyrann«, der den Dienst »mit unnöthigen Proben« erschwere. Der Cellist und Kammermusikus weiß auch über Lindpaintner Unerfreuliches zu berichten. »Wenn er jemanden nicht leiden kann, so muß er bei der geringfügigsten Ursache fort, um Geld zu bekommen, seinen Lieblingen Zulage geben zu können, weil er den Etat nicht überschreiten darf«; Dienstjahre berücksichtige er gar nicht.
Faktisch aufschlussreicher als das Lamento Krafts, des vom Dienst enttäuschten Musikers, sind die Gehaltslisten, die für den jährlichen Haushaltsplan erstellt wurden und in denen sämtliche Mitglieder der Kapelle namentlich und seit 1821/22 auch in ihrer jeweiligen Funktion aufgeführt werden, und ist ein Brief Lindpaintners aus dem Jahr 1826 an Gottlob Wiedebein, in welchem er die ökonomischen Verhältnisse des Orchesterpersonals im Vergleich mit den Münchner Gegebenheiten offenlegt (Auszug):

In Stuttgart sind die Verhältnisse im Durchschnitt leider nicht so brillant, für den Einzelnen aber oft vortheilhafter. In der Regel wird kein Mitglied lebenslänglich angestellt. Man hat zwar noch kein Beispiel einer Entlassung, es sey denn durch grobe Excesse. Doch sollte heute der Hof unglücklich seyn, oder Ersparungen machen wollen, so ist er an nichts gebunden, und die Mehrzahl der Mitglieder de

Peter Joseph von Lindpaintner
(1791–1856)
Württembergischer Hofkapellmeister
1819–1856.
Lithographie von Carl Schwarz, um 1850

facto entlassbar. Da nun bei solch schwankenden Verhältnissen kein ausgezeichnetes Talent sich zum Engagement finden möchte, schließt man mit einzelnen Contrakte auf Lebenszeit ab, worinn je nach Umständen alle Pensionsverhältnisse, auch die Pensionen für Frauen nach dem Tode ihrer Männer besonders stipulirt sind. Wo dieß nicht vorhergegangen ist, bleibt alles der Gnade des Königs anheim gestellt. Wir haben schöne Fälle der Art, so wurde[n die] beiden Gebr: Schwegler (: Oboisten :) die eigentlich nicht[...] dekretmäßig angestellt waren auf Neujahr der eine mit 650 fl der andere mit 450 fl pensioniert & – aber lassen Sie das Unglük wollen, daß wir einmal keinen so gütigen Herrn haben – was haben dann die Wittwen u Waisen zu erwarten? Darum bitte ich Sie, bei jener Menschenliebe, mit der Sie mich zu dieser Auseinandersetzung aufforderten – legen Sie Nachdruk auf die Art u Weise wie man mit den Künstlern in München verfährt![37]

Ungeachtet des Gehalts der beiden Musikdirektoren sowie Lindpaintners Bezügen beträgt die höchste Besoldung unter den Orchestermusikern 800 Gulden. Ein Kammermusiker erhält darüber hinaus eine Zulage von 500 Gulden. Das durchschnittliche Einkommen in Stuttgart schwankt zwischen 400 und 600 Gulden. das Besoldungsverhältnis zwischen den einzelnen Instrumentengruppen ist ausgewogen. Dies dokumentiert eine auch für die folgende Zeit repräsentative Liste für das Etatjahr 1829/30, aus jenem Jahr, in welchem erstmals eine Pensionsanstalt für die Stuttgarter Orchestermusiker errichtet wird[38]:

Kapellmeister	
Lindpaintner	2500 f
Musikdirectoren	
Molique	1800 f
Müller	1400 f
Violine	
Heim	800 f
Riesam	700 f
Lorch	600 f
Krall	550 f
Lebherz	400 f
Katz	350 f
Abenheim	500 f
Höllerer	600 f
Barnbeck	600 f
Orchester-Zöglinge	
Debuiser	250 f
Edele	200 f
Molique	200 f
Viole	
Beck	600 f
Hollenstein	500 f
Dertinger	400 f
Violoncello	
Kraft	600 f
Nißle	450 f
Fischer	450 f
Kraft jun.	350 f
Kontrabaß	
Leitner	720 f
Stichl	600 f
Hoetzl	550 f
Baur III.	400 f
Flöte	
Krüger	600 f
Braun	600 f
Richter	400 f
Oboe	
Wehrle	550 f
Rudhardt	700 f
Fein	450 f
Klarinetten	
Reinhardt	600 f
Hollenstein	350 f
Beerhalter	500 f
Schock	400 f

Fagott		Trompete	
Barnbeck	700 f	Baur I.	450 f
Stahle	400 f	Baur II.	350 f
Traub	100 f	Posaune	
Neukirchner	500 f	Kohler	500 f
Horn		Hehl	400 f
Schunke der ältere	600 f	Harfe	
Schwegler	600 f	Mlle Weber	650 f
Horn	350	Zulage für die Kammermusik	
Sieber	400 f	Violoncell: Kraft	500 f
Schunke der jüngere	300 f	Flöte: Krüger	500 f
Pauke		Klarinette G. Reinhardt	500 f
Hollenstein	450 f	Horn: Schunke der ältere	500 f

Der grundlegende Unterschied zwischen der Münchner und der Stuttgarter Kapelle, wie ihn Lindpaintner in seinem Brief moniert, besteht darin, dass in Stuttgart in der Regel kein Mitglied einen Vertrag auf Lebenszeit erhält; Ausnahmen sind im Einzelfall möglich, bei Musikern, die sonst nicht zu engagieren wären. Dies bedeutet aber, dass nahezu keiner der Stuttgarter Orchestermusiker pensionsberechtigt ist und jederzeit entlassen werden kann. So ist es selbstverständlich, dass einige vorausdenkende Musiker, Lindpaintner zuvorderst (obgleich er persönlich nicht davon profitierte), an der Gründung eines Pensionsvereins höchstes Interesse hatten.

Im November 1822 stellt der Hofmusiker Scheffauer den Antrag zur Gründung einer »Unterstützungscasse für Wittwen und Waisen der Mitglieder der königl. Hofcapelle«.[39] Nach jahrelangen Verhandlungen wird die Vereinsgründung per königlichem Dekret vom 30. Oktober 1829 genehmigt. Die Pensionsanstalt regelt fortan die Fürsorge für alle Hinterbliebenen der Orchestermitglieder (eine entsprechende Einrichtung für die Mitglieder des Hoftheaters existierte bereits seit längerem). Der König bewilligt eine jährliche Benefizvorstellung der Hofkapelle zugunsten der neuen Kasse. Außerdem kommen die Einnahmen der während der Fastenzeit gegebenen Abonnementskonzerte fortan ausschließlich dem Fond zugute, den der König durch eine bedeutende Summe fundiert und auch im weiteren durch häufige Geschenke mehrt. Der Beitritt zur Anstalt ist verpflichtend. Ausgenommen sind allein diejenigen Kapellmitglieder, deren Jahresgehalt weniger als 300 Gulden beträgt; zum Zeitpunkt der Vereinsgründung trifft dies nur auf einen einzigen Musiker zu, den Fagottisten Traub mit einem Gehalt von 100 Gulden.[40] Alle Benefiz-Veranstaltungen zugunsten der Anstalt gelten künftig als »Dienstsache«, das Mitwirken ist Pflicht. Auswärtige Künstler haben Beiträge zu entrichten, sofern sie den Dienst des Hoforchesters beanspruchen. Berlioz zahlte bei seinem Besuch Anfang der vierziger Jahre 80 Francs in die Pensionskasse.[41] Im April 1831 berichtet Lindpaintner seinem Freund Heinrich Bärmann: »Mit unserem neuerrichteten Witwenfond geht es sehr gut, wir haben in 2 Jahren bei 7000 fl. zusammengebracht. Die erste Aufführung des Oberon zu diesem Zweke brachte uns 982 fl., für Stuttg. gewiß eine hübsche Summe«.[42] Die ersten Auszahlungen – zwei Pensionen – erfolgen 1836.[43] Ein Jahr später wird die Wohlfahrtseinrichtung des Witwen- und Waisen-Pensionsvereins der Mitglieder des königlichen Hoftheaters der Pensionskasse des Orchesters angegliedert, so dass von nun an vom Ertrag der Abonnementskonzerte – zehn im Jahr – zwei Fünftel dem angegliederten Pensionsverein zufließen.

*

1851 bietet die Stuttgarter Intendanz Friedrich Wilhelm Kücken die Stelle eines zweiten Kapellmeisters an. Mitte Oktober erhält dieser seine Ernennung mit 1800 Gulden Gehalt plus 400 Gulden Umzugsentschädigung. Seine Dienststellung gegenüber dem ersten Kapellmeister ist koordiniert. Kücken wird die Direktion der Spieloper übertragen, Lindpaintner behält die Direktion der ernsten Oper. Der nunmehrige erste Kapellmeister, Lindpaintner, erhält am 20. Oktober, also nach Abschluss des Engagement, einen Brief des Intendanten, in dem dieser Kückens Anstellung lakonisch mitteilt und mit knappen Worten den bislang Unwissenden über »das Herbe der Lage« hinwegtröstet.[44] Die Begründung für die unerwartete Anstellung lautet, man wolle dem Altgedienten Diensterleichterung verschaffen. Der wahre Grund freilich mag des Intendanten Inkompetenz auf musikalischem Gebiet gewesen sein. Da Ferdinand von Gall scharfen Angriffen seitens der Öffentlichkeit ausgesetzt war, sah er sich genötigt, Lindpaintner, der mit Spott über den Intendanten ebenfalls nicht zurückhielt, einen »beigeordneten Amtsgenossen« an die Seite zu stellen, um »dem sich allzu sicher fühlenden Lindpaintner [...] einen Dämpfer aufzusetzen«.[45]
Umgehend bittet Lindpaintner um seine Pensionierung, die ihm jedoch nicht gewährt wird. Seine langjährige Erfahrung im Dienst ist unverzichtbar. Er bleibt, zutiefst gekränkt. Verbittert klagt er gegenüber einem Bekannten über die zwangsweise »Octroiyrung Kükens«: »Die Art, wie's geschah, überschreitet die Gränzen der Civilisation, und das Stück könnte etwa im Hinterwiesental Nordamerikas bey den Scalp: Indianern spielen; lustig zu lesen, aber traurig zu erleben!«[46]
Es gibt möglicherweise noch einen weiteren Grund, der die Kompetenzschmälerung für Lindpaintner bitter machte. In einigen November- und Dezemberheften der »Neuen Zeitschrift für Musik« 1853 erscheint eine Polemik Hans von Bülows unter dem Titel »Die Opposition in Süddeutschland«.[47] Prowagnerisch gestimmt, wettert der junge Klavierspieler, Komponist und Musikschriftsteller gegen die »schwäbische Stumpfheit in voller Maienblüthe«, speziell gegen Lindpaintners »künstlerische

Altersschwäche und Impotenz« und gegen dessen »schlechtes Dirigieren«. Bülows radikale Abrechnung mit der »musikalischen Restauration« gipfelt in der unversöhnlichen Forderung: Lindpaintner sei »der Hauptthemmschuh für jeden höheren künstlerischen Aufschwung in der musikalischen Öffentlichkeit Stuttgarts. Die endliche Entfernung seiner Person ist die erste Bedingung für eine Änderung zum Guten«.
Ein Generationenproblem, möglicherweise ein persönliches Zerwürfnis Lindpaintners mit dem jungen »Hans«, wie der Kapellmeister den Stuttgarter Abiturienten im persönlichen Umgang, gegen dessen Willen, titulierte?[48] Es ist wohl mehr: Zum einen hatte Lindpainter maßgeblich die Ablehnung einer Wagneroper (»Rienzi«) durch die Stuttgarter Intendanz zu verantworten. Zum anderen ist Bülows Pamphlet die publizistische Abrechnung einer neuen Dirigentenschule mit den alten »Takthackern« und »Takt-Stockmeistern«.[49] Die Zeit der »Vierfüßler aus der Dorfkirche«[50], wie Wagner spottete, mit ihrem Ideal eines »festen und sicheren Markierens«[51] war vorüber. Die Einheit von Orchestererzieher und Komponist, die sich vorbildhaft in der Person des Kapellmeisters manifestierte, und die zu Beginn des Jahrhunderts Heinrich Christoph Koch auch ästhetisch legitimierte[52], hatte ihre Gültigkeit verloren.

Anmerkungen

1 Nach Rudolf Krauß, *Das Stuttgarter Hoftheater von den ältesten Zeiten bis zur Gegenwart*, Stuttgart 1908, S. 151 f. Daraus auch im Folgenden.

2 Staatsarchiv Ludwigsburg, Personalakte Lindpaintner, E 18 II Bü 615 (künftig PAL). Zur Person Lindpaintners und den Verhältnissen am Stuttgarter Hoftheater in den Jahren 1819 bis 1856 siehe Reiner Nägele, *Peter Joseph von Lindpaintner*. Sein Leben, sein Werk. Ein Beitrag zur Typologie des Kapellmeisters im 19. Jahrhundert, Tutzing 1993 (= Tübinger Beiträge zur Musikwissenschaft, Bd. 14).

3 Ebd.

4 Schreiben Grempp von Freudensteins an die Stuttgarter Intendanz v. 14. Oktober 1818; PAL.

5 Lindpaintner hatte sie Grempps Referenz vom 14. Oktober beigelegt.

6 Schreiben vom 6. November 1819, PAL.

7 Ebd.

8 Siehe Ottmar Schreiber, *Orchester und Orchesterpraxis in Deutschland zwischen* 1780 und 1850, in: *Neue Deutsche Forschungen, Abteilung Musikwissenschaft*, Bd. 6, hrsg. v. Joseph Müller-Blattau, Berlin 1938, S. 66.

9 Schreiben vom 19. 12. 1819, PAL.

10 Vertrag vom 28. Januar / 10. Februar 1817; E 18 II Bü 390.

11 Staatsarchiv Ludwigsburg, PAL.

12 Schreiben vom 12. Januar 1840, PAL.

13 König an Intendanz, undatiert, Ebd.

14 *Allgemeine musikalische Zeitung* (im folgenden AmZ) 27 (1825) Sp. 655.

15 Hauptstaatsarchiv, Kabinett III, E 6 Bü 159, Etatplan für 1821/22.

16 Schreiber, 1938, S. 257 f.

17 Hector Berlioz, *Mémoires*, Paris 1870, zitiert nach der deutschen Ausgabe München 1979, S. 251.
18 AmZ 24 (1822) Sp. 133.
19 *Leaves from the Journals of Sir George Smart*, hrsg. von H. Bertram Cox und C. L. E. Cox, London u. a. 1907, S. 80.
20 Schreiben vom 29. August 1846, Staatsarchiv Ludwigsburg, E 18 I Bü 182.
21 In den »Erinnerungen an Spontini«, in: Richard Wagner, *Gesammelte Schriften*, hrsg. von Julius Kapp, 1. Bd., Leipzig 1914, S. 36 f.
22 Staatsarchiv Ludwigsburg, E 18 I Bü 390.
23 Georg Schünemann, *Geschichte des Dirigierens*, Leipzig 1913, S. 259.
24 Schreiber, 1938, S. 85.
25 Felix Mendelssohn-Bartholdy, *Reisebriefe aus den Jahren* 1830 bis 1832, hrsg. v. Paul Mendelssohn-Bartholdy, Leipzig 1865, S. 151.
26 Berlioz, 1979, S. 249.
27 Schreiber, 1938, S. 18.
28 Staatsarchiv Ludwigsburg, PAL.
29 Hauptstaatsarchiv Stuttgart, Kabinettsakten, E 6 Bü 12: Stellungnahme von Lehrs gegenüber dem König auf Lindpaintners Dedikationswunsch vom 4. Februar 1820.
30 AmZ 22 (1820), Sp. 151.
31 AmZ 29 (1827), Sp. 491.
32 AmZ 28 (1826), Sp. 286.
33 Felix Mendelssohn-Bartholdy, 1865, S. 151.
34 Gustav Schilling, *Aesthetische Beleuchtung des königlichen Hof-Theaters zu Stuttgart*, Stuttgart 1832, S. 67 f.
35 Berlioz, 1979, S. 251 f.
36 Schreiben vom 8. Januar 1834, Goethe-Museum Düsseldorf. Der Brief ist teilweise zitiert bei Karl Benyovszky, *J. N. Hummel.* Der Mensch und Künstler, Bratislava 1934, S. 82.
37 Schreiben vom 17. Februar 1826, Stadtarchiv Braunschweig.
38 Staatsarchiv Ludwigsburg, E 6 Bü 159.
39 Schreiben vom 13. November 1822, Staatsarchiv Ludwigsburg, E 18 I Bü 432.
40 »Übersicht des Personals der Hofkapelle« vom 14. September 1830, Staatsarchiv Ludwigsburg, Hoftheaterakten E 18 I.
41 Berlioz, 1979, S. 249.
42 Schreiben vom 19. April 1831, Staatsbibliothek Berlin.
43 Schreiben Lindpaintners an die Intendanz vom 6. Mai 1832, Staatsarchiv Ludwigsburg, E 18 I Bü 454.
44 PAL. Siehe auch Schreiben Lindpaintners an den König vom 26. Oktober 1851, ebd.
45 Adolf Palm, *Briefe aus der Bretterwelt*, Stuttgart 1881, S. 115.
46 Schreiben an Franz Dingelstedt, undatiert, vermutlich 1852, Stadtarchiv Stuttgart.
47 Zitiert nach Hans von Bülow, *Ausgewählte Schriften*, in: Hans von Bülow, *Briefe und Schriften*, hrsg. von Marie von Bülow, Bd. 3, Leipzig 1896, S. 79 ff.
48 Ebd., Bd. 1, S. 80.
49 Siehe den Artikel von A. Chybinski, *Bülow, Lindpaintner und die Kapellmeisterfrage*, in: *Neue Zeitschrift für Musik* 1907, S. 906 f.
50 Richard Wagner, *Über das Dirigieren*, in: Richard Wagner, *Sämtliche Schriften und Dichtungen*, 6. Auflage, Bd. 8, Leipzig [1871 ff], S. 264.
51 Chybinski, 1907, S. 906.
52 Heinrich Christoph Koch, *Musikalisches Lexikon*, Frankfurt am Main 1802, Neudruck: Hildesheim u.a. 1985, s. v. »Kapellmeister«, S. 825.

Stuttgart.

Kœnigliches Hof-Theater.

Frei-Theater.

Auf Allerhöchsten Befehl:

Zur Feier der Vermählung

Seiner Durchlaucht des Herzogs von Nassau

mit

Ihrer Königl. Hoheit der Prinzessin Pauline von Würtemberg

Zum Erstenmal:

Der letzte Tag von Pompeji,

Oper in zwei Akten, nach dem Italienischen von Friederike Ellmenreich.

Musik von Pacini.

Personen:

Sallustius, zur höchsten Magistratswürde erwählt —	Hr. Häser.
Octavia, seine Gattin — — — —	Mlle. Canzi.
Appius Diomedes, Volkstribun — — —	Hr. Jäger.
Publius, Aufseher der öffentlichen Bäder — —	Hr. List.
Der Oberpriester — — — — —	Hr. Pezold.
Clodius, Sohn des Publius — — — —	Mlle. Laurent.
Faustus, Freigelassener des Sallust — — —	Hr. Schmidt.

Damen. Priester. Krieger. Auguren.

Patricier. Plebejer. Soldaten.

Die Handlung ist in Pompeji.

Der Anfang ist um 6, das Ende 9 Uhr.

Theaterzettel
des Stuttgarter Hoftheaters vom 24. April 1829

Staatsbesuch unter Donnergrollen

Giovanni Pacinis *L'ultimo giorno di Pompei* in Stuttgart

Joachim Migl

An vier Abenden des Jahres 1829, am 24. April, am 10. Mai, am 3. Juni und schließlich am 18. Oktober, wurde im Stuttgarter Hoftheater die Oper »L'ultimo giorno di Pompei«, der letzte Tag von Pompeij, von Giovanni Pacini gegeben. Dem heute kaum noch bekannten Werk[1] war in der württembergischen Residenz allerdings keine lange Geschichte beschieden: Nach den vier Aufführungen innerhalb eines halben Jahres verschwand es wieder aus dem Spielplan. Die Frage liegt nahe, welche Überlegungen wohl dazu geführt haben mögen, die Oper 1829 auf die Bühne zu bringen, welche Faktoren überhaupt das Zustandekommen der damaligen Spielpläne beeinflussten. Im Fall von Pacinis Pompeji-Oper werden, wenn schon nicht klare Antworten, so doch wenigstens Hinweise auf die Rahmenbedingungen sichtbar, die zumindest in diesem Fall wesentlichen Anteil an der Programmgestaltung gehabt haben dürften. Um diese Rahmenbedingungen geht es im folgenden Beitrag.

1. »Auf allerhöchsten Befehl«: die Anlässe

An zwei Terminen standen die Aufführungen der Oper im unmittelbaren Zusammenhang mit Feierlichkeiten in der Stadt. Der 24. April 1829 war der Hochzeitstag von Prinzessin Pauline von Württemberg, die Seine Durchlaucht, Herzog Wilhelm von Nassau ehelichte. Pauline war eine Nichte des regierenden Königs Wilhelm I., die Tochter des Prinzen Paul Friedrich Karl August[2]. Der jüngere Bruder des Königs war schon viel in Europa herumgekommen, als seine Tochter heiratete. In Württemberg hielt er sich immer nur zeitweise auf, das Verhältnis zum Bruder war wie schon zum Vater, König Friedrich I., ein eher spannungsreiches. Für unseren Zusammenhang vielleicht nicht ganz ohne Bedeutung ist der Umstand, dass sich Prinz Paul 1817 in Paris niederließ, wo er sowohl mit der Familie der Bourbonen als auch mit Angehörigen der Familie Napoleons verkehrte – dazu später mehr.

Pauline war im April 1829 gerade 19 Jahre alt geworden. Sie wurde die zweite Frau des regierenden Herzogs von Nassau und verabschiedete sich mit ihrer Heirat aus der Stuttgarter Heimat nach Wiesbaden. Aus gegebenem Anlass ließ Theaterintendant Lehr am 23. April in der Königlich Privilegirten Stuttgarter Zeitung folgendes mitteilen: »Auf Allerhöchsten Befehl wird Freitag den 24. April, zur Feier der Vermählung Seiner Durchlaucht des Herzogs von Nassau mit Ihrer Königl. Hoheit der Prinzessin Pauline von Würtemberg, die Oper ›Der letzte Tag von Pompeji‹ mit freiem Eintritt gegeben werden«[3].

Der zweite offizielle Termin war der 3. Juni. Zur Feier »der höchsten Anwesenheit Ihrer Kaiserl. Hoheit der Frau Großfürstin Helene von Rußland« wurde wiederum »auf allerhöchsten Befehl« und wieder zu freiem Eintritt das Drama über den Untergang der antiken Stadt am Vesuv wiederholt[4]. Großfürstin Helene war niemand anderes als die ältere Schwester von Pauline, hieß eigentlich Friederike Charlotte Marie und war seit 1824 mit Großfürst Michael von Rußland verheiratet[5]. Für König Wilhelm und seine Familie waren damit beide Anlässe einerseits Familienfeste, andererseits aber auch offizielle Termine. Beide Nichten waren durch ihre Verbindungen zugleich auch Staatsgäste.

Für die weiteren Aufführungen der Oper im Mai und im Oktober scheint es keine vergleichbaren Anlässe gegeben zu haben. Sie alle fanden in fast unveränderter Besetzung jeweils von 18 bis 21 Uhr statt[6].

2. »Die Handlung ist in Pompeji«: die Oper

Eines gleich vorweg: Pacinis *dramma per musica* »L'ultimo giorno di Pompei« entstand rund neun Jahre vor dem durch mehrere Verfilmungen hinlänglich bekannten Roman von Edward Bulwer-Lytton, »The last days of Pompeii«. Damit dürfte klar sein, wer wem die Idee für den Titel ver-

dankt, auch wenn beide Werke inhaltlich überhaupt nichts miteinander zu tun haben.
Der aus Catania stammende Komponist Giovanni Pacini (1796–1867) begann 1813 mit dem Komponieren von Opern und zählte spätestens seit seinem Erfolg mit dem »Barone di Dolsheim« von 1818 zu den bekannten Namen in diesem Genre: Mehr als 80 Opern hat er hinterlassen, wobei ihm selbst seine Pompeji-Oper im Rückblick für die Entwicklung seines anfangs stark von Rossini beeinflussten Stils sehr wichtig gewesen ist. Bedeutung hatte das Werk auch für seine Karriere. Nach der glanzvollen Uraufführung am 19. November 1825 im Teatro San Carlo in Neapel erhielt Pacini einen mehrjährigen Vertrag als Direktor der neapolitanischen Theater zu attraktiven Bedingungen. Das Libretto stammte von Andrea Leone Tottola, der wiederum die Anregungen dazu von dem bekannten Bühnenbildner Antonio Niccolini, dem Architekten der Königlichen Theater und Präsidenten der Akademie der Schönen Künste, erhalten hatte. Niccolinis Beziehung zu dem Stoff, zum antiken Pompeji und seinem Untergang, mag nicht zuletzt daraus erhellen, dass seine beiden Söhne Fausto und Felice in späteren Jahren mit der Veröffentlichung eines monumentalen Dokumentationswerkes über die Kunst und Architektur der verschütteten Stadt am Vesuv begannen[7]. Kenntnisse von der Topographie der antiken Stadt spiegeln sich in Anmerkungen und Anweisungen des Librettos wider.
Die auf zwei Akte verteilte Handlung beginnt mit der Wahl des Sallustio zum obersten Richter der Stadt Pompeji. Während er die allseitigen Glückwünsche entgegennimmt, erwehrt sich seine Frau Ottavia erfolgreich des zudringlichen Appio, der allerdings die Sache nicht auf sich beruhen lassen will und auf Rache sinnt. Zu diesem Zweck schleust er den Sohn eines seiner Gefolgsmänner in die Umgebung Ottavias ein. Auf einem Fest wird der als Frau verkleidete Mann entdeckt; Ottavia sieht sich der Anschuldigung des Ehebruchs ausgesetzt. Ihr Gatte muss sie trotz aller Unschuldsbeteuerungen in seiner Funktion als Magistrat zum Tod verurteilen, obwohl er selbst von der Treue seiner Frau überzeugt ist. Das dumpfe Grollen des nahen Vulkans wird vom Volk als Unmut der Götter interpretiert, die anscheinend eine strenge Bestrafung einfordern. Ottavia wird dazu verurteilt, lebendig begraben zu werden. Schon nimmt das grausame Geschehen seinen Lauf, da überkommt die Übeltäter die Reue, der Schwindel fliegt auf. In Schutt und Rauch des ausbrechenden Vesuv finden die Bösewichte ihr Ende, während die Familie Ottavias der Katastrophe entkommt. Wie schon erwähnt, konnte Pacini mit dem Erfolg seines Werks in Neapel mehr als zufrieden sein[8]. Über 40 Aufführungen erlebte die Oper in der kampanischen Metropole, und von hier aus eroberte sie andere Bühnen in Europa: Wien, Mailand, Lissabon und Paris hatten das Stück im Repertoire. Auch Stuttgart ließ sich vom schaurig-schönen Schicksal der antiken Stadt und der Musik des jungen Pacini in den Bann ziehen.

Im Hoftheater wurde das Drama freilich nicht in der Originalversion gespielt, sondern in einer Bearbeitung. Das Libretto übertrug Friederike Ellmenreich ins Deutsche, die Partitur hatte Peter Joseph Lindpaintner »für die königliche Hofbühne eingerichtet«[9]. Was er wohl von der Komposition seines italienischen Kollegen hielt? Die Adaption schloss er am 25. Januar 1829 jedenfalls mit dem vielsagenden Motto: »Gott sey Dank« ab. Anlässlich der Stuttgarter Aufführungen des Werkes berichtete im Oktober 1829 die Allgemeine Musikalische Zeitung über Pacinis Oper und verglich sie mit der gleichfalls 1829 aufgeführten »Stummen von Portici« von Daniel Francois Esprit Aubert: »'Der letzte Tag in Pompeji', unsers Wissens gleichfalls die erste seriose Oper mit Recitativen und grossen Chören, welche Hr. Pacini schrieb, wurde auf dem italienischen Operntheater zu Paris zuerst mit vielem Beyfall gegeben, und diente gewissermaassen der Stummen von Portici als Vorläuferin, indem dieselbe wegen ihrer guten Aufnahme unstreitig den Dichtern, so wie dem Compositeur den ersten Impuls gaben, durch ein gehaltvolleres Textbuch und eine geistreichere Musik, verbunden mit einer sinnigen und effectvolleren Einrichtung des Scenariums, treffenden Theatercoups, und der wie in jener herbeygeführten Explosion des feuerspeyenden Berges, ihre ältere Schwester zu überbieten und zu verdrängen, was ihnen wohl auch gelungen ist. (...) Die Musik streift mit wenigen Ausnahmen tiefer gedachter, wirklich empfundener und gehaltvoll wieder gegebenen Tonstücke, ganz in das moderne italienische Operngebiet«[10]. Neben diesen allgemeineren Bemerkungen zur Bedeutung der Oper finden sich auch ein paar knappe Hinweise auf die Darbietungen in Stuttgart. »Pacini's Oper eignet sich wegen der Menge von Märschen, Aufzügen, militärischen Evolutionen und Decorationsverwandlungen so recht eigentlich zu einer Festoper, und erfüllte in dieser Beziehung bey uns ganz ihren Zweck. (...) Auch dieser Vorstellung muss gerechter Maassen, hinsichtlich der trefflichen Leistungen unserer Künstler sowohl, als wegen der präcisen und reinen Ausführung von Seiten der Hofkapelle und des Chorpersonals, desgleichen in Absicht auf reiche scenische Ausstattung rühmlich gedacht werden«[11]. Im Ganzen also ein durchaus freundlich aufgenommenes Ereignis, von dem allerdings auch schon die Zeitgenossen allem Anschein nach keine besonderen Auswirkungen erwarteten. Keine Offenbarung, keine Sensation, kein Skandal. Was also machte den Reiz aus?

3. »... Noch klebt das Gestern an den Wänden« – Ausgrabungen und die Folgen

Dass es Pompeji als eine antike Stadt gegeben hatte, wo es ungefähr gelegen haben musste und welches Schicksal es erlitt, war jedem an der Thematik Interessierten lange vor dem Beginn gezielter Ausgrabungsmaßnahmen bekannt. Zur unmittelbaren Beschäftigung mit authentischen

Kostümentwurf
zur Aufführung der Oper »Der letzte Tag von Pompeji« von Giovanni Pacini
am 24. April 1829 im Stuttgarter Hoftheater

Überresten aus der Antike indessen zwangen erst die zunächst noch eher zufällig, später dann immer zielstrebiger durchgeführten Grabungen mit den Funden, die sie zu Tage förderten[12]. Über 1650 Jahre lang lag die im Jahr 79 n. Chr. verschüttete Stadt in einem Dornröschenschlaf. Um die Mitte des 18. Jahrhunderts, ziemlich genau 10 Jahre nach dem Beginn von Grabungen in Herculaneum, bohrten sich die ersten Hacken in die Erdschichten über dem antiken Pompeji. Die Funde ließen nicht lange auf sich warten. Für einen zügigen Fortgang der Arbeiten sorgte die in Neapel damals herrschende Familie der Bourbonen, die alles, was bedeutend, wertvoll oder kurios erschien, in einem eigens angelegten Museum hortete. Anders als in Herculaneum, wo man sich mühsam durch ins Gestein getriebene Stollen vorarbeiten musste, wurde Pompeji in Abschnitten freigelegt. Die Arbeit war zeitraubend und gefährlich, ihre Methoden und Zielsetzungen zum Teil mehr als fragwürdig. Was sich aber trotz aller Fehlleistungen, Verluste und Versäumnisse überdeutlich abzeichnete, war die einzigartige Bedeutung der Vorgänge. Die Ausgrabungen warfen ein unvergleichlich helles Schlaglicht auf die Lebenwirklichkeit in einer antiken Stadt. Kunst und Kultur, Architektur, Wirtschafts- und Privatleben, zu allen Aspekten antiker Urbanität lieferte Pompeji mit jedem weiteren Spatenstich neues Quellenmaterial. Selbst die gebildeten Schichten der damaligen Gesellschaft waren auf eine so kräftig sprudelnde Informationsquelle nicht vorbereitet. Künstler, Kunsttheoretiker und -historiker, Maler, Architekten, Ingenieure, Antiquare, Altertumswissenschaftler – aus den verschiedensten Berufen kamen jene, die vor Ort jeweils aus ihrem Blickwinkel heraus das Faszinosum Pompeji zu beschreiben und zu verstehen versuchten. Eine professionelle Archäologie, die einschlägige Kenntnisse oder Erfahrungen hätte einbringen können, gab es noch nicht. Sie begann sich vielmehr erst unter dem Eindruck der Ausgrabungen am Vesuv zu entwickeln[13]. Die Entdeckungen blieben selbstverständlich keine auf die Region oder Italien beschränkte Sensation. Ganz Europa nahm lebhaft Anteil daran. Die ohnehin überall vorhandene Neugier wurde durch das geheimnistuerische Verhalten der Verantwortlichen in Neapel eher noch gefördert. Besuchsgenehmigungen auf den Grabungsstätten wurden nicht eben großzügig verteilt, und selbst den wenigen Auserwählten, die sich ein eigenes Bild machen durften, wurden restriktive Auflagen gemacht. Zu einer weniger strengen Informationspolitik kam es erst, als die Franzosen im Zuge der Eroberungen Napoleons in Neapel das Szepter übernahmen. Die wenigen Jahre ihrer Herrschaft am Fuße des Vesuv genügten, um die Ausgrabungen einerseits, die Berichterstattung darüber andererseits zu verbessern. Hinter den bis 1815 erreichten Kenntnisstand konnten auch die danach wieder in Neapel installierten Bourbonen nicht mehr zurück.

Die Motive der allgemeinen europäischen Aufmerksamkeit für Pompeji waren vielschichtig. Antiquarische Interessen noch aus einem ganz ba-

rock geprägten Denken heraus überlagerten sich mit kunsthistorischen, die, wieder einmal, von einem Rückgriff auf antike Vorbilder eine Belebung der zeitgenössischen Ausdrucksformen erwarteten. Der kunsthandwerkliche Blick der Hersteller von Muster- und Vorlagenbücher verband sich zwanglos mit frühromantischen Fantasien oder vorwissenschaftlichen Versuchen einer Klassifizierung. Pompeji als unerschöpflicher Steinbruch für die Kunstwelt, als Paradigma für ein noch ganz in den Anfängen steckendes, distanziert-historistisches Betrachten, als Gegenstand gefühlsseeliger Schwärmerei: wie auch immer der Zugriff auf das Thema war, mit Pompeji konnte jeder etwas anfangen. Fast immer sind in der Literatur der Zeit die Aspekte miteinander vermischt worden[14]. Aber auch außerhalb der Welt der Bücher etablierte sich Pompeji als ein Modethema, gerade auch in Paris, wo das Empire seinen Stil unter Verwendung von Vorlagen aus Pompeji entwickelte. Schon in vorrevolutionären Zeiten stöhnten dort manche kritischen Zeitgenossen über die Auswüchse der Pompejibegeisterung und die Übertragung von Stilelementen der neu gefundenen Kunst auf buchstäblich alle Gegenstände des täglichen Lebens[15]. Das war in diesem Ausmaß für die Zeit ein einmaliger Vorgang, wenngleich nahezu zeitgleich die Begeisterung für griechische Vasenbilder ähnliche Begleiterscheinungen gezeitigt hatte[16].
In den ersten Jahrzehnten des 19. Jahrhunderts war es manchen Besuchern der antiken Stadt bereits möglich, die Überreste lediglich als pittoreske Kulisse zu betrachten: Typisch für diese Tendenz sind Formulierungen z. B. bei Wolfgang Menzel, 1835 bei Cotta gedruckt: Pompeji sei reizend. »Es liegt offen, frei unter Weinbergen mit der herrlichsten Aussicht auf den Vesuv, durch den es zerstört wurde, und zu dem es noch aufblickt, wie das todte Lamm zum grimmigen Wolf. ... Der schönste Punkt Pompeji's ist da, wo sich die beiden kleinen Theater befinden... Jetzt ist die Landschaft hier alles; wäre sie nicht so würden die Ruinen Pompeji's nur einen traurigen Eindruck machen«[17]. Dass auch die Oper die im Ascheregen versunkene Stadt als Hintergrund für ihre Musikdramen entdeckte, fügt sich ganz zwanglos in die allgemeine Welle der Begeisterung für die Ausgrabungen ein. Pacini bzw. sein Librettist Andrea Leone Tottola und vielleicht noch mehr Antonio Niccolini hatten die Möglichkeiten des Stoffes als erste, aber längst nicht als einzige erkannt. Das 19. Jahrhundert kennt eine ganze Reihe von Pompeji-Opern, die noch nach Pacinis Werk entstanden[18]. Als »L'ultimo giorno di Pompei« seine Premiere erlebte, war die Siedlung am Fuße des Vesuv in ganz Europa schon längst eine Modeerscheinung geworden. Dieser Trend hatte auch vor den Grenzen des Herzogtums, später des Königreichs Württemberg nicht Halt gemacht.

4. »... was Serenissimus hier mit Vergnügen gesehen« – Pompeji und Württemberg

Über Herzog Carl Eugens Besuch in Pompeji anlässlich seiner dritten Italienreise 1774/75 berichtet das von Le Bret unter dem Pseudonym Bertram verfasste Reisetagebuch[19]. Für den Regenten aus Stuttgart stand nicht nur eine Museumsführung in Portici auf dem Programm, wo es allerhand Altertümer zu bewundern gab[20], sondern auch ein Ortstermin bei den Grabungsarbeiten. Le Bret vermerkte nicht nur, dass sich der Herzog hier als Ratgeber für die weitere Planung der Ausgrabungen in Szene setzte, sondern verwies auch auf die schon bei Carl Eugen vorhandenen Kenntnisse, die jener aus den Publikationen der königlichen Akademie in Neapel habe gewinnen können.[21]. Carl Eugen erhielt die damals sehr seltenen und kostbaren Bände auf direktem Weg aus Italien. Wer von seinen Landsleuten keine Gelegenheit dazu hatte, einen Blick in die reich bebilderten Prachtbände werfen zu dürfen, konnte sich doch immerhin schon früh durch rein deskriptive Veröffentlichungen zum Fortgang der Grabungen informieren: 1774 berichtete Balthasar Haug in den in Stuttgart gedruckten Gelehrten Ergötzlichkeiten und Nachrichten auf neun Seiten über die »neueste(n) Nachrichten von entdekten Alterthümern zu Pompeji und Pesto in Italien«.[22] Die praktische Anwendung und Umsetzung im zeitgenössischen Kunsthandwerk, in Architektur und Dekorationskunst ließen nicht lang auf sich warten, wenngleich die Zahl der bis heute erhaltenen Beispiele aus dem Stuttgarter Raum nicht eben hoch ist. Wohl am deutlichsten springt der Vorlagencharakter spezifisch pompejanischer Wandmalerei im Ostzimmer des Schlösschens Favorite in Ludwigburg ins Auge. Dort hatte Nikolaus Thouret um 1800 die Abbildungen der »Antichità« aus der königlichen Bibliothek als unmittelbare Vorlage für die Gestaltung der Wände benutzt. Musterbücher und Produktionen aus der Ludwigsburger Porzellanmanufaktur belegen ebenso wie literarische Zeugnisse, erinnert sei nur an Friedrich Schillers Pompeji-Gedicht im Musenalmanach von 1797, die Allgegenwart der Thematik lange vor dem Regierungsantritt Wilhelms. Seinen Höhepunkt erreichte das Interesse an den kampanischen Ausgrabungen gleichwohl in den Dreißigerjahren des 19. Jahrhunderts, und in diesen Zusammenhang gehört letztendlich auch die Opernaufführung des Jahres 1829.

5. »Casa del Re di Württemberg«: König Wilhelms Interessen an Pompeji

Das den Archäologen heute als Casa del Chirurgo geläufige Gebäude in Pompeji (Regio VI 1,9. 10. 23) trug einstmals den klangvollen Namen Casa del Re di Württemberg. Die Benennung eines antiken Hauses nach einem illustren Gast stellte eine Ehrerbietung an den Stuttgarter König

dar, die auch anderen berühmten Besuchern Pompejis und Förderern der Ausgrabungen zuteil wurde – man denke nur an die Casa di Goethe[23]. Wilhelm besuchte die Grabungen 1834, verfolgte den Fortgang der Arbeiten und besprach sich mit dem damaligen Direktor, dem Architekten Pietro Bianchi. Sein Interesse für das antike Pompeji freilich dürfte zu diesem Zeitpunkt schon längst geweckt gewesen sein. Das Jahr 1829 markiert in diesem Zusammenhang einen Zeitabschnitt, in dem sich die Indizien für eine intensive Beschäftigung des Königs mit dem Thema zu verdichten beginnen. Die Entscheidung für Pacinis »L'ultimo giorno di Pompei« als Festoper im Jahr 1829 wird durch andere Entwicklungen und Planungen des Königs mit Bezug auf Pompeji flankiert.
Die »glänzendere Einrichtung« der Oper und zweimalige Aufführung am 24. April und 3. Juni ließ sich Wilhelm durchaus etwas kosten: Dem Stuttgarter Hof wurden am 12. Juni für beide Abende insgesamt 2398 Gulden und 16 Kreutzer in Rechnung gestellt[24]. Wesentlich teurer wären wohl die Planungen geworden, für die sich der König Entwürfe von seinem damaligen Hofbaumeister Giovanni Salucci fertigen ließ. Als 1829 das Landhaus Rosenstein vollendet wurde und auf dem Areal der heutigen Wilhelma ein privates Refugium entstehen sollte, entwarf der Architekt ein vom antiken Haus inspiriertes Modell, für das hauptsächlich die in Pompeji gewonnenen Erkenntnisse herangezogen wurden[25]. Die Pläne scheint Wilhelm noch über längere Zeit verfolgt zu haben. Die erwähnte Italienreise von 1834 sollte sehr wahrscheinlich auch für dieses Projekt noch authentischere Eindrücke vermitteln. Es gibt gute Gründe für die Annahme, dass Pläne und Abbildungen mit Skizzen von pompejanischen Motiven und Grundrissen, die u. a. im Württembergischen Landesmuseum aufbewahrt werden, mit dem Vorhaben Wilhelms im Zusammenhang stehen[26]. Mehr noch als von Salucci dürfte der König dabei von dem Wissen seines späteren Hofbaumeisters Karl Ludwig Zanth profitiert haben. Dieser wurde mit einer heute verschollenen Dissertation über die Wohnhäuser in Pompeji promoviert und hatte vor seiner Berufung zum Hofbaumeister in den 30er Jahren schon eine Reihe von Privathäusern im antiken Stil errichtet[27]. Zu diesen gehörte auch das Anwesen des Literaten und Politikers Friedrich Notter am Bergheimer Hof[28]. Notter hatte noch 1834, also im Jahr der englischen Erstausgabe, Bulwer Lyttons »The Last Days of Pompeii« ins Deutsche übersetzt und im Stuttgarter Verlag Metzler herausgebracht. Dass Wilhelm mit Zanth einen ausgewiesenen Experten in Sachen Pompeji als Baufachmann und Berater in seine engere Umgebung holte, ist nur vor dem Hintergrund der Absichten des Monarchen und seiner persönlichen Interessen an Pompeji verständlich. Fast zwangläufig brachten diese den württembergischen König in Kontakt mit einem anderen Maler und Architekten, für den Pompeji zum Lebenswerk wurde, mit Wilhelm Zahn. Schon ab 1827 begann dieser zunächst bei Cotta, dann – dank großen Interesses und

wirkungsvoller Unterstützung durch Goethe – bei Reimer Zeichnungen und Aquarelle mittels der damals noch neuen Technik der Farblithographie zu publizieren. Der persönliche Kontakt mit dem Regenten aus Stuttgart ergab sich freilich erst 1839, anlässlich einer Badereise des Königs nach Livorno. Dabei konnte der Künstler den König als Subskribenten für seine »Schönsten Ornamente und merkwürdigsten Gemälde«[29] gewinnen. Gleichzeitig ließ sich Wilhelm aus Neapel Plastiken, Gouachen und Aquarelle zu einem möglichen Ankauf vorlegen[30]. Erst mit der Entscheidung für die an maurischen Vorbildern orientierte Wilhelma im weiteren Verlauf der 40er Jahre scheint beim König die Fixierung auf das Geschehen in Pompeji deutlich abzunehmen.
Was nun die Aufhellung der Motive für eine Aufführung von Pacinis Oper in Stuttgart betrifft, so dürfte aus den hier skizzierten Zusammenhängen deutlich geworden sein, dass es wohl keineswegs nur musik- oder theaterimmanente Beweggründe waren, die 1829 den ausdrücklichen Wunsch des Königs nach dem »ultimo giorno di Pompei« erklären. Wilhelm ließ sich zumindest zeitweise von der allgemeinen Pompeji-Begeisterung des 19. Jahrhunderts mitreißen. Die versunkene Stadt war ein Modethema, das auch den König nachweislich interessierte. Das erklärt nicht nur das plötzliche Auftauchen der Oper auf dem Spielplan, sondern vielleicht auch ihr ebenso schnelles und gründliches Verschwinden. Neben den sonst für diesen Umstand zu erwägenden Gründen, dass das Werk nämlich sowohl in gesanglicher als auch bühnentechnischer Hinsicht nicht gerade einfach ist, musikgeschichtlich aber schon in den 30er Jahren nicht mehr als aktuell und zukunftsweisend gelten konnte, könnte auch das für Modeerscheinungen charakteristische kurzlebige Interesse der Zeitgenossen an dem Thema eine Rolle spielen.

Anmerkungen

1 Vgl. dazu das Interview von Thomas Linder mit dem Dirigenten Giuliano Carella unter dem Titel *Pacinis Oper L'ultimo giorno di Pompei in Martina Franca* 1996, in: *Moderne Sprachen* 40 (1996) Nr. 2, S.212–215. Die Aufnahme der damaligen Vorstellung ist auf zwei CDs bei dem Label Dynamic erschienen.

2 Zu Prinz Paul und seiner Tochter Pauline vgl. die knappen Lebensbeschreibungen von Gerald Maier in: *Das Haus Württemberg.* Ein biographisches Lexikon, hrsg. von Sönke Lorenz u. a., Stuttgart 1997, S. 313 ff bzw. 329.

3 *Königlich Privilegirte Stuttgarter Zeitung* Nr. 65 vom Donnerstag, dem 23. April 1829, S. 298.

4 Ebd., Nr. 89 vom Donnerstag, dem 4. Juni 1829, S. 414.

5 Zu ihrer Person s. Martina Stoyanoff-Odoy, *Die Großfürstin Helene von Rußland und August Freiherr von Haxthausen.* Zwei konservative Reformer im Zeitalter der russischen Bauernbefreiung, Wiesbaden 1991.

6 Vgl. die Theaterzettel zu den genannten Vorstellungen.

7 Zur Familie und dem Werk der Brüder: Felice Niccolini, Roberto Cassanelli, *Le case e i monumenti di*

Pompei nell'opera di Fausto e ..., Novara 1997. Fausto und Felice Niccolini, *Le Case e i Monumenti di Pompei disegnati e descritti*, 4 Bde., Neapel 1854–1896.

8 Zur Premiere in Neapel: John Black, *The eruption of Vesuvius in Pacini's L'ultimo giorno di Pompei*, in: *Journal of the Donizetti Society* 6 (1988), S. 93–104.

9 Siehe die Partitur, die mit der Signatur HB XVII 497 in der Württembergischen Landesbibliothek Stuttgart aufbewahrt wird.

10 *Allgemeine musikalische Zeitung* 31 (1829), Sp.711 f.

11 Ebd., Sp.712.

12 Zur Grabungsgeschichte u.a. Marion Mannsperger, *Archäologie in den Vesuvstädten.* Die Geschichte der Entdeckungen bis zum Beginn der modernen Ausgrabungen, in: *Bilder aus Pompeji.* Antike aus zweiter Hand, Spuren in Württemberg, Stuttgart 1998, S. 11–26.

13 Zu dieser Thematik Christiane Zintzen, *Von Pompeji nach Troja*, Wien 1998.

14 Die Beispiele sind zu zahlreich, um sie hier aufzuführen. Um nur eines zu nennen: Johann Heinrich Bartels, *Briefe über Kalabrien und Sizilien*, Göttingen 1787–1792, hier besonders Bd. 1.

15 Vgl. Gernot Närger, *Nachleben pompejanischer Wandmalereien in Württemberg?* in: *Bilder aus Pompeji*, 1998, S. 50 mit Literatur auf S. 58.

16 Vgl. neuerdings Stefan Schmidt, *Ein Schatz von Zeichnungen.* Die Erforschung antiker Vasen im 18. Jahrhundert, Augsburg 1997 und die Beiträge in: 1768. Europa à la grecque. Vasen machen Mode, hrsg. von Martin Flashar, München 1999.

17 Wolfgang Menzel, *Reise nach Italien im Frühjahr* 1835, *Stuttgart und Tübingen* 1835, S. 100.

18 Z.B. »Alidia« von Franz Lachner, oder Kompositionen von August Pabst und Giovanni Moretti.

19 Hauptstaatsarchiv Stuttgart, G 230 Bü 68/69.

20 Ebd., Blatt 34 b.

21 Ebd., Blatt 35 a und b. Gemeint sind die seit 1757 erscheinenden *Antichità di Ercolano esposte con qualche spiegazione*, Neapel, 1757–1792.

22 2. Band, Heft 1, Stuttgart, 1774, S. 18–27.

23 Siehe die Auflistung bei Lieselotte Eschenbach, *Gebäudeverzeichnis und Stadtplan der antiken Stadt Pompeji*, Köln u.a. 1993, S. 482 f.

24 Hauptstaatsarchiv Stuttgart, E 6 Bü 15, f. 22.

25 Zu Wilhelms Leistungen und Vorstellungen in der Baukunst u. a. Otto-Heinrich Elias, *Zwischen Politik und Kunst.* König Wilhelm I. von Württemberg als Bauherr, in: *Beiträge zur Landeskunde* 1995, Heft 4, S. 1–8 mit Literatur, und Helmut Gerber, *König Wilhelm I. von Württemberg als Bauherr und Regent.* Zum 150. Todestag des Hofbaumeisters Giovanni Salucci, in: *Schwäbische Heimat* 46 (1995), Heft 3, S. 228–243. Zu den Planungen für Landhaus Rosenstein vgl. Gernot Närger, Landhaus Rosenstein, in: *Giovanni Salucci.* Hofbaumeister König Wilhelms I. von Württemberg 1817–1839, Stuttgart 1995, S. 45–61, bes. S. 58 ff.

26 Hierzu Gernot Närger (wie Anm. 15), S. 52 ff.

27 Vgl. *Allgemeine Deutsche Biographie* Bd. 44, S. 689 f (A. Wintterlin).

28 Vgl. *Neue Deutsche Biographien* Bd. 19, S. 366 f (F. Raberg).

29 Wilhelm Zahn, *Die schönsten Ornamente und merkwürdigsten Gemälde aus Pompeji, Herkulanum und Stabiae* .... Berlin 1827–1859.

30 Materialien dazu im Hauptstaatsarchiv Stuttgart, E 14 Bü 221.

Hoftheater und Neues Schloß
Anonym, vor August 163, Albuminpapier

Wilhelm Bolley (1849- ca. 1900), Kontrabassist und Flötist

Reiner Nägele

Wilhelm Albert Bolley, geboren am 8. Dezember 1849, evangelisch, Sohn des Oberjustizrats August Bolley, besuchte das Stuttgarter Gymnasium bis zur siebten Klasse. Im März 1868 wurde er in die drei Jahre zuvor neu gegründete Königliche Orchesterschule aufgenommen. Dort erlernt er das Flöten- und Kontrabassspiel[1].
Unterricht im Kontrabassspiel erteilt ihm Musikdirektor Wenzel (Wilhelm) Steinhart. Dieser hatte, wie auch Hofkapellmeister Johann Joseph Abert, das Konservatorium in Prag besucht. 1873 schreibt Bolley in einer Eingabe an die Intendanz: »Ich bin auf diesem Instrumente soweit vorgerückt, daß ich seit einigen Jahren auf demselben nicht nur in Entre-Acten und Abonnement-Concerten [Dienst tue], sondern auch öfter in der Oper Dienst leiste.« Nun hatte ihn jedoch Abert darauf aufmerksam gemacht, dass am Prager Musikkonservatorium für den Kontrabass »eine neue Unterrichts Methode eingeführt sei«. Diese neuere Lehrmethode erleichtere die Handhabung des Instruments (durch zweckmäßigeres Greifen der Saiten u. leichtere Bogenführung), was für die modernen Kompositionen besser sei. Hofmusiker Franz Ferdinand Kratochvil (seit

1. April 1865 angestellt), bietet ihm an, ihm Unterricht in der neuen Methode zu erteilen. Bolley bittet deshalb darum, den Lehrer wechseln zu und mit dem Kontrabassdienst im Orchester eine Zeit lang aussetzen zu dürfen. Er tue ja nach wie vor Dienst auf der Flöte, dem Piccolo und dem Schlagwerke, »auf welchen Instrumenten ich sehr häufig verwendet werde«. Aberts Kommentar:

Die einfache Schreibweise für die Kontrabässe jener Zeit ließ kein Bedürfniß nach höherer, technischer Ausbildung des genannten Instrumentes entschieden hervortreten, bis die große französische Oper und mit dieser später Richard Wagner mit allen seine komponierenden Zeitgenossen neben Anbahnung neuer Gesichtspunkte auch dem gesam̃ten Orchesterapparate technisch neue Gränzen setzten.

Die Erlaubnis wird ihm erteilt. Für seinen Orchesterdienst erhält er seit 1872 ein jährliches Gehalt von 350 Gulden, seit 1874 400 Gulden. Schließlich, aus Anlass der Pensionierung des Flötisten Franz Birklein, wird ihm 1875 dessen freigewordene Stelle eines Hofmusikers mit 500 Gulden jährlich – in Reichswährung 1000 Mark – übertragen.
Im Dezember 1879 bittet er um die Erlaubnis, sich mit der 29jährigen Chorsängerin Leontine Kaltenbeck verheiraten zu dürfen. Auch Leontine stellt ein solches Gesuch. Die Erlaubnis wird erteilt. Doch Wilhelm nimmt auf Druck der Eltern das Eheversprechen zurück, es kommt zur Zivilklage und einem Vergleich, demzufolge die Kaltenbecks »für die gemachten Anschaffungen entschädigt wurden«. Alois Kaltenbeck weiter:

Einige Tage nach Abschluß des Vergleichs drang Bolley jun. in meine Wohnung und suchte meine Tochter zu bestimmen mit ihm das Verhältniß wieder anzuknüpfen und gab vor, wenn die bezalte Summe wieder herausgegeben würde, seine Eltern darin den Beweis ihrer Zuneigung zu ihm erblicken würden. Wir wiesen ihn ab.

Am Weihnachtsfesttag kam Bolley in die Wohnung der Kaltenbecks und hielt abermals in aller Form um die Tochter an. Seine Handlung motivierte er unter anderem folgendermaßen:

»Ich kann ohne Leontine nicht leben, meine Angehörigen und eine vierte Person intrigieren gegen mich, ich kann zu hause nicht mehr existiren, ich will sofort heirathen.« Vater Kaltenbeck erklärte ihm hierauf: »Sie haben das kleine Mass Vertrauen welches Sie von meiner Seite besaßen durch ihre unmännliche Handlungsweise verwirkt, sie haben meinen Namen auf der Bierbank auf gemeine Weise zu besudeln gesucht, ich biete die Hand nicht zu diesem Schritte, rathe ihnen vielmehr, bei ihren Eltern zu bleiben. Wenn meine Tochter bei Beginn der Ferien auf eine Verbindung mit ihnen beharrt und sie überhaupt in der Lage hierzu sind, dann wasche ich meine Hände, sie ist volljährig«.

Wilhelm und Leontine erbitten die Heiratserlaubnis beim König und bestellten das Aufgebot, doch wieder löste der Bräutigam das Eheversprechen bereits nach acht Tagen. Die Aufregung zeitigt Folgen. Bolley zeige, so ein ärztliches Attest, »in Folge eines mehrwöchigen Kattarhs nervöse Erscheinungen teils von Seiten des Gehirns teils im rechten Arm, so dass demselben geistige Anspannung u. speziell anstrengende Tätigkeit mit dem rechten Arm in hohem Grade nachteilig werden muss«. Er versäumt mehrere Wochen den Dienst, der Vater bittet bei der Intendanz um Verständnis: »das leidige Verhältniß desselben mit der Choristin Kaltenbeck« habe »auf seine Gesundheit den nachtheiligsten Einfluß geäussert, indem derselbe fast täglich nicht nur in seinem Familienkreise höchst unliebsame Auftritte zu bestehen, sondern noch mehr in der Kaltenbeckschen Familie gegen fortwärende Bestürmungen, Insulten und Aufhetzereien gegen seine Eltern sich zu erwehren hatte, welche die Ursache seines Gesuches um Dispensation hauptsächlich mit herbeigeführt haben«. Dies bleibt das einzige, in den Personalakten protokollierte Ereignis in Wilhelm Bolleys Musikerleben. Vierundzwanzig Jahre lang leistet er treuen Dienst, zunächst unter Hofkapellmeister Abert, dann unter Paul Klengel. 1898, im neunundvierzigsten Lebensjahr stehend, bittet er um die Versetzung in den Ruhestand. Er ist inzwischen dienstunfähig in Folge eines »Flöthenspielerkrampfs, der die Mundmuskulatur u. die linke Hand betrifft«. Mit 5 % seines letzten Gehalts (763 Mark), wird Bolley pensioniert.

Anmerkungen

1 Die folgende Darstellung folgt den Angaben in den Schriftstücken der Personalakte W. Bolley, Staatsarchiv Ludwigsburg, E 18 II Bü 124.

Joachim Gans Edler zu Putlitz (1860–1922)
Intendant des württembergischen Hoftheaters 1892–1918.
Photographie von Theodor Andersen, Stuttgart 1910, mit eigenhändiger Unterschrift von Putlitz

Einlagen, Respektstage, Disciplinar=Gesetze

Opernalltag in Stuttgart um 1900

Georg Günther

Für gewöhnlich stellt man bei der Geschichtsschreibung einer Bühne das dort gespielte Repertoire vor, nennt die dabei tätigen Künstler und untersucht die Glanzpunkte oder bespricht die Skandale. Ganz in diesem Sinne hatte 1951 die Leitung der ersten Nachkriegsfestspiele an das Publikum die Direktive »Hier gilt's der Kunst« ausgegeben, doch ein Theater ist eben nicht nur ein weltentrückter Ort, an dem ästhetische Genüsse den grauen Alltag vergessen lassen; es handelt sich dabei zugleich um einen sehr »irdischen« Betrieb, der perfekt organisiert werden muss, damit er reibungslos funktioniert. Bewährte Traditionen, die den Mitgliedern des Hauses klare Verhaltensmuster vorgeben und das Zusammenwirken der beteiligten Kräfte in verlässlicher Weise kanalisieren, spielen hierbei eine wichtige Rolle, aber v. a. sind auch strenge Regeln notwendig, an die sich alle zu halten haben, handelt es sich nun um die Platzanweiser, das Chor- oder Orchesterpersonal, die Kapellmeister, Solisten oder gar den Intendanten. Dass es auch in einem solchen Institut »menschelt«, ist nicht erstaunlich, und da man annehmen darf, dass Künstler notwendigerweise über ein besonders hohes Maß an Individualität, Egozentrik und

Selbstbewusstsein verfügen, muss man im Theater mit noch mehr daraus resultierendem »Sand im Getriebe« rechnen, als beispielsweise in einer Amtsstube oder einer Fabrik.

Die Geschicke einer Bühne bestimmt ganz wesentlich der Intendant, und die letzte Phase des Königlichen Hoftheaters in Stuttgart ist von Baron Joachim Friedrich Wilhelm Gans Edler Herr zu Putlitz (1860–1922) geprägt. In einer seiner ersten Amtshandlungen nach der Thronbesteigung (6. Oktober 1891) hatte König Wilhelm II. den noch von König Karl am 15. Juni 1889 mit der Theaterleitung betrauten Friedrich Kiedaisch (1832–1906) pensioniert und berief am 16. Januar 1892 dafür den damals noch nicht ganz 32jährigen badischen Offizier Baron Putlitz; zunächst sollte dieser auf die Dauer eines Jahres die Intendanzgeschäfte führen, und da er sich bei der Leitung des Hoftheaters bewährte, wurde er am 24. Februar 1893 zum »wirklichen Hoftheaterintendanten« ernannt; als solcher leitete Putlitz die Theatergeschicke Stuttgarts bis zur Novemberrevolution 1918.

Nachdem der König Stuttgart noch am Abend des 9. November 1918 verlassen hatte, bat Baron Putlitz nur acht Tage später beim »Württembergischen Ministerium des Kirchen- und Schulwesens« in einer persönlichen Unterredung mit dem dortigen Amtsleiter um Urlaub. In einem Schreiben, dessen Briefkopf zwar noch das monarchische »K.« zierte, jedoch handschriftlich ausgestrichen worden war, teilte man am folgenden Tag mit, dass man sich »den vorgetragenen Gründen [...] nicht verschliessen könne und mit seinem Wunsch, einen längeren Urlaub zur Kräftigung [seiner] durch die Ereignisse der letzten Zeit angegriffenen Gesundheit« einverstanden erkläre.[1] Als Urlaubsende hatte man den 1. April 1919 festgehalten, in sein Amt kehrte Putlitz jedoch nicht mehr zurück. Erst dreieinhalb Jahre später kam er zur Behandlung einer schweren Erkrankung wieder nach Stuttgart, wo er am 9. März des Jahres im Olga-Krankenhaus verstorben ist. Die Beisetzung erfolgte sechs Tage später auf seinem Gut Retzin (Brandenburg), und in Stuttgart fand am 19. März des Jahres im Großen Haus noch eine Gedächtnisfeier des (nunmehr) Württembergischen Landestheaters statt.

Obwohl es sich gerade bei der Zeit vor dem I. Weltkrieg zugleich um die Phase handelt, in der sich das Stuttgarter Theater zum modernen Institut wandelte und im Bereich der Oper sich das noch heute gültige klassisch-romantische Repertoire etablierte, gibt es über die Ära Putlitz nur verhältnismäßig wenig Literatur. Lediglich die letzten sechs Jahre, die mit der Einweihung des sog. »Littmann-Baues« beginnen, sind besser dokumentiert.[2] Dabei ereigneten sich gerade im Verlauf dieser Jahrzehnte einige fundamentale Veränderungen in der Stuttgarter Theaterlandschaft: zunächst bestand noch die alte Bühne, deren Bausubstanz auf das 1593 eröffnete Lusthaus zurückging und am Schlossplatz an der Stelle stand, wo sich heute das Kunstgebäude befindet. Durch zahlreiche Um- und

Anbauten war das Haus allerdings immer wieder den neuen Bedürfnissen angepasst worden, so dass bis zum Ende des 19. Jahrhunderts vom ursprünglichen Gebäude fast nichts mehr erkennbar war. Nach dem Theaterbrand in der Nacht vom 19. auf den 20. Januar 1902 folgte das in einer rekordverdächtigen Bauzeit von ca. sieben Monaten hochgezogene »Interimtheater«, das am 12. Oktober 1902 mit einer Festvorstellung des »Tannhäuser« eröffnet wurde und immerhin zehn Jahre lang als Spielstätte diente; es befand sich ungefähr dort, wo nunmehr das Landtagsgebäude steht. Als dritter Theaterbau dieser Zeitspanne schließt sich das am 14. bzw. 15. September 1912 (Großes bzw. Kleines Haus) eröffnete Doppelgebäude an, das nach den Plänen von Max Littmann errichtet worden ist. Während das Große Haus den II. Weltkrieg weitgehend unbeschadet überstanden hat, musste das zerstörte Kleine Haus durch einen Neubau ersetzt werden. Als weitere Spielstätte muss noch das am 25. Mai 1900 wieder in Betrieb genommene Wilhelmatheater erwähnt werden, das man jedoch vorwiegend als Sprechbühne nützte.[3]

Seit dem Ende der hier berücksichtigten Ära ist noch kein Jahrhundert verflossen, und doch unterscheidet sich der damalige Opernbetrieb beträchtlich von dem der Gegenwart. Wie der Vergleich mit damaligen Bühnen anderer deutscher Städte beweist, entspricht die Abwicklung des Stuttgarter Opernalltags – neben einigen selbstverständlich vorhandenen lokalen Besonderheiten – vollkommen den für die Zeit um 1900 üblichen Gepflogenheiten. Aus diesem Grund wurden zur Unterstützung mancher Hypothesen bzw. zur besseren Erläuterung der vorgelegten Ergebnisse ergänzend auch vereinzelt Dokumente von anderen Theatern herangezogen.

Der Opernspielplan

Zunächst muss man sich bei der Bewertung des Opernalltags bewusst machen, dass das Königliche Hoftheater in Stuttgart bis 1912 noch als Mehrspartenbühne betrieben worden ist: ein Theatergebäude diente also für Oper und Operette, Schauspiel und Ballett. Erst mit der Einweihung von Großem und Kleinem Haus 1912 fand eine weitgehende Trennung von Musik- und Sprechtheater statt, und nun konnten außerdem zwei Stücke am selben Abend aufgeführt werden.

Dennoch war der Opernspielplan, der ja im Wechsel mit dem des Schauspiels stand, auch in der Zeit vor Eröffnung des Littmann-Baus verblüffend vielfältig und umfangreich. Die Statistiken in den Berichten, die zu Saisonende von der Intendanz veröffentlicht wurden, weisen für die Hofoper bzw. das Interimtheater im Schnitt ca. fünfzig verschiedene Werke aus, unter denen sich noch fünf oder mehr Novitäten (d. h. Erst- oder sogar Uraufführungen) befanden.[4] Die höchsten Aufführungsziffern sind für die Spielzeiten von 1900/01 bzw. 1909/10 zu verzeichnen, als der Spielplan für das Musiktheater 56 bzw. 55 verschiedene Stücke aufwies, unter denen sich fünf bzw. acht Novitäten befanden.[5] Im Unterschied zum aktuellen Betrieb nahm neben der deutschen und italienischen auch die französische Oper aus der Zeit zwischen ca. 1770 bis zur Gegenwart einen großen Raum ein. Hingegen fehlten – von ganz wenigen Ausnahmen abgesehen – Barockopern, und auch der slawisch-russische Bereich hatte noch kaum Bedeutung.

Grundsätzlich spielte man alle Werke in deutscher Sprache, und mehrere Librettoübersetzungen wurden sogar speziell von örtlichen Kräften angefertigt.[6] Mit dem Original ging man dabei allerdings recht freizügig um, wobei dies nicht nur irgendwelche noch verhältnismäßig unbekannte Neuproduktionen betreffen konnte, sondern auch Werke des Standardrepertoires. Ein für die Zeit sehr bezeichnendes Dokument stellt ein Brief von Herman Zumpe (1850–1903) dar, der zwischen 1891 und 1895 Hofkapellmeister in Stuttgart gewesen und später in Schwerin tätig war; er bestärkte darin den dortigen Intendanten »*bezüglich des Dialogs zu* Figaros Hochzeit« zu einigen »säubernden« Änderungen: »Ich kann mich an den Münchener Dialog nicht mehr zuverlässig erinnern, aber wenn er [...] mit schlüpfrigen Pointen gespickt ist, so tun Sie nur recht, sie auszumerzen, und wenn sie zehn- und elfmal ›Original‹ sind. Die Zeit des Beaumarchais ist nicht unsere, und wenn die ›gute Gesellschaft‹ des vorigen Jahrhunderts es ›guten Ton‹ sein ließ, ihre geistige Nahrung mit der Pflanze zu versetzen, die im Linné etwa den botanischen Namen Zotus ferkelaticus führen würde, so haben wir das gute Recht eigenen Geschmackes, dem diese eigenartige, mir persönlich penetrant unangenehme Pflanze das himmlische Werk nur vererden könnte. Und Figaro hat ja hinlänglich bewiesen, daß er in sauberer Luft ein nicht weniger gedeihliches Leben führt.«[7]

Bei Gastspielen fremdsprachiger Künstler kam es dann übrigens zu einer für die heutige Zeit geradezu kurios anmutenden Aufführungssituation: das heimische Personal sang nämlich wie gewohnt in deutscher, der bühnenfremde Sänger jedoch häufig in der Originalsprache. Wenn z. B. ein italienischer Sänger in einer Oper von Vincenzo Bellini oder Giuseppe Verdi gastierte, so war es für ihn selbstverständlich, sich an das originale Libretto zu halten. Da man darin nichts besonderes sah, berichten die damaligen Rezensionen nur selten darüber. Aber auch die sprachliche Trennung zwischen einheimischen und gastierenden Kräften war nicht so konsequent, wie man dies zunächst vermuten darf; mit Rücksicht auf den Gast konnte es vorkommen, dass man sich zumindest bei den Ensemblestücken anpasste und wenigstens diese originalsprachlich sang.

Anhand des Gastspieles von Mario Leon Fumagalli im März 1899 und damit zusammenhängender Presseberichte kann man diese Gepflogenheit ganz gut dokumentieren. In Stuttgart trat der italienische Sänger als

Jago in Verdis »Othello« auf (8. März 1899), sang zwei Tage später den Rigoletto, sowie am 12. März den Johannes in Wilhelm Kienzls »Der Evangelimann« und gab schließlich noch am 19. März 1899 in einer Doppelvorstellung den Tonio (»Pagliacci«) und den Alfio (»Cavalleria rusticana«). In der Rezension des »Volksblattes« am 9. März 1899 wurde in Zusammenhang mit dem ersten Auftritt ausnahmsweise ausdrücklich auf die fremdsprachige Interpretation hingewiesen: »Der Gast sang seinen Part italienisch.«[8] Die gleiche Zeitung berichtete dann fast erstaunt über die »Rigoletto«-Aufführung des folgenden Tages, dass Fumagallis »anschaulich und groß gegebenes Spiel [...] auch in fremder Sprache sehr beredt gewesen« sei.[9] Ergänzend erfährt man aus der »Schwäbischen Kronik« über die Darstellerin der Gilda, Emmy Teleky: »Soweit sie auf das Zusammenspiel mit [Fumagalli] angewiesen war, trug sie ihre Partie in italienischer Sprache vor, was Anerkennung verdient, da dadurch einem der Hauptmißstände begegnet wurde, die mit sogenannten „gemischten" Opernvorstellungen verbunden sind«.[10] Etwas hämisch kommentierte die »Schwäbische Tagwacht« übrigens noch das Verhalten eines Choristen, indem sie einen Zusammenhang zwischen der fremdsprachigen Interpretation und dem daraus resultierenden Unverständnis des einheimischen Künstlers herstellte: »Daß einer der Herren auf der Tenorseite während der ganzen großen tragisch=bewegenden Szene im dritten Akte mit verschränkten Armen wie eine Bildsäule dastand, war offenbar nur dem Umstand zuzuschreiben, daß er nicht italienisch verstand.«[11] Da man die originalsprachliche Interpretation des Johannes im »Evangelimann« als ungewöhnlich bewertete, wurde dies in allen Blättern hervorgehoben: »Herr Fumagalli sang diese Partie in deutscher Sprache, schrieb z. B. das »Neue Tagblatt«, »und zwar mit so großer Korrektheit, daß ein Nichteingeweihter gewiß den Ausländer nicht in ihm erkannt hat.«[12] Die Doppelaufführung von »Pagliacci« und »Cavalleria rusticana« forderte dann sogar von dem Gast selbst einen zweisprachigen Abend: »Die Partie des Tonio sang Hr. Fumagalli wiederum mit tadelloser Aussprache in deutscher Sprache, die des Alfio in italienischer.«[13]
Ein weiteres Kennzeichen der damaligen Spielplangestaltung bestand aus der Aufführung von zwei oder drei verschiedenen Stücken an einem Abend, wobei es sich um alle erdenklichen Zusammenstellungen aus den Bereichen Oper, Ballett und Schauspiel handeln konnte. Ein typisches Beispiel für einen solchen »gemischten« Abend, an dem alle Sparten vertreten waren, stellt z. B. der 3. Januar 1896 dar: zunächst wurde »In Civil« (Schwank in einem Aufzug von Gustav Kadelbach) gespielt, hierauf folgte »Der Geigenmacher von Cremona« (Oper in zwei Bildern von Jenö Hubay), und den Schluss bildete das als »phantastisches Tanzdivertissement« bezeichnete Stück »Im Land der Schmetterlinge«. Ein weiterer, mit sogar vier verschiedenen Stücken jedoch eher selten umfangreicher »bunter« Abend fand beispielsweise am 14. März 1906 statt: am Be-

ginn stand Eugen d'Alberts musikalisches Lustspiel in einem Akt »Die Abreise«, woran sich zunächst Adolphe Adams damals immer noch vielgespielte komische Oper »Die Nürnberger Puppe« (ebenfalls in einem Aufzug) anschloss; es folgte das als »burleske Pantomime« charakterisierte, wiederum einaktige Stück »Susanna im Bade« (Musik von Hans Loewenfeld); den Abschluss bildete dann »Unsere Marine (Tanzscene), Marschevolution und Matrosentanz«, zu dem der als Operettenkomponist bekannte Josef Hellmesberger die Musik geschrieben hatte. Dass man in einem solchen heterogenen Mix nichts besonderes sah, kann man den zeitgenössischen Presseberichten entnehmen; meistens enthalten diese nämlich überhaupt keine diesbezüglichen Hinweise, und wenn doch einmal hierauf kurz eingegangen wurde, so äußerte sich der Rezensent des »Neuen Tagblatts« durchweg positiv. Als z. B. am 12. Januar 1899 an einem Abend das Pasticcio »Die Maienkönigin«,[14] Ruggiero Leoncavallos »Cavalleria rusticana« und das Tanzmärchen »Vergissmeinnicht« (Musik: Richard Goldberger) aufgeführt wurden, resümierte am folgenden Tag das »Neue Tagblatt«: »Der gestrige Abend hat somit nicht nur viel Schönes und Gutes geboten, sondern auch an Reichhaltigkeit nichts zu wünschen übrig gelassen.«[15] Im Übrigen bemühte man sich, alle Beteiligten nur in einem der aufgeführten Stücke zu beschäftigen; dies galt nicht nur für die Solisten, sondern auch z. B. für den Dirigenten. Bei der Kombination von Oper und Ballett ergab sich für die musikalische Direktion bereits aus organisatorischen Gründen ein Wechsel: die Leitung eines Balletts war nämlich unter der Würde eines Hofkapellmeisters, und diese unbeliebten Dienste lagen immer in der Hand eines sog. »Musikdirektors«; dieser rekrutierte sich aus dem Orchester, wo er für gewöhnlich (meistens unter den Streichern) spielte.

Die Kombination einer eigentlich bereits abendfüllenden Oper mit einem kürzeren Stück konnte eine weitere Variante darstellen; am 7. November 1897 stand z. B. zunächst Humperdincks meistens auch als einzelnes Stück gespielte Märchenoper »Hänsel und Gretel« auf dem Programm; es folgte aber noch Mascagnis »Cavalleria rusticana«. Ein Extremfall fand sich auf dem Spielplan des Augsburger Stadttheaters, wo am 3. März 1895 zuerst die »Verkaufte Braut« von Friedrich Smetana (noch dazu als dortige Erstaufführung) und im Anschluss daran ein gleichfalls dreiaktiges Lustspiel (»Verbotene Früchte« nach einem Zwischenspiel des Cervantes von Emil Gött) gegeben wurde.

Diese Konzeption eines Theaterabends erzeugte dann einen entsprechenden Bedarf an kürzeren, meist einaktigen Stücken, und es ist sicherlich kein Zufall, dass zu dieser Zeit zahlreiche, verhältnismäßig kurze Opern entstanden, die heute – wahrscheinlich nicht zuletzt aufgrund einer gewandelten Gestaltung des Spielplans – nahezu vollständig vergessen sind.[16] Als einziges Relikt dieser Tradition ist in der Gegenwart eigentlich nur die Kombination von Mascagnis »Cavalleria rusticana« und

Nr. 22 Amt Stuttgart.
Telegramm aus Busseto Nr. 25 Taxwörter: 35
Aufgegeben den 11/9 1893 um 5 Uhr 15 Min. Mitt.
Angekommen „ 11/9 „ 3 „ 8 20 „ N. „

baron de tlitz intendence theatre royal stuttgart ! =
tres heureux du succes de falstaff a stuttgart je vous
remercie d avoir bien voulu m en donner gracieusement
la bonne nouvelle = mes compliments aux vaillants
interpretes = verdi +

1. VI. 2. a. Union, Mai 92.

Telegramm von Giuseppe Verdi an die Hoftheaterintendanz zur Stuttgarter Premiere seiner Oper Falstaff am 10. September 1893

Leoncavallos »Pagliacci« übrig geblieben.[17] Andere Opern, die wegen ihrer kurzen Aufführungsdauer ebenfalls zu diesem Genre zu rechnen sind – nämlich »Salome« und »Elektra« von Richard Strauss –, sind offenbar immer als Einzelstücke gespielt worden und haben vielleicht nicht zuletzt auch deshalb überlebt. Die Vermutung liegt in diesem Zusammenhang nahe, dass man Richard Strauss' »Ariadne auf Naxos« in der Erstfassung (also die Verbindung von Molières »Bürger als Edelmann« mit der Oper »Ariadne«) oder Giacomo Puccinis »Trittico« als künstlerische Auseinandersetzung mit solchen »gemischten« Programmen zu bewerten habe.
Solche Aufführungen mit mehreren Werken nahmen – selbst bei der Koppelung ausschließlich einaktiger Stücke – auch einige Zeit in Anspruch, jedoch scheint das damalige Publikum über ein außergewöhnlich gut ausgebildetes »Sitzfleisch« verfügt zu haben; auch die großen drei- bis fünfaktigen Opern wurden nämlich lediglich mit einer größeren Pause nach dem zweiten oder dritten Aufzug gespielt.

Die Planung des Repertoires

Das heutige Publikum hat sich nicht nur daran gewöhnt, eine Vorschau auf das monatliche Repertoire zu erhalten, sondern sogar über den vollständigen Spielplan einer ganzen Saison informiert zu werden. Obwohl dieser durch aktuelle Ereignisse beeinträchtigt werden kann, besitzt er im großen Ganzen eine bewunderungswürdig hohe Zuverlässigkeit. Die Planung gegen Ende des 19. Jahrhunderts sah hingegen noch völlig anders aus und erfolgte in heute kaum mehr vorstellbaren kurzen Etappen.
Vor der Intendanz von Putlitz hatte man die Vorschau auf den jeweiligen Theaterzetteln noch sehr vorsichtig als »Repertoire=Entwurf« bezeichnet, und dieser umfasste gerade ca. zwei Tage. Seit den 1890er Jahren riskierte man eine etwas längerfristige Planung von bis zu ca. einer Woche, wobei der Ausblick dann maximal von einem Dienstag bis zum darauffolgenden Montag reichte. Auch die Tageszeitungen informierten in diesem engen zeitlichen Rahmen.
Wahrscheinlich hing diese knappe Planung der Aufführungen nicht zuletzt mit dem damaligen Stand der Medizin und der eingeschränkten Mobilität zusammen. Erkrankte ein Künstler nämlich kurzfristig, so musste man sich aufgrund der eingeschränkten diagnostischen und therapeutischen Möglichkeiten jener Zeit in der Regel eben mit dessen Ausfall abfinden. Natürlich bemühte man sich dann um einen Ersatz aus einem anderen Theater; doch im Unterschied zu den gegenwärtigen Verkehrsmöglichkeiten, die durch schnelle Zugverbindungen oder das Flugzeug eine nahezu weltweite Suche nach einer Sängerin oder einem Sänger erlaubt, durfte sich der in Aussicht genommene Künstler nicht zu weit von Stuttgart entfernt aufhalten, um ein rechtzeitiges Eintreffen zu gewährleisten. Dementsprechend rekrutierte sich der in Stuttgart einspringende Ersatz ganz überwiegend aus Karlsruhe, Mannheim, Darmstadt, Frankfurt am Main, Augsburg, Ulm, Straßburg oder in Ausnahmefällen noch München.
Wie knapp ein solches Unternehmen sein konnte, zeigt z. B. der Theaterzettel vom 20. März 1904, als die Aufführung der »Meistersinger von Nürnberg« auf dem Spielplan stand. Offenbar war die Sängerin der Eva erst am Vortag erkrankt, man hatte jedoch schnell einen Ersatz gefunden, und die Aufführung sollte also dennoch stattfinden; die Besetzungsänderung konnte auf dem gedruckten Theaterzettel sogar noch berücksichtigt werden, wo folgende Mitteilung über die Umbesetzung informierte: »Wg. Unpässlichkeit von Elisa Wiborg wird Hermine Bosetti vom Kgl. Hoftheater in München die Rolle der Eva darstellen.« Die Aufführung sollte – wie geplant – um 17.30 Uhr beginnen, Vorstellungsende war für 22.30 Uhr angesetzt. Man hatte aber vielleicht doch zu knapp geplant, oder ein unvorhergesehenes Ereignis hinderte die Sängerin am rechtzeitigen Eintreffen; jedenfalls befindet sich handschriftlich auf dem Beset-

zungszettel der Eintrag: »Der Gast Frl. Bosetti kam erst 5.24 [also: 17.24 Uhr] von München hier« [an]; und ein weiterer Vermerk informiert noch, dass die Aufführung nun erst um 23.30 Uhr endete. Wahrscheinlich musste man der von München angereisten Sängerin wenigstens noch eine kurze Pause gönnen, damit sie sich von den Strapazen der Fahrt erholen konnte. Ein weiterer Fall belegt, dass gerade ein Münchener Ersatz aufgrund der Entfernung offenbar besonders problematisch war. Als für die am 6. Dezember 1908 um 17.00 Uhr angekündigte Aufführung der »Götterdämmerung« die Stuttgarter Sängerin der Brünnhilde, Katharina Senger-Bettaque, plötzlich erkrankt war, sprang Nusi v. Szekrényessy vom Königlich Bayerischen Hoftheater ein, und erneut musste auf dem Besetzungszettel vermerkt werden: »Wegen späten Eintreffens des Gastes fängt die Vorstellung um 5½ Uhr an.« War aber eine Umbesetzung nicht mehr möglich, so blieb nur noch die kurzfristige Änderung des Spielplans, und immer wieder findet man gedruckte Theaterzettel mit der Information, dass wegen »Unpässlichkeit« eines Künstlers die angekündigte Vorstellung entfallen und stattdessen ein anderes Stück gegeben werden müsse.

Die Kurzfristigkeit des Repertoires schlug sich auch in einem anderen Bereich nieder. Damals wie heute traten die Sänger natürlich noch in Konzerten verschiedener Chor- und Orchestervereinigungen auf, konnten einen Termin jedoch nicht bereits Wochen oder gar Monate zuvor zuverlässig vereinbaren. So hatte der Schriftführer der Stuttgarter Sängergesellschaft »Accord« bereits am 25. Januar 1908 angefragt, ob Auguste Bopp-Glaser an einem Konzert am 21. März d. J. mitwirken könne, worauf Baron Putlitz antwortete, dass »die Hoftheater-Intendanz nur in widerruflicher Weise zusagen [könne], da es ganz unmöglich ist, heute schon bestimmt zu wissen, ob die Gestaltung des Spielplans am 21. März dies gestattet.«

Ein Brief der Sängerin Anna von Mildenburg vom 27. Februar 1898 verdeutlicht diese ungewissen Planungsvoraussetzungen noch eindrücklicher, weil dort der zeitliche Abstand zwischen Anfrage und vorgesehenem Konzerttermin von lediglich einem Monat noch knapper war. In dem Schreiben teilt sie auf eine entsprechende Anfrage mit, dass sie »gerne bereit [sei], in dem am 29. März stattfindenden Concerte mitzuwirken; [ich] kann aber meine Zusage erst Mitte dieses Monats geben, da zu dieser Zeit das Repertoire der zweiten Hälfte des Monats bekannt gegeben wird.« Anscheinend war es in einem solchen Fall durchaus üblich, dass die Intendanz die Wünsche ihres Personals möglichst berücksichtigte; die Sängerin fuhr nämlich fort: »Ich hoffe, dass die hiesige Direction meine bereits gestellte Bitte berücksichtigt und keine Oper ansetzt, in welcher auf meine Mitwirkung gerechnet wird.«[18]

Der sich hier andeutende Einfluss der Solisten auf die Spielplangestaltung war offenbar ganz selbstverständlich und muss demnach erheblich gewesen sein, was sich anhand mehrerer entsprechender Briefe in den

Akten des Stuttgarter Hoftheaters belegen lässt. Zum Beispiel schrieb die Sängerin Auguste Bopp-Glaser am 31. Januar 1907 an den Intendanten: »Da mit meinem Gastspiel in Dresden nächste Woche [...] manche Schwierigkeit verbunden ist, so möchte ich herzlichst bitten, ob es nicht zu ermöglichen wäre, daß "Traviata" Sonntag anstatt "Salome" angesetzt würde? Ich hätte somit zwei Tage gewonnen, und könnte Montag Nacht ev. Dienstag früh schon nach Dresden fahren.«[19]
Die Mitwirkung an Konzerten von irgendwelchen Musikvereinigungen blieb jedoch immer mit einem Restrisiko verbunden, weil auch zugesagte Gastspiele noch in letzter Minute aufgrund neu eingetretener dienstlicher Verpflichtungen abgesagt werden konnten. In den Akten der Sängerin A. Bopp-Glaser ist z. B. ein solcher Vorgang dokumentiert. Der Göppinger Oratorienverein hatte am 16. Februar 1908 darum gebeten, der Künstlerin die Mitwirkung an der Aufführung von Robert Schumanns »Paradies und die Peri« am 2. April d. J. zu genehmigen. Baron Putlitz erklärte auch zunächst sein Einverständnis, musste jedoch die erteilte Zusage vier (!) Tage vor dem Konzert wieder zurücknehmen: »Seine Majestät der König haben die Hofsängerin Frau Bopp-Glaser auf nächsten Donnerstag, den 2. April zu einem Hofkonzert befohlen und muss ich also leider den ihr bedingungsweise bewilligten Urlaub für Mitwirkung bei Ihnen wieder zurückziehen.« Man kann sich vorstellen, in welche Nöte damit der Veranstalter gekommen sein muss; er versuchte durch die Vorverlegung auf den 1. April wenigstens den Auftritt noch zu retten.[20]
Die äußerst kurzfristige Planung der Bühnen konnte aber auch Auswirkungen auf andere Häuser haben. So musste z. B. im Stadttheater von Augsburg eine für den 16. November 1893 angekündigte Aufführung abgesagt werden, worüber der gedruckte Theaterzettel dieses Tages dann wie folgt informierte:

In Folge Repertoire=Aenderung in München können Herr Neuert und Frl. Weitinger [vom Gärtnerplatztheater in München] nicht beurlaubt werden; demzufolge unterbleibt die für Donnerstag den 16. Nov. angekündigte Benefiz=Vorstellung des Herrn Otto Eggerth und wird statt "'s Nullerl" gegeben: Ultimo. Lustspiel in 5 Akten von Gustav von Moser.[21]

Aber diese für heutige Verhältnisse geradezu abenteuerlich anmutende Spontaneität in der Spielplangestaltung konnte sich nicht nur negativ auswirken; nachdem eine Königlich Preussische Hofschauspielerin aus Berlin am 3. und 4. April 1895 am Augsburger Stadttheater aufgetreten war, wurde deren Gastspiel unvermutet verlängert; der Theaterzettel vom 6. April informierte nun das erstaunte Publikum:

Laut heute angelangtem Telegramm hat Se. Excellenz Herr Graf Hochberg, General=Intendant des Kgl. Hoftheaters in Berlin, die besondere Güte gehabt, das dortige Repertoire zu ändern und den Urlaub des Fräulein Rosa Poppe um einen Tag zu verlängern, in Folge dessen es der Künstlerin ermöglicht ist, noch einmal hier aufzutreten.[22]

Welch seltsame Blüten die Freiheit der Spielplangestaltung treiben konnten, soll abschließend noch mit einem Brief von Christine Decken dos Santos (Schwester des damaligen Bassbuffos am Hoftheater) dokumentiert werden, den diese am 23. Dezember 1907 aus Großlichterfelde (Berlin) an Putlitz – gewiss in vollstem Ernst – gerichtet hat; bereits aufgrund der langfristigen Festlegung heutiger Spielpläne wäre der darin ausgedrückte Wunsch – abgesehen von der ans Kuriose grenzenden Anmaßung – gegenwärtig undenkbar gewesen:

> Auf der Rückreise nach meiner Heimat, Portugal, werde ich mich noch im Januar ungefähr 10 Tage in Stuttgart aufhalten, wahrscheinlich vom 5. bis 15. Ich habe zwar schon öfter meinen Bruder, Felix Decken, spielen gesehen, aber leider noch nicht als Mime oder David. Viermal habe ich nun schon vergeblich auf einen glücklichen Zufall gerechnet, deshalb wage ich es diesmal, verehrter Herr Baron, diese Zeilen zu schreiben in der Hoffnung, daß es Ihnen vielleicht möglich wäre, eine dieser Opern während meiner Anwesenheit aufführen zu lassen, vorausgesetzt, dieselben wären auf dem Spielplan.[23]

Natürlich wurde weder einer der beiden betreffenden Teile von Wagners »Der Ring des Nibelungen«[24] noch etwa »Die Meistersinger von Nürnberg« im fraglichen Zeitraum gespielt; die Erfüllung dieser Bitte hätte zudem ja bedeutet, den Opernspielplan in der Art eines Wunschkonzertes zu gestalten. Ein Antwortschreiben befindet sich übrigens nicht bei den Akten, und wahrscheinlich ist auch niemals eines abgeschickt worden.

Zur Bewertung der Regiearbeiten

Dass die Zielsetzung einer Inszenierung damals eine völlig andere gewesen ist, als heute, lässt sich bereits leicht an Bühnenbildern der Zeit ablesen; ein Originalitätsanspruch bestand bei den Regisseuren wohl kaum, wollten sie doch offensichtlich ein Stück lediglich realisieren und nicht interpretieren; dies hatte im Übrigen sicherlich den ganz praktischen Vorteil, dass ein kurzfristig für einen erkrankten Sänger einspringender Ersatz sich relativ leicht in der ihm unbekannten Aufführung orientieren konnte. Dieses völlig andere Selbstverständnis soll im Folgenden mit einigen Dokumenten belegt werden.

Für die Neueinstudierung von Mozarts »Zauberflöte« am 26. Dezember 1903 hatte man es z. B. offenbar als ausreichend angesehen, nur einen Teil des Stückes auch wirklich neu auszustatten. Der Theaterzettel informierte das Publikum über die Bühnenbilder nämlich lediglich: »Die neue Dekoration im zweiten Akte – "Feuer und Wasser" – ist von Kautsky und Rottonara in Wien entworfen und ausgeführt.« Demnach beließ man es wohl ansonsten mit der alten Inszenierung – eine Vorgehensweise, wie sie spätestens mit Beginn des sog. »Regietheaters«, das zunächst im Schauspiel und mit einiger zeitlichen Verzögerung auch auf den Opernbetrieb übergegriffen hat, völlig undenkbar wäre.

Ein anderes Beispiel kann man dem Bericht entnehmen, den Baron Putlitz am 12. September 1906, also noch nicht einmal 14 Tage nach Saisonbeginn, an den König gerichtet hatte. Die Presse hatte an der offensichtlichen Wiederverwendung von alten Requisiten bei der Stuttgarter Erstaufführung von Henrik Ibsens historischem Schauspiel »Die Kronprädenten« (8. September 1906) Anstoß genommen:

Wenn auch Herr Holthof im Merkur sich über Mangel an Stil-Einheit in der Ausstattung beklagte, so war in dieser Beziehung doch alles geschehen, was geschehen konnte. Es ist ja ganz ausgeschlossen, jedes Werk bis in's kleinste stilrein auszustatten; denn das würde eine Mehrleistung an Geld und Arbeit verlangen, die weit über den Rahmen der hiesigen Verhältnisse hinausginge, wo man von vorneherein damit rechnen muss, dass eine ganze Reihe von Werken höchstens 3 – 4 mal zur Darstellung gelangt. Man muss also vorhandenes Material verwenden und da ist es unvermeidlich, dass einmal ein Dekorationsstück zur Verwendung kommt, was nicht ganz passt. Grobe Fehler wird uns hier aber Niemand vorwerfen können, und ich glaube kaum, dass an vielen deutschen Bühnen die Sorgfalt auf stilgerechte Ausstattung gelegt wird, wie das hier bei uns der Fall ist.[25]

Über eine ähnlich sparsame Maßnahme – dieses Mal aber offenbar von der Presse unbemerkt – konnte Putlitz dem Monarchen am 10. September 1910 berichten:

Die neue Saison hat im allgemeinen nicht schlecht begonnen. Wir haben mit dem Weib des Vollendeten immerhin einen künstlerischen Erfolg gehabt,[26] wenn auch das grosse Publikum sich für dieses ernste, viel philosophierende Werk kaum interessieren dürfte. Da wir aber die gesamte Ausstattung in der D'Albert'schen Oper Izeyl gebrauchen, so waren die Aufwendungen für das Schauspiel selbst ganz minimale.[27]

Einen recht amüsanten Fall, der ein weiteres bezeichnendes Licht auf damalige Inszenierungsgewohnheiten wirft, berichtet Felix von Weingartner aus seiner Danziger Kapellmeisterzeit (um 1885), wobei man unentschieden lassen muss, ob auch hierbei lediglich Sparsamkeit oder aber vielmehr Eitelkeit im Spiel gewesen ist. Am dortigen Stadttheater hatte nämlich der damalige Direktor, der zugleich als Regisseur tätig war, für ein im Orient spielendes Stück »einen Vorhang mit grossen byzantinischen Figuren malen lassen. Dieser Vorhang paradierte aber nachher in jeder seiner Inszenierungen.«[28]

Gesangseinlagen

Das Einfügen von Gesangseinlagen in Opern war bis zu Beginn des 20. Jahrhunderts ein selbstverständlich geübter Brauch; da diese zusätzlichen Stücke von den Sängern nach ihren speziellen stimmlichen Fähigkeiten ausgewählt wurden, hatten diese eigentlich nur den Zweck, dem Solisten eine weitere Möglichkeit zur Selbstdarstellung zu bieten. Natürlich kamen hierfür nicht die Musikdramen Wagners und seiner Zeitgenossen in Betracht, auch an Mozart oder Beethoven wagte man es nicht, sich zu »versündigen«. Vielmehr vergriff man sich hierfür an heiteren Opern des frühen 19. Jahrhunderts, deren Gliederung in abgeschlossene Musiknummern das Einfügen weiterer Gesangsstücke einigermaßen leicht ermöglichte. Auf den Theaterzetteln wurde auf die vorkommenden Solonummern ausdrücklich hingewiesen, und da man dies an manchen Theatern auch noch typographisch besonders auffallend gestaltete, scheint damit für das Publikum eine gewisse Entscheidungshilfe bei dem Entschlusse zu einem Opernbesuch verbunden gewesen zu sein.

Wie ein Vergleich mit anderen Bühnen der Zeit ergab, kristallisierte sich bis zur Jahrhundertwende allmählich ein verhältnismäßig schmales Repertoire von Opern heraus, das hierfür als geeignet angesehen wurde. Bei der Wahl der Einlagestücke ging man recht bedenkenlos vor und achtete für gewöhnlich nicht darauf, wenigstens stilistisch eine gewisse Einheitlichkeit mit der Oper zu wahren. Nahezu ausnahmslos handelte es sich nämlich um besonders populäre Musikstücke der Zeit.

Um die Einlagenummern wenigstens andeutungsweise innerhalb der Handlung zu rechtfertigen, beschränkte man sich vorwiegend auf Opern, in denen an einem bestimmten Punkt des dramatischen Verlaufs eine »Gesangsszene« eingebaut ist und sich die Akteure also rollenbedingt als »Sänger« präsentieren. Solche »Singstunden« hatten zudem noch den rein praktischen Vorteil, dass sich aus dem Handlungsort eine Wiedergabe des ausgewählten Einlagestücks lediglich mit Klavierbegleitung rechtfertigen ließ; somit war man dem Anfertigen eines Arrangements und dem aufwendigen Herstellen von Stimmenmaterial für das Orchester enthoben.

Rosina erhält im »Barbier von Sevilla« bei einem Gesangslehrer Unterricht, und nach dem Verständnis der Zeit war es offenbar nicht nur unproblematisch, sondern geradezu notwendig, die Schülerin mit einem Exempel ihres in der Bühnengeschichte erlernten Könnens auftreten zu lassen; dementsprechend wurde die Ankündigung auf dem Theaterzettel meistens mit den Worten *Einlage im 2. Akt (Singstunde)* eingeleitet.[29] Je nach der gerade auftretenden Interpretin konnte man z. B. am 30. Juni 1891 Marie Dietrich mit Gesangsvariationen von [Pierre?] Rode hören, am 21. April 1897 Theo von Pessic mit ebensolchen von Heinrich Proch, am 17. November 1897 die gastierende Erika Wedekind mit dem Lied »Ich muss nun einmal singen« von Wilhelm Taubert, am 10. Juni 1898 Marta Petrini mit einer Arie aus »La Perle du Brésil« von Felicien David, am 16. März 1900 Anna Reinisch mit dem »Frühlingsstimmenwalzer« von Johann Strauß (Sohn) und am 23. Oktober 1900 Maria Varrientos mit dem »Mirella-Walzer« von Charles Gounod.[30] Der Vollständigkeit halber soll hier noch darauf hingewiesen werden, dass man es auch gelegentlich dem Sänger des Grafen Almaviva ermöglichte, sein Können in

gleicher Art und Weise unter Beweis zu stellen; während in der fraglichen Zeit die Stuttgarter Theaterzettel hierzu nichts bemerken, kann man z. B. bei Aufführungen der Oper am Augsburger Stadttheater ziemlich regelmäßig entsprechende Hinweise finden.
Eine andere geeignete Handlungssituation erblickte man im 2. Akt des seinerzeit noch vielgespielten »Postillon von Lonjumeau«, wenn der Tenor Chapelou unter dem Künstlernamen Saint-Phar auftrat. In der Regel sang Peter Müller in Stuttgart den Chapelou, und seine regelmäßig wiederkehrende Einlage bestand in dem Lied »Gute Nacht, du mein herziges Kind« des damaligen Modekomponisten Franz Abt. Anlässlich eines Gesamtgastspiels des Königlichen Hoftheaters in Leipzig (13. bis 27. Juni 1897) wurde am 18. Juni auch der »Postillon« gegeben, und wieder sang Peter Müller den Chapelou und diese Einlage. Anhand eines in diesem Zusammenhang erschienenen Artikels in den »Leipziger neuesten Nachrichten« (20. Juni 1897) ist nachweisbar, dass sich auch bei der Auswahl der Gesangsstücke feste Traditionen ausbilden konnten: »Als Einlage benutzte [Peter Müller] das früher hochbeliebte, seit Wachtel[31] obligatorisch gewordene Abtsche Lied: "Gute Nacht, du mein herziges Kind".[32] Er erzielte damit kaum zu beschwichtigenden Beifall und wiederholte dessen zweite Hälfte zur großen Freude der Hörer.« Aber auch der zunächst als Madelaine, dann als Madame de Latour auftretenden weiblichen Hauptperson gönnte man im Bestreben nach ausgleichender Gerechtigkeit im 2. Akt die Einfügung einer Glanznummer. Am 22. November 1895 und in den folgenden Aufführungen wurde Anna Sutter auf dem Theaterzettel mit der Romanze »Es ist nicht wahr« von Tito Mattei angekündigt, und am 21. April 1909 gastierte Elfriede Martick mit einer nicht näher bezeichneten Arie aus »Der Zweikampf« von Louis Joseph Ferdinand Hérold.[33]
Der Sängerin der Titelpartie in Donizettis zu jener Zeit noch vielgespielten Oper »Marie oder Die Tochter des Regiments« bot sich in der »Singstunden«-Szene zu Beginn des zweiten Aktes ebenfalls die regelmäßige Möglichkeit, mit einer Gesangseinlage aufzuwarten.[34] Der Theaterzettel vom 4. November 1891 nennt als Sängerin Jenny Broch, die das Lied »Der Vogel im Walde« von Wilhelm Taubert vortragen werde. Zwischen 1896 und 1910 verkörperte Anna Sutter diese Partie in Stuttgart unzählige Male, und nachdem sie in den ersten Aufführungen einen Gesangswalzer von Luigi Venzano vorgetragen hatte, sang sie seit dem 20. November 1898 jedes Mal den damals ungeheuer populären Konzertwalzer »Parla« von Luigi Arditi.[35] Aber auch andere Interpretinnen, die bei Verhinderung des Publikumslieblings jener Jahre einsprangen oder auf Gastspiel in Stuttgart waren, glänzten jeweils mit einem Bravourstück. So interpretierte Hermine Bosetti am 7. November 1902 den »Frühlingsstimmen-Walzer« von Johann Strauß (Sohn), Rosa Kleinert am 19. Dezember 1906 die Bravour-Variationen von Adolph Adam[36], Elfriede Martick am 8.

April 1908 das Lied »Die Nachtigall« von Alexander Alabieff[37].
Während kleinere Bühnen offenbar verhältnismäßig häufig Gesangseinlagen in ihre Produktionen einplanten, beschränkte sich die Stuttgarter Bühne in der hier vorgestellten Zeit weitgehend auf die drei genannten Stücke. Eine der wenigen Ausnahmen bildet z. B. die »Rigoletto«-Aufführung vom 16. April 1900, als die Sängerin der Maddalena (Anna Sutter) ohne Angabe des betroffenen Aktes mit der Einlage »Spanisches Lied« von Karl Eckert angekündigt wurde.[38]
Seltener fügte man noch Instrumental-Einlagen ein, die dann entweder eine ausschließlich musikalische Funktion hatten (z. B. als Vor- oder Zwischenspiel) oder aber für zusätzliche Ballett-Nummern verwendet wurden. Im Unterschied zu denen der Sänger wahrte man hier weitgehend eine stilistische Einheit, da die gewählten Stücke meistens wenigstens vom Komponisten der Oper stammten.
Seit der Stuttgarter Premiere der »Maienkönigin«[39] am 12. Januar 1899 bezog man einen zusätzlichen »Schäferreigen« in die Aufführung ein, für den Musik aus Christoph Willibald Glucks »Orpheus und Euridice« (Marsch, Menuett und Gavotte) verwendet wurde und zu dem »12 Damen des Ballettcorps« auftraten.
Ebenso spielte man seit der Neueinstudierung der »Fledermaus« von Johann Strauß (Sohn) ab dem 27. Dezember 1899 zunächst vor dem zweiten Akt die Walzerfolge »An der schönen blauen Donau«, und im gleichen Aufzug war eine Tanzeinlage eingefügt, zu der die Pizzicato-Polka erklang. Ab dem 29. Oktober 1905 ersetzte man das letztgenannte Stück durch eine weitere Walzerfolge (»G'schichten aus dem Wiener Wald«).
Auch in den Aufführungen von »Benvenuto Cellini« (Héctor Berlioz) wurde seit der Stuttgarter Premiere, die am 10. Oktober 1901 »zur Feier des Allerhöchsten Geburtstages Ihrer Majestät der Königin bei festlich erleuchtetem Hause« stattgefunden hatte, ein zusätzliches Orchesterstück eingefügt. Der Theaterzettel vermerkte damals: »Vor Beginn des 2. Aktes wird die Ouverture "Le Carneval romain" von H. Berlioz gespielt«.
Als letztes Beispiel einer Instrumentaleinlage, die für die Untermalung einer Ballettszene diente, soll noch die komische Oper in drei Akten »Mascotte (Der Glücksengel)«, Musik von Edmond Audran, erwähnt werden. Der Theaterzettel der Stuttgarter Erstaufführung (25. September 1904) nennt als Einlage im zweiten Akt: »Harlekinade«, komisches Intermezzo von Richard Genée.

Das weibliche Personal

Ebenso wie im damaligen Alltag, so war das weibliche Personal einigen (aus heutiger Sicht diskriminierenden) Sonderbestimmungen unterworfen.[40] Einen verhältnismäßig harmlosen Passus gab es – unter Berücksichtigung sogenannter »Hosenrollen« – im Paragraphen acht, wo die

Ausstattung der Künstler mit Kostümen geregelt war: »Den Mitgliedern [des Hoftheaters] wird das zu den Vorstellungen erforderliche historische Kostüm, den weiblichen Mitgliedern auch Männertracht, nach Anordnung der Intendanz geliefert. Dagegen haben sie die moderne Tracht, alle Kopf=, Hand= und Fußbekleidung, Trikots und Leibwäsche zu jedwedem Kostüme, desgleichen Perrücken, Schminke und Toilette=Requisiten sich auf eigene Kosten anzuschaffen und sind verpflichtet, alle Weisungen der Intendanz in Betreff der Frisur, des Bartes, der Schminke und dergl. genau zu beobachten.«

Die Bestimmung, auf eigene Kosten moderne Kostümierung bereitzustellen, hatte natürlich einen ganz handfesten Grund: diese Kleidung konnte ja auch im privaten Alltag getragen werden, und das Theater vermied so, dass die Künstler sich auf Staatskosten ausstaffierten. Besonders für die Frauen dürfte dies einige finanzielle Probleme mit sich gebracht haben.

Die Mutter der Sängerin Anna Sutter berichtet am 1. Februar 1894 in einem Brief an Baron Putlitz über entsprechende Aufwendungen, die in Zusammenhang mit dem ersten Engagement ihrer Tochter am Münchener Volkstheater entstanden waren; für die dortigen Auftritte habe sie auf eigene Kosten Kostüme anfertigen lassen müssen, die sie im folgenden Jahr am zweiten Wirkungsort, dem Stadttheater Augsburg, dann nicht wieder verwenden konnte; »nun kam das Misiri [sic!] mit den Toiletten. 200 M. Gage u. bei jeder Oper u. Operette neue Costüme!«[41]

Zu welch fast schon grotesken Konsequenzen diese vertragliche Bestimmung führen konnte, veranschaulicht ein Brief, den die bereits erwähnte Sängerin A. Bopp-Glaser am 24. September 1906 an den Intendanten richtete. Diese war seit dem 1. September am Stuttgarter Hoftheater tätig, und dem neuen Mitglied wurden nun, wie üblich, nach und nach die anfallenden Rollen zugewiesen. Unter anderem sollte sie die Rosalinde in der »Fledermaus« übernehmen, wogegen sich die Künstlerin wehrte und dies wie folgt begründete: »Rosalinde würde ich wohl acceptiren, wenn hier nicht Toilettenfragen wichtiger Art mitsprächen. Rosalinde muß in teilweise eleganten Costumen erscheinen. Zur Beschaffung derselben habe ich jedoch keine Mittel zur Verfügung. Es müßte mir also von der sehr verehrten Intendanz in der Costumefrage wesentlich entgegengekommen werden, wenn ich es auf mich nehmen sollte, in dieser Rolle mit der brillant ausstaffirten Adele zu concurriren.«[42]

Nach allgemeiner Ansicht war eine verheiratete Frau zu dieser Zeit noch nicht voll geschäftsfähig, weshalb in Paragraph 15 die »genehmigende Unterschrift des Ehemannes, allerdings nur für den ersten Kontrakt nach Schließung der Ehe«, für den Vertragsabschluß »beizubringen« war. Nachdem z. B. der zuvor an der Wiener Hofoper tätige Josef Hellmesberger im Januar 1904 nicht nur ein Exemplar seines unterschriebenen Vertrags nach Stuttgart geschickt hatte, wo er ab 1. September 1904 als

Kapellmeister tätig sein sollte, sondern auch die entsprechende Ausfertigung für seine als Schauspielerin engagierte Frau Wilhelmine, erhielt das Ehepaar letzteres Exemplar umgehend wieder zurück, und Baron Putlitz erklärte in einem Begleitbrief: »Leider muß ich Ihnen den Vertrag Ihrer Frau Gemahlin mit der Bitte zurückgeben, denselben noch selbst unterzeichnen zu wollen, da dies nach dem Bürgerlichen Gesetzbuch für das deutsche Reich überall vorgeschrieben ist.«[43]
Auch nachdem die Koloratursängerin Hedwig Bopp-Glaser im Sommer 1905 ihren unterschriebenen Dienstvertrag nach Stuttgart geschickt hatte, mußte ihr Ehemann, der damalige Direktor der Hochschule für Musik in Mannheim, Wilhelm Bopp, noch einen Revers mit folgendem Wortlaut nachreichen: »Der unterzeichnete Ehemann der Opernsängerin Frau Bopp-Glaser gibt hiemit seine Einwilligung zu dem mit der K. Hoftheater-Intendanz in Stuttgart unter dem 16./20. Juni 1905 abgeschlossenen Dienstvertrag ...«[44]
In dem Anhang »Allgemeine, für jeden Vertrag gleichlautende und giltige Bestimmung« gab es in Paragraph 11 weitere Regelungen, die die gesellschaftliche Stellung der Frau im Allgemeinen und am Theater im Besonderen eindrucksvoll beleuchten. Im ersten Absatz heißt es nämlich: »Wenn ein weibliches Mitglied während der Dauer des Vertrages sich verheiraten will, so hat es seinen Vorsatz der Bühnenleitung spätestens vierzehn Tage vor Abschluß der Ehe schriftlich anzuzeigen. Die Bühnenleitung hat in solchem Falle das Recht, den Vertrag zu kündigen und vom Tage der Hochzeit an zu lösen, und bleibt nur bis zu diesem Tage zur Zahlung von Gage und Spielgeld«[45] verpflichtet.« Bei Nichteinhaltung dieser Bestimmung drohten harte Sanktionen (Absatz 3): »Sollte sich das Mitglied ohne vorherige Anzeige bei der Bühnenleitung verheiraten, so steht letzterer, sobald sie es erfährt, das Recht augenblicklicher Kündigung oder Entlassung des Mitgliedes zu; auch erlöschen dann alle Ansprüche desselben aus dem Vertrage, vorbehaltlich der bereits verdienten Gage, sowie des bereits verdienten Spielgeldes.«
Umgekehrt hatte auch die Künstlerin in Zusammenhang mit einer geplanten Eheschließung die Möglichkeit, »nach Abschluß des Vertrages« bis zu »drei Monate vor« dessen »Antritt« bzw. »zum Abschluß der Spielzeit« zu kündigen. Allerdings dürfte sich hier auch nur der damalige Zeitgeist niederschlagen, wonach eine verheiratete Frau wohl eher an den Herd und nicht auf die Bühne gehörte; sie sollte sich dann lieber dem Wohlergehen ihres Gatten, dem Haushalt und dem Großziehen von Kindern widmen. Wie man dem nächsten Absatz entnehmen kann, schützte sich der Arbeitgeber mit dem Vertrag wirklich vor allen denkbaren Eventualitäten: »Wird die Ehe dann aber vor Beginn der der Kündigung folgenden Spielzeit nicht geschlossen, so steht der Bühnenleitung das Recht zu, durch eine einen Monat nach Beginn dieser Spielzeit abzugebende schriftliche Erklärung die Erfüllung des Vertrages zu verlangen.«

Diese Bestimmungen setzten die Sängerinnen schon unter einigen Druck. So richtete z. B. Anna Sutter, die sich mit Heiratsplänen trug, aus ihrem Urlaub am Wallensee am 25. Juli 1904 einen Brief von geradezu erschreckender Ängstlichkeit an den Intendanten:

Möchte Sie nun hiemit höflichst anfragen, ob Sie mich behalten wollen, oder nicht, wenn ich mich im Herbst verheirathe? Ich habe die feste Absicht Anfang Okt. zu heirathen u. wenn Sie mich behalten wollen, so wird es mir eine grosse Freude sein u. ich werde meine Pflicht gewiss doppelt so treu erfüllen u. mir auch Ihre Zuneigung wieder zurückerobern, dass [sic] weiss ich. Wenn Sie mich als Frau nicht behalten wollen, so bitte ich Sie dringend, mir dies umgehend mitteilen zu wollen, damit ich Alles ordnen kann, was notwendig ist.[46]

Wenn man bedenkt, dass Anna Sutter damals zu den absoluten Publikumslieblingen Stuttgarts gehörte und ein Weggang vom Theater für die Intendanz sicherlich ungünstig gewesen wäre, so zeigt dieses Dokument, wie wirkungsvoll solche Bestimmungen waren. Im Antwortschreiben beeilte sich jedenfalls Baron Putlitz zu versichern: »Die Erlaubnis zu Ihrer Verheiratung gebe ich Ihnen gerne und hoffe, dass Sie sich auch als Frau im Verbande des Königlichen Hoftheaters wohl fühlen möchten.«[47]
Wie das folgende Beispiel aber zeigt, wurden diese Vertragsklauseln wahrscheinlich für gewöhnlich als Relikte einer längeren und eigentlich überholten Tradition betrachtet, denen vielleicht eher der Rang von Formalien zukam.[48] So teilte die seit 1. September 1910 als Sängerin angestellte Marga Burchardt dem Intendanten am 3. Mai 1911 mit, dass sie sich »am 28. Juni 1911 mit Herrn Kurt Junker, Königl. Hofschauspieler hier, zu verheiraten gedenke. Ich bitte Ew. Excellenz, mir die Allerhöchste Einwilligung S. Majestät des Königs [!] erwirken und die eigene Zustimmung gütigst erteilen zu wollen.« Bereits am nächsten Tag erging dann der Bescheid, dass »Ihrer Bitte um die Erlaubnis zur Verehelichung mit dem K. Hofschauspieler, Herrn Kurt Junker, [...] hiemit genehmigt« werde.[49]
Schließlich regelte man in Paragraph 5 noch die »biologisch« bedingten Sonderfälle des Lebens und legte in Abschnitt III, Absatz 3, fest: »Bei Dienstunfähigkeit, die bei verheirateten Damen während ihrer Ehe oder in der gesetzlichen Zeit darüber hinaus infolge von Schwangerschaft eintritt,[50] fällt für sie der Anspruch auf Gage und garantiertes Spielgeld von dem Tage ab fort, an welchem die Bühnenleitung ein weiteres Auftreten für unzulässig erklärt.« Besonders rigide Bestimmungen herrschten dann »bei verheirateten Chorsängerinnen und verheirateten Figurantinnen« [= Statistinnen]; bei ihnen konnte auch der »Verlust des Anspruchs auf Spielgeld eintreten, wenn die Störung [!] durch Schwangerschaft und Wochenbett und deren Folgen [auch] nicht über 2½ Monate dauert. Für die weitere Zeit fällt jeder Anspruch auf Gage und Spielgeld fort«.
Eine weitere Besonderheit des Theateralltags für Frauen hatte ebenfalls

biologische Ursachen. In den Akten mehrerer Sängerinnen kann man mitunter eine große Anzahl ihrer Visitenkarten finden, auf denen z. B. handschriftlich eingetragen war: »ist am 22., 23., 24. März verhindert zu singen« (auch »indisponiert« und ähnliche Formulierungen). Wie man schon bald vermutet, hängt diese Mitteilung mit den Monatsbeschwerden zusammen, und anhand einiger erstaunlich offener Briefe, die man außerdem finden kann, wird diese Annahme bestätigt. Bereits 1880 war festgelegt worden, dass diese sog. »Respektstage« mindestens vierzehn Tage im Voraus gemeldet werden müssen;[51] da ein Mensch jedoch keine Maschine ist, die exakt nach einem vorausberechneten Mechanismus abläuft, kam es immer wieder vor, dass die Prognose nicht eintraf und die drei beanspruchten Tage etwas früher oder später in Anspruch genommen werden mussten. »Meine Indisposition hat sich erst heute eingestellt«, schreibt z. B. am 29. November 1906 die Sängerin B., so »daß ich demzufolge am Freitag nicht disponibel bin.«[52]

Dadurch konnte sogar eine kurzfristige Änderung des Spielplans notwendig werden, und solche Unregelmäßigkeiten waren deshalb für alle Beteiligten äußerst unangenehm, wenngleich auch unvermeidbar: »Zu meinem Bedauern muss ich die Mitteilung machen, daß meine Unpäßlichkeit sich verspätet und bitte infolgedessen ergebenst um Verschiebung der Mignon.«[53] Dennoch ist es manchmal bestürzend, wie unterwürfig sich die eine oder andere Künstlerin beim Intendanten für eine Sache entschuldigten, die sie nicht durch eine bewusste Handlung zu vertreten hatte: »Zürnen Sie mir nicht«, schreibt z. B. eine Sängerin am 30. Oktober 1906, »ich komme mit einer unangenehmen Sache. Ich kann morgen Abend nicht auftreten, da sich meine gemeldeten Tage um 2 volle Tage verspätet haben u. ich erst heute früh "in die Lage" gekommen bin. Glauben Sie mir, es ist mir sehr leid, da ich ja weiss, dass Sie momentan [...] gewiss Repertoireschwierigkeiten haben.« Im Übrigen muss an dieser Stelle betont werden, dass Putlitz – soweit die Quellen ein verlässliches Urteil zulassen – ein sehr verständnisvoller Vorgesetzter gewesen sein muss, und selbst unter den damals sicherlich üblichen Unterwürfigkeitsfloskeln eine solche Entschuldigung nicht erforderlich gewesen sein dürfte.

Allerdings wurde dieser schwer zu kontrollierende Vorfall vielleicht ab und zu auch vorgeschoben und die Daten deshalb nicht immer ohne weiteres akzeptiert; wahrscheinlich aus diesem Grund richtete Baron Putlitz aus dem heimatlichen Retzin, wo er immer wieder einige Wochen verbrachte, z. B. an seine Vertretung in Stuttgart folgendes Telegramm (Dokument nicht datiert): »bitte durch gussmann[54] feststellen lassen wie es kommt dass b. ende dezember und wieder mitte januar unwohl wird.«

Übrigens soll hier noch darauf hingewiesen werden, dass in den Verträgen nach 1918 frauendiskriminierende Passagen nicht mehr enthalten sind. Bei den dennoch notwendigen Sonderbestimmungen in Zusammen-

Gruppenbild
(von links nach rechts)
Max von Schillings (1868–1933)
Richard Strauss (1864–1949)
Joachim Gans Edler zu Putlitz (1860–1922)
Photographie von Rudolf Vollmar,
Stuttgart, anläßlich des Wilhelmafestes in
Stuttgart 1909

hang mit einer Schwangerschaft ist nun nicht mehr von »verheirateten« Frauen die Rede, und alle anderen Verhaltensmaßregeln, die mit der untergeordneten gesellschaftlichen Stellung der weiblichen Bühnenangehörigen zusammenhingen (z. B. hinsichtlich der genehmigungsbedürftigen Verheiratung), wurden eliminiert.

Strafsachen

Ein Unternehmen, an dem eine große Anzahl von Menschen tätig sind, kann nur dann gut funktionieren, wenn klare Richtlinien die Handlungsgrenzen festlegen und Verstöße entsprechend sanktionieren; 1854 waren für Stuttgart die »Disciplinar=Gesetze für das Königliche Hoftheater« eingeführt worden, denen sich jeder bei Vertragsabschluss unterwerfen mußte.[55] Diese Bestimmungen galten fast fünfzig Jahre und wurden mit

Wirkung zum 1. September 1899 durch neue Verordnungen ersetzt, deren Grundlagen vom Deutschen Bühnenverein unter Mitwirkung von Baron Putlitz erarbeitet worden waren;[56] mit kleineren, lokal bedingten Ergänzungen fanden sie im ganzen Deutschen Reich Anwendung.
Die Anzeigen konnten von verschiedenen Personen des Theaters vorgebracht werden, die in irgendeiner Art und Weise Leitungsfunktionen ausübten: Regisseure, Kapellmeister, Korrepetitoren, Bühnenpolizei, Inspizienten. Nachdem sich der Beschwerdeführer noch vor ca. 1890 die Formulierungen vollständig selbst hatte ausdenken müssen, führte die Intendanz um diese Zeit gedruckte Formulare ein, die entsprechend ausgefüllt werden mussten. Zunächst waren auch diese recht einfach gestaltet und enthielten lediglich eine Rubrik, in der das Datum einzutragen war sowie die einleitenden Worte »Der Königlichen Intendanz habe ich hiemit gehorsamst anzuzeigen, daß bei der heutigen ...«; nun musste alles Weitere nach eigenem Gutdünken ausformuliert werden. Wahrscheinlich zeigte sich bald die Notwendigkeit, das System zu perfektionieren. Gleichzeitig bewirkte aber auch die exakte Feststellung verschiedener Punkte, die mit einem neu entworfenen Formular angesprochen wurden, eine gerechtere Beurteilung des jeweiligen Falles. Es genügte nun nicht mehr, den als unrechtmäßig betrachteten Vorfall anzuzeigen, man musste auch noch den betreffenden Paragraphen der Disziplinargesetze angeben, gegen den verstoßen worden war; ob und ggf. in welchem Umfang eine Strafe ausgesprochen wurde hing außerdem vom bisherigen Verhalten der beschuldigten Person ab, weshalb man noch die Rubrik »Vorstrafen« einführte. Immer wieder trifft man in diesem Zusammenhang auf Kommentare, die von Putlitz stammen, und in denen er das vorgeschlagene Strafmaß entweder ganz verwarf oder wenigstens reduzierte (z. B. mit der Bemerkung: »Verwarnung, da bisher noch nicht bestraft)«.
Die als strafwürdig angesehenen Handlungen erinnern vielfach an entsprechende Schulerlebnisse, und naheliegenderweise war ein häufig vorkommendes Vergehen das Zuspätkommen oder unentschuldigte Fernbleiben von Proben; solche Strafanzeigen machen den ganz überwiegenden Teil der betreffenden Akten aus. Der bunte Theaterbetrieb ließ jedoch eine ungeahnte Vielfalt an weiteren Vergehen zu, die in der konkreten Situation sicherlich viel Ärger verursacht und teilweise zu ernsthaften Verstimmungen geführt haben, während sie rückblickend dem nicht unbeteiligten Betrachter jedoch nur noch einiges Schmunzeln entlocken dürften.[57]
In Zusammenhang mit der Probenarbeit dürften besonders die Korrepetitoren einen schweren Stand gehabt haben; diese wurden wahrscheinlich nicht nur von den Solisten, sondern auch vom Chor nicht immer ganz für voll genommen, weil ihnen die höheren »Weihen« eines Hofkapellmeisters fehlten, welcher – ebenso wie die Sänger – seinen Dienst an »vorderster Front« und vor dem kritischen Auge des Publikums tat. Am 31.

Mai 1905 beklagte sich z. B. der Chordirigent Arpad Doppler über die mangelnde Disziplin: »In meinen Chorproben besteht die Anordnung, daß die Damen die Hüte abzunehmen haben. Dieser Bestimmung, an welche von Zeit zu Zeit erinnert werden muß, weigerten sich heute die Damen H. & H. Folge zu leisten & störten hiedurch meine Probe auf's Empfindlichste.« Die beklagten Sängerinnen wurden für dieses Vergehen mit jeweils einer Mark bestraft.
Aber auch Aufführungen blieben von Vergehen nicht ausgenommen. Dies begann mit Meldungen verhältnismäßig harmloser »Untaten«, wie z. B. am 20. Februar 1901 der Bezichtigung, »daß während der heutigen Vorstellung 3. Aufzug Frau H. laut gelacht« habe, was mit einer Strafe von 50 Pfennigen geahndet wurde. Sehr häufig handelte es sich jedoch um Unregelmäßigkeiten bei der Kostümierung, und besonders bei Stükken, die in der Gegenwart spielten, versuchten die Künstler, Vorgaben der Regie zu umgehen. Doch daran waren zu einem erheblichen Teil die bereits oben erwähnten Bestimmungen des Dienstvertrags (Paragraph 7) schuld, in dem die Künstler die Garderobe für Stücke, die in der Gegenwart spielten, selbst zu stellen hatten. Wenn man sich hierfür schon auf eigene Kosten einkleiden musste, so leitete man daraus auch gewisse Freiheiten ab und setzte sich schon einmal über Abmachungen hinweg.
Als z. B. die Sängerin der Denise von Flavigny in Hervés »Mam'zelle Nitouche« am 29. Oktober 1897 trotz Verbots ein anderes Kostüm getragen hatte, wurde sie mit einer recht empfindlichen Geldbuße belegt (immerhin 35 Mark). Die selbstbewußte Künstlerin wehrte sich allerdings dagegen und richtete ein geharnischtes Schreiben an die »Kgl. Hoftheatercanzlei«:

Daß ich 35 MK. Strafe zahlen soll, weil ich in Nitouche (das in der Gegenwart spielt u. ich zudem die Erlaubnis des Regisseurs hatte) ein hübsches passendes Costüm trug, ist einfach nicht recht, u. finde ich es sehr kleinlich, wegen dem so eine Geschichte zu machen. Ich trage ja auch meinen eigenen Mantel u. Hut, warum wurde denn das nie bestraft? Es ist wirklich traurig, wenn wegen solchen Sachen einem Strafzettel geschi[c]kt werden, an einem solchen Kunst Institut! Wenn man seine Pflicht dadurch vernachlässigt hätte [...], dann wäre es etwas Anderes. Aber man kommt sich vor, wenigstens ich, wie ein Schulmädchen, dass [sic] wegen jeder Kleinigkeit bestraft wird. Das muß ich noch einmal sagen, daß ich im Recht bin u. bezahle die Strafe nicht!

Mit diesem respektlosen Brief war sie jedoch zu weit gegangen, weswegen man ihr am 1. November mit einer noch höheren Strafe antwortete:

Der einzige stichhaltige Einwand, daß die Erlaubniß des Regisseurs eingeholt worden sei, wird dadurch hinfällig, daß nach Aussage des Herrn Hoxar derselbe wohl um seine Meinung, ob das in Frage stehende Kostüm passend sei, befragt worden ist, nicht aber um die Erlaubniß angegangen wurde, das Tragen des Kostüms zu gestatten. Diese Erlaubniß hätte er ohnehin nicht geben können, da sol-

ches ausschließlich zu den Befugnissen der Intendanz gehört, was Sie ebenfalls wissen mußten.
Wegen des in keiner Weise angemessenen Tones, welchen Sie in Ihrem Schreiben anschlagen, werden Sie in eine Strafe von 10 M. genommen, mit dem Hinzufügen, daß nur die Anrechnung der Erregung, in der Sie sich befunden haben, eine so milde Strafe veranlaßt hat.
Beide Strafen werden Ihnen in 2 Monatsraten am 1. Dezember und 1. Januar von Ihrem Gehalt in Abzug gebracht werden.

Doch nicht nur die Gegenwartsstücke reizten dazu, die Kostümierung nach eigenem Gutdünken abzuändern. Am 9. September 1895 beklagte beispielsweise die Regie, dass Herr S. in Fidelio »in einem Kostüm« aufgetreten sei, »das einer viel früheren Zeit angehörte, als das des Ministers«, und »Frl. C. trug [in der gleichen Vorstellung] als Fidelio elegante Pagen-Stiefelchen«. Eine andere Strafanzeige enthält den Vorwurf, dass »Frl. R. in der Vorstellung vom 29. [September 1901] "Die kleine Michus" mit einer Perücke à la "Barisons sisters"« erschienen sei.[58]
Offenbar befand sich die Regie hier in einem dauerndem Kampf mit dem künstlerischen Personal, denn als am 17. Oktober 1906 der damalige Oberregisseur Dr. Hans Löwenfeld sich bei Putlitz darüber beschwerte, dass »Frau B. im letzten Akt "Figaro", trotzdem ihr die Anordnung der Regie genau bekannt war, ohne weiße Perücke« aufgetreten sei, machte er sich gleich noch Luft und schrieb über die derzeit herrschenden Zustände: »Da sich in letzter Zeit die Fälle häufen, wo namentlich in Garderobe- und Frisurangelegenheiten die Anordnungen der Regie sowohl von den Künstlern, als auch diesen zu Liebe von dem bedienenden Personal nicht befolgt werden, sehe ich mich zu diesem Vorgehen selbst gegen das Solopersonal veranlaßt.«
Durch die Häufungen gleichartiger Vergehen sah sich die Intendanz außerdem immer wieder genötigt, allgemeine Strafandrohungen als Hausmitteilung auszuhängen. So hatten sich z. B. offenbar in den Kriegsjahren gewisse Nachlässigkeiten bei Aufführungen eingeschlichen, was den Intendanten am 22. März 1917 zu folgendem Aushang veranlasste: »Es wird nochmals ausdrücklich darauf aufmerksam gemacht, dass es den Mitgliedern strengstens verboten ist, ohne ausdrückliche Genehmigung des diensttuenden Spielleiters Extempores zu machen. Dieses Verbot gilt, wie für alle Kunstgattungen, selbstverständlich auch für die Operette. Die Spielleiter sind angewiesen, Zuwiderhandlungen der Hoftheater-Intendanz zur Bestrafung anzuzeigen.«[59]
Mit welchen unbedeutenden Alltäglichkeiten sich die Theaterleitung neben Problemen herumschlagen musste, die direkt mit den Aufführungen zusammenhingen, soll noch ein Schreiben vom 11. Mai 1909 dokumentieren, das an alle Hundebesitzer des künstlerischen Personals (elf Personen) gerichtet war:[60]

Es hat in neuerer Zeit überhand genommen, daß Hunde mit an das Theater gebracht werden, wo sie solange warten müssen, bis sie von ihren Besitzern wieder abgeholt werden. Diese Hunde verführen nun meistens einen ziemlichen Lärm, sodaß der in der Portierstube befindliche Telephonumschalter oft sehr schwer bedient werden kann, besonders jetzt im Sommer, in welchem aus hygienischen Rücksichten die Fenster geöffnet werden müssen. [...] Die Besitzer von Hunden werden also gebeten, wenn sie zu einer Probe oder Vorstellung in das Theater kommen – also nicht etwa nur zu ganz vorübergehendem Aufenthalt – die Hunde zu Hause zu lassen.

Werke mit »Sonderstatus«

a) »Der Ring des Nibelungen« (Richard Wagner)

Bereits mit den anderen Werken des Bayreuther Meisters hatte man in Stuttgart einige Probleme gehabt, und nachdem 1859 mit »Tannhäuser«, 1865 mit dem »Fliegenden Holländer« und 1869 mit dem »Lohengrin« wenigstens die früheren Opern hier über die Bühne gegangen waren, beschränkte sich die Intendanz auf einige wenige Wiederholungen dieser drei Stücke, ohne noch an die Aufführung der neueren Schöpfungen Wagners zu denken. Gerechterweise muss man allerdings an dieser Stelle festhalten, dass die Abstinenz nicht nur mit aufführungstechnischen Schwierigkeiten oder einer grundsätzlicher Ablehnung dieser umstrittenen Kunst seitens des Königshauses und der Intendanz zusammenhingen; es kamen auch noch Tantiemenforderungen in einer für die damalige Zeit ungewöhnlichen Höhe hinzu; man war einfach nicht bereit, für die umstrittenen Werke größere Summen auszugeben.[61]
Dass man sich unter diesen Voraussetzungen mit einer Aufführung der gewaltigen Tetralogie Wagners mit ihren gigantischen Ausmaßen und dem damit verbundenen enormen Aufwand ganz besonders zurückhielt, ist also kaum verwunderlich. Noch hatte man keinen einzigen Teil des »Rings« in Stuttgart sehen können, als sich 1883 im Rahmen eines Gastspiels des sog. »Richard Wagner-Theaters« die Möglichkeit bot, sogar das ganze Werk kennenlernen zu können. Diese Truppe hatte Angelo Neumann, der zwischen 1876 und 1882 Direktor des Leipzig Opernhauses war, nach ersten von ihm verantworteten zyklischen Aufführungen außerhalb Bayreuths (Leipzig 1879 und Berlin 1881) zusammengestellt, und mit ihr gab er seit September 1882 (in Breslau beginnend) europaweit Gastspiele. Wie er noch während der Planungsarbeiten an Wagner schrieb, wollte er damit zum »Verkündiger jener neuen musikalischen Welt werden, welche Ihr Genius uns Allen erschlossen hat«, und im gleichen Brief betonte er noch: »diese erhabene Mission bewegt mich in solchem Grade, daß ich alle anderen Pläne für die Zukunft aufgegeben habe.«[62] Wagner hat dieses Unternehmen – schon in ganz eigenem Interesse – gefördert, dies seinem »Missionar« im vertrauten Kreis jedoch nur

wenig gedankt, wenn er »H.[errn] Neumann, welcher das Gesamt-Werk verbreite«, zwar rühmte, gleichzeitig aber wohl etwas pikiert äußerte: »Wie seltsam, daß es ein Jude sein müsse.«[63]
Mit »Rheingold«, das man damals übrigens »in zwei Abtheilungen«[64] (also mit Pause) gab, wurde das »Bühnenfestspiel in drei Tagen und einem Vorabend«[65] am Mittwoch, den 4. April 1883, eröffnet. Es folgten als eine Referenz an die besondere Beliebtheit dieses Stückes am 5. und 6. April zwei Vorstellungen der »Walküre«[66], und am 7. bzw. 8. April schlossen sich noch »Siegfried« und die »Götterdämmerung« an; die musikalische Leitung hatte Anton Seidl (1850–1898)[67], der das Richard Wagner-Theater auf seiner ganzen Tournee als erster Kapellmeister begleitete. In dieser zeitlich gedrängtesten Form mit der täglichen Aufführung eines Teiles der Tetralogie dürfte der Zyklus in Stuttgart später nicht mehr gegeben worden sein.[68]
Angelo Neumann, der vom Schott-Verlag die Rechte an den Partituren erworben hatte, verkaufte diese dem Königlichen Hoftheater dann für 2000 Mark.[69] Man tat sich jedoch auch weiterhin mit der Bewältigung des gigantischen Werkes durch eigene Kräfte noch ziemlich schwer. Am 13. Februar 1885 (Wagners zweitem Todestag) ging unter der Leitung von Johann Joseph Abert aber wenigstens die erste Aufführung des populärsten Teiles, »Die Walküre«, über die Bühne. Jeweils anlässlich der »Feier des Allerhöchsten Geburtsfestes Seiner Majestät des Königs« Karl fanden dann »bei festlich beleuchtetem Hause« die Premieren von »Das Rheingold«, (6. März 1888) und »Götterdämmerung« (7. März 1889) statt; hier dirigierte jeweils Paul Klengel. Wieder wurde »Das Rheingold« als das inszenierungstechnisch am schwierigsten angesehene Stück in »*zwei* Abtheilungen« gegeben, der damalige Theaterzettel informierte: »Dauer der Oper 2½ Stunden, diejenige des Zwischenakts unbestimmt.« Wahrscheinlich hing übrigens die Einfügung einer Pause nicht zuletzt mit der komplizierten Bühnentechnik zusammen, die wegen der Darstellung der schwimmenden Rheintöchter wohl an die Grenze ihrer damaligen Leistungsfähigkeit gestossen war. Für das 1., 2. und 4. Bild hatte man deshalb extra einen der erfahrensten und »wagnererprobten« Bühnentechniker gewonnen, denn diese »neuen Decorationen stammten aus dem Atelier des Kgl. Bayerischen Hoftheatermalers Quaglio u. Sohn aus München«; dieser hatte seinerzeit auch die von Wagner heftig bekämpfte Uraufführung der beiden ersten Teile des »Rings« 1869/70 in der bayerischen Hauptstadt ausgestattet.[70]
Erst nach einer weiteren mehrjähigen Zeitspanne konnte als letzter Bestandteil der Tetralogie am 7. Januar 1894 »Siegfried« unter der Leitung von Herman Zumpe (1850–1903)[71] gegeben werden; dieser stand übrigens zugleich am Anfang einer ganzen Reihe von Stuttgarter Hofkapellmeistern, die man als ausgesprochene »Wagnerianer« bezeichnen muss. In den folgenden Jahren fanden dann immer wieder Aufführungen ein-

zelner Teile des Werkes statt; den gesamten »Ring« konnte das Stuttgarter Publikum mit dem Ensemble des Königlichen Hoftheaters zum erstenmal im Mai 1899 unter der Leitung von Dr. Aloys Obrist[72] hören. Mit Ausnahme der Saison von 1901/02, in der man aufgrund des Theaterbrandes vom 19. Januar 1902 keine Möglichkeit zur Darstellung hatte, folgte nun in jeder Spielzeit eine zyklische Aufführung, zu der noch Einzelvorstellungen hinzukamen. In der Saison 1902/03 gab man den »Ring« im neuerbauten Interimtheater sogar zweimal, was aber zuerst gar nicht vorgesehen war.[73] Wenn man einem entsprechenden Passus des jährlich von der Intendanz herausgegebenen und immer zu Saisonende erscheinenden Berichts Glauben schenken darf, so hatte man sich zur zweiten Gesamtvorstellung nämlich ziemlich kurzfristig entschlossen: »Der Erfolg, welchen diese cyclische Darstellung fand, gab die Veranlassung zu einer sofortigen Wiederholung dieser Gesamtaufführung.«[74] Eine kurzfristige Ansetzung des gesamten Rings zur nochmaligen Aufführung – offenbar nur deshalb, »weil's so schön war« – dürfte einzigartig gewesen sein und wäre heute undenkbar.

Auf den besonderen Rang, den in Stuttgart damals der Trauermarsch aus der »Götterdämmerung« einnahm, soll hier noch kurz hingewiesen werden. Er erklang sowohl im ersten nach Wagners Tod stattfindenen Abonnementskonzert (27. Februar 1883) unter der Leitung von Carl Doppler, als auch zwei Jahre später in der Stuttgarter Erstaufführung der »Walküre« zu Vorstellungsbeginn (hier in Erinnerung an den zwei Jahre zuvor verstorbenen Komponisten), und als am 18. Oktober 1891 mit »Joseph und seine Brüder« von Etienne Nicolas Méhul das Hoftheater nach König Karls Tod (6. Oktober) seinen Spielbetrieb wieder aufnahm, wurde im Gedenken an den verstorbenen Monarchen ebenfalls dieses Stück der Opernaufführung vorangestellt. Auch im 8. Abonnementskonzert der Saison 1897/98, das unter der Leitung von Dr. Aloys Obrist »Zu Richard Wagner's Gedächtnis« am 15. Februar stattfand, erklang als erster Programmpunkt der Trauermarsch.

Im Unterschied zu den oben gemachten Angaben, dass die öffentliche Vorschau auf den Spielplan maximal eine Woche umfasste, erforderte der »Ring« eine längerfristige Planung und konnte folglich auch früher angekündigt werden; diese Zeitspanne bewegte sich dabei zwischen ungefähr 14 Tagen und einem Monat. Auch die konkrete Aufführungssituation weicht von der heute in Stuttgart nach dem II. Weltkrieg üblichen Spielplangestaltung erheblich ab; dies beginnt bereits bei der Auswahl der Wochentage: während man bis in die jüngste Gegenwart das »Rheingold« als den kürzesten Teil in der Regel am Freitagabend gibt und an den folgenden drei Sonntagen jeweils die Übrigen,[75] scheint das Publikum damals andere Möglichkeiten besessen zu haben; man konnte sich den großen Zeitaufwand auch an Werktagen leisten (obwohl auch damals bereits mindestens ein Samstag oder Sonntag einbezogen war). Die zykli-

sche Erstaufführung von 1899 fand Samstag – Sonntag – Dienstag – Donnerstag statt, und die zweimalige Folge im Jahr 1903 betraf z. B. Mittwoch – Donnerstag – Samstag – Sonntag bzw. Donnerstag – Sonntag – Dienstag – Donnerstag.
Übrigens sah man in der Wahl eines geeigneten Wochentages für die Aufführung der extrem langen Werke Richard Wagners offenbar durchaus Probleme. Im Vorfeld einer für Sonntag, den 4. Dezember 1898, geplanten Vorstellung der »Götterdämmerung«[76] erschien in der »Schwäbischen Kronik« ein Artikel, in dem auf diese Schwierigkeiten eingegangen wurde: »Der frühe Anfang und späte Schluß der Musikdramen Wagners (diesmal wird schon 5½ Uhr begonnen) ist vielen Theaterbesuchern ein Anlaß zu Klagen.« Nachdem der Textverfasser auf den Grund für den Umfang dieser Stücke eingegangen war und diese rechtfertigte, schlug er vor, »daß Wagner nur Sonntags erscheinen sollte« (an späterer Stelle sprach er von »Sonntagsvorstellungen mit Festgepräge«) Auch die kurzfristige Vorankündung wird in diesem Zusammenhang kritisiert: »Man sollte die Absicht und die Daten der Aufführung [...] lang zuvor bekannt geben.«[77]

b) »Parsifal«

Nach Richard Wagners Willen sollte sein letztes Werk für alle Zeiten ausschließlich in Bayreuth aufgeführt und so dem profanen Theateralltag entzogen werden. Spätestens dreißig Jahre nach seinem Tod konnte dieses Exklusivrecht durch das Auslaufen der gesetzlichen Schutzfrist nicht mehr aufrecht erhalten werden. Trotz heftiger Proteste hatten vereinzelt schon vor 1913 im Ausland Vorstellungen stattgefunden, und nachdem der Gesetzgeber auch nicht unter dem massiven Druck Cosima Wagners und zahlreicher Wagnerianer dazu bereit war, speziell für den »Parsifal« eine Sonderregelung zu beschließen, endete mit dem 13. Februar 1913 auch für Deutschland das alleinige Bayreuther Aufführungsrecht. Dennoch blieb eine Vorstellung mit dem Bühnenweihfestspiel bis in die jüngste Gegenwart immer ein ganz besonderes Ereignis, das sich an verschiedenen schnell etablierenden Traditionen manifestierte, die auch in Stuttgart (und vielleicht ganz besonders im »Winterbayreuth« der Jahrzehnte nach 1945) lange Zeit gepflegt wurden.
Allerdings hatte man in Stuttgart – wie in der ganzen Welt – das Aufführungsverbot schon zuvor bis zu einem gewissen Grad unterlaufen, indem einzelne Teile in den Abonnementskonzerten gespielt wurden. Im achten dieser Reihe vom 27. Februar 1883, das zugleich als Gedächtnisfeier für den kurz zuvor verstorbenen Bayreuther Meister veranstaltet worden war, konnte man hier »zum erstenmal von der Verwandlungsmusik und Schlußszene des 1. Akts aus Parsifal« hören, was »sämmtlich mit großem Beifall aufgenommen« worden sei.[78] Dr. Aloys Obrist dirigierte dann am 15. Februar 1898 (achtes Abonnementkonzert dieser Spielzeit) das Vorspiel, und am Sonntag, den 4. April 1909, erklangen (neben Bruckners 3.

Sinfonie) unter der Leitung von Max Schillings im zehnten Abonnementskonzert der Saison aus dem Bühnenweihfestspiel nochmals das Vorspiel zum 1. Akt sowie die Einleitung zum 3. Akt (»Ankunft Parsifals im Gralsgebiet« und in einer letzten Programmnummer zusammengefasst der »Charfreitagszauber, Verwandlungsmusik und Schlußszene«); es sangen Alfred Goltz (Parsifal), Julius Neudörffer (Amfortas) und Emil Holm (Gurnemanz).
Am Freitag, den 3. April 1914, fand dann unter der Leitung von Max von Schillings die Stuttgarter Erstaufführung des »Parsifal« statt, und an diese schlossen sich ziemlich rasch noch fünf weitere Vorstellungen an (5., 7., 8., 12. und 13. April).[79] Es war kein Zufall, dass die Termine in die österliche Zeit fielen, und bis in unsere Zeit sind die »klassischen« Aufführungstage für das Werk der Karfreitag und Ostersonntag. Nicht nur der Zeitpunkt, der übrigens zuvor immer wieder für Vorstellungen von Liszts Oratorium »Die Legende von der Heiligen Elisabeth« reserviert war, zeigt die Sonderstellung, die man dem Bühnenweihfestspiel zubilligte; auf den Theaterzetteln befand sich zudem folgender Hinweis: »In Anbetracht des Charakters des Weihefestspiels wird das Publikum gebeten, von Beifallsbezeugungen Abstand zu nehmen.« Hiermit verhielt man sich also sozusagen »päpstlicher als der Papst«, hatte Wagner selbst im Rahmen der Bayreuther Erstaufführungen hierzu eine längst nicht so weit reichende Empfehlung gegeben,[80] auf die sich die Festspielleitung der folgenden Jahre bezog: »Das ruhige Verklingen des ersten Aktes schliesst einen Applaus von selbst aus. Dagegen wünscht der Meister es ausdrücklich, dass nach dem 2. und 3. Akt das Publicum den Künstlern seinen Dank durch Beifall ausdrücke.«[81]

c) »Die Legende von der Heiligen Elisabeth« (Franz Liszt)

Erstmals nach ihrer Uraufführung (Budapest, 15. August 1865) hatte man »Die Legende von der Heiligen Elisabeth« am 23. Oktober 1881 in Weimar anläßlich der Nachfeiern von Franz Liszts 70. Geburtstag szenisch gegeben, worauf weitere v. a. deutsche Theater diesem Vorbild folgten und dieses Werk – sozusagen als einzige »Oper« Franz Liszts – ebenfalls auf die Bühne brachten. Verhältnismäßig lange dauerte es, bis auch die Stuttgarter Hofoper das Oratorium in ihren Spielplan aufnahm; es erklang hier erstmals am 5. April 1903 (Palmsonntag) unter der Leitung von Karl Pohlig. Die Titelrolle interpretierte die seit 1892 mit großem Erfolg in Stuttgart tätige Elisa Wiborg[82], die beiden Landgrafen Ludwig bzw. Hermann wurden von Julius Neudörffer und Emil Holm gesungen. Während weder der Theaterzettel der Premiere noch derjenige der ersten Wiederholung (Sonntag, 19. April des Jahres) irgendwelche Besonderheiten aufweisen, wurde ab der dritten Aufführung (29. April) auf einer separaten Zeile folgender Passus abgedruckt: »Es wird ersucht, bei dieser Aufführung der Beifallsbezeugungen sich zu enthalten.« Damit verlieh man dem Werk eine weihevolle Sonderstellung, die es aus dem konventionellen Repertoire heraushob, wie dies nur noch elf Jahre später bei Wagners »Parsifal« zur (noch bis in die jüngste Vergangenheit andauernden) Selbstverständlichkeit wurde.

Mehrfach gab man die »Legende« in der österlichen Zeit (allerdings nicht in der Karwoche selbst, in der das Theater traditionell geschlossen blieb), und außerdem fand am 28. Oktober 1903 »aus Anlaß der Aufstellung des Liszt-Denkmals in Stuttgart« eine besondere Festaufführung statt. Offenbar hatte sich die Tochter des Komponisten für diese Veranstaltung angesagt, weswegen man den ursprünglich geplanten Termin abänderte und nach ihren Wünschen neu festlegte; in einem Telegrammentwurf der Intendanz an die Sopranistin Elisa Wiborg, die gerade in London weilte, heißt es nämlich: »Cosima Wagner wünscht Verschiebung heiliger Elisabeth auf 28., um selbst anzuwohnen. Erbitte sofort Antwort, ob möglich.«[83] Bei den Festlichkeiten, die tatsächlich an dem genannten Tag stattfanden, war die »Herrin von Bayreuth« dann zwar selbst nicht zugegen, dafür aber ihr Sohn Siegfried und die Tochter aus erster Ehe Daniela Thode (geb. Bülow). Das Denkmal ging im Wesentlichen auf die Initiative von Stuttgarts renommierter Pianistin Johanna Klinckerfuß zurück und war von dem Bildhauer Adolf Fremd gestaltet worden.

Anmerkungen

1 Staatsarchiv Ludwigsburg (künftig: StArLB), Bestand E 18 VI Bü 1873 (Personalakten Putlitz).

2 Die detailliertesten Informationen sind zu finden in: Rudolf Krauß, *Das Stuttgarter Hoftheater von den ältesten Zeiten bis zur Gegenwart*, Stuttgart 1908; allerdings reicht der Berichtsraum eben nur bis zum Erscheinungsjahr. Eine Übersicht, die sich jedoch nur mit einem Aspekt der Stuttgarter Operngeschichte beschäftigt, legte Ulrich Drüner vor: 400 Jahre Staatsorchester Stuttgart 1593–1993, Stuttgart 1994. Die Geschichte der Stuttgarter Bühne ab 1912 ist umfassend dargestellt in: *Die Oper in Stuttgart*. 75 Jahre Littmann-Bau, Stuttgart 1987. Schließlich muss noch die umfangreiche Dissertation von Jürgen-Dieter Waidelich genannt werden (*Vom Stuttgarter Hoftheater zum Württembergischen Staatstheater*. Ein monographischer Beitrag zur deutschen Theatergeschichte, München 1956), die allerdings nur maschinenschriftlich vorliegt.

3 Einige Opernaufführungen fanden in dem für diese Kunstsparte viel zu kleinen Gebäude lediglich unmittelbar nach dem Theaterbrand von 1902 statt; außerdem gab man dort noch sporadisch Operetten.

4 Zum Vergleich: Der Spielplan für die Saison 1999/2000 verzeichnet insgesamt 22 Stücke.

5 Zu berücksichtigen ist bei diesen Zahlen allerdings, dass sich unter

den Werken selbstverständlich auch eine größere Anzahl von Operetten befand.

6 So stammten z. B. die hier gespielten Übersetzungen zu G. Rossinis »Der Barbier von Sevilla« oder P. Mascagnis »Silvano« von dem zwischen 1893 und 1905 in Stuttgart als Oberregisseur tätigen August Harlacher.

7 Brief vom 10. Juli 1899; zitiert nach: Herman Zumpe, *Persönliche Erinnerungen nebst Mitteilungen aus seinen Tagebuchblätterm und Briefen*, München 1905, S. 133 f.

8 Im Unterschied hierzu hielt es die *Schwäbische Kronik* in ihrer am selben Tag erschienenen Besprechung der Vorstellung nicht für notwendig, hierauf extra hinzuweisen.

9 *Volksblatt*, 11. März 1899.

10 *Schwäbische Kronik*, Nr. 117 vom 11. März 1899, S. 547.

11 11. März 1899.

12 Nr. 60 vom 13. März 1899, S. 1.

13 *Schwäbische Kronik*, Nr. 131 vom 20. März 1899, S. 629.

14 Dieses Stück hatte Johann Nepomuk Fuchs vorwiegend unter Verwendung von Musik aus Glucks »L'Isle de Merlin« zusammengestellt. Das Libretto von Max Kahlbeck beruhte im Wesentlichen auf dem 1751 uraufgeführten Stück »Les Amours champestres« von Charles Simon Favart, welches seinerseits als Parodie auf Rameaus berühmte Oper »Les Indes galantes« (1735) entstanden war. »Die Maienkönigin« ist 1888 in Wien erstmals aufgeführt und in den folgenden Jahrzehnten v. a. im deutschen Sprachraum gespielt worden.

15 Nr. 10 vom 13. Januar 1899, S. 2.

16 Stellvertretend für viele seien hier nur Eugen d'Alberts »Flauto solo«, »Kain« und »Die Abreise«, Leo Blechs »Versiegelt«, Pietro Mascagnis »Zanetto« oder Ermanno Wolf-Ferraris »Susannas Geheimnis« genannt.

17 Diese Doppelaufführung, die für aktuelle Spielpläne zur Selbstverständlichkeit geworden ist, war übrigens damals keineswegs die Regel. Jedes der beiden Stücke konnte ebenso gut mit einem anderen, nicht einmal notwendigerweise musikalischen Bühnenwerk gekoppelt werden.

18 Dieser Brief bezieht sich auf das Hamburger Theater. Für die Einsichtnahme dieses Dokuments danke ich sehr herzlich dem Musikantiquariat Dr. Ulrich Drüner (Stuttgart).

19 StArLB, Bestand E 18 VI Bü 991 (Personalakte Auguste Bopp-Glaser).

20 Ebd.

21 Theaterzettel im Stadtarchiv Augsburg. Bei dem zunächst geplanten Werk handelte es sich um ein »Volksstück mit Gesang in 5 Akten von Carl Morré«.

22 Theaterzettel im Stadtarchiv Augsburg. Es wurde nun »Der Hüttenbesitzer. Schauspiel in 4 Akten von Georges Ohnet« gegeben.

23 StArLB, Bestand E 18 VI Bü 132 (Akte Felix Decken). Immerhin scheint sich die Schreiberin noch einen Rest an Wirklichkeitssinn bewahrt zu haben, da sie den Baron noch darum ersuchte, ihrem Bruder nichts von diesem Brief zu sagen.

24 Die Rolle des Mime wäre im »Rheingold» oder »Siegfried« zu besetzen.

25 Wie Anm. 1.

26 »Das Weib des Vollendeten. Ein Legendendrama in einem Vorspiel und drei Akten« von Karl Gjellerup. Die Stuttgarter Premiere fand am 3. September 1910 statt.

27 Wie Anm. 1.

28 Felix von Weingartner, *Lebenserinnerungen*, Bd. 1, Zürich 21928, S. 238 f.

29 Die oft nur ziemlich unvollständigen Angaben auf den Theaterzetteln lassen eine eindeutige Identifizierung der gewählten Stücke nicht immer zu.

30 Es dürfte sich dabei um die Valse-Ariette »O légère hirondelle« aus Gounods 1864 uraufgeführten Oper »Mireille« handeln.

31 Hiermit war Theodor Wachtel (1823–1893) gemeint, dessen Paraderolle eben der Chapelou im »Postillon« gewesen ist; er soll die Partie über tausend Mal in Deutschland gesungen haben. »Dabei kam ihm noch seine besondere Fähigkeit im Peitschenknallen zustatten« (Karl J. Kutsch und Leo Riemens, *Großes Sängerlexikon*, Bd. 5, München 31997, S. 3634).

32 Auch für das Augsburger Stadttheater sind Aufführungen mit diesem Stück als Gesangseinlage nachweisbar (z. B. am 6. November 1891, gesungen von Ernst Dalarno, oder am 30. September 1894, vorgetragen von Fritz Heukeshoven).

33 Originaltitel der Oper: »Le Pré aux Clercs«.

34 Es waren aber auch durchaus mehrere Stücke möglich; z. B. verzeichnet der Theaterzettel des Augsburger Stadttheaters vom 35. April 1893 bei dieser Oper nicht weniger als drei Gesangseinlagen.

35 Diese Interpretation kann man noch heute anhand einer Einspielung mit Anna Sutter aus dem Jahr 1908 hören (Grammophon Concert Record G. C. 43191, 53547).

36 Es könnte sich dabei evtl. um die »Variations de bravour über Mozarts 'Ah, vous dirai-je maman'« handeln.

37 Vielleicht in der von Aglaja Orgeni zum »Konzertvortrag eingerichteten und mit Kadenzen« versehenen Fassung, die in verschiedenen Verlagen veröffentlicht worden war.

38 Wahrscheinlich bestand auch gerade für dieses Stück eine Aufführungstradition; es ist ebenso z. B. am Augsburger Stadttheater als Einlage für die Interpretin der Maddalena in »Rigoletto« nachweisbar (vgl. die Aufführung vom 27. November 1891, 4. Akt).

39 Zu diesem Stück vgl. Anm. 14 des vorliegenden Beitrags.

40 Im Folgenden beziehe ich mich auf das Vertragsformular, wie es Ende Juli 1910 – also schon in der Spätphase der hier untersuchten Zeitspanne – verwendet worden ist. Die in den vorausgegangenen zwanzig Jahren üblichen Auflagen des Kontraktes unterschieden sich nicht in den hier angesprochenen Punkten.

41 StArLB, Bestand E 18 VI Bü 1943 (Personalakten Anna Sutter).

42 Wie Anm. 19.

43 StArLB, Bestand E 18 VI Bü 355 (Personalakten Josef Hellmesberger).

44 Wie Anm. 19.

45 Ein Künstler bezog ein regelmäßiges monatliches Grundgehalt, zu dem für jeden tatsächlich erfolgten Auftritt noch ein weiterer Betrag – das sogenannte »Spielgeld« – gezahlt wurde.

46 Wie Anm. 41.

47 Ebd. (undatierter Brief, jedoch sicherlich sehr umgehend abgeschickt). Anna Sutter hat allerdings nie geheiratet.

48 Ungeachtet dessen hatte man natürlich damit dennoch im Bedarfsfall ein entsprechendes Druckmittel in der Hand.

49 StArLB, Bestand E 18 VI Bü 93 (Personalakten Marga Burchardt).

50 Eine nichteheliche Schwangerschaft hatte im Weltbild der Bürokraten, die den Vertragstext aufgesetzt hatten, demnach keinen Platz.

51 Verordnung, die am 10. August 1880 als Umlauf den »betreffenden Damen« zur Kenntnis gebracht wurde. Während der Ära Putlitz erinnerte man an diese Bestimmung nochmals 1893 bzw. 1908 (StArLB, Bestand E 18 V Bü 99). Die 1924 eingeführte sog. »Normalhausordnung« legte dann in § 6, Abs. 2, neu fest, wann dieser Termin anzuzeigen war: »Weibliche Mitglieder sind verpflichtet, die in der weiblichen Natur begründeten regelmässigen Störungen der Bühnenleitung spätestens sechs Tage vor dem Beginn derjenigen Woche zu melden, in der die Störung zu erwarten ist« (StArLB, Bestand E 18 V Bü 83).

52 StArLB. Da es anzunehmen ist, daß die Veröffentlichung dieser sehr intimen Angelegenheiten den betreffenden Künstlerinnen nicht angenehm gewesen wäre, unterblieben in diesem Abschnitt genaue Quellenangaben; es geht bei dieser Darstellung außerdem nicht um die Biographie einzelner Künstler, sondern ausschließlich um die Aufarbeitung eines Themas, für dessen Verständnis das individuelle Schicksal unerheblich ist. Im Übrigen wird jeder, der sich näher hiermit beschäftigen möchte, in den Personalakten, die im StArLB aufbewahrt werden, schnell auf entsprechende Dokumente stoßen.

53 StArLB; undatierter Brief (ca. 1908) der Sängerin B.

54 Obermedizinalrat Dr. Felix von Gussmann; gehörte zum hofärztlichen Personal und war u. a. für die Mitglieder des Hoftheaters zuständig.

55 Unter den im StArLB lagernden Akten waren diese bisher jedoch nicht auffindbar.

56 Um diese Neufassung hatte es übrigens im ganzen Deutschen Reich heftige Auseinandersetzungen zwischen den Künstlern und den Intendanten gegeben. Im Oktober 1899 wurde ein Boykottaufruf »zur gefälligen Mittheilung an alle Collegen und Colleginnen« veröffentlicht, den »sämmtliche Künstler und Künstlerinnen des Deutschen, Lessing=, Berliner, Neuen, Residenz= und Schiller=Theaters zu Berlin« unterzeichnet hatten. In einem Kommentar zu den Vorgängen sprachen die *Münchner Neuesten Nachrichten* sogar ausdrücklich von einem »Bühnenkrieg« (Nr. 472 vom 13. Oktober 1899, S. 5).

57 In den folgenden Beispielen wurden die betroffenen Personen anonymisiert, da der Ruf eines Künstlers nicht nachträglich in irgendeiner Art und Weise geschmälert werden soll. Was man in einer individuellen Biographie nicht unterschlagen dürfte, konnte hier bedenkenlos entfallen. Für die Darstellung dieses Themengebietes ist die Zuordnung zu einer Person völlig unerheblich. Aufgrund der zwangsläufig einfließenden Fakten ist bei entsprechenden Nachforschungen eine Identifizierung meistens dennoch nicht zu vermeiden. Es soll an dieser Stelle lediglich noch darauf hingewiesen werden, dass es kaum eine Personalakte gibt, in der nicht auch ein Umschlag mit der Bezeichnung »Strafsachen« enthalten ist.

58 Bei dem angesprochenen Werk handelt es sich um eine komische Oper in drei Aufzügen (Musik von André Messager).

59 StArLB, Bestand E 18 V Bü 83.

60 Ebd.

61 Vgl. Rudolf Krauß, *Das Stuttgarter Hoftheater...* (wie Anm.2), S. 268 f.

62 Angelo Neumann, *Erinnerungen an Richard Wagner*, Leipzig 41907, S. 130 (Brief vom 8. Januar 1881).

63 Cosima Wagner, *Die Tagebücher*, Bd. 2: 1878–1883, ediert und kommentiert von Martin Gregor-Dellin und Dietrich Mack, München 1977, S. 1026 (Eintrag vom 17. Oktober 1882).

64 Entsprechender der Hinweis auf dem Theaterzettel. Auch bei den frühesten Aufführungen mit eigenen Kräften behielt man diese Praxis bei (Stuttgarter Premiere: 6. März 1888). Dass dies damals offenbar üblich war, bezeugt z. B. Eduard Hanslick; anlässlich der ersten Wiener Gesamtaufführung des »Rings« berichtete er, dass man »nach der ersten Walhallscene dem bei Wagner rastlos fortgaloppierenden Orchester mit einem Schlußaccord in die Zügel« falle und sich »einen Zwischenact von zehn Minuten« gönnte (Eduard Hanslick, *Richard Wagner's "Nibelungen=Ring" im Wiener Hofopperntheater*, in: *Musikalische Stationen*, Berlin 1880, S. 280).

65 Noch firmierte der Zyklus mit diesem Untertitel, wonach das »Rheingold« lediglich als Vorspiel betrachtet wurde; heute bewertet man alle vier Teile gleichrangig und bezeichnet deshalb das Werk als »Tetralogie«.

66 Über die Bevorzugung dieses Teiles war Wagner, wie die Tagebücher Cosimas berichten, ziemlich unglücklich; unter dem 17. Oktober 1882 heißt es z. B.: *Er klagt über die Torheit des Publikums, welches nur die Walküre liebe;* C. Wagner, *Die Tagebücher*, Bd. 2 (wie Anm. 63), S. 1026. Bezeichnend für die unterschiedliche Bewertung der vier Teile des »Rings« ist auch die damalige Kritik im »Neuen Tagblatt«, in der der Rezensent voraussagte, dass die »Walküre« »sich vielleicht am längsten auf dem Repertoire halten« werde; er fährt dann allerdings einschränkend fort: »Man wird aber wohl mit der Zeit darauf kommen, sie bis auf etwa die Hälfte zu kürzen« (Nr. 79 vom 7. April 1883, S. 3).

67 Seidl hatte der legendären »«Nibelungen-Kanzlei« angehört, die für die ersten Bayreuther Festspiele (1876) eingerichtet worden war und Wagner von einigen damit zusammenhängenden Arbeiten (Anfertigen von Partiturreinschriften oder Klavierauszügen) befreien sollte. Kaum bekannt ist, dass es im Richard Wagner-Theater noch einen zweiten Kapellmeister gab, der Seidl mehrfach bei den Aufführungen vertrat: es handelte sich um Paul Geißler, der in Stuttgart z. B. den »Siegfried« dirigierte.

68 Erst in der aktuellen Saison wird der neuinszenierte »Ring« wieder in zwei Teilen an je zwei Abenden mit einem dazwischenliegenden »Pausen«-Tag gegeben (s. Anm. 75).

69 A. Neumann (wie Anm. 62), S. 289.

70 Im Unterschied hierzu hatte der »Königliche Hoftheaterdecorationsmaler« Plappert das Bühnenbild zur 3. Szene angefertigt.

71 Stuttgarter Hofkapellmeister zwischen Mitte 1891 und Mitte 1894. Zumpe war ebenfalls in der bereits erwähnten »Nibelungen-Kanzlei« tätig.

72 6. Mai: »Rheingold«; 7. Mai: »Die Walküre«; 9. Mai: »Siegfried«; 11. Mai »Götterdämmerung«. Obrist war vom 1. September 1894 bis zum 31. August 1900 (und noch-

mals in der Spielzeit 1908/09) in Stuttgart tätig und ist hier in Zusammenhang mit der Künstlertragödie um Anna Sutter (1910) in trauriger Erinnerung.

73 Zyklus I: 20., 21., 23. und 24. Mai 1903; Zyklus II: 4., 7., 9. und 11. Juni 1903.

74 *Rückblick auf das Spieljahr* 1902–1903 am Königl. Hoftheater in Stuttgart und am Königl. Wilhelma-Theater in Stuttgart-Cannstatt, hrsg. von der Königl. Württ. Hoftheater-Intendanz, Stuttgart 1903, S. 5.

75 Erst in der diesjährigen Saison lässt man die einzelnen Stücke wieder sehr rasch aufeinander folgen: der Zyklus wird innerhalb von fünf Tagen gegeben (12., 13., 15., 16. bzw. 20., 21., 23., 24. April 2000), wobei diese Zeitspanne in zwei Abteilungen aus je zwei aufeinanderfolgenden Vorstellungen mit einem dazwischengeschalteten »Ruhetag« gegliedert ist. Sofern nicht – wie seinerzeit in Stuttgart – eine Zweitaufführung der »Walküre« stattgefunden hatte, ließ übrigens auch A. Neumann den »Ring« mit seinem »Richard Wagner-Theater« in dieser Weise aufführen.

76 Diese Vorstellung entfiel, da das Theater »wegen Ablebens Ihrer Königlichen Hoheit der Prinzessin Augusta von Sachsen-Weimar« (so der Wortlaut des entsprechenden Aushangs) zwischen dem 3. und 9. Dezember 1898 geschlossen war.

77 Nr. 280 vom 30. November 1898, S. 2505.

78 *Schwäbische Kronik*, Nr. 51 vom 1. März 1883, S. 317.

79 Es folgten noch am 31. Mai und am 29. Juni 1914 zwei weitere Aufführungen.

80 Vgl. die *Tagebücher* Cosima Wagners (Eintragungen zum 26. bis 30. Juli 1882; wie Anm. 63, Bd. 2, S. 984 f.).

81 Noch in den 1970er und 1980er Jahren wurde dem Programmheft der Württembergischen Staatstheater zum »Parsifal« eine faksimilierte »Bekanntmachung der Bayreuther Festspielleitung aus früheren Jahren« beigefügt, in der auf diese besonderen »Beifallsbestimmungen« hingewiesen wurde, und aus der dieses Zitat stammt.

82 Die aus Kragerö (Norwegen) stammende Elisa Wiborg (1867–1938) gehörte seit der Saison 1892/93 bis Mitte 1909 der Stuttgarter Oper an und glänzte hier v. a. in großen Wagner-Partien, von denen sie die Elisabeth (Tannhäuser) mehrfach auch in Bayreuth sang.

83 StArLB, E 18 VI Bü 1055 (Personalakten Elisa Wiborg).

Reste der Lusthaus-Architektur in der Ruine des ausgebrannten Hoftheaters.
Ansichts-Postkarte, 1902
In der Nacht 19./20. Januar 1902 (nach einer Vorstellung von Richard Wagners „Meistersinger“) wurde das Stuttgarter Hoftheater durch ein verheerendes Feuer völlig zerstört. An seiner Stelle wurde nachmals das Kunstgebäude errichtet

Stuttgarter Opernpremieren im Spiegel der Presse

Michael Strobel

Eine regelmäßige Berichterstattung über Aufführungen der Stuttgarter Hofbühne im heutigen Sinne gab es zu Beginn des 19. Jahrhunderts nicht. Die Stuttgarter Tageszeitungen brachten überhaupt keine Meldungen, während in auswärtigen Blättern wie der »Zeitung für die elegante Welt«, dem »Neuen teutschen Merkur« oder dem »Morgenblatt für gebildete Stände« gelegentliche Sammelberichte erschienen, die aber nicht alle Neuerscheinungen berücksichtigten. Das habe daran gelegen, schreibt Rudolf Krauß, dass die Journalisten nicht zu der stattlichen Schar der Freikartenempfänger gehörten, und die Tagesblätter es überdies gar nicht als ihre Aufgabe betrachteten, über Theaterereignisse zu berichten[1]. Will man sich dennoch orientieren, verbleiben als einigermaßen ergiebige Quellen zunächst nur die in Leipzig erscheinende »Allgemeine Musikalische Zeitung«[2], und, allerdings in weit geringerem Umfang, die von Robert Schumann herausgegebene »Neue Zeitschrift für Musik«[3].

Die Artikel spiegeln deutlich die Vorliebe des damaligen Publikums für die italienische Belcanto-Oper wider, also für die Werke Gioacchino Rossinis, Vincenzo Bellinis und Gaetano Domenico Maria Donizettis, die, sehr zum Leidwesen der Rezensenten, großen Zuspruch erhielten. Allein von Rossini wurden zwischen 1817 und 1830 sechzehn verschiedene Kompositionen gespielt. Die Opern erreichten Stuttgart meist schon wenige Jahre nach deren Uraufführung. Fremdsprachige Werke wurden mit deutscher Übersetzung gespielt.

Die Quellenlage verbessert sich beträchtlich in der Mitte des 19. Jahrhunderts mit dem erstmaligen Erscheinen des Stuttgarter »Neuen Tagblatts« Ende 1843[4], das eine regelmäßige Berichterstattung einführte und der sich die andere große örtliche Zeitung, der »Schwäbische Merkur/Schwäbische Chronik« ab 1851 anschloss[5]. Eine ausführliche, kontroverse, in stilistischer Hinsicht für heutige Verhältnisse oft anmaßende und offen chauvinistische Berichterstattung wurde nun üblich. In dem hier vorgegebenen Rahmen können nicht alle Besprechungen berücksichtigt werden, schon gar nicht in ihrer oft erstaunlichen Ausführlichkeit und Detailkenntnis. Es müssen Momentaufnahmen bleiben, die freilich den Tenor der jeweiligen Kritik aufzeigen. Neue Namen tauchen auf, wie der des jungen Giuseppe Verdi, 1844 erstmals mit »Nabucco« vertreten. Viele Neuerscheinungen kamen am Geburtstag des jeweiligen Herrschers zur Premiere. Manches von großer Zugkraft auf das Publikum, wie die Werke Meyerbeers oder auch die »Mignon« von Ambroise Thomas, die bis 1908 allein einhundert Aufführungen erlebte, sind heute von den Spielplänen nahezu verschwunden. Andere, wie die großen Musikdramen Wagners, die wegen eines Streits um die Aufführungsrechte erst relativ spät den Weg nach Stuttgart fanden, sind bis heute Publikumsmagneten geblieben. Einen weiteren Schwerpunkt bilden letztendlich die Werke von Richard Strauss, dessen enge Freundschaft mit dem Stuttgarter Hofkapellmeister Max von Schillings eine intensive Strauss-Pflege am Hoftheater ab 1906 begründete[6].

Genannt sind im folgenden die deutschen Aufführungstitel und gegebenenfalls in Klammer die Originaltitel, die Gattung nach der Angabe auf dem Programmzettel, Datum und Ort der Uraufführung (UA). Die Erstaufführung (EA) der Werke, auf die sich die Textauszüge der Rezensionen beziehen, fand am württembergischen Hoftheater in Stuttgart statt, sofern nicht anders bezeichnet. Auslassungen im Text sind mit [...] gekennzeichnet.

Luigi Cherubini ◆ Graf Armand [Les deux Journées ou Le Porteur d'Eau]. Oper in drei Akten. UA= Paris 1800, EA= 17. 2. 1804.

Mir fällt bey den gewöhnlichen Ouvertüren, die abgerissen, ohne Zusammenhang mit dem Ganzen dastehen, immer Cicero ein, der irgendwo sehr naiv erzählt: er pflege in seinen müssigen Stunden Einleitungen oder Exodien zu künftig zu schreibenden Werken aufzusetzen, aus welchem Vorrath er dann, wenn er ein neues Werk verfertigt habe, die schicklich-

ste herauswähle, um nun den Kopf dem Rumpfe wohl oder übel anzupassen. Diese Methode scheint nun auch manchen Komponisten gefallen zu haben. Es ist um so mehr zu verwundern, dass auch Cherubini sich unter ihnen befindet, da doch sein grosses Vorbild, Gluck, auch hier von der gemeinen Heerstrasse abging. Aber auch diese Ouvertüre, wie Cherubini sie nun einmal gegeben hat, und die einzeln betrachtet meisterhaft ist, durfte man sich nicht erlauben so zu verstümmeln, wie man gethan hat. Doch die Folge wird zeigen, dass dies auch nicht der Grund war, sondern – die zu große Länge derselben. Diese zu vermeiden, höre man wie sie kastriert wurde. Gleich die Wiederholung der ersten drey Takte in dem Andante molto sostenuto fand man unnöthig, und – strich sie. Das Übrige war so zusammenverwebt, dass es sich nichts nehmen liess. Desto ärger fiel man über das folgende Allegro her, dessen erste Hälfte von einhundert und elf Takten man gerade zu wegwarf, und das Allegro bey der zweyten Hälfte anfangen liess. Stärker konnte man dem Publikum seine Geringschätzung nicht bezeugen. Denn es war nichts weniger, als eine Erklärung der Unfähigkeit desselben, ein regelmäßiges Instrumentalstück zu beurtheilen, indem man den ersten Theil, der die Exposition des Thema und der Hauptideen in ihrer ursprünglichen Gestalt enthält, das, ohne welches man alles Folgende so wenig ganz verstehen kann, als die letzten Akte eines Schauspiels ohne die ersten, wegstrich, und mit der Verwicklung und der darauf folgenden Katastrophe anfing. [...]
Doch hat man die Ouvertüre überstanden, so steigt die Verwirrung nur noch mehr. Jedem, der den wichtigen Einfluß der ersten Romanze auf alle folgenden Scenen kennt, wird es unglaublich seyn, aber es ist wahr, dass diese Romanze ganz übergangen wird. Für diejenigen aber, die mit der ganzen Oper weniger bekannt, und durch die beliebte Sitte, eigenmächtig Stücke auszuschneiden, oder neue Lappen einzusetzen, an solche Gewaltthätigkeiten gewöhnt sind, möchte es nicht unnöthig sein, die wirkliche Unentbehrlichkeit dieser Romanze kurz zu erweisen. Ohne sie sind die wichtigsten Scenen unverständlich, und die entscheidendsten Momente lassen in dem Zuschauer eine Leere zurück, die er wohl fühlt, aber nicht erklären kann.

Leipziger *Allgemeine Musikalische Zeitung*, 10 (1807/08), Nr. 23, Sp. 361-365.

GIOACCHINO ROSSINI ◆ Elisabeth, Königin von England [Elisabetta, Regina d'Inghilterra]. Heroische Oper in zwei Akten. UA= Neapel 1815, EA= 27. 8. 1819.

Die Rolle der Elisabeth gab Dem. Stern, welche am Abend der ersten Vorstellung etwas befangen zu seyn schien; denn man vermisste an ihr die gewöhnliche Sicherheit und Freyheit im Spiel und Gesang; mehrere Hauptmomente der Rolle gelangen ihr indes recht gut, vornämlich der, in welchem sie ihre Nebenbuhlerin zwingt, den Ansprüchen auf die Krone zu entsagen, der auch in der Musik treffend gezeichnet ist. Die

Herren Häser und Krebs, als Norfolk und Leicester, trugen das ihre zum Gelingen des Ganzen bey; desgleichen Mad. Müller als Mathilde, welche ihre grosse, brav gearbeitete Arie aus Es dur vorzüglich rein und schön sang. Nächst dieser Arie gefiel das Duett, B dur, zwischen Elisabeth und Norfolk, desgleichen eines zwischen Mathilde und Leicester aus F moll, beyde im ersten Akt, und die grosse Scene mit Chor aus B dur, von Norfolk, gegen das Ende der Oper sehr. Norfolks Partie ist ursprünglich Tenor, hier aber glücklich und verständig für die Bassstimme eingerichtet. Das Gedicht der Oper ist, wie die italienischen Operngedichte gewöhnlich, flach und von wenig Interesse, die Musik im Ganzen meist ein Nachklang der übrigen Arbeiten des Compositeurs, welcher nur durch sinnigen kunstgeübten Vortrag der Sänger anziehend wirken kann. Der grösste Theil der, in Rücksicht ihres musikalischen Unwerths, unbedeutenden Recitative war in Prosa verwandelt, woran sehr wohl gethan war.
Leipziger *Allgemeine Musikalische Zeitung*, 22 (1820), Nr. 9, Sp. 147.

Gioacchino Rossini ◆ Richard und Zoraide [Ricciardo e Zoraide]. Große Oper in zwei Akten. UA= Neapel 1818, EA= 28. 5. 1820.

Richard und Zoraide gehört wohl zu den besten und gelungensten Arbeiten Rossini's. Wahrhaft zu bedauern ist es, dass sein schönes Kunsttalent auf so manche Ab- und Irrwege gerieth. Liebliche, anziehende, oft überraschende Cantilenen giebts in dieser Oper so gut, als in seinen übrigen; doch werden diese oft durch flache Gemeinplätze verwischt. Triller, Läufe, und Koloraturen jeglicher Art verfolgen und überbieten sich, und das zum Teil zwecklos überhäufte Gewirr und Gebrause aller Instrumente, nicht selten in den sonderbarsten nicht leicht zu beziffernden Modulationen, überrascht zwar, läßt jedoch Herz und Gemüth leer. Besonders gefielen dem Ref. zwey Duette im zweyten Act zwischen Richard und Agorant, und Richard und Zoraide, die auch vom Publikum mit vieler Theilnahme aufgenommen wurden, ein Quartett in E dur mit Chor vor dem letzten Finale, das sehr gut gearbeitet ist, und worin unter andern ein dreystimmiger Gesang ohne Begleitung lieblich ist: und das Finale selbst, das, kleine Einzelheiten abgerechnet kräftig, feurig und wirklich charakteristisch ist; sonst nicht Rossini's grösster Verdienst. Auch verdient noch Auszeichnung ein dreystimmiger, canonisch behandelter Satz aus C dur, und ein sehr freundlicher, sechsstimmiger Gesang aus As dur, welcher zum Theil mit Instrumenten durchwebt ist, beyde im ersten Finale. Die Oper gefiel, wenn auch nicht allgemein, da die Erwartungen überspannt waren.
Leipziger *Allgemeine Musikalische Zeitung*, 22 (1820), Nr. 44, Sp. 739.

Giacomo Meyerbeer ◆ Emma von Resburg [Emma di Resburgo]. Große Oper in zwei Akten. UA= Venedig 1819, EA= 28. 9. 1820.

Emma von Resburg, grosse Oper in zwey Aufzügen, von Meyer-Beer, ist im eigentlichen Sinne des Worts componirt. Wenige Gedanken zeichnen

sich durch Eigenthümlichkeit und Erfindung aus. Der pomphafte Luxus eines ganzen Heeres lärmender Instrumente, der fad-graziöse, charakterlose Singsang kann nur die Menge anziehen und ergötzen. Viele Stellen sind Rossini's unbestreitbares Eigenthum, der mancherley Wiederklänge aus deutschen Werken nicht zu gedenken. Dass Hr. Meyer-Beer den Satz versteht und correct schreibt, ist ihm nicht abzusprechen. Der Canon aus F dur im ersten Finale erinnert zu sehr an den in Richard und Zoraide, nur ist er bey weitem nicht so lieblich und natürlich fliessend als jener. Das Thema beginnt das Violoncell, begleitet von obligaten Pauken. Diess möchte vielleicht des sonderbaren Contrasts halber neu seyn. Edmunds Arie im zweyten Akte, wo er sich verzweiflungsvoll seinen Feinden überliefert, liegt die wohlbekannte Melodie eines fröhlichen Tiroler-Liedes zum Grunde. Emma's Arie vor dem Schlusse der Oper (denn ein eigentliches Finale hat sie nicht) ist eine Nachahmung der: di tanti palpiti. Die Ouvertüre ist eine wahre Olla potrida. Der Bardengesang mit Harfenbegleitung und Emma's darauf folgende Arie sind zart und freundlich. Das Chor der Richter hält Ref. für eins der besten und wohlgelungensten Stücke der ganzen Oper. Die Übersetzung des Stücks, welches dem Grafen von Arles, oder der Oper: Helene nachgebildet, aber seichter und langweiliger ist, ist ohne poetischen Werth, Sänger und Orchester wetteiferten, sich Ehre zu machen; auch die Chöre gingen recht gut.
Leipziger *Allgemeine Musikalische Zeitung*, 23 (1821), Nr. 13, Sp. 209.

Gioacchino Rossini ◆ Othello, der Mohr von Venedig [Otello ossia Il Moro di Venezia]. Große heroische Oper in drei Akten. UA= Neapel 1816, EA= 9. 2. 1821.
Noch sahen wir an Neuigkeiten: Othello, den Mohren von Venedig, von Grünbaum recht brav übersetzt, mit Musik von Rossini, zum Vortheile des Hrn. Krebs. Ref. stimmt dem richtigen und sinnreichen Urtheil über diesen Tonsetzer, und namentlich über dessen Othello in No. 47 dieser Blätter vom 22sten Nov. 1820 vollkommen bey. Der Beifall, der bey uns dieser Oper, trotz der guten und in einander greifenden Darstellung zu Theil ward, war im Ganzen getheilt. Besondere Auszeichnung erhielten: die Duette, wovon das eine im ersten Akt aus B dur zwischen Rodrigo und Jago (den Herren Hambuch und Häser), das zweyte zwischen Othello und Jago aus A dur, im zweyten Akt befindlich ist, sodann das kleine Duett aus G dur zwischen Desdemona und Emilie (den Desm. Stern und Hug) und die Arie des Rodrigo mit obligater Clarinette, welche Herr Hambuch sehr brav vortrug. Hr. Krebs als Othello, spielte besonders im letzten Akte recht gut. Fast allgemein schien man zu tadeln, dass derselbe in afrikanischem Costüme erschien, welches überdem nichts weniger als geschmackvoll war.
Leipziger *Allgemeine Musikalische Zeitung*, 23 (1821), Nr. 13, Sp. 210/211.

Gioacchino Rossini ◆ Die Jungfrau am See [La Donna del Lago]. Oper in zwei Akten. UA= Neapel 1819, EA= 13. 3. 1822.

Die Jungfrau am See hat einzelne recht allerliebste Gesangsstücke, welche von der gewöhnlichen Schreibart Rossini's wesentlich abweichen; die meisten Stücke dieser Oper sind jedoch flach, charakterlos, und Melodie und Harmonie aus seinen übrigen Werken buchstäblich abgeschrieben. Nicht ohne Originalität und brav gearbeitet ist der Bardenchor im ersten Finale mit Harfen, wo die Grundidee derselben durchaus von den Singstimmen im Einklang verschiedenemal wiederholt, und von dem Orchester in figurierten Sätzen begleitet wird. Dem. Stern und Hr. Pezold, jene als Jungfrau, dieser als Malcolm, wetteiferten um den Beifall des Publikums.

Leipziger *Allgemeine Musikalische Zeitung*, 24 (1822), Nr. 37, Sp. 605.

Carl Maria von Weber ◆ Der Freischütz. Oper in drei Akten. UA= Berlin 1821, EA= 12. 4. 1822.

Erste genannte Oper wurde nicht nur im Allgemeinen mit dem glänzensten Beyfalle aufgenommen und in einem kurzen Zeitraume beynahe an zwölfmal bey stets überfülltem Hause wiederholt, sondern auch jedes einzelne Musikstück mit Enthusiasmus ausgezeichnet, und spricht noch fortwährend durch die Fülle und Tiefe der Harmonie und Melodie lebhaft an. Auch hier hat es jedoch, so wie an manchen andern Orten, nicht an musikalischen Finsterlingen gefehlt, die geheim und öffentlich, nach Rabulisten Art, dieses Werk mit liebloser Tadelsucht, die in unserer Zeit, freylich nicht zum Besten der Kunst, überhand nimmt, ohne sich auf ein gründliches Urtheil oder eine ruhige Beleuchtung ihrer Meinung einzulassen, herabzuwürdigen sich bemühen, und nur dem Aftergeschmacke des Auslandes huldigen. Der Wahlspruch dieser Herren scheint zu seyn: Et nul n'aura d'esprit hors nous et nos amis! – Die Darstellung von Seiten des Sängerpersonals, so wie die Leistungen unserer Hofkapelle verdienen das gerechteste Lob; auch war von Seiten der Direction für die würdige äussere Ausstattung dieser Oper in Maschinerie und Dekoration wohlgesorgt. [...]

Besonderen Eindruck machte das Jägerchor, welches beynahe jedesmal wiederholt werden musste. Möchten nur die Herren und Damen in dem äusserst gefälligen Spottlied weniger stark auftragen, weil die Gränzen des Anständigen zu leicht überschritten werden, und die gemeine Wirklichkeit nie schön auf der Bühne ist. So sollte billig das Braut-Jungfern-Chor, welches überdem in einem etwas zu raschen Tempo gespielt wurde, zarter und inniger vorgetragen werden, und keine Stimme vor der andern hervortreten.

Leipziger *Allgemeine Musikalische Zeitung*, 24 (1822), Nr. 37, Sp. 604 f.

Emil Holm (1867–1950)
Sänger an der Stuttgarter Hofoper 1900–1914.
In der Rolle des Kaspar in Carl Maria von Webers »Der Freischütz«

Giacomo Meyerbeer ◆ Der Kreuzritter in Egypten [Il Crociato in Egitto]. Oper in zwei Akten. UA= Venedig 1824, EA= 13. 6. 1828.

Einzelne Schönheiten und sehr gelungene Stellen hat die Musik allerdings; doch besteht sie im Ganzen aus Compilationen oft gehörter Motive und Gedanken aus Werken älterer und neuerer Meister, oft glücklich, oft zufällig an einander gereiht; zudem waltet eine knechtische Copie Rossini'scher Rhythmen, Modulationen und Manieren vor. Schon der verewigte C. M. von Weber, ein Freund des jungen Komponisten, hat es beklagt, dass derselbe sich auf Abwegen befinde. Auch wir bedauern, dass das wirklich vorhandene, einst so viel versprechende Kunsttalent des Hrn. Meyer-Beer dem verbildeten Geschmacke des Auslands fröhnend, von Ostentation und Gefallsucht verführt, es verschmäht, seinem lieben deutschen Vaterlande ein der Kunst und der Besseren und der Kunst-Verständigen seiner Zeit würdiges Werk zu schaffen, das ihn und seine Zeit überleben könnte. Unsere Theater-Direction hat so wohl den Kreuzritter als die Eroberung von Corinth reichlich mit neuen Costümes und schönen Decorationen ausgeschmückt, und weislich Kapellmeister Lindpaintner die Längen und Breiten beyder Compositionen nebst vielen schalen Wiederholungen abgekürzt.

Leipziger *Allgemeine Musikalische Zeitung*, 30 (1828), Nr. 35, Sp. 578 ff.

Gioacchino Rossini ◆ Tell [Guillaume Tell]. Heroisch-romantische Oper in vier Akten. UA= Paris 1829, EA= 26. 5. 1830.

Über Rossini's Tell sind die Meinungen sehr verschieden, und nie ist über eine Oper und ihren dramatischen und musikalischen Werth mehr unter uns geeifert und gestritten worden, am meisten dagegen. Möchte Ref. es gleich auch nicht als das Höchste und Vortrefflichste gelten lassen, so weicht doch Rossini's Arbeit und sein Streben nach etwas Vollendeterem und Besserem so sehr von allen seinen übrigen bisherigen Leistungen ab, dass er nicht umhin kann, seinem großen Talente und seinem gelungenen Werke volle Gerechtigkeit widerfahren zu lassen. In diesen Blättern befindet sich von der verehrlichen Redaction derselben eine kritische Beleuchtung des Rossini'schen Tell, bey Gelegenheit der Anzeige des Klavierauszuges dieser Oper, welcher Ref. seinen Beyfall nicht versagen kann; wenn auch im Einzelnen seine Ansicht hin und wieder abweichend seyn sollte, und er vornämlich die deutsche Übersetzung nicht durchgängig als glücklich aufgefasst und wiedergegeben betrachtet, auch mit der Unterlegung der deutschen Worte unter den Originaltext nicht immer einverstanden ist. Die Aufführung dieser Oper war bey uns sehr gelungen zu nennen, und die Abkürzung einiger Musikstücke zeigten von Einsicht und Theaterkenntnis.

Leipziger *Allgemeine Musikalische Zeitung*, 32 (1830), Nr. 33, Sp. 536 f.

Carl Maria von Weber ◆ Oberon, König der Elfen [Oberon or The Elf King's Oath]. Romantische Feenoper in drei Akten mit Tänzen. UA= London 1826, EA= 10. 4. 1831.

Wenn diese Oper nicht durchaus den allgemeinen glänzenden Beyfall erhielt, den man von ihrem Erscheinen erwartete, so liegt die Schuld wohl hauptsächlich daran, dass man allzu gespannt auf die Resultate dieses Kunstwerkes war und doppelt hohe Anforderungen an dasselbe machte. Wir sind indess der Meinung, dass bey öfteren Wiederholungen dasselbe eine ausgedehntere und grössere Anerkennung finden wird. [...] Die Ouvertüre fand, wie früher in den Concerten, auch im Theater stets rauschenden Beyfall. Die wunderliebliche Introduction wurde von den Eingeweihten gewiss gefühlt und verstanden, ging bis jetzt aber von Seiten der Beyfall zollenden Menge lautlos vorüber. Kein besseres Schicksal hatte das erste Finale. Dasselbe ist schön gearbeitet: aber nicht aus einem Gusse. Die Solostellen der Rezia inmitten des auf eine bizarre Weise behandelten wahrhaft nationell-türkisch seyn sollenden Themas von wenigen Tacten, welches einen wunderbar originellen Contrast mit jenen bildet, streifen, wie mich däucht, allzu sehr an Rossini's Form und Manier. Das zweyte köstliche, überaus liebliche, eben sowohl harmonisch als melodisch fein ausgearbeitete Finale, hätte einer lebhaftern und dankbarern Auszeichnung gewürdigt werden sollen. Rezia's kleine Romanze (die Vision) sprach allgemein an, desgleichen ihre grosse Arie, welche jedoch die Sängerin Dem. Haus in Ton und Geberde zu stark auftrug, und sich einige Male übernahm. Störend wirkte auf Ref. in dieser Arie die Reminiscenz aus der stretta der Ouvertüre, da diese Stelle sich für Instrumente wohl eignen, keineswegs aber für die menschliche Stimme, und überdem für den begeisternden Ausdruck der Situation etwas Unedles, Gemeines, Walzerartiges enthalten. Das Recitativ vor der Arie ist trefflich, und rein declamatorisch; so wie namentlich alle Recitative in der Oper als sehr gelungen betrachtet werden können. [...] Nur das schwache, auf Stelzen einherschreitende Machwerk des Poeten erregte mitunter Unlust, Widerwillen und Langeweile. An Wieland's höchst treffliches Gedicht darf man nun freylich ganz und gar nicht denken.

Leipziger *Allgemeine Musikalische Zeitung*, 33 (1831), Nr. 33, Sp. 544 ff.

Daniel François Esprit Auber ◆ Fra Diavolo, oder Das Gasthaus in Terracina [Fra Diavolo ou L'Hôtellerie de Terracine]. Komische Oper in drei Akten. UA= Paris 1830, EA= 8. 6. 1831.

Sodann gab man uns noch Auber's »Fra Diavolo oder das Gasthaus in Terracina« zum Besten. Einige musikalisch-charakteristische Züge, namentlich in den Chören, liebliche Melodien in den eingeflochtenen Barcarolen, Zerlinens Lied an Fra Diavolo, ein sehr ansprechendes Zankduett zwischen dem Engländer und seiner Frau, dann Zerlinens Liedchen vor dem Spiegel beym Schlafengehen und ihr Gebet, höchst einfach und

gesangreich, auch in den begleitenden Stimmen sinnig, so wie der Anfang des zweyten Finals sind Lichtpuncte der Composition. Die Ouvertüre, deren Einleitung etwas verspricht, und die Erwartungen des Hörers nicht wenig spannt, möchte wohl am allerwenigsten zu loben seyn. Die Musik dieser Oper scheint überhaupt seichter und flüchtiger gearbeitet, als alle früheren Arbeiten des talentvollen Tonsetzers, eine Mode-Musik unserer Tage, bey welcher man sich nebenbey noch allerley Anderes denken kann, ohne den Faden der Ideen zu verlieren. Sie gefiel bey uns ausserordentlich; wurde aber auch recht gut gegeben, war mit Fleiss in Scene gesetzt, und mit neuen Decorationen und Costüms reichlich ausgeputzt.
Leipziger *Allgemeine Musikalische Zeitung*, 33 (1831), Nr. 33, Sp. 547.

VINCENZO BELLINI ◆ Die Unbekannte [La Straniera]. Romantische Oper in zwei Akten. UA= Mailand 1829, EA= 18. 11. 1832.

Bellini's Composition ist in der Tat ein aus alter und neuer, klassischer und moderner Musik, im eigentlichsten Sinne, zusammengesetztes Werk, welches daher auch aller Einheit, Wahrheit und Eigenthümlichkeit ermangelt. Diese Oper sprach weder das erste Mal, noch bey ihrer Wiederholung an, trotz des trefflichen Gesanges unserer ausgezeichneten Canzi und den Bemühungen der übrigen braven Künstler unserer Bühne. Unbegreiflich ist, dass diese Oper irgendwo in Deutschland, wie dieses z. B. nach öffentlichen Berichten in Wien der Fall gewesen seyn soll, wirklich gefallen konnte; denn dass man sie in Italien nicht nur goutierte, sondern den Componisten bis an die Sterne erhob, wird Niemanden bey dem jetzigen Kunststandpuncte daselbst Wunder nehmen. Das Buch, nach Romani, ebenso flach von Hrn. Ott übersetzt, als es das Original ist, war dem sämtlichen Publicum, worunter auch Ref. gehört, durchaus unverständlich und dunkel, und die Intendanz hätte wohl daran gethan, dem Beispiele der Wiener Theaterdirection zu folgen und uns ein eigenes Programm zu einiger Verständlichkeit des Ganzen zum Besten zu geben. Hoffentlich wird man uns durch eine abermalige Wiederholung dieser Oper nicht mehr einen ganzen langen Abend hindurch langweilen.
Leipziger *Allgemeine Musikalische Zeitung*, 35 (1833), Nr. 5, Sp. 78.

CARL MARIA VON WEBER ◆ Euryanthe. Romantische Oper in drei Akten. UA= Wien 1823, EA= 13. 3. 1833.

Über die gewiss werthvolle, oft geistreiche Composition derselben, desgleichen über das Sujet zu dieser Oper und dessen Bearbeitung noch Einiges sagen zu wollen, wäre unstatthaft und überflüssig. Ref. führt daher nur an, dass es nicht mit dem Enthusiasmus aufgenommen wurde, den man sich von einer größeren Arbeit des Compositeurs des Freyschützen versprochen hatte. Ohne Zweifel aber waren die Ansprüche zu überspannt. Ein Theil lobte das Werk über alle Maassen; der andere liess ihm

zu wenig Gerechtigkeit widerfahren. Die Darstellung der Oper, welche bald, und zwar mit weit mehr Beyfall als das erste Mal wiederholt wurde, war sehr gelungen zu nennen.
Leipziger *Allgemeine Musikalische Zeitung*, 35 (1833), Nr. 36, Sp. 604 f.

GIACOMO MEYERBEER ◆ Robert der Teufel [Robert le Diable]. Große romantische Oper in fünf Aufzügen. UA= Paris 1831, EA= 12. 2. 1834.
Die einzige neue, längst erwartete Oper, welche in diesem Jahr zur Darstellung kam und im Februar zuerst gegeben wurde, war Meyerbeer's »Robert der Teufel«, deren Erscheinen wir mit der gespanntesten Erwartung entgegensahen. Die ersten Vorstellungen derselben waren bey aufgehobenem Abonnement mit Musik- und Kunstfreunden und Schaulustigen von nah und fern jedes Geschlechts und Alters auf allen Plätzen überfüllt; doch fand das müh- und sorgsam einstudierte, trefflich ausgeführte Werk von Seiten unseres besten Sängerpersonals und der vielfach gut besetzten Chöre sowohl, als durch das meisterhafte Ineinanderwirken unserer ausgezeichneten Hofkapelle, unter Leitung des sehr verdienstvollen Musikdirektors Molique, sogar trotz der reichen äusseren Ausstattung durch Costüme, Maschinerie und Decorationen nicht die glänzende Aufnahme vom Publikum, welche man sich davon versprochen hatte. Bis jetzt hatten sechs Darstellungen statt; bey den letzteren jedoch war das Haus nur sehr mäßig besetzt und der Beyfall stets im Abnehmen. [...]
Es sind viele einzelne wohlgelungene Stellen und manche gesang- und melodienreiche Nummern darin vorhanden; auch sind die Charaktere in ihren Grundzügen gut aufgefasst, aber selten ganz treu der Anlage nach motiviert und durchgeführt; auch ist das ganze nicht in einem Gusse componirt: der Verfasser hat in seiner Musik gleichsam ein Compendium von echt teutscher, alt- und neuitalienischer Musik und von französischer geliefert, und kühne ausgreifende Modulationen, oft ganz ohne Zweck und Grund nicht gespart, und alle erdenklichen Kunstmittel, welche sein absichtliches Streben nach Originalität beurkunden, zu Hülfe genommen. Diese Bizarrie aber fällt nicht selten sogar ins Burleske, und befremdet, überrascht zwar anfänglich, kann aber nicht fesseln, weil durch die allzugehäufte tobende Instrumentierung die wirklich sich dem Ohre des Hörers hin und wieder darbietenden melodisch-harmonischen Schönheiten untergehen und wie Blitze leuchten und verschwinden. Auch dürften wohl im Ganzen in dem Werke allzuwenige Stellen seyn, die sich sogleich nachsingen, im Gedächtnis behalten und zu Hause als eine liebgewordene Reminiscenz wiederholenlassen; weshalb diese Oper auch nie auf Popularität wird Anspruch machen können. Über das Sujet der Oper liesse sich allerdings so Manches sagen, und mehr noch, als zur Ehre des geschmackvollen und gesitteten teutschen Publikums zu verschweigen dem Ref. rathsam scheint. Genug, dass es vielen Anstoss gab.
Leipziger *Allgemeine Musikalische Zeitung*, 36 (1834), Nr. 29, Sp. 479 ff.

Gaetano Donizetti ◆ Anna Boleya [Anna Bolena]. Große tragische Oper in zwei Aufzügen. UA= Mailand 1830, EA= 13. 2. 1835.

Donizetti ist ein beliebter Mann in Italien; in Folge dieser Oper hat man ihn zum Professor des Contrapuncts am Conservatorio zu Neapel ernannt, – wohl kein unbeachtenswerther Beweis, wie schlecht es jetzt um den italienischen Contrapunct gegen ehedem steht. Ich wenigstens konnte in dieser Oper nichts finden, wodurch ihr Verfasser irgend eine Gewandheit im contrapunctischen Style bestätigt hätte. Als ein genialer Schöpfer ansprechender Melodien zeigt er sich, und sehen wir von der Ausdehnung vieler concertirender Gesänge, die dem raschen Fortschreiten der Handlung, das nothwendige Bedingung ist in der Oper, empfindlichen Einhalt thun, und sehen wir ab von den langweiligen Cabaletten, worin die italienische Mode dem deutschen Geschmacke schnurstracks zuwiderläuft, so muß sie ihm immer als ein Verdienst angerechnet werden, die wunderbare Leichtigkeit, mit welcher er fremde Gedanken und fremde Dichtungen in seiner eigenen Werkstätte als scheinbares Selbstproduct zu handhaben weiß. Zur Präcision oder Bestimmtheit des Ausdrucks, welche nicht blos die kalte Regel, sondern auch das eigentliche Wesen der wahrhaften Schöne von jedem Kunstwerke fordert, hat das freilich wenig beigetragen. Ich möchte mich allenfalls anheischig machen, unter manche Nummer einen ganz andern Text, als den vorhandenen, zu legen, und kein Mensch sollte einen Widerspruch oder geringere Angemessenheit zwischen Text und Musik wahrnehmen, als er sie jetzt findet.
Neue Zeitschrift für Musik, 3 (1835), Nr. 16, S. 63f.

Albert Lortzing ◆ Der Wildschütz, oder Die Stimme der Natur. Komische Oper in drei Akten. UA= Leipzig 1842, EA= 12. 6. 1846 (Wilhelma-Theater).

»Die Axt im Haus erspart den Zimmermann«, sagt Lortzing mit Tell, und macht sich selbst das Wortgerüste zu seinen Opern. Diese Zweisamkeit von Librettist und Componist hat wenigstens das Gute, daß sie einander keine Vorwürfe machen können, wenn ihr Werk nicht gefällt. […] Von dem Inhalte braucht man wohl nichts zu sagen, es ist ja sprichwörtlich geworden: »sinnlos wie ein Operntext!« Lortzing kann man diesen Vorwurf nicht machen, denn seine Texte sind alle, wenn auch nicht gerade gut, doch amüsant; anders aber steht's mit dem musikalischen Werthe seiner Opern; als Librettist ist er sich gleich geblieben, als Componist aber zurückgegangen.

›Zar und Zimmermann‹ hat seinen Ruf begründet, alles, was er nach diesem gebracht, rechtfertigte die Erwartungen, welche man von ihm hegte, nicht ganz, indeß ist von ihm, der jetzt in der Blüthe seiner Jahre stehend, mit ungeschwächter Kraft fortschafft, noch viel Schönes zu erhoffen. […] Die Liebenswürdigkeit von Lortzing's Charakter spiegelt sich ganz in sei-

nen Compositionen wider, die bei dem ersten Anhören dem Ohre der Zuhörer eben so wohl thun, wie das erste Zusammentreffen mit dem Componisten schon für ihn einnehmen muß. [...] Die Musik aber steht weit hinter der des »Zar« zurück und leidet nicht selten an Längen und an Originalitätsmangel. Auch sind viele Elemente darin, die eigentlich mehr der Posse, als der Komischen Oper angehören. [...] Die Ensemblestücke sind am besten gelungen; das vor dem Finale des ersten Aktes die vorzüglichste Nummer des Ganzen. Auch im dritten Akt findet sich manches Interessante. Vom zweiten, sehr in die Länge gesponnenen Akte läßt sich Besonderes nur sagen, daß er in etwas ungewöhnlicher Weise mit einer Arie schließt. [...] Das Haus war ziemlich besetzt; vieles wurde applaudirt, überhaupt das Ganze sehr beifällig aufgenommen.
Im Dialog, besonders des ersten Aktes, wären einige Kürzungen nicht unangebracht; die Häufung der Aequivoquen wird zuletzt doch sehr unangenehm.
Stuttgarter *Neues Tagblatt*, Nr. 138, 16. 6. 1846.

Peter Lindpaintner ◆ Lichtenstein. Oper in fünf Aufzügen. UA= 26. 8. 1846.
Man darf wohl sagen, daß nicht wohl bald eine Theatervorstellung mit größerer Spannung, mit höher geschraubten Erwartungen, mit gesteigerterer Sehnsucht entgegengesehen wurde, als der ersten Aufführung des »Lichtenstein«. [...] Seit lange vorbereitet, wußte man, daß alle Sorgfalt und große Kosten auf Costüme und Dekorationen verwendet wurden, einen Monat lang fanden tägliche Proben und Einübungen statt. – Der verhängnisvolle Tag erschien, das Haus war von unten bis oben stark besetzt; Kopf drängte sich an Kopf, und erfreute man sich Anfangs des schönen Hauses und der Beleuchtung, so folgte man bis zum Ende trotz der ungewöhnlich langen Dauer dem ganzen Gange der Handlung und der Musik mit unermüdlicher Aufmerksamkeit. – Bis hieher Einigkeit – von da an Meinungsverschiedenheit, Debatten, Divergenz. – Die Einen verdammten plötzlich Text und Musik als sehr mittelmäßig, ungenügend, undramatisch; die Andern von dem schönen Hause, dem beliebten Gegenstande, – der entfalteten Pracht bestochen, erhoben Alles bis in den Himmel; doch ist die Zahl der Ersteren die bei Weitem überwiegende. [...]
Fassen wir zunächst das Libretto in's Auge, so müssen wir anerkennen, daß sich der »kosmopolitische Nachtwächter« wenigstens im dichterischen Schwunge, in herrlich gewählten Worten nicht verläugnet, wogegen – um von Anderem nicht zu reden, der Dichter zwar sein lyrisches, nicht aber sein dramatisches Talent bekundet hat. Es fehlt fast ganz an dramatischen Effekten und die Liebes-Intrigue ist so arm an interessanten Situationen, daß man kaum weiß, wo sie beginnt und wo sie aufhört. Der schöne von Hauff gelieferte Stoff hätte bessere Ausbeute geboten. Zur Composition übergehend, müssen wir uns vor Allem über die unge-

bührliche Dehnung, welche der Schönheit wesentlich Abbruch thut und unnöthig ermüdet, ja die besten Effekte vollends vernichtet, aussprechen. Dieses interessante Tonwerk würde durch eine Kürzung sicherlich nur gewinnen können, denn es enthält trotzdem des Schönen so viel, daß mit Recht behauptet wird, es sey Lindpaintner's gelungenste Opern-Composition.
Stuttgarter *Neues Tagblatt*, Nr. 205, 3. 9. 1846.

GIACOMO MEYERBEER ◆ Der Prophet [Le Prophète]. Oper in fünf Akten. UA= Paris 1849, EA= 31. 3. 1851.

Auch seine neueste Oper ist chaotisch. Die trefflichsten Motive schwimmen fragmentarisch in einem Strudel überwältigender Choral- und Instrumentalmusik, es ist keine Sonne da, die diese rohen Elemente scheidet und in ein ebenmäßiges Zusammenwirken bringt.
Bei aller Pracht der Instrumentation, bei allen Anstrengungen der vollendetsten Künstler unserer Bühne bleiben wir, was den musikalischen Inhalt dieser Oper betrifft, unbefriedigt, und da ohnedies keine Würze in der dramatischen Handlung selbst ist und dieselbe nur peinliche, eine christliche Sekte verhöhnende, traurige Bilder an uns vorüberführt, so wird uns selbst der Genuß der lieblicheren und großartigen Bilder, wie sie der dritte und vierte Akt uns vorstellt, vermindert. Ohne die verschwenderische Pracht, mit der diese Oper auf unserer Bühne vorgeführt wird, könnte sie sich schwerlich lange halten; dadurch allein zieht sie ein Publikum herbei, das sich aber an diesen schönen Bildern gewiß mehr ergözen würde, wenn sie nicht in einer Oper, sondern in einem Ballette erschienen; denn fünfeinhalb Stunden lang die Anstrengungen unseres Orchesters und Sängerpersonals zu untergeordneten Dienern einer prunkhaften Scenerie zu machen, ist mehr als Fleisch und Blut auf die Länge ertragen können.
Schwäbische Chronik, Nr. 79, 2. 4. 1851

Daß Meyerbeer auch dieser Oper keine Ouvertüre beigegeben, in der er einige der schönsten Motive hätte einverleiben können, müssen wir bedauern. Eine gute Ouvertüre ist die Essenz einer ganzen Oper, und manche Oper lebt nur noch in ihrer Ouvertüre fort. Man hat schon Zweifel aufgestellt (z. B. P. Scudo in der Revue des deux Mondes), ob Meyerbeer ein rein instrumentales Werk ohne Beihilfe einer dramatischen Handlung schreiben könne. Dies würde auch erklären, warum dieser vollendete Meister der Instrumentation keine Symphonien schreibt. [...] Herr von Lindpaintner, der mit seinem Orchester, nach wenig Hauptproben ein so kompliziertes Stück so vollkommen aufführte, hat bewiesen, daß er eine Tonschule geschaffen, die ihren Ruhm in ganz Deutschland verdient. [...] Der königl. Intendanz gebührt der Dank für die prachtvolle Ausstattung, die uns mit dem Glanz Pariser- und Londonertheater in unserer kleinen Vaterstadt beschenkt hat, und der nicht nur die Einwohner Stuttgarts,

sondern auch die an der Eisenbahn gelegenen Städte schaarenweise herbeiziehen muß; denn wenn wir es auch für unsere Pflicht gehalten haben, auf den Mangel der Musik aufmerksam zu machen, so können wir doch nicht anders als das ganze Publikum zu so selten genossenen Sinneneindrücken einzuladen.
Schwäbische Chronik, Nr. 80, 3. 4. 1851.

Giuseppe Verdi ◆ Rigoletto. Oper in vier Akten. UA= Venedig 1851, EA= 30. 1. 1853.

Der vorteilhafte Ruf, der diesem Werk vorausging, und die Spannung, welche durch die wegen Unpäßlichkeiten lange verzögerte Aufführung gesteigert wurde, sicherte dieser Oper eine rege Theilnahme zu, und wenn der Erfolg den Erwartungen vollkommen entsprach und dieses Werk sich eines großen Beifalls erfreut hat, so darf nicht außer Acht gelassen werden, daß mit einer Besetzung, wie die gestrige war, eine neue italienische Oper gewiß ist, Effekt zu machen, wenn sie auch in rein musikalischer Hinsicht keinen hohen Werth hat. Wir gestehen, daß wir mit großen Vorurtheilen gegen Verdis Musik seinem neuesten Werk zuhörten, und daß der erste Akt mit seiner trivialen Kirchweih- und Parademusik uns keineswegs in eine gute Stimmung versetzte. Im Verlauf der Oper zeigte sich aber eine würdigere Haltung, und mehrere konzertirte Gesangsstücke, besonders das Duett im zweiten Akt mit seiner dumpfen Baßbegleitung und das Quartett im vierten Akt mit der charakteristischen Tonmalerei eines Mitternachtssturmes, verraten eine großartige Auffassung und eine geübte Meisterhand. Auch enthält die Oper sehr viel Zartes, namentlich in der Begleitung der Solos, und es ist im Allgemeinen viel weniger Lärm darin zu finden, als in vielen andern neuen Opern. An Melodien und selbst an neuen Melodieformen war Verdi immer arm und steht darin weit unter Bellini und Donizetti; diesem Mangel sucht er durch eine effektreiche Instrumentierung und durch eine zwar oft gemeinpläzige, aber doch stets lebhafte Leidenschaftlichkeit abzuhelfen. Durch die Sorgfalt, die er auf das Orchester verwendet unterscheidet er sich von den andern neuern italienischen Meistern, welche, mit Ausnahme von Mercadante und Baccaj, den Hauptwerth auf melodiöse Arien und Duette legen, da das italienische Publikum in der Oper plaudert und nur auf die Musik hört, wenn die Prima Donna ihre Bravourarie singt. [...]
Im Ganzen besitzt diese Oper, wenigstens vom zweiten Akte an, viel Charakter, und dürfte wohl als das gelungenste Werk dieses vielschreibenden jungen Maestros sich erweisen. Die Sparsamkeit der von ihm sonst so gerne angewandten schroffen Kontraste ist aber um so mehr zu loben, als das Sujet dieser Oper zu den gräßlichsten und peinlichsten gehört, mit denen je ein Publikum in Spannung und Gefühlsaufregung versetzt wurde.
Schwäbische Chronik, Nr. 27, 2. 2. 1853.

GIACOMO MEYERBEER ◆ Der Nordstern [L'Etoile du Nord]. Komische Oper in drei Akten. UA= Paris 1854, EA= 27. 9. 1854.

Zwar ist der Nordstern nicht unbedingt eine neue Oper zu nennen; ein bedeutender Theil derselben bildete die Glanznummern einer festlichen Gelegenheitsoper, das Feldlager von Schlesien, die in Berlin 1844 mit einer Begeisterung aufgenommen wurde, an welcher außer der Musik auch das preußische Nationalgefühl mitwirkte. [...]
Die so umgewandelte Oper ist bis jetzt nur in Paris gegeben worden, wo sie dieses Frühjahr in der Opera-Comique zum erstenmale aufgeführt wurde; ihre Aufführung auf unserer Bühne darf daher als ein bedeutendes musikalisches Ereignis betrachtet werden, indem das Resultat derselben einen nicht geringen Einfluß auf die Aufnahme dieser Oper in Deutschland haben muß. Daß Meyerbeer der vom Publikum mit dem größten Danke anzuerkennenden Einladung unserer k. Intendanz aufs Bereitwilligste entsprochen hat und hieher gekommen ist, um persönlich die Proben und die erste Aufführung zu leiten, verleiht dieser nun auch in ihrem neuen Gewande zu festlicher Gelegenheit dienenden Oper einen eigenthümlichen Reiz, und als Beweis, mit welcher Liebe und Aufopferung das ganze mitwirkende Personal zum Siege des bis jetzt stets siegreichen dramatischen Tondichters beizutragen strebt, dient die Thatsache, daß unsere Bühne in kaum zwei Monaten und mit nur drei Generalproben dasselbe zu leisten unternommen hat, was in Paris sechs Monate und fünfzig Generalproben, auch unter Meyerbeers Leitung, erfordert hat.
Schwäbische Chronik, Nr. 227, 26. 9. 1854.

Daß dies Meyerbeer gelungen ist, daß er ein Werk geschaffen, das mehr Einheit, mehr Abrundung, mehr entschiedenen Charakter und mehr Melodienreichthum und weniger schroffe Harmoniekontraste hat, als seine früheren Hauptwerke, daß dadurch diese Oper Leben und Kraft genug erhält, um die schleppende Handlung vergessen zu lassen, ist durch den großen Eindruck bewiesen worden, den dieses Werk auf das Publikum gemacht hat, und der, wenn er auch an einem so festlichen Abend nicht in lautem Beifall sich Luft machen konnte, doch sichtbarlich das ganze Haus ergriffen hatte.
Schwäbische Chronik, Nr. 230, 29. 9. 1854.

Es ist in der That sehr zu bedauern, daß all die vielen Schönheiten der Musik, all diese volksthümlichen Melodien, all dieser geistreiche Aufbau der Ensemblestücke an ein so schwaches Libretto verschwendet worden sind, und daß so viel deutsche Musik nicht durch ein ächt deutsches Sujet ins Fleisch und Blut des Volkes übergehen kann. Wie anders würde diese kriegerische volksthümliche Musik auf uns Deutsche wirken, wenn ein Götz von Berlichingen der Held wäre, oder sie uns Wallensteins Lager vorführen würde. Gerade diese naturgetreue, nicht idealisierte, lebensbunte Darstellungsgabe Meyerbeers befähigt ihn mehr als irgend einen

»Lusthaus-Ruine in den Königl. Anlagen« Ansichts-Postkarte, 1904. Beim Abbruch der Brandruine des Hoftheaters wurden bei den früheren Umbauten vermauerte Reste des Neuen Lusthauses freigelegt. Ein größeres zusammenhängendes Bauteil – ein Teil des früher um das Lusthaus führenden Arkadenganges – wurde in den Oberen Anlagen am südlichen Seitenweg im Jahr 1904 aufgestellt

andern deutschen Komponisten, einen vollständigen Pendant zum Freischützen zu schaffen – wie schön wäre es, wenn er auf seinen ausländischen Lorbeeren ausruhend, nun auch eine Herzader für sein deutsches Vaterland schlagen ließe und als Jugendfreund und Mitschüler Webers es sich zum Ehrgeiz machen würde, auch ein Mitgenosse seines deutschen Wirkens und seines unsterblichen Ruhms zu werden.
Schwäbische Chronik, Nr. 232, 1. 10. 1854.

GIUSEPPE VERDI ◆ Der Troubadour [Il trovatore]. Oper in drei Akten. UA= Rom 1853, EA= 12. 10. 1856.

Jenny Lind sagt, die Musiken von Verdi sind Mordinstrumente für die Stimmen. Die Hauptsache der dieser Oper zu Grunde liegenden Handlung hat schon vor ihrem Anfang stattgefunden und das uns darüber belehrende Textbuch ist voll Unsinn. Die Musik, wenn auch in Manchem

besser wie seine früheren Werke, mit Ausnahme des Ernani, ist von keinem besonderen Werth, es fehlt ihr an Fluß und an den Melodien wie wir solchen bei Bellini und auch bei Donizetti begegnen, denen der erfindungsarme Verdi im Gesang weit eher nachstreben sollte als Herrn Meyerbeer in der Instrumentierung. Wir finden auch hier hübsche Cantilenen, im Verein mit jenen zu populären Weisen, ohne welche die neuere italienische Oper nun einmal nicht sein kann. Die erste Arie der Leonore ist ganz werthlos, der Zigeunerchor von Amboßen accompagniert, der einen Ruhepunkt gewährende Gesang der Nonnen, Terzett und Duett im 4. Akt sind das Beste was wir unter der lärmenden Instrumentirung herausfinden konnten.
Stuttgarter *Neues Tagblatt*, Nr. 243, 15. 10. 1856.

Richard Wagner ◆ Tannhäuser und der Sängerkrieg auf der Wartburg. Oper in drei Akten. UA= Dresden 1845, EA= 13. 6. 1859.

Richard Wagners große romantische Oper: Tannhäuser, welche am Pfingstmontag zum erstenmal auf unserer k. Hofbühne gegeben wurde, hat schon vor einem Jahrzehnt ein solches Aufsehen erregt und ist seither der Gegenstand einer so prinzipiellen Kontroverse geworden, daß auch unser Publikum längst den lebhaftesten Wunsch haben mußte, dieses vielgepriesene und vielgescholtene Werk kennen zu lernen. Daß diesem Wunsch so spät Rechnung getragen wurde, kann nur als ein Glück für uns angesehen werden, denn der heftige Parteienkampf über die sog. Zukunftsmusik, als deren Hauptträger der Tannhäuser gilt, hat einer ruhigeren, aber eben deswegen auch klareren Einsicht Raum gegeben, so daß man dieser Oper jetzt ihre Stellung im Gebiet der Kunst deutlich und bleibend bestimmen kann. Tannhäuser ist ein Werk eines genialen Meisters, der eine einseitige, leidenschaftlich empfundene Idee zu einer allgemeinen, das Kunstgebiet beherrschenden zu machen bemüht ist und in stolzer Selbstüberhebung alles bisher in diesem Gebiet Geleistete als einen überwundenen Standpunkt zu beseitigen sucht. [...]
Daß eine solche Oper einen gewaltigen Totaleindruck hervorbringen wird, läßt sich wohl annehmen und die Thatsachen sprechen dafür, daß dieser Totaleindruck diese Oper auf dem Repertorium zu erhalten vermag; ob sie aber ein Liebling des deutschen Volkes werden oder auch nur die dauernde Wirkung einer Meyerbeerschen Oper hervorbringen wird, steht sehr zu bezweifeln. Das Volk will Melodie, weil sie nur in das Herz des Menschen dringt, die raffinierteste, vollwuchtigste Harmonie appelirt nur an den Verstand, sie erzeugt Reflexionen, während die Melodie das Herz rührt. Wie anders würde uns die arme Elisabeth im Tannhäuser ansprechen, wenn sie, am Wegbilde kniend, auch nur im Stil der Gnadenarie melodisch singen dürfte. Gerade deswegen erscheint der dritte Akt so monoton und so düster, weil dort die eigentlichen Gemüthsstimmungen sich entwickeln sollen, und denselben nur ein deklamatorischer Aus-

druck mit beständigem düstern Orchesterkolorit verblieben ist. Daß Wagner melodisch empfinden kann, hat er in dem wundervollen Chore in der Sängerkriegsscene auf der Wartburg bewiesen, wie wohltuend erscheint dieser in den reinsten Formen und in ungesuchter diatonischer Modulation sich bewegende Chor, unstreitig das Meisterstück der ganzen Oper, obgleich nur eine Episode bildend.
Schwäbische Chronik, Nr. 140, 16. 6. 1859.

Charles Gounod ◆ Gretchen [Faust]. Oper in fünf Akten. UA= Paris 1859, EA= 27. 9. 1861.

Als Festoper ging eine neue Erscheinung, die Oper Gretchen von Gounod, über die Bühne. Sie ist das Erstlingswerk eines vorzugsweise in deutscher Schule herangewachsenen französischen Komponisten, das mehr Ernst und Tiefe verräth, als man bei modernen Tonsetzern zu finden gewohnt ist, und das darum auch an den Bühnen von Darmstadt, Wiesbaden, Dresden, Frankfurt, wo es bis jetzt vorgeführt ward (Mannheim wird es morgen bringen) mit Beifall aufgenommen wurde. Es ist der Goethe'sche Faust in Musik gesetzt, oder vielmehr er soll es seyn, denn was die Bearbeitung dieses grandiosen Stoffes betrifft, so müssen wir immer noch zufrieden seyn, daß es ein Franzose war, der unsere Faustsage in dieser gründlich modernen grobsinnlichen Weise ausbeutete – ein Deutscher würde das nicht gewagt haben.
Schwäbische Chronik, Nr. 232, 29. 9. 1861.

Nachdem gestern die Oper Gretchen mit veränderter Besetzung der Titelrolle gegeben wurde, sind wir in der Lage, den von uns versprochenen Bericht zuliefern. Wir wollen ihn kurz fassen, wollen namentlich jede Betrachtung darüber unterlassen, wie doch nur die deutschen Bühnen sich entschließen mochten, uns den Faust – denn der ist er ja doch, dieser moderne Pariser Roué, mag man ihn schließlich auch Gretchen taufen – unseren Faust in dieser widerlichen französischen Fratze vorzuführen! [...] Der Komponist ist einer der vielen, und allerdings nicht der wenigst begabte, unter Meyerbeers Jüngern, welche aus einigen wenigen gefälligen Melodien, gewürzt durch recht effektvolle, rauschende Instrumentierung, aus prachtvollen Aufzügen, verlockendem Ballet, glänzenden Dekorationen und überraschendem Maschinenwechsel ein Ding komponieren, was man die moderne Oper nennt. Wir geben gerne zu, daß Gounod durch sinnige Instrumentierung zu wirken versteht; aber dennoch sind uns bei seiner Oper wieder alle Sünden seines Herrn und Meisters, dieses Verderbers der jetzigen Theaterzustände, beigefallen.
Schwäbische Chronik, Nr. 251, 22. 10. 1861.

Jacques Offenbach ◆ Orpheus in der Unterwelt [Orphèe aux Enfers]. Burleske in zwei Akten und vier Bildern. UA= Paris 1858, EA= 20. 5. 1861.

Wir würden dieses schaale, nicht über den Rang einer Weihnachtspantomime oder eines Fastnachtsspieles sich erhebende Pariser Modestück mit Schweigen übergangen haben, wie das neulich gegebene ganz geringe Wiener Musikstück: »das Pensionat«, wenn es nicht bei uns mit Verwendung unseres besten Opernpersonals unter Leitung des Hofkapellmeisters selbst und mit prachtvoller neuer Dekorations- und Kostümausstattung gegeben, und folglich mit dem Charakter einer vieraktigen Oper bekleidet worden wäre. Man kann auch Erhabenes travestieren, aber es muß dann geistreich, witzig und ächt humoristisch seyn, wie etwa Blumauers Aeneis oder die Dunciade. Im Orpheus besteht der ganze Witz in zweideutigen Anspielungen und der ganze Humor in plumper Karrikatur. Nur die Musik trägt manchmal das Gepräge der traditionellen Opera buffa, so in der Erwachungsszene auf dem Olymp, im Ensemble des Rübenschabens, in den Couplets des Aristeus und des Styx, sowie in dem Bacchantinnenlied der Madame Marlow am Schlusse. Sonst geht es auch in der Musik so toll und wirr her wie in dem Jardin-Mabille-Orchester. Wohl ist das Stück 120mal in Paris und 30mal in Berlin gegeben worden, aber auf kleineren Bühnen, die keinen Anspruch an ein höheres Kunstinstitut machen. Allerdings haben wir in Stuttgart keine solche Bühne, ein Mangel, der vom Kunstfreund eben so schmerzlich vermißt wird, als von den mittleren und niederen Volksklassen selbst.

Schwäbische Chronik, Nr. 120, 22. 5. 1861.

Richard Wagner ◆ Der fliegende Holländer. Oper in drei Akten. UA= Dresden 1843, EA=21. 11. 1865.

Wir wollen gewiß nicht ungerecht seyn gegen diesen merkwürdigen und eigenthümlichen Sprößling des 19. Jahrhunderts, welcher der Verfasser so vielgeliebter und so vielgetadelter Werke ist. Wir gehören auch nicht zu denen, die es nicht zu würdigen wissen, wenn man uns solche Werke vorführt.

Aber davon sind wir mehr als zuvor überzeugt: wo Wagner die meisten Mittel einsetzt, und wo seine Kraft besonders überwältigend scheint, da ist er in der That dem Wesen der Musik am meisten untreu geworden. Der fliegende Holländer hat zu seinem Hauptgegenstand Aufregung der Natur bis zum Extrem und Aufregung des menschlichen Herzens – wieder bis zum Extrem. Sturm und dämonische Kraft sind die Hebel, die einander bis zum Übermaß unterstützen. Wenn nun dem entsprechend Pauken und Trompeten und alle Instrumente ebenfalls bis zum Extrem in Anspruch genommen werden, wenn Alles »wallet und siedet und brauset und zischt«, so scheint ja das ganz in der Ordnung zu seyn – wenn nur die Kraft des menschlichen Ohrs nicht ihre Grenze, wenn nur die Kunst

nicht – ihr Maß hätte! Die Musik kann sehr gut chaotische Zustände und dämonische Empfindungen zur Darstellung bringen, aber zwei Akte hindurch (den 1. und 3.) fast ohne alle Unterbrechung in solchen Empfindungen verharren, fort und fort ein himmelstürmendes Orchester zur Unterlage seiner Empfindungen zu haben, das mag recht gut für Giganten und Titanen seyn, und eine Titanenstimme, wie Hrn. Schütky's, weiß am Ende auch da noch Meister zu bleiben, aber für gewöhnliche Menschenstimmen und Ohren ist es des Guten zuviel. Eine äußerst wohlthätige Oase ist inmitten der beiden übrigen der 2. Akt mit seinem niedlichen Spinnchor und seinen schönen Duetten von Erik (A. Jäger) und Senta (Frl. Klettner) und wieder von Senta und dem Holländer (Hrn. Schütky). Die Matrosenchöre im 1. und 3. Akt sind ebenfalls als charakteristische Piecen anzuerkennen, wie denn überhaupt das Charakterisieren in's Detail Wagners Hauptstärke, aber zugleich die Klippe ist, an welcher ihm oft genug die Musik als solche zerschellt und zur Malerei wird.
Schwäbische Chronik, Nr.279, 25. 11. 1865.

Ambroise Thomas ◆ Mignon. Oper in drei Akten. UA= Paris 1868, EA= 20. 12. 1868.

Wir finden in dieser französischen Keckheit mehr eine natürliche Folge jenes Übergewichts im praktischen Geschick, in der Handlichkeit für Bühnenbearbeitung, das dem Franzosen gegenüber dem Deutschen durchschnittlich eigen ist. Jener nimmt eben den Text, wie er ihn gerade für die Bühne passend findet, und mit eben dieser Tendenz wird dann auch die Musik dazu gemacht. Auch Spohr hat eine Oper »Faust« komponiert, die bekanntlich trotz aller Einzelschönheiten fast spurlos verschwunden ist. Anders jener Gounod'sche »Faust«, da ist dramatisches Leben genug neben reichem Melodieenreiz. Freilich darf sich nun die »Mignon« von Monsieur »Ambroise« entfernt nicht neben den »Faust« seines Landsmanns Gounod stellen, und zwar ebensowenig in dramatischer, wie melodischer und instrumentaler Hinsicht. Gounod's Faust ist eine That, Monsieur Ambroise's Mignon eigentlich nur ein »Anlauf« auf musikalischem Gebiet. Um hiermit etwas näher auf diese Oper selbst einzugehen, bemerken wir betreffs der Sujetbearbeitung, daß die Goethe' sche Schöpfung allerdings vielfach entstellt darin erscheint, allein doch nicht so gräßlich verzerrt (wie es durch verschiedene deutsch-fanatische Recensenten darzustellen beliebt wird), daß kein gutes Haar mehr daran wäre, und daß namentlich die Hauptgestalt der Oper, »Mignon« selbst, aller erhebenden poetischen wie moralischen Momente beraubt erschien. Allerdings leidet der musikalische Ausdruck so häufig an Trivialität, ja Frivolität, daß das deutsche solide Gefühl mehr denn einmal ins Gesicht geschlagen und an die gewissenlose Leichtfertigkeit eines Verdi erinnert wird. Gleich bei der sog. Ouvertüre wollten wir wetten, daß sie Monsieur Ambroise eines schönen Tags seiner frühern Schwungperiode als Can-

Oskar Bolz (1875–1935)
Sänger an der Stuttgarter Hofoper 1905–1906, 1913–1918.
Als Lohengrin in der gleichnamigen Oper von Richard Wagner

can-Polonaise mit obligater weihevoller Introduktion komponiert und nun als Effektstück auch der großen Welt überliefern zu müssen glaubte, indem er sie als »Ouvertüre« der ehrwürdigen »Mignon« voranstellte.
Stuttgarter *Neues Tagblatt*, Nr.4, 6. 1. 1869.

RICHARD WAGNER ◆ Lohengrin. Romantische Oper in drei Akten. UA= Weimar 1850, EA= 6. 3. 1869.

Der Gegenstand ist einfach, wie er sich für eine Oper geziemt; Licht- und Schattenseiten sind gut vertheilt, das Wunderbare ist nicht so vorherrschend und anspruchsvoll, daß es störend wirkte; die Bühne hat also nicht nöthig, sich in eine vollkommene Maschinenwerkstätte zu verwandeln; auch sehen sich die Sänger nicht alle genöthigt, einen ganzen Akt durch über ein schwankendes Schiff hinüberzubalancieren, was der Schwanenritter selbst hierin zu leisten hat, ist mäßig. Das Libretto also und das Maß der Anforderungen, die es an die Bühne im Ganzen macht, finden wir alles Lobes werth.
Aber auch die musikalische Behandlung, obwohl wir ihr nicht in allen Punkten das Wort reden wollen, hat so viele Seiten, welche man gerade vom Standpunkt der wahren Kunst aus anerkennen und ehren muß, daß uns das Entgegenstehende auf jeden Fall in der Minderheit zu bleiben scheint. Wollen wir Wagner mit Wagner selbst vergleichen, so ist der Lohengrin nicht so manchfaltig als der Tannhäuser, aber er ist einheitlicher, harmonischer komponiert und andererseits ist er maßvoller und klarer als der fliegende Holländer und alles, was wir von Rheingold und von Tristan kennen. Die musikalischen Charaktere, mit denen sich gewöhnlich auch eine besondere Art instrumentaler Begleitung auf's Innigste verknüpft, sind mit energischer Treue festgehalten. Manchmal wirkt das etwas monoton, in der Regel aber angenehm, weil es die Musik stets zu einer charakteristischen macht. An den gewaltigen Stößen aus einer Fülle von Blechinstrumenten erkennt man das Nahen des Königs und sein Wesen, man erkennt ferner seinen Herold, den Heerrufer, eine in ihrer Einfachheit sehr gut durchdachte Rolle. Die hochschwebenden Violintöne kündigen das Zauberhafte, sie künden Lohengrin und seinen Schwan an. Und so schmiegt sich das buntfarbige, reichlich bedachte Orchester in der Regel vortrefflich an den Gesang an. Es kommt freilich auch in dieser Oper vor, daß es ihn überwuchert, daß die unaufhörliche Fülle der Töne nervenangreifend und ermüdend wirkt. Aber auch von dieser, unserer Ansicht nach bedenklichen Seite der Wagner'schen Musik bekommt man in Lohengrin eine geringere Dosis zu kosten, als sonst, und so glauben wir, es könnte bei dieser Oper noch leichter als bei Tannhäuser so gehen, daß man sich rasch in sie hineinlebt und sie mehr und mehr liebgewinnt.
Schwäbische Chronik, Nr.58, 10. 3. 1869.

Giuseppe Verdi ◆ Aida. Große Oper in vier Akten. UA= Kairo 1871, EA= 6. 3. 1875.

Eine Festoper kann tragische und sentimentale Stimmungen in sich beherbergen, so viel sie will, der Schluß aber soll nicht bloß brillant, sondern auch erfreulich sein. Zu dieser Bemerkung werden wir diesmal durch die gestrige Festoper, die erstmalige Aufführung von Verdi's Aida im k. Hoftheater veranlaßt, auf welche das Theaterpublikum schon lange gespannt war. Mit Ausnahme des angeführten Übelstandes paßt diese Oper mit ihren glänzenden orientalischen Dekorationen, mit ihren Aufzügen und Siegesmärschen sehr gut zu einer festlichen Gelegenheit, wie sie das Geburtstagsfest Sr. Maj. des Königs bot. [...]
Merkwürdig genug ist, daß ziemlich viele Stellen vorkommen, in denen man den alten Verdi gar nicht mehr erkennt. Es kommen nicht nur Meyerbeer'sche und Gounod'sche Anmahnungen, sondern etliche deutsche Schwenkungen nach Richard Wagner zu vor. Damit ist freilich so viel zugegeben, daß es dem Werke an der vollen Originalität und an der rechten Einheitlichkeit der Musik fehlt. Aber Verdi ist kein blinder Nachschreiber; wo seine Wendungen nicht ganz neu sind, da sind sie es wenigstens zur Hälfte. Häufig, namentlich im 2. und 3. Akt ist der melodiöse Reiz groß und auch das tragische Schlußduett am Ende des 4. Akts entbehrt dieses Reizes nicht. Dagegen sind die pompösen Fest- und Lärmmusiken in den ersten Akten oft mehr eine Marter als ein Genuß für ein gebildetes menschliches Ohr. So mag man meinetwegen im Freien, aber nicht im geschlossenen Raum drauflospauken und schreien. Abgesehen hiervon waren die Chöre gut einstudiert und sehr exakt.
Schwäbische Chronik, Nr.57, 9. 3. 1875.

Georges Bizet ◆ Carmen. Oper in vier Akten. UA= Paris 1875, EA= 3. 1. 1883.

Man fühlt sich versucht, der hiesigen Aufführung der Oper »Carmen« von Bizet das vielgebrauchte Schiller'sche Wort entgegenzurufen: »Spät kommt ihr, doch ihr kommt.« Man hat nämlich in den letzten Jahren so viel von Aufführungen dieses Werkes an allen möglichen Theatern sagen gehört oder gelesen, der Name derselben ist so sehr in Aller Mund gekommen, daß man bei uns schon lange her öfters der verwunderten Frage begegnet: »Wo bleibt denn Carmen?« Woran mag es wohl liegen, daß diese Oper bei uns nicht zur Darstellung kommt? [...] Übrigens würden wir dieser Oper doch unrecht thun, wenn wir uns damit begnügten, sie als ein tüchtiges Ausstattungsstück zu bezeichnen. Wir begreifen auch von der wichtigsten, der musikalischen Seite aus, den Erfolg wohl, den sich dieses Werk schon länger errungen hat. Bizet hat eine Menge origineller Melodien theils erfunden, theils sehr glücklich benützt, und wenn auch etliche dieser Melodien das Offenbach'sche Gebiet streifen, so darf man ihn doch keineswegs überhaupt auf diesen Boden herabdrücken. Er

hat ferner der Hauptperson einen festen musikalischen Charakter gegeben, das harte und zugleich kokette Wesen Carmen's glücklich in Eins gebunden. Endlich aber hat er sich in dieser Oper als einen Meister der Instrumentation, sowohl im Ganzen, als in der Behandlung der einzelnen Instrumente gezeigt. Sogar einem so ungeberdigen Instrument, wie dem Fagott, weiß er geschmeidigere Partien zu unterlegen; Flöte, Oboe, Klarinette, Harfe greifen nacheinander auf's Anmuthigste ein und auch die Violinen sind hübsch behandelt und machen sich ein paarmal auf originelle Weise geltend. [...]
Alles in Allem hat die Oper gewiß das Zeug, um den musikalisch Gebildeten zu interessieren und ein großes Publikum zu fesseln. Sie stellt sich zwar auf eine keineswegs zu billigende Weise – und das gilt auch für den musikalischen Theil – zwischen die komische Oper mit ihren heiteren Zuthaten und zwischen die große und tragisch endende Oper in die Mitte, so daß man in Verlegenheit ist, das Werk einer entsprechenden Kategorie einzuordnen. Da treten nun aber nach modernstem Stil brillante Aufzüge und Allerlei, was das Auge anzieht, vermittelnd dazwischen und damit fühlt sich der Zuhörer über die unleugbaren Mängel glücklich hinweggetäuscht.
Schwäbische Chronik, Nr.5, 6. 1. 1883.

RICHARD WAGNER ◆ Der Ring des Nibelungen. Ein Bühnenfestspiel für drei Tage und einen Vorabend. UA= Bayreuth 1876, EA= 4. – 8. 4. 1883 (Gastspiel[7]).

Als am Abend des 13. Februar die Kunde eintraf von dem schnellen Hinscheiden des Meisters in Venedig, da begleiteten wir unter dem ersten Eindruck der Trauerkunde seinen Nekrolog mit den Worten: für Stuttgart wäre die würdigste Wagner-Trauerfeier die Aufführung seiner neueren, hier noch unbekannten Werke durch die Neumann'sche Künstlertruppe, die damals gerade für Karlsruhe und Darmstadt angekündigt war. Eine Zeitlang schien es, als sollte dieser Traum sich nicht verwirklichen und als sollten wir noch auf wer weiß wie lange auf das alte, abgespielte Wagner-Repertoire: »Tannhäuser«, »Holländer«, »Lohengrin« beschränkt bleiben. Um so lebhaftere Freude rief die Einigung hervor, die doch mit dem Richard Wagner-Theater zur Aufführung des »Rings der Nibelungen« erzielt wurde. Schon in den ersten Tagen war das Haus für den Zyklus ausverkauft, ein Beweis, den wir ausdrücklich konstatieren möchten, daß das Stuttgarter Publikum immer bereit ist, selbst unter ansehnlichen Geldopfern etwas Neues, Bedeutendes, das ihm auf der Bühne geboten wird, durch seine Theilnahme zu unterstützen. Wenn manche skeptisch sagen, es sei bloß die Neugierde, welche die Schau- und Hörlustigen in Scharen herbeigetrieben habe, so mag das in mancher Hinsicht

begründet sein; aber es trat doch auch deutlich heraus, daß wirkliche Liebhaber der Kunst sich auf das neue Werk eingehend und mit aller Hingebung vorbereitet hatten und ihm eine Aufmerksamkeit entgegenbrachten, welche eben nur das lebendige Interesse, ja die Begeisterung für eine Sache verleiht. So nahm denn gestern der Zyklus seinen Anfang, nachdem am Nachmittage schon von 3 Uhr an die Leute zum Theil auf Feldstühlchen Queue gesessen hatten!
Stuttgarter *Neues Tagblatt*, Nr.78, 6. 4. 1883.

RICHARD WAGNER ◆ Die Walküre. Erster Tag aus der Trilogie »Der Ring des Nibelungen« in drei Aufzügen. UA= Bayreuth 1876, EA= 13. 2. 1885.

Daß unsere Hofbühne den bedeutungsvollen Schritt unternommen und uns zunächst aus dem Ring des Nibelungen die Walküre gebracht hat, begrüßen wir als eine große künstlerische That. Wahrlich, man muß die Proben, welche nötig waren, um dieses Werk vor die Rampe zu bringen, einigermaßen verfolgt haben, um zu begreifen, was es heißen will, dasselbe einzustudieren und zu reif ausgestalteter Darstellung zu bringen. Es war kurz nach Wagners Tod, im April 1883, als hier das Richard Wagner-Theater unter Angelo Neumann die Nibelungen-Tetralogie zum erstenmal gab – Festtage für die Stuttgarter, denen in langen Jahren auf dem Gebiet der Opernmusik nur ganz ephemere Erscheinungen geboten worden waren. [...]
Die Walküre bleibt trotz ihrer Mängel ein großartiges Werk. Wohl ermüdet das lange Dialogisieren, der zu häufige Gebrauch der Leitmotive, das gänzliche Fehlen von Ensembles; doch der Hauptfaktor der letzten Werke Wagners ist das Orchester. Durch alle Ton- und Taktarten rollt die gewaltige Tonmasse wie ein bei fortwährend wechselnder Beleuchtung und Umgebung wogender See. Im Orchester liegt die Eigenart und charaktervolle Schönheit der Wagnerschen Kunst; hier ist er der unumschränkte Meister von außerordentlicher Erfindung. [...]
Mit der Aufführung und Besetzung konnte man im allgemeinen sehr zufrieden sein. Enttäuscht hat uns nur gleich der zum Gedächtnis von Wagners Todestag voraufgehende Trauermarsch in C moll, bei dessen Wiedergabe der großartige Wurf und Schwung, das eigentlich Packende fehlte. Den hat die Neumannsche Truppe ganz anders gespielt. Das zahlreich versammelte Publikum nahm die Novität warm, ja begeistert auf.
Stuttgarter *Neues Tagblatt*, Nr.38, 15. 2. 1885.

RICHARD WAGNER ◆ Rienzi, der Letzte der Tribunen. Große tragische Oper in fünf Akten. UA= Dresden 1842, EA= 15. 4. 1886.

In Dresden, wo es im Oktober 1842 zuerst aufgeführt wurde, errang es einen durchschlagenden Erfolg, wie man ihn seinem unterdessen geschriebenen und kurz nachher aufgeführten »Holländer« nicht nachrühmen kann. Daraus läßt sich der ungeheure Unterschied zwischen diesen

zwei eng aufeinander folgenden Opern klar erkennen und scheint die allgemeine Ansicht zu bestätigen, daß, während Wagner im »Holländer« vollständig in seiner eigentlichen Individualität erscheint, er sich dagegen in »Rienzi« fast bis zum völligen Verleugnen seiner Originalität an die großen italienischen und französischen Opernkomponisten seiner Zeit angelehnt habe. Wir sind zwar nicht unbedingt dieser Meinung; es spricht sich in »Rienzi« eine rhytmische Bestimmtheit, ein gewisses Selbstbewußtsein aus, welches sich mit der Idee einer Anlehnung im gewöhnlichen Sinne nicht verträgt, vielmehr den späteren Wagner unverkennbar verrät. Wir möchten nicht wie viele behaupten, daß es nicht derselbe Wagner sei, der einst den Nibelungen-Ring schaffen sollte; es ist zwar erst der junge, unreife, in Gärung begriffene Wagner, aber immer doch derselbe Genius, der, sobald er gelernt hatte, einerseits seine Extravaganzen zu mäßigen und andererseits keine Rücksicht mehr auf das Theaterpublikum zu nehmen, eine tiefgewurzelte, durchgeistigte Originalität rasch entwickelte, die wie ein heller Stern das Dunkel der früheren Oper beleuchtete und zum Glanzpunkt des heutigen Musikdramas geworden ist. [...]
Wir haben die unleugbaren Anklänge an Bellini und Meyerbeer vielmehr nur als Konzessionen empfunden; denn Wagner war klug genug, um zu wissen, daß er sich als Anfänger zunächst, wenn auch mit Widerwillen, dem Geschmack des Publikums bequemen müsse. Dafür findet man einen Beleg in der Art und Weise, wie diese »populären«, d. h. trivialen, unwagnerischen Motive oft total unvermittelt und mit erschreckender Plötzlichkeit die musikalisch wie dramatisch edelsten Steigerungen unterbrechen, als ob die unabweisbare Notwendigkeit dieser Rücksicht auf das Publikum ihm mitten in seinem Sichgehenlassen einfiele: so im großen Finale des zweiten Akts, dessen imponierender dramatischer Schwung und Glanz durch das banale Anhängsel unendlich abgeschwächt wird. Noch ein weiterer Beweis für die oben geäußerte Ansicht findet sich in der Thatsache, daß er Bellini und Meyerbeer gar nicht als Vorbilder anerkannte, während Anklänge an Gluck, Weber und Beethoven, die ihm in der That als solche dienten, gar nicht so sichtlich hervortreten.
Stuttgarter *Neues Tagblatt*, Nr.90, 17. 4. 1886.

RICHARD WAGNER ◆ Die Meistersinger von Nürnberg. Oper in drei Akten. UA= München 1868, EA= 27. 11. 1887.

Wenn man aber aus allem bisherigen den Schluß ziehen wollte, daß wir eben damit die ganze Art dieser Oper zu billigen gesonnen seien, so müßten wir dagegen doch ernstlich protestieren. Vor allem treten die ermüdenden Längen, welche Wagners Opern fast alle an sich haben, in den »Meistersingern« ebenfalls deutlich genug, namentlich auch als eine Folge der ganz unglaublich vielen Wiederholungen derselben Motive hervor. Sodann soll diese Oper, wie man an dem Sujet sieht, vor allen an-

dern populär sein. Man wird sich aber hoffentlich nicht so täuschen lassen, daß man diese durch und durch geschraubte Sprache und ebenso diese meistens unnatürlich verdrehte Musik für volkstümlich hält. Auch wer das Textbuch vor sich hat, kreuzigt sich sehr oft über ganz unverständliche Gedankenwendungen ab, und die Seeschlange der ewigen Melodie, wozu sich die Rezitative in dieser Oper mehr und mehr ausbilden, sind doch wahrlich nicht dazu gemacht, um sich dem Gedächtnis und Verständnis des Volkes einzuprägen. Gerade das, was in den »Meistersingern« von Wagners Nibelungengrundsätzen noch am meisten abliegt: Walters Lieder und das Quintett, ist das Schönste und natürlich auch das Populärste in dieser Oper. Endlich zeigt sich bei den »Meistersingern« am deutlichsten, daß Wagner nicht im Stande war, eine komische Oper zu schreiben. Der Musik fehlt es an jeder natürlichen Heiterkeit, dem Text an jedem wirklichen Witz; deshalb muß man die Heiterkeit durch alle mögliche Springerei und Seiltänzerei auf der Bühne ersetzen. Die Folge ist, daß in den Finales in der Regel der Lärm, die Pritscherei das doch auch nicht sehr schweigsame Orchester noch überschreit und übertönt. Solchen schandbaren Lärm schön oder komisch zu finden, müssen wir andern überlassen. Groß und eigentümlich ist Wagners Meisterschaft auch hier wieder besonders in der Behandlung des Orchesters und wer sich im musikalischen Genuß am wenigsten stören lassen will, der thut gut, wenn er in der Regel nicht dem Gesang, sondern den Instrumenten und der Instrumentation nachgeht. Er wird nämlich oft genug finden, daß er am Gesang wenig oder gar nichts verloren hat.
Schwäbische Chronik, Nr.282, 29. 11. 1887.

RICHARD WAGNER ◆ Götterdämmerung. Dritter Tag (in drei Akten) aus der Trilogie »Der Ring des Nibelungen«. UA= Bayreuth 1876, EA= 7. 3. 1889.

Welche außerordentliche Anstrengung und Hingebung die Einübung dieses ungemein schwierigen und namentlich schwer sich in die Ohren und das Gedächtnis legenden Werkes vor allem beim Dirigenten (Hrn. Hofkapellmeister Klengel), aber nicht viel weniger auch bei den Sängern und Orchestermitgliedern erfordert, darüber kann nur Eine Stimme sein, und die Zuhörer werden sich davon um so mehr überzeugt haben, weil es auch von ihrer Seite ohne Anstrengung nicht abgeht und sie, wenn sie nicht von Stein sind, ohne eine gewisse Erschöpfung der Nerven nicht wohl durchkommen können. Insbesondere erreicht das Ineinanderarbeiten der Motive, und zwar nicht etwa nur neu eingeworfener, sondern fast aller Motive des ganzen »Nibelungenrings« vom Motiv des »Urelements« und dem Ringmotiv an durch alle Feuer- und Brünnhildenmotive durch in der »Götterdämmerung« ihren höchsten Grad. Daß dieses Zusammenfassen originell erdachter Motive in solcher Anhäufung nur ei-

nem genialen Mann gelingen konnte, wer wollte das leugnen? Daß es aber oft genug gewagt, gezwungen und für die Ohren geradezu widerwärtig erscheint, das sollte man auch nicht leugnen wollen. Die »Aesthetik des Häßlichen« kann sich namentlich am zweiten Akt und hier wieder ganz besonders an dem wilden und ungezügelten Schreien der »Mannen« mit Beispielen bereichern. Ein Theil dieser Wirkung darf freilich auch auf Rechnung der einzelnen Sänger und des Chors gesetzt werden, denen man es nicht verargen kann, wenn ihnen die schwierigen Intervalle nicht immer mit voller Reinheit gerieten. Aber in der Hauptsache ist dieses Vorherrschen der Disharmonie doch auf die Absicht des Komponisten selbst zurückzuführen. Er will uns ja in seinen »Nibelungen« ein musikalisch-poetisches Bild der traurigen Welteinrichtung geben, unter der wir armen Menschenkinder zu leiden haben! Da thut es nun allerdings um so wohler, wenn im letzten Akt der schreiende Hunger nach Harmonie doch wieder viel mehr zu seiner Befriedigung kommt. Da wirkt das Zusammensingen der Rheintöchter, der gewaltige Trauermarsch und noch vieles andere harmonisch Gelungene vortrefflich und, wer seine Nerven noch hübsch beisammen hat, der kann davon profitieren.
Schwäbische Chronik, Nr.58, 8. 3. 1889.

CHRISTOPH WILLIBALD GLUCK ◆ Alceste. Oper in drei Akten[8]. UA= Wien Paris 1776, EA= 3. 5. 1889.

Glucks Alceste ist, wie es sich nach dem Mythus von dieser opfermutigen Thessalierkönigin nicht anders gebührt, auch bei uns aus dem Hades wieder heraufgeholt worden, wir meinen: aus dem Grabe der Vergessenheit. Und wir hatten eigentlich gehofft, diese schöne That unseres Hoftheaters werde noch lauter und freudiger von unserem musikalischen Publikum begrüßt werden, als es gestern Abend geschehen ist. Namentlich fehlte das jüngere Publikum auf den oberen Gallerien, von dem man sonst eine Neigung zu klassischer Poesie und doch wohl auch zu einfach schöner klassischer Musik voraussetzt. Doch, was bei der ersten Aufführung versäumt worden ist, kann ja bei den folgenden nachgeholt werden. Es thut so wohl, aus der rauschenden Flut moderner Musik, bei der sich oft Fruchtkörner und Spreu schwer unterscheiden lassen, manchmal zurückzukehren zu jenen Zeiten, in welchen sich unsere deutsche Musik einer jugendlich gesunden und frischen Entwicklung erfreute, ohne zu übertreiben und zu unerlaubten Sprüngen und Wagnissen greifen zu müssen. Man findet natürlich jetzt Manches allzu einfach und banal, in den Arien zu wenig melodischen Reiz, in den harmonischen Gängen zu wenig Abwechslung, zu wenig Überraschungen. Aber man sollte eben auch in der Musik nicht von der Liebe zur wahren Kindlichkeit und Jugendlichkeit sich entfernen. Wer es noch versteht, was musikalische Jugendkraft und unverletzte musikalische Anmut ist, der kann in dieser Alceste ein reiches Maß davon finden. Wie charakteristisch und ergreifend faßt uns gleich

die Ouvertüre an! Wie greifen schon die ersten Chöre ans Herz! Wie vortrefflich und bezeichnend ist in der Regel das Recitativ behandelt, das in dieser Oper sehr stark ins Gewicht fällt!
Schwäbische Chronik, Nr.106, 4. 5. 1889.

Heinrich Marschner ◆ Der Vampyr. Große romantische Oper in vier[9] Akten. UA= Leipzig 1828, EA= 8. 2. 1891.

Man hat wieder aus der Zeit der musikalischen Romantik eine Oper hervorgeholt, wobei man selten einen falschen Griff thut. Diesmal ist es Marschners Vampyr, ein Werk, das jetzt zum erstenmal über unsere Bretter gegangen ist, obwohl es schon vor mehr als 60 Jahren entstand. Vielleicht kam es deshalb in der älteren Zeit nicht zur Aufführung, weil der damalige Dirigent der Oper, Peter Lindpaintner, eine Oper gleichen Namens, zwar nicht auf dieselben Texteswortе, aber merkwürdiger Weise im gleichen Jahr (1828) schrieb und selbstverständlich nicht dem eigenen Kinde gleich von Anfang einen gefährlichen Rivalen an die Seite setzen wollte. Man merkt an dem Marschner'schen Werke schon bei der Ouvertüre, aber auch später noch ziemlich oft, teils an den Situationen, teils an der Musik selbst den Einfluß des »Freischütz« und anderer Weber'schen Opern, die nur ein paar Jahre vorher geschrieben waren. [...]
Vom Spiel ist in der Oper nicht viel zu sagen, weil die Rollen fast ohne Ausnahme etwas Schablonenhaftes haben. Nicht ebenso dürfen wir die Musik beurteilen. Denn wenn sie auch nicht ohne Abhängigkeit von der vorangehenden Romantik ist, so muß man ihr doch in vielen Stücken tüchtige Charakteristik und echte Schönheit zuerkennen.
Schwäbische Chronik, Nr.32, 9. 2. 1891

Wenn wir auch der dämonischen Geisterwelt, wie sie uns in Marschnerschen Opern entgegentritt, heutzutage entfremdet sind, so ist die Musik, die jene Zeit, d. h. die zwanziger und dreißiger Jahre, hervorgebracht hat, doch dem Zauber der deutschen Romantik entsprossen und lauschen wir ihr immer noch gern, wenngleich manches veraltet klingt und unser Geschmack in andere Bahnen gelenkt worden ist. Mit »Hans Heiling« hat die k. Hoftheaterintendanz den Anfang gemacht, Perlen des ohnehin nicht überreichen deutschen Opernschatzes wieder hervorzuholen, und nun ist auch »Der Vampyr« gefolgt.
Stuttgarter *Neues Tagblatt*, Nr.33, 10. 2. 1891.

Pietro Mascagni ◆ Sizilianische Bauernehre [Cavalleria rusticana]. Oper in einem Akt. UA= Rom 1890, EA= 17. 4. 1891.

Die kleine »große Oper« des Italieners Pietro Mascagni: »Sizilianische Bauernehre« (Cavalleria rusticana), das Entzücken der Wiener, der erklärte Liebling so vieler cis- und transalpinischer Bühnen, ist denn gestern abend auch bei uns in Scene gegangen und hat auch hier eingeschlagen. Nur einen Akt umfaßt diese Arbeit und doch sehen wir den

Emil Holm (1867–1950)
Sänger an der Stuttgarter Hofoper 1900–1914.
In der Rolle des Falstaff in der gleichnamigen Oper von Giuseppe Verdi

ganzen Apparat der modernen großen Oper in ihr bis zur äußersten Grenze der Möglichkeiten angewendet. Die ganze Kunstbewegung der Gegenwart spiegelt sich uns in dieser Erscheinung. Wie es dem Freilichtmaler nicht mehr genügt, ein einfaches ländliches Motiv, einen einfachen Vorgang in den bescheidenen Umrissen der alten Meister zu malen, wie sie heutzutage mit ihrer Leinwand gleich in die Quadratmeter gehen und ganze Wände für ihre Bilder brauchen, so greift auch der junge Tonsetzer Mascagni gleich armtief in den musikalischen Farbentopf, wenn er uns eine so einfache Liebesgeschichte wie Turiddus, des jungen Bauern Abfall von seiner Geliebten und sein geheimes Einvernehmen mit Lola, der Frau seines Vetters, des Fuhrmanns Alfio illustrieren will. [...]
Der Komponist zeigt überall Talent, wenn er diesen Apparat in Bewegung setzt, aber gerade, indem er zuviel bringt, ruft er eine gewisse lärmende Monotonie hervor. Das zeigt sich speziell auch in seiner Orchesterbehandlung; jedes einzelne Instrument ruft er scharf in seinen Dienst, der Bläserchor ist ihm besonders tributpflichtig. Dadurch erhält die Orchestration etwas Schweres, Massiges, Dekoratives, was freilich auf die Hörer imponierend wirkt und um so mehr Eindruck macht, je stärker es an den abgestumpften Nerven zerrt. Eine wahre Wohltat ist darum das schöne Zwischenspiel in F dur, welches nach dem Abgang Lucias in die Kirche folgt: ein unisoner Gesang der Violinen voll Wärme und Innigkeit, welcher das Unerhörte in unserem Hoftheater hervorrief, daß ein Orchesterstück, und noch dazu bei seiner ersten Aufführung, da capo verlangt und gespielt wurde: gegen Orchesterstücke pflegt man bei uns nicht rücksichtsvoll, beifallsgeneigt pflegt man bei uns nur unter günstigen Temperaturverhältnissen gegen Solisten zu sein.
Stuttgarter *Neues Tagblatt*, Nr.90, 19. 4. 1891.

Giuseppe Verdi ◆ Falstaff. Lyrische Komödie in drei Akten. UA= Mailand 1893, EA= 10.9.1893 (Deutsche Erstaufführung).
Es ist wohl das letzte Kapitel in dem Lebensbuche Giuseppe Verdis – des Greises mit der jugendfrischen Seele – das heute aufgeschlagen vor uns liegt. Das erste, unmittelbare Empfinden, welches uns beim Durchblättern desselben beschleicht, ist Bewunderung der staunenswerten Geistesfrische, mit welcher der Maestro den in seiner Jugend abgerissenen Faden der komischen Oper wieder anknüpfte, wie er, längst an der Neige seines Lebens stehend, in geistreichem, frei durchgebildetem Stile diese »Comödia lyrica« schuf. Seltsam werden wir dabei berührt von den merkwürdigen Wandlungen, die sich im alten Verdi hinsichtlich der Prinzipien des musikalischen Dramas vollzogen – wie er, der bisher in seinen Opern nur dem Pathetischen, Tragischen ein Recht eingeräumt, so ganz seiner Eigenart entsagend, auf diesen burlesken Stoff verfallen konnte. [...]

Unschwer läßt sich aus dem Libretto erkennen, daß Boito bei seinem dramatischen Schaffen die Art Wagners in den »Meistersingern« vorschwebte. Auch der Komponist lehnt sich unzweifelhaft dem musikalischen Lustspielstile Wagners an, und so begegnen wir der eigenartigen Erscheinung, daß in der Musik der Nicolaischen »Lustigen Weiber« – die mit Verdis »Falstaff« nichts wie den Stoff gemein haben und in ihrer Grundverschiedenheit gar keinen Vergleich ertragen, so sehr auch der Gegenstand dazu reizen mag – uns die italienische Form begegnet, während aus dem italienischen »Falstaff« uns deutsches musikalisches Element entgegenklingt. [...]
Es ist ein einheitliches Werk, das nirgends an die Schwächen des jüngeren Verdi erinnert und in dem vor allem jene seichten Melodien vermieden sind, die sich wie mit Widerhaken ins Ohr hängen und die man nie mehr los wird. Für den Musiker wird Falstaff stets ein ebenso interessantes wie lehrreiches Werk sein, dessen Eigenart jedoch eine die Masse pakkende Wirkung ausschließt. An Verdis Falstaff-Musik, die sich tieferen, weicheren Empfindungslauten fast ganz verschließt, hat der Verstand einen größeren Anteil als das Herz, und so wird sich das Werk auf Deutschlands Bühnen eine bleibende Stätte nur schwer erringen.
Ein Denkmal aber von bewunderungswürdiger Geistesfrische des greisen Maestro bleibt diese Oper für alle Zeiten.
Stuttgart *Neues Tagblatt*, Nr. 213, 12. 9. 1893.

Richard Wagner ◆ Siegfried. Der Ring des Nibelungen, zweiter Tag, in drei Aufzügen. UA= Bayreuth 1876, EA= 7. 1. 1894.

Wir beugen uns in Bewunderung vor dem Riesengeiste, der solches schaffen konnte, in Bewunderung vor Wagners schöpferischer Phantasie, seinen Genieblitzen, vor der Fülle seiner Ausdrucksmittel, die in dem Maße noch keinem Tonsetzer zu Gebote standen; wir empfinden Bewunderung endlich vor der erstaunlichen Meisterschaft seiner Orchestertechnik, der fremdartigen Farbenpracht, dem berauschenden Klang seiner Tonsprache, die uns oft mit magischer Gewalt in ihren Bannkreis zieht. Aber diese seine höchsten Triumphe feiert Wagner nur auf rein sinnlichem Gebiete. Denn das dürfen wir uns nicht verschweigen, eine reinigende Wirkung im aristotelischen Sinne übt Wagners Kunst in seiner Nibelungen-Tetralogie nicht aus. Sie erregt den ganzen Menschen, sie entfesselt das Sinnenleben in ihm; aber sie erhebt nicht, sie läutert und tröstet nicht. Die maßlosen Längen und Weitschweifigkeiten der Musik und Dichtung in diesem gigantischen Werke, das ohne einen komplizierten Apparat gelehrter Hebel und Schrauben gar nicht verständlich ist, erhebt und erfreut uns nicht, sondern es strengt an, beunruhigt und betäubt uns. Dazu kommt noch der stammelnde, stotternde Stabreim, das Fehlen der selbständig abgeschlossenen Gesangsmelodie, an deren Stelle ein unnatürliches Singsprechen oder Sprechsingen tritt, und die »unendliche

Melodie«, mit den ewig wiederholten, ineinander- und untereinander geschlungenen (90) Motiven und ihren rhytmischen Rückungen im Orchester als Basis. Das alles sind Dinge, die gegen die angeborene und anerkannte musikalische Natur im Menschen verstoßen, und diese musikalische Natur im Menschen werden auch jene Wagnerfanatiker nicht ausmerzen, welche Wagner für einen »Vereinfacher der Welt« erklären, für den Entdecker einer neuen Kunst, nein der Kunst selber. Wagner opfert eben in seinem Ring des Nibelungen, der von seinem früheren Kunstschaffen (Lohengrin, Tannhäuser, Holländer) so grundverschieden ist, wie nur zwei Dinge in einer Kunst es sein können, zu oft alle Faktoren, welche unbedingt zum musikalischen Kunstwerk gehören: Melodie, Rhytmus, Harmonik, und – merkwürdig! – da, wo er gegen seine eigenen Kunstprinzipien Sturm läuft, wirkt er am überwältigendsten. Gewiß, wir müssen Wagners Nibelungen-Tetralogie als einen Markstein in der Musikgeschichte, als ein geistvolles, für den Musiker unerschöpflich lehrreiches Exempel von bleibender Bedeutung anerkennen – nie aber wird diese Kunst ins Volk dringen! Wie an die Darsteller, so stellt Wagner hier an die Zuhörer Anforderungen, welche die physischen Grenzen übersteigen.
Stuttgarter *Neues Tagblatt*, Nr. 6, 9. 1. 1894.

RICHARD WAGNER ◆ Tristan und Isolde. Handlung in drei Aufzügen. UA= München 1865, EA= 12. 5. 1897.

Über diese Oper, welche 38 Jahre nach ihrer Entstehung gestern an unserer Hofbühne ihre Erstaufführung erlebte, sind die kritischen Akten längst geschlossen. Wagner hat diesem Werk, das den Beginn seiner dritten Schaffensperiode bezeichnet, in kühner That erprobt, wie weit man in der Verleugnung formaler Prinzipien in der Musik gehen kann. Er ist zu weit gegangen und daher wieder umgekehrt. Tristan ist dasjenige Tonwerk Wagners, das er, nachdem ihn der Schopenhauersche Schlag getroffen, in einer absolut pessimistischen Weltanschauung verfaßte und komponierte. Nicht mehr der Universalität galt hier sein Denken und Dichten; denn Tristan ist geradezu das Weltgedicht des Individualismus; der Schein des Tages weicht der Nacht der Liebe, und die Verneinung des Willens wird der Ausgangspunkt der Wagnerschen Dichtung. [...]
Wunderbar bleibt es und legt abermals Zeugnis ab für die hohe Genialität Wagners, daß er, der Tristan durch die soeben dargelegten, mit eiserner Konsequenz durchgeführten Prinzipien seiner dritten Schaffensperiode sich der schönsten Mittel seiner Kunst beraubte, trotzdem im Stande bleibt, uns gelegentlich musikalisch fortzureißen und dramatisch zu erschüttern. Im allgemeinen aber wird bei diesem überreichen Motivspiel die Verstandesthätigkeit des Hörers so sehr in Anspruch genommen, daß von einem freien Genießen solcher Musik nur in begrenzter Weise die Rede sein kann, zumal unter der Last einer solchen Gedankenarbeit

Katharina Senger-Bettaque (1862-?)
Sängerin an der Stuttgarter Hofoper 1906–1910.
In der Rolle der Isolde in Richard Wagners »Tristan und Isolde«.

die vom Komponisten geschaffene Musik naturgemäß beeinflußt werden mußte, so daß sie nicht mehr ungetrübt als absolute Musik, die doch bei der Oper stets gefordert wird, wirken kann.
Stuttgarter *Neues Tagblatt*, Nr. 110, 13. 5. 1897.

Giuseppe Verdi ◆ Othello [Otello]. Oper in vier Akten. UA= Mailand 1887, EA= 31. 10. 1897.
Was an seinem Othello zunächst auffällt, ist, wie bei seinem Falstaff, die künstlerische Einheit zwischen Textdichtung und musikalischer Behandlung, was der Dichter gewollt, spricht der Komponist klar und deutlich aus, und zwar genau mit den ihm zur Verfügung stehenden Mitteln seiner Kunst: Wort und Ton klingen harmonisch zusammen. In dieser Hinsicht unterscheidet der Verdi'sche »Othello« sich ganz und gar von dem Rossinischen, bei dem wie in der älteren italienischen Oper der reine musikalische Effekt alles ist und die dramatischen Momente vollständig in den Hintergrund treten müssen. Das Werk Verdis ist ein zielbewußt geschaffenes modernes Musikdrama, das sich, ohne in sklavische Nachahmung zu verfallen, der von Wagner angebahnten Richtung nähert. Das von Arrigo Boito herrührende Textbuch bildet ein Kunstwerk von hervorragender und selbständiger Bedeutung. [...]
Weiter kann man den Bruch mit der italienischen Opernmusik von ehedem nicht treiben. Damit soll aber durchaus nicht gesagt sein, daß Verdi selbst keine Originalität entwickle und sklavisch dem Beispiel eines fremden Meisters folge. Das Gegenteil ist der Fall: jeder Takt seiner Oper trägt individuelles, ja sogar ein nationales Gepräge. Verdi entsagt im »Othello« nicht bedingungslos dem melodischen Element (wie das auch Wagner nicht getan hat) und setzt sich bei allem Entgegenkommen dadurch in einen bewußten Gegensatz zu dem deutschen Meister, daß er dem System der Leitmotive nicht folgt. Auch verzichtet er weder auf die kontrapünktliche Behandlung der verschiedenen Stimmen, noch auf das zwischen Einzelgesang und Orchester eingeschobene große Mittelglied des Massengesangs. Man kann sogar sagen, Verdi sei in keiner andern Oper so sehr er selbst wie in »Othello«, wenn wir in diesem auch einen andern Verdi vor uns haben, als uns im »Troubadour« oder der »Traviata« entgegentritt, einen Komponisten, der es verstanden hat, in die fortschreitende Bewegung seiner Zeit einzutreten, und der in Tagen, in denen andere auf ihren Lorbeeren ausruhen, noch über die volle geistige Kraft verfügt, sich an Tonschöpfungen zu erfreuen, die seinem jugendfrischen Sinn wie ein freudiges Lied der Verheißung klingen.
Schwäbische Chronik, Nr. 255, 1. 11. 1897.

Giacomo Puccini ◆ La Bohème. Szenen aus Henry Murger's »Vie de Bohème« in 4 Bildern. UA= Turin 1896, EA= 24. 3. 1901.

Mit einem guten Teil dieser Minderwertigkeiten und Unzulänglichkeiten des Librettos versöhnt uns nun Puccinis Musik; wieder ein eklatanter Beweis, daß wie eine gute dramatische Unterlage einer mittelmäßigen Musik immer noch etwas aufzuhelfen geeignet ist, umgekehrt eine packende Musik zuweilen auch einer matten, flügellahmen Handlung einiges blühende, bewegliche Leben zu spenden vermag. Einen Jargon anmutig und interessant in Musik zu setzen, wie er in diesem Textbuche stellenweise charakteristisch ist, das erfordert keine kleine Erfindungsgabe und viel feinsinnige Kunst; lose aneinander geknüpften Einzelbildern musikalisch doch eine gemeinsame, einheitliche Grundstimmung und Farbe zu verleihen, das bedingt eine volle Gestaltungs- und Konzentrationskraft. Puccini verfügt über diese Potenzen zweifellos. Er hat vieles gelernt und kann vieles, ein Zeugnis, das heutzutage keineswegs jedem Komponisten, der auch einmal oder dann und wann für die Bretter musiziert, ausgestellt werden kann. Seine Bohème-Musik hätte uns das bewiesen, wenn er auch (neben seinen früheren Opern) seine solenne Messe und einige Kammermusikwerke nicht geschrieben haben würde. Diese Musik, mehr melodramatisch als dramatisch geartet, mehr kolorierend als charakterisierend, voll Raffinement in der orchestralen Tonmalerei; hier auch besonders interessant und geistreich, sie hält sich von den Ausschweifungen des italienischen Verismus ebenso fern, wie sie andererseits an den in sich abgerundeten Formen des älteren Opernstils bis zu einem gewissen Grade noch festhält. Daß immerhin auch da und dort überflüssiger Lärm um nicht viel mit unterläuft, das passiert ja den feinfühligsten Jungdeutschen wie den Jungitalienern in ihren Partituren und gehört nachgerade zum guten Ton.

Stuttgarter *Neues Tagblatt*: Nr. 72, 26. 3. 1901.

Richard Strauss ◆ Salome. Drama in einem Aufzuge. UA= Dresden 1905, EA= 2. 12. 1906.

Zu solchen für die Ewigkeit geschriebenen Werken gehört nun allerdings Straussens Salome gerade nicht. Sie ist vielmehr ein echtes und rechtes Kind unserer Tage, und wenn der Wunsch nach einer nerven-erregenden und betäubenden Kunst, die Sucht nach aufregenden Sensationen, mag ihr Inhalt nun sein, welcher er wolle, die Unfähigkeit zu ruhiger geistiger Versenkung und die zunehmende Erkaltung des Gemütslebens charakteristische Merkmale unserer Zeit sind, dann haben diese in jenem Werke einen wirklich vollendeten künstlerischen Ausdruck gefunden. Strauss hat sehr richtig kalkuliert: kommt er der Zeit entgegen, so wird man ihm entgegenkommen. Der große Erfolg, den seine Salome überall errungen hat, hat bewiesen, daß die Kalkulation stimmt. Damit soll nun nicht etwa gesagt sein, daß Strauss nichts Persönliches zu geben habe. Der Hang, sich

in einer alle Sinne aufwühlenden, leidenschaftlich erregten Tonwelt auszudrücken, ist entschieden etwas für sein Wesen und die Art seiner Begabung Charakteristisches und so erschien ihm gewiß Oskar Wildes Salome ein besonders geeigneter Stoff, um sich darin völlig musikalisch ausleben zu können. [...]
In seiner Behandlung des Orchesters spricht der Schöpfer der Salome im ganzen noch immer die Sprache Richard Wagners und bestätigt damit dessen Ausspruch, daß in dieser Sprache ewig Neues zu erfinden sei. Diese Sprache ist jetzt so ausgebildet, daß sie die höchsten und erhabensten, wie die niedrigsten und gemeinsten seelischen Empfindungen auszudrücken vermag. Strauss hat sich für die letzteren Entschieden. Das Milieu des Lasters, der Verkommenheit und Perversität zieht ihn an. Allerdings weiß er diese schwüle, abstoßende, entsetzliche Sphäre mit einer Meisterschaft, mit einer überzeugenden Kraft und Macht der Charakterisierung zu zeichnen, wie es wohl kaum ein zweiter Lebender vermag.
Stuttgarter *Neues Tagblatt*, Nr. 283, 3. 12. 1906.

Richard Strauss ◆ Elektra. Tragödie in einem Aufzug. UA= Dresden 1909, EA= 19. 10. 1910.
Das vielumstrittene Werk ist verhältnismäßig spät zu uns gekommen. Es hat aber nun hier fraglos einen starken Sieg errungen. Die Schatten, die sich infolge einer unglücklichen Zeitungsfehde um die Person Richard Strauss' breiteten, sind hell überstrahlt worden von dem starken, manchem vielleicht zu blendend erscheinenden Licht, das überall aus diesen Tönen blitzgleich weite Strecken ungeahnter Wege in musikalisches Neuland erhellend, hervorbricht.
Die musikalische Ausdeutung einer der Salome-Dichtung ähnlichen und verwandten Tragödie, die ebenfalls in der Form des auf sich selbst gestellten sprachlichen Kunstwerks aufgegriffen wurde, mußte in unmittelbarer Folge gefährlich erscheinen. Eine Steigerung der musikdramatischen Schlagkraft, oder auch nur eine nochmalige Erreichung der auf höchste Spitzen getriebenen Wirkungen, wie Salome sie in sich barg, schien kaum möglich. Es ist Tatsache geworden. [...] Dem zwingenden, erschütternden Eindruck dieser Kunst wird sich auch der nicht entziehen können, der zunächst erschreckt und geängstigt das kühne Niederreißen aller Schranken einer bis dahin streng gehüteten musikalischen Gesetzmäßigkeit sieht. Man fürchtet Anarchie und spricht von einem Herkulaneum und Pompeji der Musik und übersieht, daß die scheinbare Verschüttung ein neues, weites Gebiet für neue Tempel der musikdramatischen Kunst erschließt, für die Salome und Elektra und voraussichtlich auch das neueste Werk Strauss' mächtige, tragfähige Grundpfeiler sind. Was erschreckt und schmerzt denn die Ohren derer, die es vermögen, sich außerhalb der dramatischen Wirkung dieser Klänge zu halten und nur das oft harte und scharfe Reiben sich heftig widerstrebender Tonverbindungen hören? Es

sind die aus solchen Tonverbindungen entstehenden, als neue Ausdruckselemente so stark wirkenden, genial und grundsicher aus musikalischen Urgesetzen organisierten Stimmungsgeräusche, die alle bedeutenden Musikdramatiker, wenn auch nicht so technisch hoch entwickelt und mit so rücksichtsloser Konsequenz, schon vor Strauss anwendeten.
Stuttgarter *Neues Tagblatt*, Nr. 245, 20. 10. 1910.

RICHARD STRAUSS ◆ Der Rosenkavalier. Komödie für Musik in drei Aufzügen. UA= Dresden 1911, EA= 28. 11. 1911.

Nun ist die Spannung gelöst, die auch dieses Werk Richard Strauss' seit seinem Erscheinen, mehr noch das lebhafte, begeistert zustimmende und erbittert ablehnende Für und Wider seiner Beurteiler erregte. Wir haben in der lebendigen Wirkung ein persönliches Verhältnis zu dem Werk gewinnen können. Und wer sich von parteilichen Einflüssen, von den immer wieder, auch hier in Stuttgart kurz vor der Aufführung auftauchenden, mit der Pose künstlerisch sittlicher Entrüstung vorgetragenen Verdächtigungen der künstlerischen Persönlichkeit Richard Strauss' ebenso aber auch von dem dadurch erzeugten Überschwang der Beurteilung von der anderen Seite frei zu machen versteht, der muß in diesem freien Gegenüberstehen eine Fülle von Genuß und tief innerer Erhebung auch aus diesem Werk gewonnen haben. Man braucht nicht Kenner und Erkenner des komplizierten symphonischen Aufbaus der Musik zu sein, um die Wirkung der in den lyrischen Scenen ausgegossenen reichen Schönheit unmittelbar zu empfinden. [...]
Daß das Werk aber auch auffällige und nicht wegzuleugnende Stimmungs- und Stilbrüche zeigt, ist gleichfalls auch dem nur auf unmittelbare Wirkung angewiesenen Hörer klar. Der Abstieg von herrlichen, melodisch und klanglich duftend umblühten Kunsthöhen in der zweiten Hälfte des zweiten und im größeren ersten Teil des dritten Aktes zu burlesker Flachheit in Text und Musik zeigt ein Schwanken und Suchen des Musikdramatikers Strauss, der in diesem Übergangswerk von der musikalischen Tragödie zur Komödie schon Bedeutendes in der Neugestaltung eines leicht und natürlich bewegten musikalischen Konversationstones fand, aber auch noch in Anlehnung an alle möglichen Stilarten und durch ein gewisses Ausprobieren ihrer Wirkungen zu einer verflachenden Zersplitterung des Ganzen kam. Die italienische Ariette, die Arie der großen Oper, das terzen- und sextenschwelgende Volkslied, der Wiener Walzer mit modernem Operetteneinschlag, ein leiser Rückfall in das klassische Rezitativ, das alles wird mit technisch treffsicherer Gewandheit ausprobiert.
Stuttgarter *Neues Tagblatt*, Nr. 280, 29. 11. 1911.

Kostümentwurf
zur Uraufführung der Oper
»Ariadne auf Naxos« von Richard Strauss
und Hugo von Hofmannsthal

Richard Strauss ◆ Ariadne auf Naxos. Oper in einem Aufzug. UA= 25. 10. 1912.

Es ist nicht ein in sich geschlossenes, in seinen einzelnen Gliedern untrennbar verbundenes Kunstwerk, das Hofmannsthal und Richard Strauss nach ihrem Rosenkavalier der in höchster Spannung auf diese bedeutsamste Uraufführung wartenden Kunstwelt übergeben haben. Zwei grundverschiedene Wesen, jedes in seiner Art höchstentwickelt, haben hier eine Kunstehe geschlossen, sind wohl dazu auch etwas spekulativ zusammengezwungen worden. Die Bewertung des Ganzen und der in ihm lebenden großen künstlerischen Kräfte wird sich deshalb auch aus einer getrennten Betrachtung der beiden, doch nur neben einander hergehenden und sich nicht selten gegenseitig verstimmenden und störenden Wesen gewinnen lassen. Es ist wie in der Ehe zweier bedeutender, innerlich sich fremd gegenüber stehender Menschen. Der vertrauensvolle Wille des einen Teils, sich und der Welt den Geist des zum Mitleben gewählten Wesens zu erschließen und sich nach ihm, wenigstens für eine künstlerische Tat umzuformen, scheitert nicht nur an einem Altersunterschied und einer großen zeitlichen Entfernung zwischen den beiden, sondern vielmehr an der unübersteiglichen Scheidewand, die zwischen der uns primitiv erscheinenden Kunstanschauung und ihrer Darstellungsmittel und Formen des einen und der sublimierten und raffinierten des andern aufgerichtet ist. Wenn man auch sagt, daß Molières Kunst ewig jung ist und daß seine Charakterkomödien für alle Zeiten gültige und treffende Typen hingestellt haben, so steht doch die jüngste Kunst, wie sie Hofmannsthal und Strauss in höchster Konzentration zeittypisch darstellen, trotz einzelner bewunderswert gelungener Einfühlungsversuche in die Welt des alten Komödienmeisters, besonders in der angefügten »Ariadne« um volle 280 Jahre entfernt von dem Milieu, in das sie künstlich hineingezwängt werden sollte. [...]

Der vokale Teil der Partitur geht bis an die äußerste Grenze der stimmlichen Ausdrucksmöglichkeiten, die große Koloraturarie der Zerbinetta wohl sogar etwas darüber hinaus, denn wo die Stimmverrenkung anfängt, hört der Genuß auf. Das neuartigste ist aber das Orchester, das der sonst immer größere Massen mobilisierende Tondichter sich hier zusammengestellt hat. 36 Musiker beschäftigt er nur – aber wie beschäftigt er sie! Jedes Instrument tritt solistisch mit allen seinen Ausdrucksmöglichkeiten hervor und jede Stimme fordert einen Virtuosen. Besonders feine Klang- und Stimmungsreize werden mit der neuen Einfügung von Klavier und Harmonium erreicht. Es ist unmöglich, im Rahmen eines Zeitungsberichtes alle die orchestralen Feinheiten dieser Partitur aufzuzählen.

Stuttgarter *Neues Tagblatt*, Nr. 282, 26. 10. 1912.

Richard Strauss: Ariadne auf Naxos
Oper in 1 Aufzug nebst einem Vorspiel.
Gedruckte Partitur mit handschriftlichen Eintragungen der Uraufführung vom 25. Oktober 1912 im Kleinen Hauses der Stuttgarter Hofoper, Inszenierung: Max Reinhardt, Dirigent: Richard Strauss

HECTOR BERLIOZ ◆ Die Trojaner [Les Troyens]. Heroisch-phantastische Oper in fünf Akten und acht Bildern. UA= Paris 1863, EA= 18. 5. 1913.

Mit einer Neubearbeitung machten Emil Gerhäuser und Max von Schillings den Versuch, das große, schwer aufführbare Werk des französischen Meisters für die deutsche Opernbühne zu gewinnen. Sie ermöglicht, das Werk an einem Abend aufzuführen und möchte durch Zusammendrängen der dramatischen Szenen eine geschlossenere Wirkung erzielen unter Wahrung der schönsten Partien der an Schönheiten reichen Partitur. Berlioz ist an sich ein so interessanter Musiker, daß schon darum die Darbietung eines bisher in Stuttgart noch nicht gegebenen Werks mit Freuden begrüßt werden durfte. Es ist auch in den Trojanern ein Stück eingefügt, in welchem die ganze Eigenart des Meisters in einer hinreißenden Weise in die Erscheinung tritt, wie in seinen Orchesterwerken, in welchen es sprüht im Geist und eine ins Phantastische schweifende Phantasie sich entfaltet. Aber es ist eine »heroisch-phantastische Oper«. Auch für das Heroische findet Berlioz die wuchtigen Akkorde in diesem schwer und groß angelegten Werk. Zu einer stilistischen Einheitlichkeit wollen sich die verschiedenartigen Szenen nicht verschmelzen. Das Phantastische tritt neben das Heroische. Offenbar schrieb der Meister, der lange an dem Werk arbeitete, bis ers vollendete, so wie ihn der Geist trieb. Bald in freier Ungebundenheit über alle hergebrachte Form sich wegsetzend, bald befangen in dem Schema der großen französischen Oper mit ihren in sich abgeschlossenen Nummern der Chöre, Arien, Duette und Ensembles. Und das ists, was uns bei diesem Werk trotz vieler hoher Schönheiten nicht so recht warm werden läßt. [...] Was diese Trojaner über die andern Werke der großen französischen Oper hinaushebt, das ist es eben, daß es doch Berlioz'sche Musik ist, Musik des Meisters, der eine neue Orchestersprache geschaffen, neue Klangfarben in die Instrumentierung eingeführt hat, mit welchen er die Ausdrucksfähigkeit des Orchesters, die Möglichkeit einen dichterischen Gedanken in Tönen zu versinnlichen, außerordentlich gesteigert hat. Diese Meisterschaft tritt uns auch in den Trojanern oft mit eindrucksvoller Schönheit und mit einem Reichtum musikalischer Phantasie entgegen.

Schwäbische Chronik, Nr .224, 19. 5. 1913.

RICHARD WAGNER ◆ Parsifal. Ein Bühnenweihefestspiel in drei Aufzügen. UA= Bayreuth 1882, EA= 3. 4. 1914

Rembrandt hat einmal aus eigener Machtvollkommenheit das Kunstgesetz aufgestellt: »Ein Kunstwerk ist vollkommen, wenn es der Absicht des Künstlers entspricht.« Nur im Mund eines der Allergrößten hat dieses Wort seine Berechtigung. Denn hier wird, was ein großartiger Subjektivismus in Anspruch nimmt, durch die objektive Wirkung gerechtfertigt. Richard Wagner war des stolzen Glaubens, daß sein Parsifal »sein heiligstes Werk«, das vollkommene Kunstwerk sei. So wie er als Dichter

und Musiker und bildender Künstler, im harmonischen Zusammenklang einer Dreiheit von Künsten, dies Kunstwerk schuf, so entsprach es seiner Absicht. Was seine Absicht war, das schrieb er aufs Titelblatt mit dem Wort Bühnenweihfestspiel. Und diese seine Absicht wollte er in die Tat umsetzen und er wollte solche Umsetzung in die Tat für alle Zeit seiner Absicht wahren, und darum haben auch seine Freunde sein Werk für Bayreuth behalten wollen. Von Tausenden ist es indessen schon bezeugt worden, daß der Parsifal der Absicht seines Schöpfers entspricht. So wäre es nach Rembrandts anspruchsvollem Kunstgesetz ein vollkommenes Kunstwerk. Auch die nachschaffende Kunst, die dem Parsifal in unserer Stadt hörbare und sichtbare Gestalt geben wollte, war von dieser Absicht geleitet, die den Schöpfer beseelte: nur als Weihefestspiel Richard Wagners letztes Werk auf der Bühne erstehen zu lassen.
Schwäbische Chronik, Nr. 157, 4. 4. 1914.

Der Parsifal zeigt kein müdes Abwenden des alternden Meisters von dem in seinem Lebenswerk eingeschlagenen steilen Weg zu höchstem Kunst- und Lebensgipfel, sondern den letzten, notwendigen, mächtig aufwärtsstrebenden Schritt zu seinem hochragenden Ziele. So verschmilzt im Parsifal die naive, stürmende Jungheldenkraft Siegfrieds mit dem Entsagungs- und Erlösungswillen Tristans; in Kundry der Liebeszwang und die Erlösungssehnsucht von Brünnhilde und Isolde. Die eingefügten christlichen Symbole sind nur neues künstlerisches Ausdrucksmittel für den Grundgedanken, der mehr buddhistisch ist, wie auch das Werk aus zwei Keimen, den Entwürfen zu »Jesus von Nazareth« und dem buddhistischen »Die Sieger«, die Wagner lange beschäftigten, emporwuchs. Auch die ganze dichterische und musikalische Gestaltung zeigt keine Abkehr von dem vorher beschrittenen Wege. Die Lohengrin-Lyrik, die wehe Tristan-Klage erscheinen in reifer Verklärung wieder und die feierlich großen Walhall-Klänge steigern sich zu religiöser Mystik. Nur Leidenschaft und Sinnentaumel, wie sie in den Venusbergszenen des Tannhäuser brennen, sind in Klingsors Zaubergarten gedämpfter und blaßfarbiger geworden, die epische Breite mancher Ring-Szene ist in den Gurnemanz-Szenen zu schwer lastender Länge geworden. Was bedeutet aber dieser Verlust an stürmender Jugendkraft gegenüber der neu gewonnenen Verklärung und Weihe, die über dem Vorspiel, der Liebesmahlszene, dem Karfreitagszauber und dem Erlösungsschluß ausgebreitet sind. Hier ist innerlichst beglückende und erlösende klingende Schönheit und Erhabenheit, wie sie vollkommener und reifer abgeklärt in keinem anderen Werk Wagners zu finden ist. Das ist Menschenweihfestspiel, das gegen alles Alltägliche und Niedrige weiht und heiligt.
Stuttgarter *Neues Tagblatt*, Nr. 92, 4. 4. 1914.

MAX VON SCHILLINGS ◆ Mona Lisa. Oper in zwei Aufzügen. UA= 26.9.1915.

Nach der immer noch, trotz Wagner, landläufigen Ansicht braucht ja aber ein Opernbuch nicht unbedingt den Anforderungen Stich zu halten, die an das dichterisch, literarisch Geltung beanspruchende Drama gestellt werden. Es gibt ja noch viel schlechtere Operntexte, die, von meisterlicher Musik gehoben, den Opernbesucher und den immer gleich bleibenden starken Erfolg dieser Opern nicht stören. In dem rückständigen Sinne können sich weniger anspruchsvolle Opernbesucher mit dem gewiß äußerlich spannend und geschickt gemachten Opernbuch von Beatrice Dobsky befriedigt fühlen, zumal auch die Musik von Max Schillings vieles Flache und Farblose der sprachlichen Gestaltung bedeutend vertieft und in kraftvolle klangliche Stimmungsfarben taucht. Zu einer überzeugenden musikalischen Wiedergabe des Zeitkolorits der Renaissance hat die Textverfasserin den Musiker allerdings nicht hinzureißen verstanden. Die ersten Szenen des Trauerspieles im Hause des seine Gäste festlich bewirtenden reichen Francesco, und der florentinische Carneval mit dem dramatisch stark gedachten Zusammenprall von üppig überschäumenden Lustchören mit dem Bußgesang Savanarolas und der Mönche von San Marco schleppen sich etwas mühsam dahin, ohne starke Kontrastwirkungen und ohne den rhytmischen Pulsschlag des Lebens der Renaissance, wie es aus den Kunstwerken dieser Epoche flutet. [...]
Max Schillings zeigt sich auch in diesem Werke als ein musikalischer Ausdruckskünstler mit reicher ursprünglich beweglicher Empfindungs- und Phantasiekraft in der Erfindung entwicklungsfähiger musikalischer Gedanken melodischer und harmonischer Natur und als meisterlicher Beherrscher eines immer treffsicher die Grundstimmungen der seelischen und äußeren Vorgänge malenden großen vokalen und orchestralen Klangapparates. Als ein »neuer« Schillings erscheint er in diesem Werke gegenüber seinen früheren Bühnenwerken nur in der deutlichen Abkehr von einer mehr symphonischen Formengebung und Polyphonie und in der stärker betonten Aufstellung charakteristischer harmonischer Probleme, aus denen er musikdramatische Motive und Ausdruckssteigerungen mit stärkerer Bühnenwirkung gewinnt. Hier nähert er sich mehr dem neuen musikdramatischen Stil von Richard Strauss – hier und da aber auch dem äußerlich allzu naheliegenden, leichte und blendende Erfolge gewährleistenden Stil von Werken wie Tiefland und Tosca.

Stuttgarter *Neues Tagblatt*, Nr. 489, 27. 9. 1915.

Anmerkungen

1 Rudolf Krauß, *Das Stuttgarter Hoftheater von den ältesten Zeiten bis zur Gegenwart*, Stuttgart 1908, S.177f.
2 *Allgemeine Musikalische Zeitung*, Leipzig 1 (1798/99 ff.).
3 *Neue Zeitschrift für Musik*, hrsg. von Robert Schumann, Leipzig 1 (1834 ff.) (Reprint: Scarsdale 1963).
4 *Neues Tagblatt*, Stuttgart 1.1842 ff.
5 *Schwäbischer Merkur*, Stuttgart 1.1785 ff.
6 Michael Strobel, *Richard Strauss in Stuttgart*. Anmerkungen zur Rezeptionsgeschichte seiner Bühnenwerke (1906-1945), in: *Richard Strauss-Blätter*, Heft 40, Wien 1998, S. 36-51.
7 Gastspiel des Richard-Wagner-Theaters, Direktion: Angelo Neumann.
8 Der Theaterzettel vermerkt: „aus dem Französischen".
9 Laut Programmzettel. Tatsächlich ist die Oper zweiaktig. Auch die erhaltene Partitur der Stuttgarter Erstaufführung (im Besitz der WLB) ist zweiaktig angelegt.

Das Interimstheater
Ansichts-Postkarte, 1902 oder kurz danach
Sofort nach dem Brand des Hoftheaters wurde ein „Interimstheater" errichtet (nach Plänen von Oberbaurat Karl Weigle), das die Zeit bis zum Bau eines vollwertigen Theaters überbrücken sollte. Bereits am 2. Oktober 1902 wurde es in Betrieb genommen. Es stand in der damaligen Schloßgartenstraße neben dem Akademiegebäude und dem Reithaus

Quellen und Literatur

zur Geschichte der Musikproduktion am württembergischen Hof[1]

1. Quellen: 16.–18. Jahrhundert

1.1. Personal- und Verwaltungsakten

Hauptstaatsarchiv Stuttgart, verstreut in diversen Beständen: hauptsächlich Bestandsgruppen »A« und »E« sowie Rechnungsbücher, im besonderen:

A 21: Personalakten
A 248: Anstellungsdekrete (Rentkammer)
A 272: Akten der Hohen Karlsschule
A 273: Akten der Ecole des Demoiselles
E 6 und 14: Königliches Kabinett

1.2. Musikalien

Württembergische Landesbibliothek, Handschriftenabteilung: Bestand »HB XVII«; »Cod. mus.« und Musiklesesaal: Alphabetischer Katalog der gedruckten Noten, jedoch nur noch rudimentär vorhanden.

1.3. Programmzettel und Textbücher
Einzelne Programmzettel und Textbücher seit ca. 1750 im Hauptstaatsarchiv Stuttgart (z.B. A 21 I, 630).

2. Quellen: 19.–20. Jahrhundert

2.1. Personal- und Verwaltungsakten
Staatsarchiv Ludwigsburg:

- E 17–26: Hofdomänenkammer
- E 18 I: ehemalige Registratur des Stuttgarter Hoftheaters: betr. Theaterverwaltung allgemein, Theatergebäude und deren Einrichtung, künstlerischer Betrieb (u. a. Repertoire, Rollenbesetzung, Instrumente, Künstlerausbildung) und Personalangelegenheiten
- E 18 II: Personalakten des Hoftheater- und Orchesterpersonals
- E 18 III: Verwaltungsakten betreffend den technischen und künstlerischen Betrieb sowie die Finanzverwaltung und das Theaterinventar
- E 18 IV: Rollenbücher
- E 18 V: ergänzende Verwaltungsakten zu E 18 I und III
- E 18 VI: neuere Personalakten seit etwa 1890.
- E 18 VII: Kostümbilder
- E 18 VIII: Aufführungsakten

Hauptstaatsarchiv Stuttgart:
E-Bestände (Oberämter): Kabinett, Geheimer Rat, Ministerien 1806–1945 (→ 1.1.); E 280 Korpskommando 1830–1871

2.2. Musikalien
Württembergische Landesbibliothek, Handschriftenabteilung: Bestand »HB XVII«; »Cod. mus.« sowie im Musiklesesaal, alphabetischer Katalog der gedruckten Noten.

2.3. Programmzettel und Textbücher
Württembergische Landesbibliothek, gedruckte und handschriftliche Exemplare an Textbüchern, darunter zahlreiche Zensurexemplare; Programmzettel als nahezu lückenloser Bestand von 1807–1999 im Besitz der Württembergischen Landesbibliothek, Musiksammlung.

3. Quellenverzeichnisse

Übersicht über die Bestände des Staatsarchivs Ludwigsburg: Ober- und Mittelbehörden 1806–1945 (E-Bestände), hrsg. vom Staatsarchiv Ludwigsburg; bearb. von Wolfgang Schmierer. Stuttgart 1980. (= Veröffentlichungen der Staatlichen Archivverwaltung Baden-Württemberg; 38).

Übersicht über die Bestände des Hauptstaatsarchivs Stuttgart. Band: Kabinett, Geheimer Rat, Ministerien 1806–1945 : (E-Bestände), bearb. von Wolfgang Schmierer ... Stuttgart 1997. (= Veröffentlichungen der Staatlichen Archivverwaltung Baden-Württemberg; 33).

Ingeborg Krekler, *Die Handschriften der Württembergischen Landesbibliothek Stuttgart,* Sonderreihe, 1. Band, Katalog der handschriftlichen Theaterbücher des ehemaligen Württembergischen Hoftheaters (Codices Theatrales), Wiesbaden 1979.

Die Handschriften der ehemaligen Hofbibliothek Stuttgart 6, Codices musici 2 (HB XVII 29–480). Beschrieben von Clytus Gottwald, Wiesbaden 2000 (= Die Handschriften der Württembergischen Landesbibliothek Stuttgart, 2. Reihe).

4. Literatur

4.1. Gesamtdarstellungen

Josef Sittard, *Zur Geschichte der Musik und des Theaters am Württembergischen Hofe,* 2 Bde., Stuttgart 1890 und 1891.

Rudolf Krauß, *Das Stuttgarter Hoftheater von den ältesten Zeiten bis zur Gegenwart,* Stuttgart 1908.

Hansmartin Decker-Hauff, *300 Jahre Instrumentalmusik am Stuttgarter Hof.* In: *350 Jahre Württembergisches Staatsorchester.* Eine Festschrift, hrsg. von den Württembergischen Staatstheatern, Stuttgart 1967, S. 25–56.

Ulrich Drüner, *400 Jahre Staatsorchester Stuttgart.* Ein Beitrag zur Entwicklungsgeschichte des Berufsstandes Orchestermusiker am Beispiel Stuttgart. In: ders., 400 *Jahre Staatsorchester Stuttgart* 1593–1993. Eine Festschrift, Stuttgart 1994, S. 41–172.

Hans-Joachim Scholderer, *Das Schloßtheater Ludwigsburg.* Geschichte, Architektur, Bühnentechnik, mit einer Rekonstruktion der historischen Bühnenmaschinerie. Berlin 1994 (= Schriften der Gesellschaft für Theatergeschichte; 71).

Schloßtheater Ludwigsburg. Zum Abschluß der Restaurierung 1998. Hrsg. vom Finanzministerium Baden-Württemberg, Konzeption: Hans-Joachim Scholderer. Stuttgart 1998.

Das Ludwigsburger Schloßtheater. Kultur und Geschichte eines Hoftheaters. Hrsg. von den Ludwigsburger Schloßfestspielen. Leinfelden-Echterdingen 1998.

Musik und Musiker am Stuttgarter Hoftheater (1750–1918). Quellen und Studien. Hrsg. von Reiner Nägele, Stuttgart 2000.

Monika Firla, *Afrikaner im Württemberg des* 15. bis 19. Jahrhunderts. Katalog zur Ausstellung des Hauptstaatsarchivs Stuttgart, Stuttgart 2001 (in Vorbereitung).

4.2. Einzelne Zeitabschnitte

16. Jahrhundert

Gustav Bossert, *Die Hofkapelle unter Herzog Ulrich* [1498–1550]. In: *Württembergische Vierteljahrshefte für Landesgeschichte*, Neue Folge XXV, Stuttgart 1916, S. 383–430.

–: *Die Hofkantorei unter Herzog Christoph* [1550–1568]. In: *Württembergische Vierteljahrshefte für Landesgeschichte*, Neue Folge XII, Stuttgart 1898, S. 124–167.

–: *Die Hofkantorei unter Herzog Ludwig* [1568–1593]. In: *Württembergische Vierteljahrshefte für Landesgeschichte*, Neue Folge IX, Stuttgart 1900, S. 253–291.

Dagmar Golly-Becker, *Süddeutsche Konkurrenten.* Über die Beziehung zwischen der Stuttgarter und der Münchner Hofkapelle in der zweiten Hälfte des 16. Jahrhunderts. In: *Musik in Baden-Württemberg*, 2 (1995), S. 109–118.

–: *Wie ein Geheimnis gehütet.* Die Hofkapellen von Stuttgart und München im Konkurrenzkampf um exklusive Kompositionstechniken in der zweiten Hälfte des 16. Jahrhunderts. In: *Musik in Baden-Württemberg*, 3 (1996), S. 91–101.

–: *Die Stuttgarter Hofkapelle unter Herzog Ludwig III.* (1554–1593). Stuttgart 1999.

Paul Wiebe, *»To adorn the groom with chaste delights«.* Tafelmusik at the weddings of Duke Ludwig of Württemberg (1585) and Melchior Jäger (1586). In: *Musik in Baden-Württemberg*, 6 (1999), S. 63–102.

Gustav Bossert, *Die Hofkapelle unter Herzog Friedrich.* 1593–1608. In: *Württembergische Vierteljahrshefte für Landesgeschichte*, Neue Folge XIX, Stuttgart 1910, S. 317–374.

17. Jahrhundert

Gustav Bossert, *Die Hofkapelle unter Herzog Johann Friedrich* 1608–1628. In: *Württembergische Vierteljahrshefte für Landesgeschichte*, Neue Folge XX, Stuttgart 1911, S. 150–208.

–: *Die Hofkapelle unter Eberhard III.* 1628–1657. Die Zeit des Niedergangs, der Auflösung und der ersten Versuche der Wiederherstellung. In: *Württembergische Vierteljahrshefte für Landesgeschichte*, Neue Folge XXI, Stuttgart 1912. S. 69–137.

Paul L. Ranzini, *Practices and Cultural Contexts of Sacred Music in Stuttgart* 1580–1650. Ph. D., Music History and Theory, University of Chicago (Druck in Vorbereitung).

Monika Firla; Hermann Forkl, *Afrikaner und Africana am württembergischen Herzogshof im 17. Jahrhundert.* In: *Tribus* 44 (1995), S. 149–193.

17.–18. Jahrhundert

Henning Siedentopf, *Dokumente zur württembergischen Musikgeschichte des 17. und 18. Jahrhunderts.* In: *Zeitschrift für württembergische Landesgeschichte* XXXVI (1977), S. 339–346.

Samantha Kim Owens, *The württemberg Hofkapelle c.* 1680–1721, mss. Diss., Victoria University of Wellington, New Zealand, 1995.

18. Jahrhundert

Monika Firla, *Afrikanische Pauker und Trompeter am württembergischen Herzogshof im* 17. *und* 18. *Jahrhundert.* In: *Musik in Baden-Württemberg,* 3 (1996), S. 11–42.

Eberhard Schauer, *Das Personal des Württembergischen Hoftheaters* 1750–1800. Ein Lexikon der Hofmusiker, Tänzer, Operisten und Hilfskräfte, in *Musik und Musiker am Stuttgarter Hoftheater (1750–1918).* Quellen und Studien. Hrsg. von Reiner Nägele, Stuttgart 2000, S. 11–83.

Hermann Abert, *Die dramatische Musik*, in *Herzog Karl Eugen von Württemberg und seine Zeit.* Hrsg. vom Württembergischen Geschichts- und Altertums-Verein. Bd. 1. Eßlingen a. N. 1907, S. 555–611.

Christoph-Hellmut Mahling, *»Zu anherobringung einiger Italienischer Virtuosen«.* Ein Beispiel aus den Akten des Württembergischen Hofes für die Beziehungen Deutschland-Italien im 18. Jahrhundert. In: *Analecta musicologica*, Bd. 12 (= Studien zur italienisch-deutschen Musikgeschichte; 8), Köln 1973, S. 193–208.

Deppert, Heinrich, *Musik im aufgeklärten Absolutismus*, in *Geschichte als Musik.* Tübingen: Silberburg-Verl., 1999 (= Stuttgarter Symposion; Bd. 7), S. 105–128.

Heinz Becker, *Die Oper in Stuttgart um* 1800. In: *Baden und Württemberg im Zeitalter Napoleons*, Stuttgart 1987, 613–24.

18.–19. Jahrhundert

Norbert Stein, *Musik und Theater im Ludwigsburg des* 18. *und* 19. *Jahrhunderts.* In: *Ludwigsburger Geschichtsblätter*, Heft 38, Ludwigsburg, 1985, S. 61–87.

–: *Das württembergische Hoftheater im Wandel* (1767–1820). In: *»O Fürstin der Heimath! Glükliches Stutgard!«.* Politik, Kultur u. Gesellschaft im dt. Südwesten um 1800. Hrsg. von Christoph Jamme u. Otto Pöggeler. Stuttgart 1988, S. 382–395 (= Deutscher Idealismus; 15).

Reiner Nägele, *Die Rezeption der Mozart-Opern am Stuttgarter Hof* 1790 *bis* 1810. In: *Mozart-Studien.* Hrsg. von Manfred Hermann Schmid, Bd. 5, Tutzing 1995, S. 119–137.

19. Jahrhundert

Reiner Nägele, *»Hier ist kein Platz für einen Künstler«.* Das Stuttgarter Hoftheater 1797–1816. In: *Musik und Musiker am Stuttgarter Hoftheater (1750–1918).* Quellen und Studien. Hrsg. von Reiner Nägele, Stuttgart 2000, S. 110–127.

–: *Johann Rudolph Zumsteegs »Die Geisterinsel«.* Zur Aufführungsgeschichte einer Festoper (1798, 1805, 1889). In: *Musik und Musiker am Stuttgarter Hoftheater (1750–1918).* Quellen und Studien. Hrsg. von Reiner Nägele, Stuttgart 2000, S. 139–153.

Clytus Gottwald, *Regesten zum Repertoire der Stuttgarter Hofoper* 1800–1850. In: *Musik und Musiker am Stuttgarter Hoftheater (1750–1918).* Quellen und Studien. Hrsg. von Reiner Nägele, Stuttgart 2000, S. 173–215.

Samuel Schick, *Das Opernrepertoire des Stuttgarter Hoftheaters* 1807–1818. Programmzettel als Quelle zur Theatergeschichte. In: *Musik und Musiker am Stuttgarter Hoftheater (1750–1918).* Quellen und Studien. Hrsg. von Reiner Nägele, Stuttgart 2000, S. 154–171.

Reiner Nägele, *»Ihre Schulung ist in jeder Beziehung vollkommen«.* Das württembergische Hoforchester 1819–1856. In: *Musik und Musiker am Stuttgarter Hoftheater (1750–1918).* Quellen und Studien. Hrsg. von Reiner Nägele, Stuttgart 2000, S. 223–241.

Joachim Migl, *Staatsbesuch unter Donnergrollen.* Giovanni Pacinis »L'ultimo giorno di Pompei« in Stuttgart. In: *Musik und Musiker am Stuttgarter Hoftheater (1750–1918).* Quellen und Studien. Hrsg. von Reiner Nägele, Stuttgart 2000, S. 243–253.

Reiner Nägele, *»Zuviel Mendelssohn würde uns ermüden«.* Anmerkungen zur Mendelssohn-Rezeption in Stuttgart 1847 bis 1947. In: *Geschichte als Musik.* Hrsg. von Otto Borst, Stuttgart 1999, S. 167–180 (= Stuttgarter Symposion, Schriftenreihe; 7).

Georg Günther, *Einlagen, Respektstage, Disciplinar=Gesetze.* Opernalltag in Stuttgart um 1900. In: *Musik und Musiker am Stuttgarter Hoftheater (1750–1918).* Quellen und Studien. Hrsg. von Reiner Nägele, Stuttgart 2000, S. 260–293.

Michael Strobel, *Stuttgarter Opernpremieren im Spiegel der Presse.* In: *Musik und Musiker am Stuttgarter Hoftheater (1750–1918).* Quellen und Studien. Hrsg. von Reiner Nägele, Stuttgart 2000, S. 295–340.

19.–20. Jahrhundert

Brigit Janzen, *König Wilhelm II. als Mäzen.* Kulturförderung in Württemberg um 1900, Frankfurt u. a. 1995 (= Europäische Hochschulschriften: Reihe 3, Geschichte und ihre Hilfswissenschaften; Bd. 663), bes. S. 116–189.

20. Jahrhundert

Michael Strobel, *»Doktor, sind Sie des Teufels?«.* Richard Strauss zu Gast in Stuttgart. Eine rezeptionsgeschichtliche Untersuchung (1897–1940). In: *Musik in Baden-Württemberg,* Jahrbuch 7 (2000) (Druck in Vorbereitung).

Die Oper in Stuttgart. 75 Jahre Littmann-Bau. Hrsg. vom Staatstheater Stuttgart, Redaktion Ute Becker, Stuttgart 1987.

Jürgen-Dieter Waidelich, *Vom Stuttgarter Hoftheater zum Württembergischen Staatstheater*. Ein monographischer Beitrag zur deutschen Theatergeschichte. Diss. mss. München 1956.

–: *Die Entwicklung des Württembergischen Staatsorchesters von* 1908 *bis* 1966. In: 350 Jahre Württembergisches Staatsorchester. Eine Festschrift. Hrsg. von den Württembergischen Staatstheatern, Stuttgart 1967, S. 57–84.

4.3.Einzelne Musiker

Heinrich Finck (um 1444–1527)

Lothar Hoffmann-Erbrecht, *Henricus Finck – musicus excellentissimus*. Köln 1982.

Ludwig Daser (um 1525–1589)

Anton Schneiders, *Ludwig Daser*. Beiträge zur Biographie und Kompositionstechnik, Diss. mss. München 1953.

Sigmund Hemmel (um 1530–1565)

Dagmar Golly-Becker, *Zu den Lebensdaten von Sigmund Hemmel*. In: *Musik in Baden-Württemberg*, 6 (1999), S. 103–109.

Balduin Hoyoul (um 1548–1594)

Daniel T. Politoske, *Balduin Hoyoul*. A Netherlander at a german cort chapel, Diss. Univ. of Michigan 1967.

Balduin Hoyoul (um 1548–1594), *Lateinische und deutsche Motetten*. Vorgelegt von Dagmar Golly-Becker und Andreas Traub, München 1998 (= Denkmäler der Musik in Baden-Württemberg; 7), S. IX–XXXVI.

Leonhard Lechner (um 1553–1606)

Konrad Ameln, *Leonhard Lechner (um* 1553–1606). Leben und Werk eines deutschen Komponisten aus dem Etschtal, Lüdenscheid 1957.

Michael Klein, *Neuere Studien über Leonhard Lechner*. In: *Schütz-Jahrbuch* XIV (1993), S. 62–77.

Samuel Capricornus (1628–1665)

Josef Sittard, *Samuel Capricornus contra Philipp Friedrich Bödecker*. In: *Sammelbände der Internationalen Musik-Gesellschaft*, Bd. 3, Leipzig 1901–1902, S. 87–128.

Hans Buchner, *Samuel Friedrich Capricornus*, Diss. mss. München 1922.

Niccolò Jommelli (1714–1774)

Hermann Abert, *Niccolò Jommelli als Opernkomponist*. Mit einer Biographie, Halle 1908.

Marita Petzoldt McClymonds, *»Jommelli, Verazi und Vologeso«*. Das hochdramatische Ergebnis einer schöpferischen Zusammenarbeit. In: *Musik in Baden-Württemberg*, Jahrbuch 3 (1996), S. 213–222

Manfred Hermann Schmid, *Das Requiem von Niccolò Jommelli im württembergischen Hofzeremoniell* 1756. In: *Musik in Baden-Württemberg*, 4 (1997), S. 11–30

Juan Bautista und José Pla (gest. 1762)

Joseph Dolcet, *Katalonische Oboenvirtuosen am Hof Karl Eugens von Württemberg.* Die Brüder Pla. In: *Tibia* XVII/1 (1992), S. 32–37.

Johann Rudolph Zumsteeg (1760–1802)

Ludwig Landshoff, *Johann Rudolph Zumsteeg* (1760–1802). Ein Beitrag zur Geschichte des Liedes und der Ballade. Berlin 1902.

Jürgen Völckers, *Johann Rudolph Zumsteeg als Opernkomponist.* Ein Beitrag zur Geschichte des deutschen Singspiels und der Musik am Württembergischen Hofe um die Wende des 18. Jahrhunderts, Diss. München 1944.

Gunter Maier, *Johann Rudolph Zumsteeg.* In: *Mein Boxberg.* Jahresheft des Heimatvereins Alt-Boxberg XXIV (1990), S. 47–62.

Ludwig Dieter (1757–1822)

Kurt Haering, *Fünf schwäbische Liederkomponisten des* 18. Jahrhunderts. Abeille, Dieter, Eidenbenz, Schwegler und Christmann. Diss. mss. Tübingen 1925.

Kurt Haering, *Christian Ludwig Dieter.* Hofmusiker und Singspielkomponist, 1757 bis 1822. In: *Schwäbische Lebensbilder* 1 (1940), S. 98–104.

Franz Danzi (1763–1826)

Franz Danzi. Briefwechsel (1785–1826). Hrsg. und kommentiert von Volkmar von Pechstaedt, Tutzing Schneider, 1997.

Conradin Kreutzer (1780–1849)

Karl-Peter Brecht, *Conradin Kreutzer.* Biographie und Werkverzeichnis, Messkirch 1980.

Johann Nepomuk Hummel (1778–1837)

Karl Benyovsky, *J. N. Hummel.* Der Mensch und Künstler. Bratislava 1934.

Melchior Hollenstein (1789–1851)

Reiner Nägele: *Melchior Hollenstein (1789–1851), Geiger.* In: *Musik und Musiker am Stuttgarter Hoftheater (1750–1918).* Quellen und Studien. Hrsg. von Reiner Nägele, Stuttgart 2000, S. 129–138.

Peter Joseph von Lindpaintner (1791–1856)

Rolf Hänsler, *Peter Lindpaintner als Opernkomponist.* Sein Leben und seine Werke. Ein Beitrag zur Operngeschichte des 19. Jahrhunderts, Diss. München 1928.

Reiner Nägele, *Peter Joseph von Lindpaintner.* Sein Leben, sein Werk. Ein Beitrag zur Typologie des Kapellmeisters im 19. Jahrhundert. Tutzing 1993. (= Tübinger Beiträge zur Musikwissenschaft; 14).

Aloys Beerhalter (1799–1858)

Reiner Nägele: *Aloys Beerhalter (1799–1858), Klarinettist.* In: *Musik und Musiker am Stuttgarter Hoftheater (1750–1918).* Quellen und Studien. Hrsg. von Reiner Nägele, Stuttgart 2000, S. 217–221.

Johann Joseph Abert (1832–1915)

Hermann Abert, *Johann Joseph Abert* (1832–1915). Sein Leben und seine Werke. 2., verbesserte und erweiterte Auflalge, Nachdruck der Ausgabe Leipzig. Bad Neustadt a. d. Saale 1983. (= Beiträge zur Musikgeschichte der Sudetendeutschen; 1).

Wilhelm Bolley (1849- ca. 1900)

Reiner Nägele: *Wilhelm Bolley (1849- ca. 1900), Kontrabassist und Flötist.* In: *Musik und Musiker am Stuttgarter Hoftheater (1750–1918).* Quellen und Studien. Hrsg. von Reiner Nägele, Stuttgart 2000, S. 256–258.

Alois Obrist (1867–1910)

Georg Günther, *Es liegt Mord und Selbstmord vor.* Die Stuttgarter Künstlertragödie Sutter-Obrist von 1910. In: *Musik in Baden-Württemberg*, 7 (2000) (Druck in Vorbereitung).

Max von Schillings (1868–1933)

Roswitha Schlötterer, *Richard Strauss – Max von Schillings.* Ein Briefwechsel, Pfaffenhofen 1987 (= Veröffentlichungen der Richard-Strauss-Gesellschaft München; 9).

Christian Detig, *Deutsche Kunst, deutsche Nation.* Der Komponist Max von Schillings. Kassel, 1998 (= Kölner Beiträge zur Musikforschung; 201).

Anmerkungen

1 Diese Bibliographie versteht sich als Fortschreibung und Ergänzung der bei Rudolf Krauß, *Das Stuttgarter Hoftheater von den ältesten Zeiten bis zur Gegenwart* (Stuttgart 1908) verzeichneten „Quellen und Literatur" (S. 319–323). Nicht aufgenommen sind analytische Arbeiten zu den Werken einzelner Musiker, sofern diese nicht auch die sozialgeschichtlichen Aspekte berücksichtigen, sowie Darstellungen, die sich vorwiegend mit dem Theaterleben am Hofe beschäftigen, etwa die biographischen und anekdotischen Berichte von Schauspielern des Hoftheaters aus dem 19. Jahrhundert, weiterführende Literatur hierzu in den Literaturverzeichnissen der unter → 4. 1. aufgeführten Publikationen. Siehe auch die umfangreiche Bibliographie im *Katalog der Theaterausstellung Stuttgart vom* 25. April bis 22. Mai 1911 , Stuttgart 1911, S. 31–35. Einen allgemeinen Überblick geben: Erich Reimer, *Die Hofmusik in Deutschland* 1500 *bis* 1800, Wandlungen einer Institution, Wilhelmshaven 1991 (= Taschenbücher zur Musikwissenschaft; 112) sowie Ute Daniel, *Hoftheater*, Zur Geschichte des Theaters und der Höfe im 18. und 19. Jahrhundert, Stuttgart 1995.

Namensregister

Abbildungsnachweise

Hauptstaatsarchiv Stuttgart: 12 (A 21 Bü 62), 114 (E 6 Bü 1)
Privatbesitz: 216, 255
Staatsarchiv Ludwigsburg: 120 (E 18 I Bü 345), 247 (E 18 VII Bü 175), 266 (E 18 VIII Bü 291), 334 (E 18 VII Bü 345)
Stadtarchiv Stuttgart: 301, 316, 325, 329
Städtisches Museum Ludwigsburg: 96f. (Inventar Nr. 4321)
Württembergische Landesbibliothek, Graphische Sammlungen: 8, 84, 92, 109, 124, 128, 140, 172, 196, 222, 236, 259, 279, 294, 311, 341
Württembergische Landesbibliothek, Musiksammlung: 146, 161, 166, 242, 336

Die Abbildungen der Seiten 179 und 186 wurden entnommen aus: *Königlich Württembergisches Hof=Theater=Taschenbuch auf das Jahr* 1817, hrsg. von B. Korsinsky, 2. Jahrgang, Stuttgart 1817.

Umschlagbild: Württembergisches Hoforchester, Aquarell, Anonym, um 1800 (Original im Städtischen Museum Ludwigsburg, Inventar Nr. 4321); Ausschnitt.

Photos (Joachim W. Siener): 2, 8, 84, 92, 109, 124, 128, 140, 146, 161, 166, 172, 179, 196, 216, 222, 236, 242, 255, 259, 279, 294, 311, 336, 341
Bildlegenden (Rudolph Henning): 2, 8, 109, 128, 172, 294, 311, 341

Die Autoren der Beiträge

Clytus Gottwald, geboren 1925 in Bad Salzbrunn/Schlesien, 1955–60 Studium der Musikwissenschaft, ev. Theologie und Soziologie in Frankfurt a. M. und Tübingen, 1961 Promotion bei Helmuth Osthoff, 1958–70 Kantor an der ev. Pauluskirche in Stuttgart-West, 1960 Gründung der Schola Cantorum Stuttgart, seit 1961 Stipendiat der Deutschen Forschungsgemeinschaft mit dem Arbeitsgebiet: Musikpaläographie, seit 1967 Redakteur für Neue Musik beim Südfunk Stuttgart, 1985 Ernennung zum Professor. 1995 von der DFG beauftragt mit der Katalogisierung des handschriftlichen Musikalienbestandes der ehemaligen württembergischen Hofbibliothek.

Georg Günther, geboren 1959 in Stuttgart, 1979–82 Studium an der Fachhochschule für Bibliothekswesen in Stuttgart, 1983–90 Studium der Musikwissenschaft und Germanistik an der Universität Tübingen (Magister artium), 1991–97 Leiter des Schwäbischen Landesmusikarchivs in Tübingen, seit 1997 freiberuflich und im Musikalienantiquariatshandel tätig, seit 2000 Mitarbeiter des Deutschen Literaturarchivs Marbach (Erfassung musikalischer Nachlässe). Schriftleiter des im Metzler-Verlag erscheinenden Jahrbuchs *Musik in Baden-Württemberg* (zusammen mit Reiner Nägele). Zahlreiche Veröffentlichungen zur Musikgeschichte in Baden-Württemberg.

Johann Georg August von Hartmann, 1764 in Stuttgart geboren, gestorben 1849, studierte Jurisprudenz (Tübingen 1784) und Cameralwissenschaft (Heidelberg 1786), Professor an der Karlsschule, wirklicher Rat beim Oberlandesöconomie=Collegium und bei der Forstdirektion, Geheimer Oberfinanzrat, später Leiter des Katharinenstifts. Er veröffentlichte u. a. *Versuch einer geordneten Anleitung zur Hauswirtschaft* (Stuttgart 1792).

Rudolf Henning, geboren 1942, Diplombibliothekar, Mitarbeiter im Bereich Karten und graphische Sammlungen der Württembergischen Landesbibliothek. Veröffentlichungen u. a. auf den Gebieten Musikwissenschaft und Kunstgeschichte.

Gotthold Ephraim Lessing, geboren 1729 in Kamenz (Lausitz), gestorben 1781, Dichter und Kritiker, seit 1767 Dramaturg am Deutschen Nationaltheater in Hamburg, seit 1770 Bibliothekar in Wolfenbüttel.

JOACHIM MIGL, geboren 1963 in Stuttgart, studierte Geschichte und Latein in Göttingen, Wien und Freiburg, 1990 Staatsexamen, 1993 Promotion, seit 1996 Mitarbeiter in der Abteilung Alte und Wertvolle Drucke an der Württembergischen Landesbibliothek. 1999 Initiator der Ausstellung *Bilder aus Pompeji – Antike aus zweiter Hand* im Württembergischen Landesmuseum.

CHRISTLOB MYLIUS, geboren 1722 in Reichenbach, gestorben 1754, Schriftsteller. Er redigierte seit 1748 die spätere Vossische Zeitung.

REINER NÄGELE, geboren 1960 in Stuttgart, studierte Musikwissenschaft und Neuere Deutsche Literatur in Tübingen, M. A. 1989, Promotion 1992, Ausbildung zum Bibliothekar im Höheren Dienst, seit Oktober 1993 Musikreferent an der Württembergischen Landesbibliothek Stuttgart. Schriftleiter des im Metzler-Verlag erscheinenden Jahrbuchs *Musik in Baden-Württemberg* (zusammen mit Georg Günther).

EBERHARD SCHAUER, geboren 1941 in Stuttgart, Ausbildung zum gehobenen Verwaltungsdienst, 1964 Diplomverwaltungswirt. Beschäftigt sich seit seiner Jugendzeit nebenberuflich mit Familien- und Ortsgeschichtsforschung, seit 1981 mit Tanzgeschichtsforschung. Er ist Referent für historischen Tanz und stellvertretender Leiter des Arbeitskreises Tanzforschung/Tanzgeschichte des Deutschen Bundesverbands Tanz e. V. Seit dieser Zeit auch Forschungen über Musik, Tanz und Gesang am württembergischen Hof. In diesem Rahmen auch vorbereitende Arbeiten für ein Theaterlexikon seit 1995.

SAMUEL SCHICK, geboren 1975 in Stuttgart, studiert seit Sommer 1996 Musikwissenschaft in Tübingen mit Interessensschwerpunkten Musik des Mittelalters und Musikgeschichte zu Anfang des 19. Jahrhunderts. Die Theaterzettel der Württembergischen Landesbibliothek dienen als Quellenbasis für seine Magisterarbeit bei Professor Manfred Hermann Schmid.

MICHAEL STROBEL, geboren 1957 in Stuttgart, Studium der evangelischen Theologie und Geschichte in Tübingen, Promotion 1992, seit 1992 Mitarbeiter der Württembergischen Landesbibliothek. Zahlreiche Veröffentlichungen zur Rezeptionsgeschichte im 19. und 20. Jahrhundert (Oper, Konzert).